JN058278

自由自在 小学高学年 国語

From Basic to Advanced

受験研究社

はじめに

国語の力を身につけるとは、国語を正しく理解し、自由自在に使いこなして表現する力を自分のものにするということです。そのためには、国語の基礎がしっかりと身についていなければなりません。まず、文字、特に漢字（読み・書き・部首・筆順・画数など）を覚えて、正しく読み書きする力が必要です。次に、国語のもつ豊かな言葉（熟語・類義語・対義語・慣用句・ことわざ・故事成語など）の意味をつかむ力が必要です。さらに、その豊富な言葉を言葉のきまり（かなづかい・送りがな・文の組み立てなど）に従って、きちんと使いこなす力が必要です。

そうした国語の基礎を土台として、国語によって書かれた文章を正確に読み取り、他の人の話を聞き取って、自分の考えを深めるとともに、その視野を広げることが大切です。その上で、自分の考えを相手に正しく伝わるように表現できなければなりません。

みなさんが、右に述べた国語の力を身につけられるように、この本は国語の知識事項をわかりやすく整理し、文章を正しく読み取る方法を示すとともに、さまざまな文章表現の手法について解説しています。この本とともに、みなさんが着実に学習を進めていけば、基礎から応用まで、学校での学習はもちろん中学入試にも対応できるようになります。

この『**小学高学年 自由自在 国語**』が、みなさんの確かな国語力を完成させる一助となることを願ってやみません。

学習指導要領のねらいを実現するために，学校では「主体的･対話的で深い学び（アクティブ･ラーニング）」の視点から授業が行われます。アクティブ・ラーニングとは，学習者が能動的に学ぶことができるように指導者が支援することです。授業では，得た知識と関連する情報を自ら発展させ（主体的な学び），子どもどうしや先生，社会の大人たちとの対話を通して自分の意見を広げ（対話的な学び），これらの活動を通して知識を多角的でより深いものにする（深い学び）ことが重視されます。子どもたちがより豊かな未来を自分で切りひらいていく人間に成長できるように，『自由自在』は子どもたちの学びを支援します。

アクティブ・ラーニング ― 主体的・対話的で深い学び

●学ぶことへの興味・関心を持ち，ねばり強く取り組む

●自分の学びをふり返って次の学習につなげる

●周りの人と話して考える

●自分の意見をわかりやすく表現する

主体的な学び

対話的な学び

深い学び

●TPOや人に合わせた表現をする

●知識をつなげる

あれとこれがつながった!

●自分で調べる

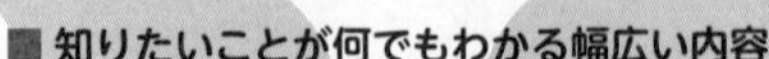

■基礎から入試まで対応できる深みのある内容

■思考力・記述力も高める工夫された内容

自由自在がサポート

学習指導要領とこれからの学び

グローバル化や情報化の急速な進展，AI をはじめとするテクノロジーの進化など，社会は大きく変化しています。令和 2 年度から全面実施の学習指導要領は，従来からの目標である，いかに社会が変化しようとも子どもたちが自分の力で未来を切りひらく「生きる力」を育むことを維持しながら，新たに子どもたちに必要な力を以下の 3 つの柱として示しています。

3つの柱 — 学習指導要領が目指すもの

学んだことを人生や社会に生かそうとする

学びに向かう力，人間性などを養う

▶未来を自分で切りひらく生きる力を持つ

実際の社会や生活で生きて働く

知識及び技能の習得

▶様々な方法を使って，自分で適切な情報を探す
▶過去の学習をふり返る
▶知識を組み合わせて活用する
▶未来につなげる

自ら課題を見つけ
自ら学び，自ら考え
判断して行動できる

未知の状況にも対応できる

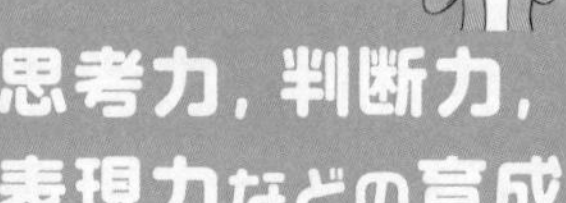

思考力，判断力，表現力などの育成

▶周りの人と対話して考えを広める
▶意見をわかりやすく表現する
▶相手や目的・場面にふさわしい表現をする

学習指導要領とは

小・中・高校などで教える教育の目標のほか，学年ごとの教科の学習内容や習得目標をまとめた，国が定める教育課程の基準となるもの。社会や時代の変化に合わせ，ほぼ 10年に一度大改訂されます。教科書も学習指導要領をもとに新しくなります。

【これまでの小学校学習指導要領の全面実施年度と主なポイント】

年度	主なポイント
平成 4 年度	個性重視：1995 年より学校週 5 日制に
平成 14 年度	ゆとり：小・中学校のカリキュラムを 3 割減
平成 23 年度	「生きる力」育成：「脱・ゆとり教育」
令和 2 年度	主体的・対話的で深い学び（アクティブ・ラーニング）

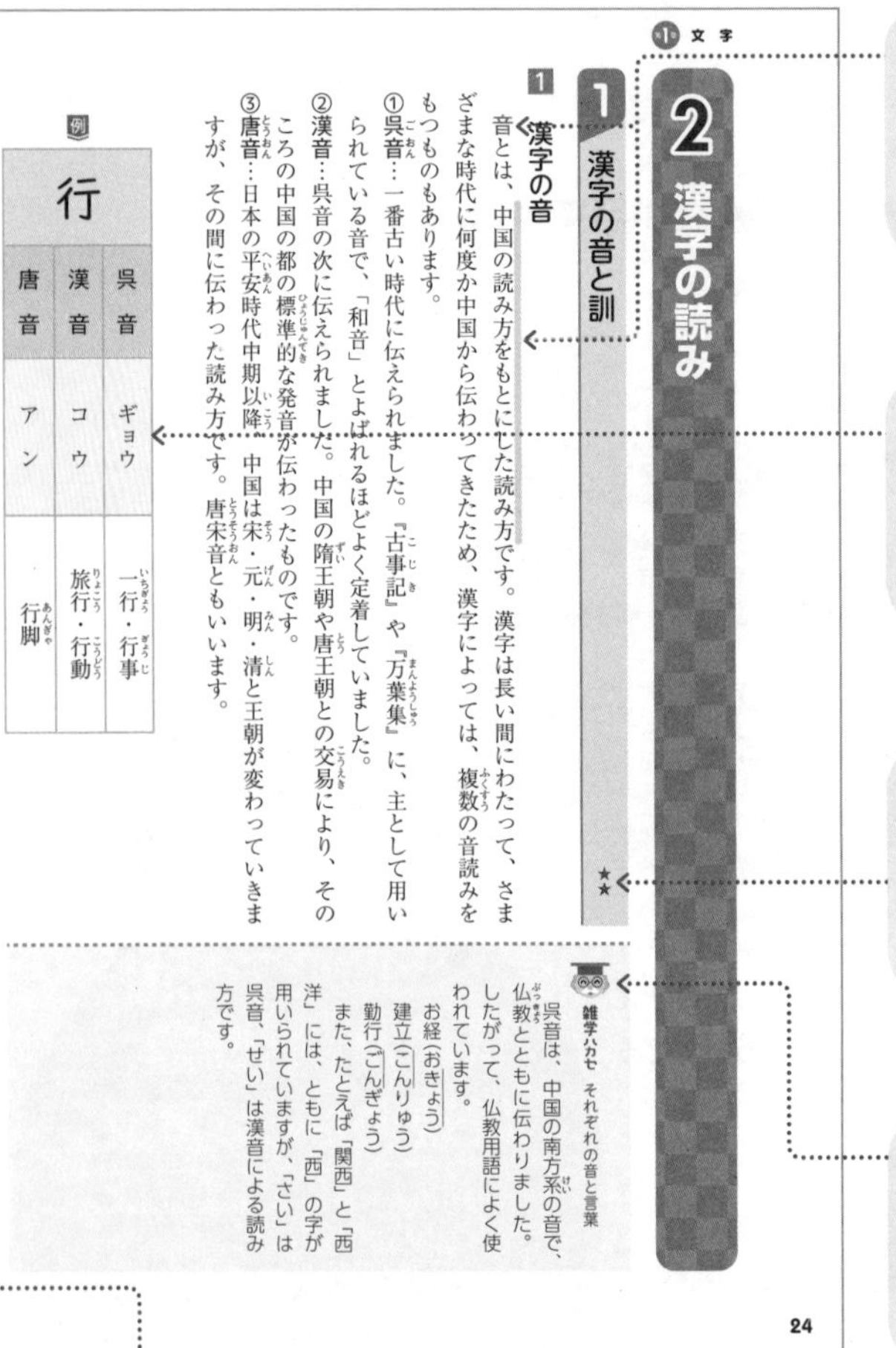

最重要語句は色文字，重要語句は**黒太字**，そのまま覚えたい重要な説明については太い傍線を入れています。

豊富な 例 で，解説の内容を確かめながら，学習が進められるようになっています。

中学入試での重要度を★で示しています（★→★★→★★★の３段階で，★★★が最重要）。

下段には，さまざまなマーク（→左ページ）を設けて，学習に関する役立つ情報をのせています。

単元の学習内容に合った例題で，学習したことが理解できたかどうか確かめられる！

- 各単元には **例題** を設けています。学習した内容がしっかりと身についているかどうか，関連した問題を解くことによって，自分で確かめられるようになっています。
- 下段には **例題の答え** とともに **考え方** をつけていますので，問題の内容を十分に理解したうえで，先に進むことができます。

特長と使い方

下の段のマークの説明

参考 単元で学習する内容のよりくわしい解説を掲載しています。

ことば 重要な言葉や語句を，よりくわしく解説しています。

雑学ハカセ 国語に興味・関心がもてるような，知識事項などを解説しています。

Q&A 学習する中で生じやすい疑問に，くわしく答えています。

入試では 中学入試でねらわれやすいポイントや，役に立つ情報を掲載しています。

ズームアップ 解説文中に出てくる語句をくわしく解説しています。

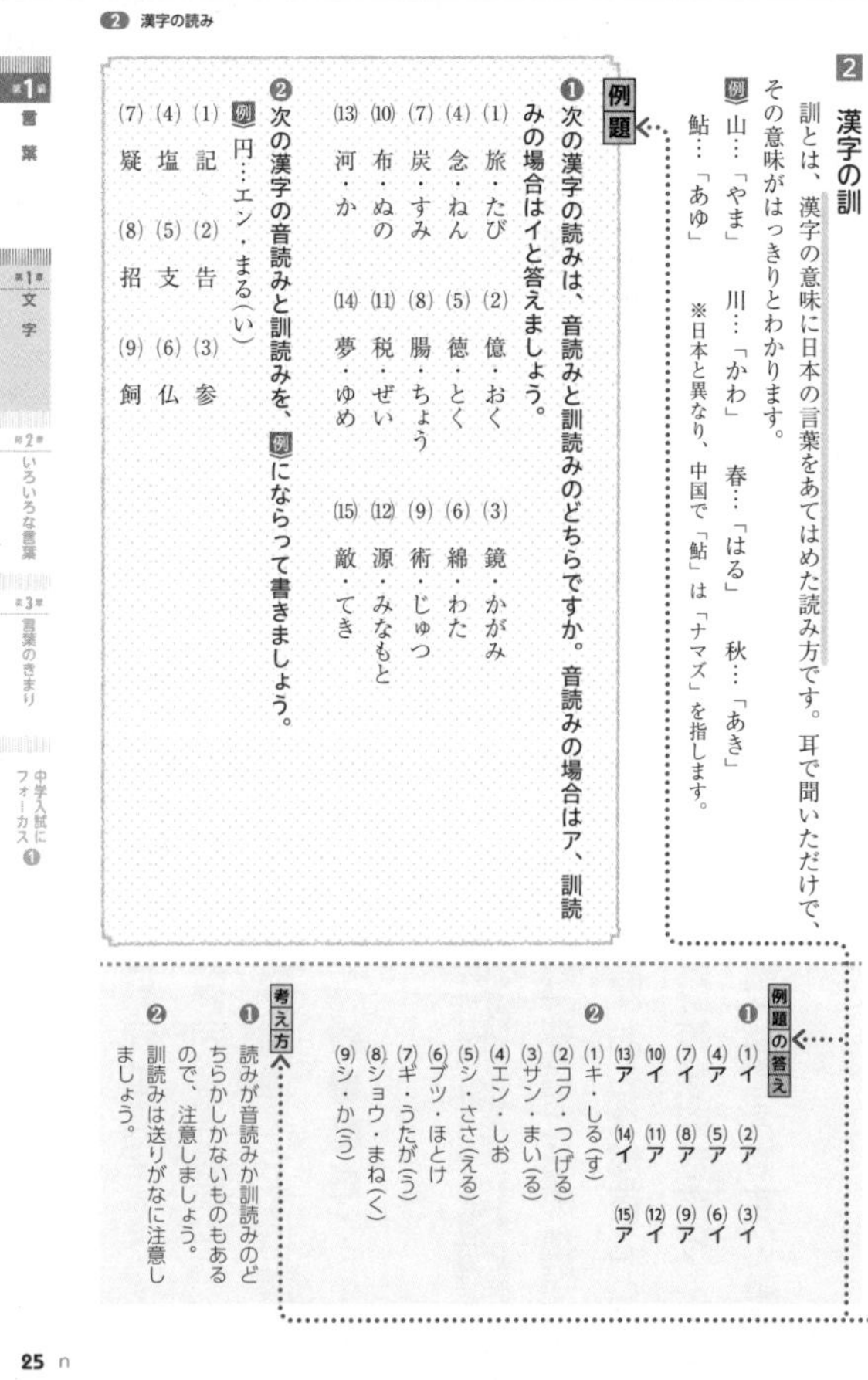

❷ 漢字の読み

第1編 言葉 / 第1章 文字 / 第2章 いろいろな言葉 / 第3章 言葉のきまり / 中学入試にフォーカス❶

2 漢字の訓

訓とは、漢字の意味に日本の言葉をあてはめた読み方です。耳で聞いただけで、その意味がはっきりとわかります。

例 山…「やま」　川…「かわ」　春…「はる」　秋…「あき」
鮎…「あゆ」　※日本と異なり、中国で「鮎」は「ナマズ」を指します。

例題

❶ 次の漢字の読みは、音読みと訓読みのどちらですか。音読みの場合はア、訓読みの場合はイと答えましょう。

(1) 旅・たび　(2) 億・おく　(3) 鏡・かがみ
(4) 念・ねん　(5) 徳・とく　(6) 綿・わた
(7) 炭・すみ　(8) 腸・ちょう　(9) 術・じゅつ
(10) 布・ぬの　(11) 税・ぜい　(12) 源・みなもと
(13) 河・か　(14) 夢・ゆめ　(15) 敵・てき

❷ 次の漢字の音読みと訓読みを、例にならって書きましょう。

例 円…エン・まる(い)

(1) 記　(2) 告　(3) 参
(4) 塩　(5) 支　(6) 仏
(7) 疑　(8) 招　(9) 飼

例題の答え

❶ (1) イ　(2) ア　(3) イ　(4) ア　(5) ア　(6) イ　(7) イ　(8) ア　(9) ア　(10) イ　(11) ア　(12) イ　(13) ア　(14) イ　(15) ア

❷ (1) キ・しる(す)　(2) コク・つ(げる)　(3) サン・まい(る)　(4) エン・しお　(5) シ・ささ(える)　(6) ブツ・ほとけ　(7) ギ・うたが(う)　(8) ショウ・まね(く)　(9) シ・か(う)

考え方

❶ 読みが音読みか訓読みのどちらかしかないものもあるので、注意しましょう。

❷ 訓読みは送りがなに注意しましょう。

25

各章はじめの「ここからスタート！」では，その章の内容をマンガで楽しく紹介しています。

しん
明るく元気な小学生。割と冷静な一面も。

ゆい
しんの幼なじみ。好奇心旺盛！

先生
優しい新米先生。少し天然。

タロ
ゆいの飼い犬。天才犬だけど，たまに空回り…。

もくじ

第2章 いろいろな言葉（⬇ここからスタート！）

本書に関する最新情報は、当社ホームページにある**本書の「サポート情報」**をご覧ください。（開設していない場合もございます。）

第1編 言葉

ここからスタート！

第1編

言葉

第1章 文字

学習することがら

第1編 言葉
第1章 文字
第2章 いろいろな言葉
第3章 言葉のきまり
中学入試にフォーカス 1

1 文字の知識(ちしき)

1 文字のはじまり

★ 入試重要度

文明が早期に成立した、エジプト・メソポタミア・インダス川流域(りゅういき)・黄河(こうが)中流域の四つの地域では、現在の文字のもとになる文字が使われはじめていました。

▼エジプト文明

アフリカ大陸を北流するナイル川の流域に、今から五、六千年前に栄えた文明です。各地から原始的な絵文字が刻(きざ)みこまれた石碑(せきひ)などが発掘(はっくつ)されています。

▼メソポタミア文明(メソポタミアとは、現在(げんざい)のイラク付近)

この地を流れるチグリス・ユーフラテス川流域に成立した文明がメソポタミア文明で、くさび形文字が使われました。これも、絵文字からできたものです。

▼インダス文明

インド北西部からパキスタンに流れるインダス川流域に栄えた文明です。この地の遺跡(いせき)から、物の形をかたどった文字が刻まれた印章などが出土しています。

▼黄河(こうが)文明

中国第二の大河、黄河の流域に栄えた文明です。亀(かめ)の甲羅(こうら)や動物の骨(ほね)に刻まれた古い文字が残っています。この絵文字的要素(ようそ)が残る文字が甲骨(こうこつ)文字で、漢字の最古の形態(けいたい)と言われています。

雑学ハカセ ヒエログリフと絵文字

古代エジプトではヒエログリフとよばれる絵文字が使われていました。現代のメールやネット上のやり取りなどでよく用いられる絵文字とも通じるところがあります。みなさんも、顔の表情などの絵文字を使って、親や友達とメールなどをやり取りをしたことがあるかもしれません。

ここでは、いくつかのヒエログリフを紹介(しょうかい)しましょう。

老 人

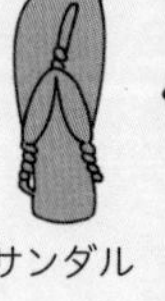

サンダル

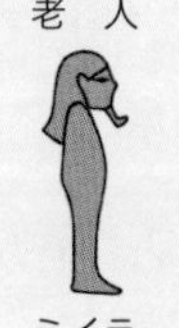

ミイラ

2 漢字の成り立ち ★

漢字は、成り立ちや用法によって六つに分類されます。これを、六書（りくしょ）といいます。象形（しょうけい）・指事・会意・形声は漢字の「作り方」を、転注と仮借（かしゃ）は「使い方」を説明したものです。

①象形文字…絵からできた文字。ものの形を簡単（かんたん）な絵に描（か）いたものから、だんだん形が整って漢字になりました。

例
→ → 日　→ → 月
→ → 木　→ → 雨

②指事文字…形で表せないものを、点や線を使って意味を表した文字。

例
→ 上　→ 下
→ 本　→ 中

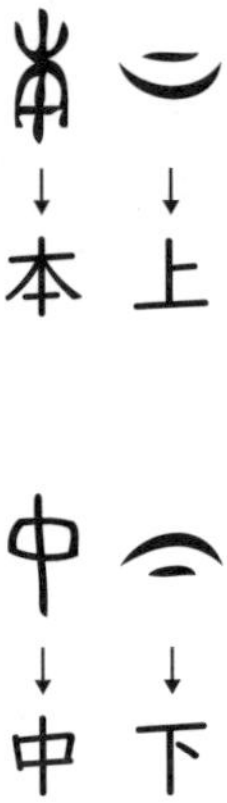

③会意文字…いくつかの文字を組み合わせて、新しい意味を表した文字。

例
木と木で → 林　田と力で → 男
鳥と口で → 鳴　日と月で → 明

ことば　表音文字と表意文字

表音文字とは、一字一字にきまった意味がなく、音だけを表す文字のことです。ひらがな、かたかな、ローマ字などがこれにあたります。表意文字とは、一字一字にきまった意味のある文字のことです。漢字は表音文字であるとともに表意文字でもあります。

雑学ハカセ　象形文字と部首

「山・川」は象形文字です。象形文字は、あとからできた漢字の部首（へん・つくりなど）になっていることが多くあります。

ことば　指事文字

物事を指す「指事」であり、「指示」ではありません。間違（まちが）えないように注意しましょう。

④形声文字…読み(音)を表す文字と、意味を表す文字を組み合わせた文字。漢字のほとんどが、形声文字です。

例 草→「早」が読み「ソウ」を表し、「艹(艹)」が意味(くさばな)を表す。
清→「青」が読み「セイ」を表し、「氵」が意味(みず)を表す。
銅→「同」が読み「ドウ」を表し、「金」が意味(きんぞく)を表す。

⑤転注文字…文字のもとの意味とは別の、似た意味にも使うようになったもの。

例 悪→「悪」は、道徳的に良くないこと、不正という意味ですが、そこから、憎むという意味も加わりました。「憎悪」の「悪」は、その意味で使われています。

⑥仮借文字…ある語を表す漢字がないとき、同じ音の語を表すのに使っていた字を借りて使うようになったもの。

例 豆→「豆」は、本来は、たかつき(足のついた器)の象形文字です。「マメ」のことを「トウ」と言ったので、同音の「豆」を借りて表しました。当て字や外来語の漢字表記なども仮借です。

例 世話…せわ　露西亜…ロシア
多分…たぶん　型録…カタログ

雑学ハカセ 漢字の要素

漢字には、三つの要素(形・音・義〈意味〉)があります。音は時代によって変化しますが、形と意味はあまり変化しないため、昔の文書を現代でも解読することができます。

参考 形声文字

形声文字の成り立ちを知っていると、難しい字でも読み方の見当をつけることができます。たとえば、「構」の音読みが「コウ」であると知っていれば、「講」「購」「溝」も同じ「コウ」になりそうだと見当がつきます。

雑学ハカセ 仮借文字の使われやすい言葉

仏教では、よく「なむあみだぶつ」と唱えますが、「なむ」を漢字で表記すると「南無」です。この「南無」も仮借文字です。

例題

❶ **次の漢字の成り立ちの説明として最も適切(てきせつ)なものをあとから選び、記号で答えましょう。**

(1) いくつかの文字を組み合わせて、新しい意味を表す。
(2) もとの文字の意味とは別の意味に転用する。
(3) ある語を表す漢字がないとき、同じ音を表すのに使っていた字を借りて使う。
(4) ものの形を簡単な絵に描いたものから形を整える。
(5) 読み(音)を表す文字と、意味を表す文字を組み合わせる。
(6) 形で表せないものを、点や線を使って意味を表す。

ア 象形文字　**イ** 指事文字　**ウ** 会意文字　**エ** 形声文字
オ 転注文字　**カ** 仮借文字

❷ **次の各組の漢字に共通してつき、一字の漢字をつくることができる、意味を表す部分になる漢字をあとから選び、記号で答えましょう。**

(1) 氏・会・田・工　(2) 司・正・寺・方
(3) 豆・彦・予・令　(4) 甫・壮・刀・制
(5) 反・直・交・朱

ア 頁　**イ** 足　**ウ** 木　**エ** 虫
オ 衣・ネ　**カ** 糸　**キ** 言　**ク** 米

例題の答え

❶ (1) ウ　(2) オ　(3) カ
(4) ア　(5) エ　(6) イ

❷ (1) カ　(2) キ　(3) ア
(4) オ　(5) ウ

考え方

❶ 漢字の成り立ち方については、それぞれの特徴(とくちょう)をとらえて覚えましょう。

❷ それぞれの漢字に、選択肢(せんたくし)にある、意味を表す部分をつけ加えてみて、一字の漢字として成り立つか確認しましょう。**オ**は「衣」と「ネ」でつく位置が異なることに注意しましょう。

(1) 紙・絵・細・紅
(2) 詞・証・詩・訪
(3) 頭・顔・預・領
(4) 補・装・初・製
(5) 板・植・校・株

❸ 次の漢字の意味を表す部分が、それぞれ表すものをあとから選び、記号で答えましょう。

(1) 刻　(2) 胸　(3) 花　(4) 盛
(5) 祝　(6) 痛　(7) 園　(8) 財
(9) 府　(10) 忠　(11) 指　(12) 吸
(13) 迷　(14) 郡　(15) 閣　(16) 点
(17) 帳　(18) 勤　(19) 輪　(20) 復

ア 植物　イ 囲み　ウ 刃物
エ 入口・外の囲い　オ 心情　カ 行く・進む
キ お金　ク 病気　ケ 力の働き
コ 手の動作　サ 車・輸送　シ 道・道を行く動作
ス 火・熱　セ 布切れ・織物　ソ 屋根・建造物
タ 口・声　チ 身体　ツ 地名・居住地
テ 神・祭事　ト 容器

❹ 次の仮借文字を用いて表記した国名・地名の読み方をあとから選び、記号で答えましょう。

(1) 巴里　(2) 英吉利　(3) 阿蘭陀　(4) 伯林

ア オランダ　イ パリ　ウ ロンドン
エ ベルリン　オ スペイン　カ イギリス

例題の答え

❸
(1) ウ　(2) チ　(3) ア
(4) ト　(5) テ　(6) ク
(7) イ　(8) キ　(9) ソ
(10) オ　(11) コ　(12) タ
(13) カ　(14) ツ　(15) エ
(16) ス　(17) セ　(18) ケ
(19) サ　(20) シ

❹
(1) イ　(2) カ　(3) ア
(4) エ

考え方

❸ (5)「ネ」は「示」(しめすへん)で、神事などを表します。
(8)「貝」は、財宝や貨幣などを表します。
(16)「灬」は「れっか・れんが」といい、火や熱などを表します。
(17)「巾」は「はば・はばへん・きんべん」といいます。

3 日本語の文字 ★

漢字には中国ではなく日本で作られた漢字もあり、それを国字といいます。国字は多くが会意文字と同じ方法で作られており、ほとんどが訓読みしかしません。

例 畑(はたけ)　枠(わく)　峠(とうげ)　凩(こがらし)　榊(さかき)　鯰(なまず)　込(こ)める

※「働」も国字ですが、「ドウ」の音読みをもっています。

日本にはもともと文字がありませんでしたが、漢字を取り入れてから、「かな」という独特の用法・文字を作りだしました。

万葉仮名(まんようがな)は、漢字の音や訓の読みを応用した表音文字です。奈良(なら)時代の『万葉集』に多く用いられ、平安(へいあん)時代にかけてひらがなやかたかなに発展(はってん)していきました。

例 音を使ったもの……阿米(アメ)　也麻(ヤマ)
訓を使ったもの……夏樫(なつかし)　藻(も〈助詞(じょし)〉)

ひらがなは、漢字をくずしてできた文字です。主に歌や手紙、物語などを書くときに使われました。

例 安→安→安→あ　以→以→以→い
太→太→太→た　奈→奈→奈→な

かたかなは、漢文の行間に読み方などを素早(すばや)く書き入れるために、漢字の字画を省いて書いていたものが始まりです。

例 阿→可→ア　伊→イ→イ
宇→宀→ウ　江→エ→エ

雑学ハカセ 女性のふりして書いてます

平安時代は、男性と女性で用いる文字に違(ちが)いがありました。
男性…公用文は漢文なので漢字を使い、私的な文章や和歌には「万葉仮名」や「ひらがな」も使う。
女性…「ひらがな」をおもに使う。
古典(こてん)作品として有名な『土佐(とさ)日記(にっき)』を書いた紀貫之(きのつらゆき)は男性ですが、女性が書いたように見せかけるために、あえて「ひらがな」を用いました。理由ははっきりしませんが、日記という私的な文章を書くのに、都合がよかったからとも言われています。

参考 万葉仮名

山・峰(みね)・岩などにかかる枕詞(まくらことば)(→p.376)に「あしひきの」があります。『万葉集』では「あしひき」は「足引」「足日木」「足曳」などと表記されています。

練習問題

解答536ページ

1 次の漢字、あるいは熟語(じゅくご)の――線を引いた漢字の文字の種類をあとから選び、記号で答えましょう。

(1) 牛　(2) 時　(3) 末　(4) 快楽
(5) 本　(6) 手　(7) 休　(8) 印度
(9) 晴　(10) 馬　(11) 県令　(12) 悲
(13) 雨　(14) 岩　(15) 姉　(16) 合羽
(17) 管　(18) 付　(19) 車　(20) 下

ア 象形(しょうけい)文字　イ 指事文字　ウ 会意文字
エ 形声文字　オ 転注文字　カ 仮借(かしゃ)文字

2 次の漢字の読み(音)を表す部分と、意味を表す部分をそれぞれ答えましょう。

(1) 泳　(2) 持　(3) 貸
(4) 鉱　(5) 横　(6) 姿
(7) 績　(8) 効　(9) 謝

3 次の説明にあてはまる国字を答えましょう。

(1) 水田に対して、焼いて開いた田んぼ。
(2) 人が動く。

ヒント

1 まず会意文字と形声文字を見分けてしまいましょう。指事文字は、意外な漢字があてはまることもあり、注意が必要です。 p.18

2 まず、音読みで読んでみましょう。そこから、読みを表す部分を探(さが)していきます。 p.19

3 説明からヒントを得ましょう。(1)であれば「焼いて開いた」とあることから「火」をイメージします。 p.22

2 漢字の読み

1 漢字の音と訓 ★★

1 漢字の音

音とは、中国の読み方をもとにした読み方です。漢字は長い間にわたって、さまざまな時代に何度か中国から伝わってきたため、漢字によっては、複数の音読みをもつものもあります。

①**呉音**…一番古い時代に伝えられました。『古事記』や『万葉集』に、主として用いられている音で、「和音」とよばれるほどよく定着していました。

②**漢音**…呉音の次に伝えられました。中国の隋王朝や唐王朝との交易により、そのころの中国の都の標準的な発音が伝わったものです。

③**唐音**…日本の平安時代中期以降、中国は宋・元・明・清と王朝が変わっていきますが、その間に伝わった読み方です。唐宋音ともいいます。

例

行		
呉音	ギョウ	一行・行事
漢音	コウ	旅行・行動
唐音	アン	行脚

雑学ハカセ それぞれの音と言葉

呉音は、中国の南方系の音で、仏教とともに伝わりました。したがって、仏教用語によく使われています。

お経（おきょう）
建立（こんりゅう）
勤行（ごんぎょう）

また、たとえば「関西」と「西洋」には、ともに「西」の字が用いられていますが、「さい」は呉音、「せい」は漢音による読み方です。

2 漢字の訓

訓とは、漢字の意味に日本の言葉をあてはめた読み方です。耳で聞いただけで、その意味がはっきりとわかります。

例 山…「やま」　川…「かわ」　春…「はる」　秋…「あき」

鮎…「あゆ」　※日本と異なり、中国で「鮎」は「ナマズ」を指します。

例題

❶ 次の漢字の読みは、音読みと訓読みのどちらですか。音読みの場合はア、訓読みの場合はイと答えましょう。

(1) 旅・たび　(2) 億・おく　(3) 鏡・かがみ
(4) 念・ねん　(5) 徳・とく　(6) 綿・わた
(7) 炭・すみ　(8) 腸・ちょう　(9) 術・じゅつ
(10) 布・ぬの　(11) 税・ぜい　(12) 源・みなもと
(13) 河・か　(14) 夢・ゆめ　(15) 敵・てき

❷ 次の漢字の音読みと訓読みを、例にならって書きましょう。

例 円…エン・まる(い)

(1) 記　(2) 告　(3) 参
(4) 塩　(5) 支　(6) 仏
(7) 疑　(8) 招　(9) 飼

例題の答え

❶ (1) イ　(2) ア　(3) イ
(4) ア　(5) ア　(6) イ
(7) イ　(8) ア　(9) ア
(10) イ　(11) ア　(12) イ
(13) ア　(14) イ　(15) ア

❷ (1) キ・しる(す)
(2) コク・つ(げる)
(3) サン・まい(る)
(4) エン・しお
(5) シ・ささ(える)
(6) ブツ・ほとけ
(7) ギ・うたが(う)
(8) ショウ・まね(く)
(9) シ・か(う)

考え方

❶ 読みが音読みか訓読みのどちらかしかないものもあるので、注意しましょう。

❷ 訓読みは送りがなに注意しましょう。

2 熟語（じゅくご）の読み方 ★

熟語（じゅくご）とは漢字が二字以上組み合わさってできた言葉です。漢字が組み合わさるときには、読み方に次のような組み合わせがあります。

①「音読み＋音読み」

上下の漢字とも音読みします。

例 入学（ニュウ＋ガク）
出場（シュツ＋ジョウ）

②「訓読み＋訓読み」

上下の漢字とも訓読みします。

例 朝日（あさ＋ひ）
親子（おや＋こ）

③「音読み＋訓読み」（重箱読み）

上の漢字を音読み、下の漢字を訓読みします。

例 重箱（ジュウ＋ばこ）
客間（キャク＋ま）

④「訓読み＋音読み」（湯桶読み）

上の漢字を訓読み、下の漢字を音読みします。

例 湯桶（ゆ＋トウ）
身分（み＋ブン）

※「湯桶」とは、湯やお茶を入れる器（うつわ）のことです。

参考 二つ以上の読み方をする熟語

上記以外に、熟語には次のようなものもあります。

・「音読み＋音読み」と「訓読み＋訓読み」の両方の読み方をする熟語

例 牧場（ボクジョウ・まきば）
国境（コッキョウ・くにざかい）
風車（フウシャ・かざぐるま）

・「複数（ふくすう）の読み方をする熟語」（意味が変わる場合もあります。）

例 分別（フンベツ）…世の中の道理をわきまえていること。
分別（ブンベツ）…種類ごとに分けること。
一行（イッコウ）…旅行などで一緒（いっしょ）に行く人たち。
一行（イチギョウ）…ひとつの行。

例題

1 次の――線の熟語の読みを、ひらがなで書きましょう。

(1) 人気のない神社の境内(けいだい)で遊ぶ。
(2) 夏場は生物の取りあつかいに注意する。
(3) 昨日(きのう)の夜から寒気がする。
(4) この試合はこれからが見物だ。
(5) 毎日、背筋をきたえる。

2 次の熟語の組み合わせとして最も適切(てきせつ)なものをあとから選び、記号で答えましょう。

(1) 油絵　(2) 地声　(3) 初雪　(4) 制服　(5) 梅酒
(6) 独立　(7) 仕事　(8) 合図　(9) 三羽　(10) 板前
(11) 現代　(12) 手本　(13) 役場　(14) 強気　(15) 問屋

ア「音読み＋音読み」　イ「訓読み＋訓読み」
ウ「音読み＋訓読み」　エ「訓読み＋音読み」

3 次の――線の漢字のうち、読み方が異(こと)なるものを選び、記号で答えましょう。

(1) ア 平野　イ 平等　ウ 平和　エ 不平
(2) ア 計画　イ 区画　ウ 映画　エ 画数
(3) ア 安易　イ 容易　ウ 易者　エ 平易

例題の答え

1
(1) ひとけ　(2) なまもの
(3) さむけ　(4) みもの
(5) はいきん

2
(1) エ　(2) ウ　(3) イ
(4) ア　(5) エ　(6) ア
(7) ウ　(8) エ　(9) ウ
(10) イ　(11) ア　(12) エ
(13) ウ　(14) エ　(15) イ

3
(1) イ　(2) ウ　(3) ウ

考え方

1 ほかの読み方は、次のとおりです。文脈(ぶんみゃく)から判断(はんだん)しましょう。
(1) にんき　(2) せいぶつ
(3) かんき　(4) けんぶつ
(5) せすじ

2 (2)「チ・ジ」とも「地」の音読みです。
(4)「服(フク)」は音読みです。
(15)「とんや」と読みます。

3 複数の音訓をもつ漢字 ★★

漢字がはじめて日本に伝えられたときに、その頃の中国の読み方をもとにして漢字を読んだのが音読みです。しかし、平安時代・鎌倉時代になると、また異なる読み方が伝えられ、同じ漢字でも、別の読み方が生まれました。

漢字の意味に日本の言葉をあてはめたのが訓読みです。一つの漢字に複数の意味があれば、複数の訓読みがある場合があります。

▼いろいろな読み方のある漢字

※——は送りがな（　）は中学以上で習う読み。

漢字	読み方	用例
下	カ	下流
	ゲ	下水
	した	下着
	しも	下手
	(もと)	親の下
	さげる	頭を下げる
	くだる	山を下る
	おろす	見下ろす

漢字	読み方	用例
生	セイ	生徒
	ショウ	一生
	いきる	生き物
	うまれる	東京生まれ
	(おう)	生い立ち
	はえる	芽生える
	(き)	生糸
	なま	生意気

参考 音読みと訓読みの間違い

漢字にはいろいろな読み方があるため、発音だけからは音読みか訓読みかがわかりにくいものもあります。

【訓読みと間違えやすい音読み】

例 愛(アイ)・悪(アク)
胃(イ)・絵(エ)
肉(ニク)・別(ベツ)
礼(レイ)・和(ワ)

【音読みと間違えやすい訓読み】

例 相(あい)・魚(うお)
重(え)・金(かね・かな)
新(にい)・音(ね)
室(むろ)・湯(ゆ)

漢字	読み方	用例
明	メイ ミョウ あかるい あきらか あける	文明（ぶんめい） 光明（こうみょう） 明（あか）るい月夜 明（あき）らかです 夜が明（あ）ける

漢字	読み方	用例
上	ジョウ （ショウ） うえ うわ かみ あげる のぼる	上京（じょうきょう） 日蓮上人（にちれんしょうにん） たなの上（うえ） 上着（うわぎ） 風上（かざかみ） 物を上（あ）げる 上（のぼ）り列車

漢字	読み方	用例
重	ジュウ チョウ え おもい かさねる かさなる	重大（じゅうだい） 尊重（そんちょう） 八重桜（やえざくら） 重荷（おもに） 紙を重（かさ）ねる 思いが重（かさ）なる

漢字	読み方	用例
省	セイ ショウ （かえりみる） はぶく	帰省（きせい） 省略（しょうりゃく） 自らを省（かえり）みる むだを省（はぶ）く

参考　複数の読みの覚え方

いろいろな読み方がある漢字は、音読みであれば、熟語（じゅくご）でその読み方と意味を覚えましょう。訓読みであれば、送りがなや文脈（ぶんみゃく）などから、その読み方を判断（はんだん）することが大切です。

例 行
・行灯（あんどん）…昔の照明器具。
・行く末（ゆくすえ）…将来（しょうらい）のこと。
※「い（くすえ）」ではないことに注意する。

例題

❶ 次の漢字には音読みが二つあります。かたかなで書きましょう。

(1) 世　(2) 文　(3) 形
(4) 元　(5) 直　(6) 去

❷ 次の――線の漢字の読みを、ひらがなで書きましょう。

(1) 着る　(2) 着く　(3) 放つ
(4) 放る　(5) 歩く　(6) 歩む
(7) 好む　(8) 好く　(9) 通す
(10) 通う　(11) 幸い　(12) 幸せ
(13) 明ける　(14) 明るい　(15) 明らか
(16) 冷える　(17) 冷ます　(18) 冷たい

❸ 次の熟語の読みとして最も適切(てきせつ)なものを選び、記号で答えましょう。

(1) 米食（ア まいしょく　イ べいしょく　ウ こめしょく）
(2) 口論（ア くろん　イ くちろん　ウ こうろん）
(3) 家来（ア けらい　イ からい　ウ やらい）
(4) 戸数（ア とすう　イ こかず　ウ こすう）
(5) 根気（ア こんけ　イ こんき　ウ ねげ）
(6) 対象（ア たいぞう　イ ついぞう　ウ たいしょう）
(7) 重臣（ア じゅうしん　イ じゅうじん　ウ ちょうしん）

例題の答え

❶ (1) セイ・セ　(2) ブン・モン　(3) ケイ・ギョウ　(4) ゲン・ガン　(5) チョク・ジキ　(6) キョ・コ

❷ (1) き　(2) つ　(3) はな　(4) ほう　(5) ある　(6) あゆ　(7) この　(8) す　(9) とお　(10) かよ　(11) さいわ　(12) しあわ　(13) あ　(14) あか　(15) あき　(16) ひ　(17) さ　(18) つめ

❸ (1) イ　(2) ウ　(3) ア　(4) ウ　(5) イ　(6) ウ　(7) ア　(8) イ

考え方

❸ (4)「戸」の音読みは「コ」、訓読みは「と」です。
(7) 重い役目にある臣下のことです。

(8) 兵力 （ア へいりき　イ へいりょく　ウ ひょうりき）

❹次の漢字には、それぞれ異（こと）なる訓読みがあります。その読みを、例のように、送りがなもつけて書きましょう。

例 重　おも(い)・かさ(ねる)

(1) 細　(2) 苦　(3) 覚　(4) 増
(5) 治　(6) 降　(7) 閉　(8) 育
(9) 混　(10) 開　(11) 負　(12) 消

❺次の――線の漢字と同じ読み方のものを選び、記号で答えましょう。

(1) 貴重 （ア 体重　イ 重力　ウ 自重）
(2) 正月 （ア 九月　イ 名月　ウ 今月）
(3) 合宿 （ア 合同　イ 合流　ウ 合唱）
(4) 正直 （ア 直線　イ 直筆　ウ 日直）
(5) 頭上 （ア 頭痛　イ 年頭　ウ 頭角）

❻次の熟語の二通りの読みを、ひらがなで書きましょう。

(1) 色紙　(2) 風車　(3) 大家
(4) 市場　(5) 大勢　(6) 宝物

❼次の熟語の三通りの読みを、ひらがなで書きましょう。

(1) 上手　(2) 下手

例題の答え

❹
(1)ほそ(い)・こま(かい)など
(2)くる(しい)・にが(い)など
(3)おぼ(える)・さ(める)など
(4)ま(す)・ふ(える)など
(5)おさ(める)・なお(す)など
(6)ふ(る)・お(りる)など
(7)し(める)・と(じる)など
(8)そだ(てる)・はぐく(む)など
(9)ま(ざる)・こ(む)など
(10)ひら(く)・あ(ける)など
(11)ま(ける)・お(う)など
(12)き(える)・け(す)など

❺
(1)ウ　(2)ア　(3)ウ
(4)イ　(5)ア

❻
(1)しきし・いろがみ
(2)ふうしゃ・かざぐるま
(3)たいか・おおや
(4)しじょう・いちば
(5)たいせい・おおぜい
(6)ほうもつ・たからもの

❼
(1)かみて・うわて・じょうず
(2)しもて・したて・へた

4 特殊な読み方をする漢字 ★★

二つの言葉が組み合わさると、読み方が変わる場合があります。その変わり方には、次のようなものがあります。

①あとの言葉が濁る

例 横と顔 → 横顔（よこがお）　親と心 → 親心（おやごころ）
手と紙 → 手紙（てがみ）　鼻と血 → 鼻血（はなぢ）

②あとの言葉が変わる

例 小と雨 → 小雨（こさめ）　春と雨 → 春雨（はるさめ）

③初めの言葉が変わる

例 金と物 → 金物（かなもの）　声と色 → 声色（こわいろ）
雨と具 → 雨具（あまぐ）　白と雪 → 白雪（しらゆき）

④初めの言葉もあとの言葉も変わる

例 風と車 → 風車（かざぐるま）　雨と雲 → 雨雲（あまぐも）
雨と戸 → 雨戸（あまど）　船と人 → 船人（ふなびと）

⑤送りがなで読みの変わる漢字

例 下…下（くだ）る／下（さ）がる／下（お）りる
断…断（た）つ／断（ことわ）る
交…交（ま）ぜる／交（まじ）わる
少…少（すく）ない／少（すこ）し

雑学ハカセ　変化する言葉

秋から冬にかけて咲く花「サザンカ」を漢字で書くと「山茶花」です。「茶」は「サ」とも読むので「サンサカ」、あるいは、濁って「サンザカ」が、本来の読み方です。実際、かつては「サンザカ」と読んでいたそうです。でも、「サザンカ」の方が読みやすいので、いつの間にか読み方が変わってしまったのです。

東京の地名の「秋葉原」も、本来は「あきばはら」です。

「新」の読みも、古くは「あらた(し)」だったのが、「あたら(し・しい)」に変わりました。

これらの例から、言葉は変わっていくものだということがわかると思います。

以上は、訓読みの場合ですが、音読みの場合にも読みが変わることがあります。

例 一等（いっとう）　立春（りっしゅん）
香典（こうでん）　北方（ほっぽう）

例題

❶ 次の熟語（じゅくご）の読みを、ひらがなで書きましょう。

(1) 春雨　(2) 七日　(3) 白雲
(4) 金輪　(5) 出口　(6) 雨戸
(7) 船旅　(8) 手旗　(9) 風穴
(10) 米俵　(11) 八日　(12) 矢印
(13) 旅人　(14) 若葉　(15) 三日月
(16) 千代紙　(17) 湯冷め

❷ 次の漢字の読みを、ひらがなで書きましょう。

(1) 帯びる　(2) 富む　(3) 教わる
(4) 食う　(5) 数える　(6) 群がる

❸ 次の熟語の読みを、ひらがなで書きましょう。

(1) 反応　(2) 学級　(3) 春秋
(4) 勝負　(5) 発表　(6) 貧弱
(7) 圧縮　(8) 借金

例題の答え

❶ (1)はるさめ　(2)なのか
(3)しらくも　(4)かなわ
(5)でぐち　(6)あまど
(7)ふなたび　(8)てばた
(9)かざあな　(10)こめだわら
(11)ようか　(12)やじるし
(13)たびびと　(14)わかば
(15)みかづき　(16)ちよがみ
(17)ゆざ(め)

❷ (1)お　(2)と　(3)おそ
(4)く　(5)かぞ　(6)むら

❸ (1)はんのう
(2)がっきゅう
(3)しゅんじゅう
(4)しょうぶ
(5)はっぴょう
(6)ひんじゃく
(7)あっしゅく
(8)しゃっきん

考え方

❸ (1)「はんおう」とは読みません。

5 特殊な読み方をする熟語 ★★

漢字が二字以上結びついてできた熟語の中には、常用漢字表の付表で特別に認められている読み方をするものがあります。これを熟字訓といいます。

▼**おもな熟字訓** ※太字は小学校で習う読み。

例 **明日(あす)**
意気地(いくじ)
乳母(うば)
乙女(おとめ)
風邪(かぜ)
為替(かわせ)
今日(きょう)
心地(ここち)
五月(さつき)
時雨(しぐれ)
老舗(しにせ)
三味線(しゃみせん)
相撲(すもう)
足袋(たび)
友達(ともだち)

小豆(あずき)
田舎(いなか)
笑顔(えがお)
叔母・伯母(おば)
固唾(かたず)
河原・川原(かわら)
果物(くだもの)
今年(ことし)
早苗(さなえ)
尻尾(しっぽ)
芝生(しばふ)
砂利(じゃり)
草履(ぞうり)
梅雨(つゆ)
名残(なごり)

硫黄(いおう)
海原(うなばら)
叔父・伯父(おじ)
鍛冶(かじ)
仮名(かな)
昨日(きのう)
景色(けしき)
早乙女(さおとめ)
五月雨(さみだれ)
竹刀(しない)
清水(しみず)
白髪(しらが)
太刀(たち)
凸凹(でこぼこ)
雪崩(なだれ)

ことば 常用漢字と教育漢字

新聞・放送などの一般の社会生活における漢字使用の目安となることを示した常用漢字表があります。表には、約二千百の漢字があります。その中で、小学校で身につけるようにと定められているのが「教育漢字」で、学年ごとに学習する漢字が定められています。

雑学ハカセ 「雨」の読み方

①大雨(おおあめ)
②雨足(あまあし)
③秋雨(あきさめ)
④梅雨(つゆ)
⑤時雨(しぐれ)
⑥五月雨(さみだれ)

④~⑥は、熟字訓です。その他にも「風雨」などのように、音読みで「ウ」と読む場合もあります。

博士(はかせ) 日和(ひより) **迷子(まいご)** 息子(むすこ) 木綿(もめん) 弥生(やよい)

二十・二十歳(はたち) 吹雪(ふぶき) **真面目(まじめ)** **眼鏡(めがね)** **八百屋(やおや)** 行方(ゆくえ)

波止場(はとば) **部屋(へや)** 土産(みやげ) 紅葉(もみじ) 大和(やまと) 若人(わこうど)

※太字は小学校で習う読み

▼熟語以外の特別な読み方

例 浮つく(うわつく) お巡りさん(おまわりさん)
差し支える(さしつかえる) 立ち退く(たちのく)
手伝う(てつだう) **真っ赤(まっか)**
真っ青(まっさお) 最寄り(もより)

▼昔からの習慣(しゅうかん)で、決まった読み方をする熟語

例 夏至(げし) 弟子(でし) 木立(こだち) 布団(ふとん)

例題

◆次の漢字の読みを、ひらがなで書きましょう。

(1) 小豆 (2) 母屋 (3) 神楽
(4) 砂利 (5) 竹刀 (6) 山車
(7) 立ち退く (8) 真っ青 (9) 最寄り
(10) 境内 (11) 出納 (12) 真紅

例題の答え

(1) あずき (2) おもや
(3) かぐら (4) じゃり
(5) しない (6) だし
(7) た・の (8) ま・さお
(9) もよ (10) けいだい
(11) すいとう (12) しんく

考え方

(2) 住居(じゅうきょ)の主な建物。
(6) お祭りなどのときに、かざりものをして引き出す車。
(11) お金などの出し入れ。

6 かなづかい ★

日本語をかなで書くときの書き表し方は、「発音どおりに」というのが原則です。ただし、以下のような例外があります。

①「ワ・エ・オ」と発音するものはふつう「わ・え・お」と書きますが、助詞として書き表す際には「は・へ・を」とします。

例 僕は、学校へ持っていくはずだった習字道具を忘れました。

例 あるいは　こんにちは　または　では　すこしは　など

②「ジ・ズ」と発音するものは普通「じ・ず」と書きますが、次の場合には、「ぢ・づ」を用います。

・二語が結びつくときに二語目の語頭の「ち・つ」が濁る場合

例 いれぢえ（入れ知恵）　ちかぢか（近々）
かいづか（貝塚）　いきおいづく（勢い付く）

・同音が続いて濁る場合

例 ちぢむ（縮む）　ちぢこまる
つづく（続く）　つづみ（鼓）

③長音（のばす音）の書き方

・ア段の長音は「あ」、イ段の長音は「い」、ウ段の長音は「う」をつけます。

例 おかあさん（お母さん）　おばあさん
おにいさん（お兄さん）　おじいさん
くうき（空気）　すうじ（数字）

ことば 助詞

語と語との関係を示したり、細かい意味を添えたりする言葉です。

例 その本は、三日前に兄が町の本屋で買って、私に貸してくれたものです。

参考 他の注意すべきかなづかい

①動詞の「言う」
○いう
×ゆう

②よう音・そく音

例 客船
○きゃくせん
×きやくせん

例 切手
○きって
×きつて

・エ段の長音は「え」をつけますが、「い」と書くときもあります。

例 おねえさん（お姉さん）　せいかつ（生活）　とけい（時計）

・オ段の長音は「う」をつけますが、「お」と書くときもあります。

例 おうさま（王様）　こうせん（光線）　おとうさん（お父さん）　おおい（多い）　こおり（氷）

例題

❶ 次の各文の、かなづかいの間違（まちが）いに――線を引き、正しく書きましょう。

(1) 山田君は、英語お読むのわたいへん得意だが、話すのわ苦手だ。

(2) にわでこうろぎが鳴いているので、ひざまづいて聞いてみよお。

(3) 私（わたし）えも、すこしわ、きのお買ったみそずけを分けてください。

❷ 次の語の読みとして正しいものを選び、記号で答えましょう。

(1) 鼻血（**ア** はなじ　**イ** はなぢ）

(2) 扇（**ア** おおぎ　**イ** おうぎ）

(3) 底力（**ア** そこぢから　**イ** そこじから）

(4) 口伝え（**ア** くちずたえ　**イ** くちづたえ）

(5) 稲妻（**ア** いなずま　**イ** いなづま）

(6) 横綱（**ア** よこずな　**イ** よこづな）

(7) 道連れ（**ア** みちずれ　**イ** みちづれ）

例題の答え

❶ (1) 英語お→を　読むのわ→は　話すのわ→は

(2) こうろぎ→お　ひざまづいて→ず　みよお→う

(3) 私えも→へ　すこしわ→は　きのお→う　みそずけ→づ

❷ (1) イ　(2) イ　(3) ア　(4) イ　(5) ア　(6) イ　(7) イ

考え方

❷ (5)「稲妻」は、もともと「稲」と「妻」が結びついてできた言葉ですが、現代（げんだい）では、「いなずま」で一語です。

(6)「横」と「綱」の連結です。

7 送りがな ★★

言葉を漢字かな交じりに書くとき、漢字のあとにつけるかなを送りがなといいます。送りがなのつけ方は、活用のある語と活用のない語では異なります。

①活用のある語

きまり	例
原則として、活用のある語は、活用語尾を送る。	例 書く 青い
語幹が「し」で終わる形容詞は、「し」から送る。	例 苦しい 珍しい
語幹が「か」「やか」「らか」で終わる形容動詞は、「か」「やか」「らか」から送る。	例 静かだ 明らかだ
読み間違えるおそれのある言葉は、例のように送る。	例 味わう 明るい
活用語尾以外の部分に他の語を含む語は、含まれる語の送りがなのつけ方によって送る。	例 動かす(動く) 楽しむ(楽しい)

②活用のない語

きまり	例
活用のある語から転じた名詞は、もとの語の送りがなによって送る。	 悲しげ 明るみ

ことば 言葉のきまりに関する用語

「歩く」は「歩かない、歩きます、歩けば、…」というように、形が変化します。変化するのが活用のある語、変化しないのが活用のない語です。

語幹
活用のある語で、変わらない部分を語幹といいます。

活用語尾
活用のある語の、変化する部分を活用語尾といいます。

形容詞
活用のある語で、事物の性質や状態を表し、言いきりの形が「…い」で終わります。

形容動詞
活用のある語で、事物の性質や状態を表し、言いきりの形は「…だ」「…です」で終わります。

副詞・連体詞・接続詞は、最後の音節を送る。ただし例外もあり。	例 少し　大いに
複合語は、もとの語のそれぞれの送りがなによって送る。	例 流れ込む　待ち遠しい

※名詞はふつう送りがなをつけませんが、例外もあります。
例 独り　幸せ　便り　二つ　三つ　など

※次の語は送りがなをつけません。
例 話　帯　志　光　係　印　など

例題

◆次の言葉を漢字で書いたときの送りがなとして正しいものを選び、記号で答えましょう。

(1) あたためる　（ア 温める　イ 温る）
(2) こころみる　（ア 試みる　イ 試る）
(3) まったく　（ア 全く　イ 全たく）
(4) うつくしい　（ア 美い　イ 美しい）
(5) なごやかだ　（ア 和かだ　イ 和やかだ）
(6) おそろしい　（ア 恐ろしい　イ 恐しい）
(7) ひとつおぼえ　（ア 一つ覚え　イ 一覚ぼえ）
(8) くみいれる　（ア 組入る　イ 組み入れる）

名詞　活用のない語で、物や事柄の名を表します。
副詞・連体詞・接続詞　すべてに活用のない語です。

例題の答え

(1) ア　(2) ア　(3) ア
(4) イ　(5) イ　(6) ア
(7) ア　(8) イ

考え方

(6)「恐れる」から考えます。
(7)「一つ」は名詞ですが、「つ」がつきます。

練習問題

解答536ページ

1 次の――線の漢字の読みを、ひらがなで書きましょう。

(1) 注ぐ　(2) 親しむ　(3) 果たす
(4) 任せる　(5) 優しい　(6) 備える
(7) 述べる　(8) 編む　(9) 慣れる
(10) 健やか　(11) 保つ　(12) 基づく

〔広島城北中―改〕

2 次の漢字の音読みと訓読みを、例にならって書きましょう。

例 決［ケツ・き(める・まる)］

(1) 配　(2) 燃　(3) 潔
(4) 退　(5) 浴　(6) 飼

3 次の――線の漢字の読みを、ひらがなで書きましょう。

(1) 制御　(2) 不朽　(3) 感涙
(4) 捕獲　(5) 供える　(6) 就く

〔淑徳与野中〕

4 次の熟語(じゅくご)の読みを、ひらがなで書きましょう。

(1) ア 就職　イ 成就
(2) ア 納税　イ 出納

〔富山大附中〕

ヒント

1 送りがながついているので、すべて訓読みになります。 p.24

2 音読みと訓読みの違(ちが)いに注意しましょう。訓読みは、日本にもとからある言葉をあてはめた読み方です。 p.24

3 (5)・(6)は、送りがながついているので、訓読みになります。 p.24

4 「就」「納」とも、特殊(とくしゅ)な読み方があります。 p.34

5 次の漢字の中から「ク」と読むものをすべて選び、記号で答えましょう。

ア 口　イ 候　ウ 行　エ 興　オ 耕　カ 工　キ 黄

〔明治大付属中野八王子中〕

6 次の漢字を用いた熟語の中で、その漢字の読み方が異(こと)なるものを選び、記号で答えましょう。

(1) 元（ア 元来　イ 元祖　ウ 元首　エ 元本）

(2) 静（ア 静物　イ 安静　ウ 静止　エ 静脈）

(3) 精（ア 精算　イ 精進　ウ 精神　エ 精細）

(4) 望（ア 本望　イ 希望　ウ 展望　エ 望遠鏡）

〔金蘭千里中―改〕

7 熟語の中には、二字とも訓読みする場合と、二字とも音読みする場合とでは、字の順序(じゅんじょ)が逆(ぎゃく)になるものがあります。たとえば、「東西」という熟語は、音読みする場合は「とうざい」で、「さいとう」とはいいません。また、訓読みする場合は「ひがしにし」ではなく、「にしひがし」といいます。次の熟語のうち、音読みする場合に、訓読みする場合のひっくり返しになる熟語はどれですか。その番号をすべて選び、音読みする場合の読みもひらがなで書きましょう。

(1) 朝夕（あさゆう）　(2) 夜昼（よるひる）　(3) 高低（たかひく）

(4) 白黒（しろくろ）　(5) 雨風（あめかぜ）　(6) 野山（のやま）

(7) 上下（うえした）　(8) 右左（みぎひだり）　(9) 品物（しなもの）

〔甲陽学院中―改〕

5 「コウ」以外にも「ク」と読む漢字を探(さが)していきます。いろいろな熟語を考えていきましょう。 p.28

6

(1) 「ガン」以外の読み方で使われている熟語を探していきます。

(2) 「セイ」以外の読み方で使われている「静」を探しましょう。

(3) 「精」には「セイ」以外の読み方もあります。

(4) 「望」は、「ボウ」以外の音読みがあります。 p.28

7 上下の漢字をひっくり返し、音読みにしましょう。

(4) 「黒白」となりますが、何と読むのでしょうか。 p.26

3 漢字の書き

1 漢字の書き取り問題で起こる間違い ★★

1 漢字の書き取り問題でしてしまいがちな間違いを理解して、あらかじめ注意するようにしましょう。

①記憶があいまいで、大体の見当をつけて、似たような字を書いてしまう場合。

②漢字の意味をきちんと理解していないので、別の字を書いてしまう場合。

どのような間違いが多いか、例を挙げてみましょう。

・読み方が同じである場合
例 ○合同 ×合動　例 ○少女 ×小女　例 ○会議 ×会義

・読み方が同じで、意味も似ている場合
例 ○必要 ×必用　例 ○結果 ×決果　例 ○鳥が鳴く ×鳥が泣く

・字の形が似ている場合
例 ○輸出 ×輪出　例 ○記録 ×記緑　例 ○背が低い ×背が底い

・読み方が同じで、形も似ている場合
例 ○建築 ×健築　例 ○成績 ×成積　例 ○インド象 ×インド像

入試では 漢字の書き取りの問題

中学入試では、漢字の書き取り問題は必ず出題されます。出題形式は、次のようになります。

①一語としての出題
「ドクショ」（読書）

②文の形での出題
「君にはアンセイがヒツヨウだ。」（安静・必要）

③漢字・送りがなを書く形での出題
「医者をココロザス。」（志す）

④長文の中での出題
今回のセンキョでは、野党が過半数を得たのでセイケンが変わり、……。（選挙・政権）

出題されることは明らかなので、いずれの形式にも対応できるように日頃から準備しておけば、確実な得点源になります。

2 漢字を正しく覚える

①漢字の意味と一緒（いっしょ）に覚える。

例 険（けわ）しいの険／実験の験／検査（けんさ）の検／倹約（けんやく）の倹

※訓読みすると、意味がわかりやすくなる。

※訓読みできない字は、熟語（じゅくご）にして覚える。

②一つの漢字の使い方をまとめて覚える。

例 「登（トウ・ト・のぼる）」…登校・登山・登る

③同じ部首の漢字をまとめて覚える。

例 「竹（たけかんむり）」 笑・算・第・筋・等・答・筆・節・管　など

④よく似た漢字を、比（くら）べながら覚える。

例 体積（たいせき）・成績・責任（せきにん）　往復（おうふく）・複雑（ふくざつ）・腹痛（ふくつう）　など

⑤同じ音の漢字をまとめて覚える。

例 「カン」 漢・巻・感・刊・間・完・官・寒・管・慣　など

⑥同じ訓の漢字を、比べながら覚える。

例 「はかる」 時間を計る・長さを測る・体重を量る

例題

◆次の――線のかたかなを漢字に直しましょう。

(1) ①問題をトく。　②意義（いぎ）をトく。

(2) ①箱にオサめる。　②国をオサめる。

(3) ①この海では遊エイは禁止だ。　②エイ遠に残る名曲。

例題の答え

(1) ①解　②説

(2) ①収　②治

(3) ①泳　②永

考え方

(1)①「解(く)」は、答えを出すこと。②「説(く)」は、説明すること。

(2)①「収(める)」は、中に入れること。②「治(める)」は、国家などを統治すること。

(3)読み方が同じで、形も似ている場合は、その漢字が使われる熟語で覚えましょう。

2 同音異字（いじ） ★★

音が同じで意味が違う（ちが）漢字を同音異字といいます。漢字にはこうした字が多く、しばしば書き間違いが起こるため、使い分けに注意する必要があります。

例「イ」………衣　位　医　囲　委　胃　異　移　意　遺　など
「ショウ」…小　少　消　章　象　賞　招　証　昭　将　など

▼同音異字の使い分け

①訓読みすることで、意味をはっきりさせる。

例 衣（ころも）　位（くらい）　囲（かこむ）　異（ことなる）　移（うつす）
小（ちいさい）　少（すくない）　消（けす）　招（まねく）

②訓読みができない漢字は、熟語（じゅくご）で覚える。

例 医者　胃腸（いちょう）　意見　遺産（いさん）　文章
印象（いんしょう）　賞状（しょうじょう）　証人（しょうにん）　昭和　大将（たいしょう）

例題

◆次の――線のかたかなを漢字に直したとき、適切（てきせつ）なものを選び、記号で答えましょう。

(1) 学校の風キが乱（みだ）れている。　（ア 記　イ 紀　ウ 気）
(2) 実験の成ヒはわからない。　（ア 否　イ 非　ウ 批）
(3) ケイ気が良くなりつつある。　（ア 経　イ 計　ウ 景）
(4) 新聞の地方バンを読む。　（ア 版　イ 判　ウ 番）

雑学ハカセ　「カイシン」のホームラン

新聞などで、よく「△△選手、カイシンのホームラン」などという見出しを見ることがあります。「快」は「気持ちがよい」という意味なので、「快心」と誤り（あやま）がちですが、正しくは「会心」です。この場合の「会」は「かなう」という意味で、期待どおりで本人も満足することを表しています。

例題の答え

(1)イ　(2)ア　(3)ウ　(4)ア

考え方

(1)「規律（きりつ）」「道徳」という意味の「フウキ」です。
(2)「成功と失敗」という意味の「セイヒ」です。
(4)その地域（ちいき）などに向けて作ったものであることを表す「バン」です。

おもな同音異字

イ

以…期待以上の働き。
衣…衣服を着る。
医…医者になる。
囲…周囲をとりかこむ。
委…交渉(こうしょう)を委任する。
易…簡易な手続き。
胃…胃腸が弱い。
異…異を唱える。
移…物を移動する。
意…意を決する。
遺…駅の遺失物係。

イン

引…万有引力の法則。
印…印象が薄い人。
因…事故の原因を探る。
員…図書委員になる。
院…近くの病院に行く。
飲…人気の飲食店。

カイ

会…会議に出る。
回…ボールを回転させる。
快…天気が快晴になる。
改…機構(きこう)を改革する。
海…海岸を歩く。
界…世界の平和を願う。
械…機械を動かす。
絵…絵画展(てん)を見に行く。
階…二階へのぼる。
開…校庭を開放する。
解…問題の解答を確認(かくにん)する。

コク

告…旧友(きゅうゆう)の告別式に出る。
穀…日本の穀倉地帯。
刻…書類提出(ていしゅつ)の刻限が迫(せま)る。
国…国際会議に出席する。
黒…暗黒の世界。

ザイ

在…存在を確(たし)かめる。
材…材木を扱(あつか)う会社。
財…家財道具を売る。
罪…罪人を逃(に)がさない。

ハイ

拝…寺を拝観する。
背…背後から声をかける。
肺…肺の病気で入院する。
俳…俳人になりたい。
配…劇(げき)の配役を決める。
敗…一回戦で敗北する。

メイ

名…チーム名を決める。
命…生命を守る。
明…明暗を分ける。
盟…同盟を結ぶ。
鳴…悲鳴が聞こえる。

リョウ

両…両方を比べる。
良…日当たり良好な部屋。
料…母の手作り料理。
量…塩の分量を間違(まちが)える。
漁…船が漁に出る。
領…領土を広げる。

3 同訓異字(いじ)

★★★

訓が同じで意味が違(ちが)う漢字を、同訓異字(いじ)といいます。これらの字も書き間違いをしやすいので、注意が必要です。表そうとする意味に応じて適切(てきせつ)に使い分けられるようにしましょう。同じ訓読みの漢字は、短文を作って練習すると、意味も使い方もはっきりします。

▼同訓異字の使い分け

例

あける
- 席を空ける。(からにする)
- 夜が明ける。(新しい一日が始まる)
- ドアを開ける。(閉じているものをひらく)

あらわす
- 気持ちを表す。(考えや感情(かんじょう)などを表現(ひょうげん)する)
- 姿(すがた)を現す。(形などを表に出す。本質(ほんしつ)を見せる)
- 本を著す。(書物を執筆(しっぴつ)して、出版(しゅっぱん)する)

はえる
- ひげが生える。(草木の芽、歯などが出てくる)
- 山が夕日に映える。(光に照らされて明るく輝(かがや)く)

もと
- 元のとおりにする。(以前の状態(じょうたい))
- 会社の基を築(きず)く。(物事の基本(きほん)や土台)
- 青空の下で走りまわる。(物の下)

雑学ハカセ 同訓異字

「いっしょに買い物に行った友人とは駅で分かれて、一人で帰った。」という文には誤りがあります。正しくは「別れて」です。「分かれて」でも良さそうですが、「別離(べつり)」なので、「別れて」を使います。

と、ここまで書いてきて、もう一つ間違いに気づきました。「あやまり」は「謝り」ではなく「誤り」でした。あなたは気づきましたか。

例題

1 次の――線のかたかなを漢字に直したとき、適切なものを選び、記号で答えましょう。

(1) 私とあなたとは、意見がアう。（ア 合　イ 会）
(2) 私がすべての責任をオいます。（ア 負　イ 追）
(3) 母の大きな声で目をサました。（ア 冷　イ 覚）
(4) きれいな鳥がナいています。（ア 泣　イ 鳴）
(5) ミカンのカワをむいて食べる。（ア 皮　イ 革）

2 次の――線の言葉を、漢字と送りがなに直しましょう。

(1) ①あたたかいコーヒーを飲む。②あたたかい一日。
(2) ①虫歯がずきずきいたむ。②リンゴがいたむ。
(3) ①この町には二十年以上もすんだ。②勉強がすんだ。
(4) ①弟は、走るのがとてもはやい。②寝る時間がとてもはやい。

3 次の――線を漢字で書いた場合に最も適切なものを選び、記号で答えましょう。

(1) さっき飲んだ薬がキいてきた。（ア 聴　イ 利　ウ 効）
(2) そろそろ仕事に手をツけてはどうか。（ア 付　イ 就　ウ 着）
(3) あのチームは、団結がとてもカタい。（ア 硬　イ 堅　ウ 固）
(4) 最近、料理の腕前があがった。（ア 上　イ 揚　ウ 挙）
(5) 学芸会の様子を写真にウツす。（ア 映　イ 写　ウ 移）

例題の答え

1 (1)ア　(2)ア　(3)イ　(4)イ　(5)ア

2 (1)①温かい　②暖かい
(2)①痛む　②傷む
(3)①住んだ　②済んだ
(4)①速い　②早い

3 (1)ウ　(2)ウ　(3)ウ　(4)ア　(5)イ

考え方

1 (1)「合う」は向かい合う・合致すること、「会う」は人と人が会うことです。

2 (2)②「傷」は傷つく・傷をつけるという意味です。

3 (1)「効」は効き目がある・効果という意味、「利」は利用・役に立つという意味です。
(3)「固」は確固・固形という意味です。「堅」は堅実・確実、「硬」は「軟」の対義語です。

おもな同訓異字

あ

あつい
暑い……今年の夏は暑い。
熱い……熱いお茶を飲む。
厚い……この本は厚い。

うける
受ける…祝福を受ける。
請ける…工事を請ける。

うつ
打つ……手を打つ。
討つ……かたきを討つ。
撃つ……鳥を撃つ。

おう
負う……責任(せきにん)を負う。
追う……犬を追う。

おかす
犯す……失敗を犯す。
侵す……国境(こっきょう)を侵す。
冒す……危険(きけん)を冒す。

おくる
送る……荷物を送る。
贈る……感謝状(かんしゃじょう)を贈る。

おさめる
収める…勝利を収める。
納める…税金(ぜいきん)を納める。
治める…国を治める。
修める…医学を修める。

おす
推す……委員に推す。
押す……はんこを押す。

か

かう
買う……本を買う。
飼う……犬を飼う。

かた
形……父の形見の品。
型……歯型を調べる。
方……話し方が上手だ。
片……片側通行。
肩……肩がこる。

かわる
変わる…予定が変わる。
代わる…石油に代わる燃料(ねんりょう)。
換わる…配置が換わる。
替わる…先生が替わる。

きく
聞く……うわさを聞く。
効く……薬が効く。
利く……左手が利く。

きわめる
極める…山頂(さんちょう)を極める。
究める…学問を究める。

きる
切る……縁(えん)を切る。
着る……洋服を着る。

さ

さげる
下げる…頭を下げる。
提げる…かばんを提げる。

さす
指す……ゆびで指す。
差す……日が差す。
刺す……針を刺す。
挿す……花瓶(かびん)に花を挿す。

すすめる
進める…車を進める。
勧める…食事を勧める。

せめる
責める…失敗を責める。
攻める…敵(てき)を攻める。

そなえる
備える…老後に備える。
供える…鏡もちを供える。

た

たつ
立つ……席を立つ。
建つ……家が建つ。
断つ……退路(たいろ)を断つ。
絶つ……交際(こうさい)を絶つ。
裁つ……布地を裁つ。

つとめる
努める…完成に努める。
務める…主役を務める。
勤める…会社に勤める。

とく
- 解く……謎(なぞ)を解く。
- 溶く……小麦粉を水で溶く。
- 説く……人の道を説く。

とも
- 友……友と遊ぶ。
- 供……お供を連れて行く。
- 共……共に楽しむ。

とる
- 取る……手に取る。
- 撮る……写真を撮る。
- 採る……血を採る。

な

ながい
- 長い……長い道のり。
- 永い……末永い幸せ。

なく
- 泣く……泣く子は育つ。
- 鳴く……虫が鳴く。

ならう
- 習う……ダンスを習う。
- 倣う……手本に倣う。

のぞむ
- 望む……合格を望む。
- 臨む……海に臨むホテル。

のぼる
- 上る……坂を上る。
- 登る……山に登る。
- 昇る……太陽が昇る。

は

はえる
- 映える…夕日に映える山。
- 栄える…芸が栄える。
- 生える…雑草(ざっそう)が生える。

はかる
- 図る……解決を図る。
- 計る……時間を計る。
- 量る……体重を量る。
- 測る……距離(きょり)を測る。

はじめ
- 初め……年の初め。
- 始め……歩き始め。

はなす
- 話す……友人と話す。
- 放す……鳥を放す。
- 離す……目を離す。

ひく
- 引く……線を引く。
- 弾く……ピアノを弾く。

へる
- 経る……長い年月を経る。
- 減る……収入が減る。

ま

まるい
- 丸い……地球は丸い。
- 円い……円い窓。

まじる
- 交じる…白髪(しらが)が交じる。
- 混じる…酒に水が混じる。

まわり
- 周り……池の周り。
- 回り……モーターの回り。

み
- 実……木の実がなる。
- 身……技術が身につく。

や

や
- 屋……花屋を営(いとな)む。
- 家……空き家を探(さが)す。

やさしい
- 易しい…易しい問題。
- 優しい…優しい性格(せいかく)。

やぶれる
- 破れる…布が破れる。
- 敗れる…決勝戦で敗れる。

よい
- 良い……品質(ひんしつ)が良い。
- 善い……善い行いをする。

わ

わかれる
- 分かれる…道が分かれる。
- 別れる…家族と別れる。

わざ
- 業……至難(しなん)の業。
- 技……技をみがく。

4 同音異義語（いぎご） ★★★

音読みが同じで意味が違う熟語を、同音異義語といいます。これらの字も書き間違いをしやすいので、注意が必要です。それぞれの熟語の意味と、その熟語が文の中でどのように使われているのかを考え、ふさわしい熟語を選びましょう。

▼同音異義語の使い分け

例

イジョウ
- 次のテストでは、八十点以上をとりたい。（その数量より上）
- このところ、異常に寒い日々が続いている。（正常でないこと）
- 今のところ、異状はまったくありません。（普通と違う状態）

カイカ
- 桜が開花する。（草木の花が咲くこと）
- 文明開化が進む。（世の中が開けて、文化が進むこと）
- 階下から母の声が聞こえてきた。（階段の下）

キコウ
- 穏やかな気候の土地だ。（ある土地の長い間をとおしてみた天候）
- 紀行文を書く。（旅行中に見聞きしたことなどを書いたもの）
- 石油輸出国機構（会社や団体などの組織）
- 高層ビルの起工式に参加する。（工事を始めること）
- 奇行が多く見られる人。（普通とは変わった行い）

雑学ハカセ　キシャ

「キシャのキシャは、キシャでキシャした。」という文では、「キシャ」が四つあります。それぞれを漢字に直すと、「貴社の記者は、汽車で帰社した。」になります。これほどではなくても、「協調の精神が大事なことを、先生は強調した。」などのように、同音異義語はよく出てきます。

例題

1 次の――線のかたかなを漢字に直したとき、適切(てきせつ)なものを選び、記号で答えましょう。

(1) 犯人(はんにん)はイガイな人物だった。 (ア 意外 イ 以外)
(2) アンケートにカイトウする。 (ア 解答 イ 回答)
(3) ガイトウでの演説(えんぜつ)を聞く。 (ア 街灯 イ 街頭)
(4) 生存(せいぞん)キョウソウに勝ち残る。 (ア 競争 イ 競走)

2 次の――線のかたかなを、漢字に直しましょう。

(1) ①ショシン忘(わす)るべからず。 ②会長がショシンを述(の)べた。
(2) ①ゼッタイ絶命のピンチ。 ②僕(ぼく)は、ゼッタイに勝つ。
(3) ①トクイな形状(けいじょう)の石を観察する。 ②私のトクイ科目は、算数だ。
(4) ①今後、人口はゲンショウしていく。 ②台風は、自然ゲンショウだ。

3 次の――線のかたかなを漢字に直したとき、適切なものを選び、記号で答えましょう。

(1) 先生のシジにしたがう。 (ア 指示 イ 支持 ウ 私事)
(2) 役員にシメイされる。 (ア 氏名 イ 使命 ウ 指名)
(3) 人事イドウが行われる。 (ア 移動 イ 異動 ウ 異同)
(4) 体育館をカイホウする。 (ア 会報 イ 解放 ウ 開放)
(5) 夏休みにキセイする。 (ア 規制 イ 帰省 ウ 気勢)
(6) 裁判長(さいばんちょう)にイギを唱える。 (ア 異義 イ 意義 ウ 異議)

例題の答え

1 (1)ア (2)イ (3)イ (4)ア

2 (1)①初心 ②所信
(2)①絶体 ②絶対
(3)①特異 ②得意
(4)①減少 ②現象

3 (1)ア (2)ウ (3)イ (4)ウ (5)イ (6)ウ

考え方

1 (2)アンケートでは、問題を解(と)いて答えを出しません。

2 (1)①「所信」とは、信じるところ・信念という意味です。
(2)①四字熟語(じゅくご)の「絶体絶命」は、覚えておきましょう。
(4)①「減小」と書かないように気をつけましょう。

3 (4)「カイホウ」には、他に「快方」や「介抱」「解法」「回報」などもあります。

おもな同音異義語

あ

以外…大人以外入場禁止(きんし)。
意外…意外な結果。

異議…異議を唱える。
意義…意義のある仕事。
異義…同音異義語。

意志…意志の強い子ども。
意思…賛成(さんせい)の意思表示。

異常…異常気象(きしょう)。
異状…健康に異状はない。

異同…両者に異同はない。
異動…人事異動。
移動…車を移動させる。

運行…列車の運行表。
運航…連絡船(れんらくせん)の運航。

衛星…気象衛星。
衛生…衛生面に注意する。

永世…永世中立国。

演芸…演芸大会が行われた。
園芸…園芸農業。

か

会心…会心の笑み。
改心…改心する。

過程…正答を導(みちび)き出す過程。
課程…教育課程。
仮定…今が三時だと仮定する。
家庭…家庭訪問。

機関…交通機関の乱れ。
気管…気管がつまる。
器官…消化器官の病気。
期間…美術展(びじゅつてん)の開催(かいさい)期間。

見当…見当がつかない。
検討…問題を検討する。

公園…公園で遊ぶ。
公演…劇団(げきだん)の公演が始まる。
講演…有名な学者の講演を聞く。
好演…難(むずか)しい役を好演した。

公開…情報(じょうほう)を公開する。
後悔…後悔先に立たず。

航海…太平洋(たいへいよう)を航海する。
公海…公海での出来事。
更改…制度(せいど)を更改する。

さ

再会…久しぶりに再会した。
再開…会議を再開する。

採血…病院で採血をする。
採決…議案を採決する。
裁決…裁判官(さいばんかん)の裁決。

再興…野球チームを再興する。
再考…再考すべき問題。
採光…採光が必要な部屋。
最高…最高気温。

自体…規則(きそく)自体に問題がある。
事態…深刻(しんこく)な事態になる。
辞退…出場を辞退する。

習得…外国語を習得する。
修得…専門知識(せんもんちしき)の修得。
拾得…拾得物を保管する。

修了…修了証書(しょうしょ)。
終了…映画(えいが)の終了時刻。

紹介…友人の紹介。
照会…身元を照会する。

少数…少数意見の尊重(そんちょう)。
小数…小数の割り算。

証明…身分証明書。
照明…照明器具を買う。
食料…食料となるきのこ。
食糧…世界の食糧問題。
所用…所用で出かける。
所要…所要時間と経費（けいひ）。
心情…主人公の心情。
真情…真情のこもった手紙。
信条…信条に反する行い。
身上…まじめが身上だ。
清算…借金を清算する。
精算…差額（さがく）を精算する。
成算…成算はある仕事だ。
正当…正当に評価（ひょうか）される。
正答…正答率の高い問題。
正統…正統な画風。
絶好…絶好のチャンス。
絶交…友人と絶交した。
創造…天地創造。
想像…想像上の人物。
速成…実力速成コースを受講（じゅこう）する。
促成…促成栽培（さいばい）のトマト。

た

対称…左右対称の図形。
対照…新旧を対照する。
対象…対象となる年齢（ねんれい）。
大勢…試合の大勢が決まる。
態勢…防御（ぼうぎょ）態勢。
体勢…走り出す体勢に入る。
体制…政治体制。
追究…学問の追究。
追求…利益（りえき）の追求。
追及…責任（せきにん）の追及。

は

微小…微小な生物。
微少…損害（そんがい）は微少だ。
微笑…微笑を浮（う）かべる。
平行…二本の平行線。
並行…道路と並行する線路。
平衡…平衡感覚を養う。
閉口…この暑さには閉口だ。
保障…安全の保障。
保証…品質（ひんしつ）の保証。
補償…損害の補償。

ま

無休…年中無休。
無給…無給で働く。
明記…名前を明記する。
銘記…教えを心に銘記する。

や

用意…出発の用意はできた。
容易…解決（かいけつ）は容易だ。
用件…電話で用件を伝えた。
要件…応募（おうぼ）の要件を満たす。
用紙…解答用紙を配る。
容姿…容姿の整った人。
用地…ビルの建設（けんせつ）用地。
要地…交通上の要地。
容量…記憶（きおく）できる容量。
用量…薬の用量。
要領…要領がいい人。
余剰…余剰の品。
余情…余情のある詩。

ら

露地…露地栽培の野菜。
路地…行き止まりの路地。

5 間違えやすい漢字 ★★

同音異字・同訓異字・同音異義語以外にも、字の形が似ているために間違えやすい漢字はたくさんあります。

例
「特」と「持」 ○特別 → ×持別
「池」と「地」 ○電池 → ×電地
「失」と「矢」 ○失敗 → ×矢敗
「決」と「快」 ○決定 → ×快定
「科」と「料」 ○科学 → ×料学

※漢字のもつ意味や、その漢字を使った言葉と一緒に覚えましょう。

例題

❶ 次の（　）に入る最も適切な漢字を選び、記号で答えましょう。

(1) 専（　）（ア 門　イ 問　ウ 間）
(2) 記（　）（ア 緑　イ 縁　ウ 録）
(3) 知（　）（ア 識　イ 織　ウ 職）
(4) （　）員（ア 季　イ 秀　ウ 委）

❷ 次の各文には漢字の間違いがあります。間違いに——線を引き、正しい漢字を用いた熟語に直しましょう。

(1) 新しい士地に家を建てる。
(2) 念のため、雨貝を持参しましょう。

入試では　門か問か

中学入試と高校入試を合わせて、一番出題される漢字は、「センモン」だそうです。「専」の右上に「、」がつくのか、あるいは、「モン」は「門」なのか「問」なのか、正しく覚えておかないと、間違えてしまいます。また、「ホウモン」は「訪問」なのか「訪門」なのか、こちらもしっかり覚えましょう。

例題の答え

❶ (1)ア　(2)ウ　(3)ア　(4)ウ
❷ (1)士地→土地　(2)雨貝→雨具

考え方

❶ (2)「緑」と「縁」がまぎらわしいですが、ここでは「書き記す・記した文書」の意味になるものを選びます。

形が似ていて間違えやすい漢字……

※——は送りがな（　）は中学以上で習う読み。

漢字	読み方	用例
土	ド・ト・つち	土地
士	シ	武士
未	ミ	未来
末	マツ・（バツ）・すえ	本末
休	キュウ・やすむ	休日
体	タイ・（テイ）・からだ	身体
直	チョク・ジキ・ただちに・なおす	直径
真	シン・ま	写真
思	シ・おもう	思案
恩	オン	恩人
快	カイ・こころよい	快活
決	ケツ・きめる	決勝
千	セン・ち	千人
干	カン・ほす・（ひる）	干満

漢字	読み方	用例
例	レイ・たとえる	例年
列	レツ	一列
季	キ	季節
委	イ	委員
旅	リョ・たび	旅行
族	ゾク	家族
拾	（シュウ）・（ジュウ）・ひろう	拾集
捨	シャ・すてる	取捨
熱	ネツ・あつい	過熱
勢	セイ・いきおい	体勢
飯	ハン・めし	赤飯
飲	イン・のむ	飲食
徒	ト	徒歩
従	ジュウ・（ショウ）・（じゅ）・したがう	従来
語	ゴ・かたる	語句
話	ワ・はなす・はなし	話題
科	カ	科学
料	リョウ	資料

漢字	読み方	用例
開	カイ・ひらく	開放
関	カン・せき	関心
閉	ヘイ・とじる	閉会
門	モン・（かど）	専門
問	モン・とう・とん	問題
間	カン・ケン・あいだ・ま	時間
回	カイ・（エ）・まわす	回転
国	コク・くに	国際
団	ダン・（トン）	団体
囲	イ・かこむ	周囲
打	ダ・うつ	打開
折	セツ・おる・おり	折半
析	（セキ）	分析
投	トウ・なげる	投手
技	ギ・（わざ）	技師
枝	（シ）・えだ	枝葉
巻	カン・まく・まき	巻末
券	ケン	食券

練習問題

解答537ページ

1 次の——線の言葉を、漢字で書きましょう。

(1) 月に一度のカイホウを発行する。

(2) 発言のキカイを与(あた)える。

(3) 彼(かれ)は的をイた意見を言った。

(4) 仏教(ぶっきょう)の教えをトく。

(5) 技術(ぎじゅつ)のカクシンをはかる。

(6) 戦いのタイセイは決した。

(7) 火災(かさい)ホウチ器を備(そな)える。

(8) 領海(りょうかい)の反対はコウカイ。

(9) 京都はデントウのある街だ。

(10) ネットウで消毒(しょうどく)する。

〔湘南学園中〕

2 次の——線の言葉を、漢字で書きましょう。ただし、送りがなが必要な場合は、送りがなはひらがなで書きましょう。

(1) 日本のミライは明るい。

(2) お弁当を少しだけノコス。

(3) カンコウ地に遊びに行く。

(4) ゲームに勝ってケイヒンをもらう。

(5) ケワシイのぼり坂を歩く。

(6) オクジョウから空を眺(なが)める。

(7) うがいをしてかぜをヨボウする。

(8) 台風で木がオレル。

(9) 役員のセンキョが行われる。

(10) 駅のカイサツ口で待ちあわせる。

〔お茶の水女子大付中〕

3 次のカタカナを、それぞれの熟語(じゅくご)に合うように漢字に直して書きましょう。

(1) セキ　ア 容（　）　イ 業（　）　ウ（　）務

(2) ソク　ア 規（　）　イ 観（　）　ウ（　）面

〔淑徳与野中〕

ヒント

1 それぞれに同音異義(いぎ)語、同訓異字があります。

(2)この場合の「キカイ」は、チャンスというような意味です。

(3)言い切りの形は「的をイる」です。

(4)この「トく」は、「解く」ではありません。

(6)「おおよその様子」を意味する言葉です。

(8)「領海」から、「カイ」は「海」であることがわかります。 ➡p.46・p.50

2 (5)送りがなのつけ方に注意しましょう。「美しい」などと同じです。 ➡p.38

3 同じ音を持つ、形の似(に)た漢字です。 ➡p.42

4 次の（　）に合う漢字を、あとの［　］から選んで書きましょう。

(1) カン

ア（　　）心できない行いだ。
イ 古い習（　　）をうち破（やぶ）る。
ウ 時（　　）が長く感じられる。
エ 第五（　　）まで読み終えた。

［関・巻・完・間・慣・感］

(2) ショウ

ア あの人は（　　）直だ。
イ 美しい舞台（ぶたい）の（　　）明。
ウ ソプラノの独（どく）（　　）。
エ（　　）談がまとまる。

［承・象・商・唱・正・照］

5 次の（　）に、各組の――線をつけた読み方にあたる漢字を書きましょう。

(1) ネ

ア 植物の（　　）。　イ 虫の（　　）。
ウ 土地の（　　）。

(2) アける

ア 席を（　　）ける。　イ 年が（　　）ける。
ウ 店を（　　）ける。

6 次の［　］には、「サイ」という音読みの漢字が一字入ります。その漢字を書きましょう。

［ア］害にあったA村は、他村へ救［イ］を求める一方、村の［ウ］高地にお社を［エ］建した。その［オ］、暗い思い出を消そうと、［カ］光には［キ］心の注意がはらわれ、新たな気持ちで村人たちは秋の大［ク］をむかえた。

〔神戸女学院中〕

4 それぞれの漢字の意味を考えましょう。
(2)「ショウ明」は明かりのことです。「ショウ談」は、何に関しての相談でしょうか。

p.44

5 (1)イ「ネ色」の「ネ」です。
(2)ア「…席」、ウ「…店」と熟語から考えます。イは「新年アけましておめでとう」と言うことから考えましょう。

p.46

6「サイ」という音読みの漢字を思い出しましょう。
イ「救サイ」の「サイ」には、似た字があるので、注意しましょう。
カ「サイ光」とは、光をどうすることでしょうか。

p.42

4 漢字の部首・筆順・画数

1 部首とその種類 ★★

漢字を組み立てている部分の中で、形の上で分類するもとになる部分を部首といいます。部首は、大きく分けると、「へん」「つくり」「かんむり」「たれ」「にょう」「かまえ」「あし」の七種類に分けることができます。

▼部首の種類

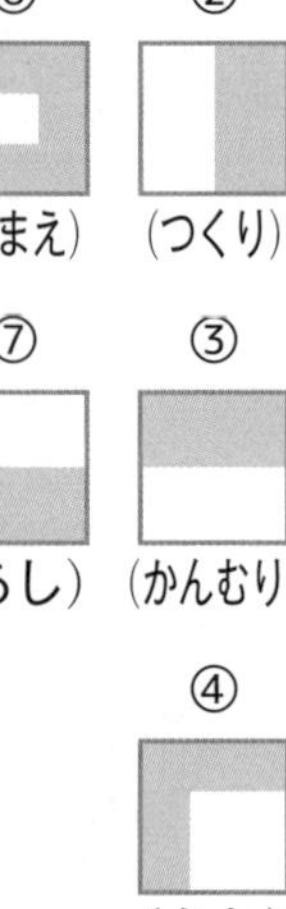

七種類に分類される部首の例には、次のようなものがあります。

①へん…にんべん（亻）・しめすへん（礻）
②つくり…りっとう（刂）・さんづくり（彡）
③かんむり…うかんむり（宀）・わかんむり（冖）
④たれ…がんだれ（厂）・まだれ（广）
⑤にょう…しんにょう（辶）・えんにょう（廴）

参考 漢字の部首・筆順・画数

漢字の部首・筆順・画数というのは、入試でそれほど問われるわけではありません。

しかし、本を読んでいるときに読めない漢字に出合い、読み方や意味を漢字辞典で調べる場合に、部首を知っていれば、調べる手がかりになります。また、漢字の成り立ちを知っていると、漢字のもつ意味もさらに理解しやすくなります。

⑥かまえ…くにがまえ(囗)・もんがまえ(門)
⑦あし…ひとあし・にんにょう(儿)
それぞれの漢字の部首がどの種類に分類されるかを、理解(りかい)しましょう。

例題

❶ 次の図の色のついた部分は、部首の位置を示(しめ)したものです。これについて、あとの問いに答えましょう。

ア　イ　ウ　エ
オ　カ　キ

(1) 次の①～⑤は、それぞれ右の図のどれにあたりますか。記号で答えましょう。
①あし　②つくり　③かんむり　④へん　⑤かまえ

(2) 次の漢字の部首は、右の図のどの種類ですか。記号で答えましょう。
①囲　②投　③雑　④空　⑤痛　⑥意　⑦遠

❷ 次の各組の漢字の中で、部首の種類が異(こと)なるものを選び、記号で答えましょう。

(1) ア地　イ細　ウ神　エ欲　オ除

(2) ア原　イ京　ウ居　エ病　オ序

例題の答え

❶ (1) ①カ　②イ　③キ　④オ　⑤ウ
(2) ①ウ　②オ　③イ　④キ　⑤ア　⑥カ　⑦エ

❷ (1) エ　(2) イ

考え方

❶ 七種類の部首の名と分類と位置をしっかりと覚えましょう。
(1) ①「あし」という言葉から、下部が連想できます。
③「かんむり」なので、頭の部分です。

❷ (1) 一つだけ「つくり」で、他は「へん」です。
(2) 一つだけ「かんむり」で、他は「たれ」です。「亠」(けいさんかんむり・なべぶた)は、左側に垂(た)れていません。

2 おもな部首とその意味 ★★

漢字の部首にはそれぞれ名前とともに、意味があります。おもな部首の名前と意味は次のとおりです。漢字の意味がわからないときでも、部首の意味から見当をつけることができます。

①「へん」

例「亻(にんべん)」…人の性質や状態を表す。……休・住

「扌(てへん)」…手の動作を表す。……指・持

②「つくり」

例「刂(りっとう)」…刀や切り分けることを表す。……刻・割

「頁(おおがい)」…頭部や先頭を表す。……頭・顔

③「かんむり」

例「宀(うかんむり)」…家屋を表す。……室・守

「雨(あめかんむり)」…雨や気象条件を表す。……雪・電

④「たれ」

例「疒(やまいだれ)」…病気などを表す。……病・痛

⑤「にょう」

例「走(そうにょう)」…進む・行くことを表す。……起

⑥「かまえ」

例「門(もんがまえ)」…入り口や外の囲いを表す。……間・開

参考 「月」が表す部首

「服」「有」の「月」と「胸」「腹」の「月」では、形は同じですが、部首が違っています。

「服」や「有」の「月」は「つきへん」です。これに対し、「胸」や「腹」の「月」は、「肉」が変形したもので、「にくづき」といいます。「にくづき」は、肉の性質や状態、内臓、体の部分や状態を表す漢字に用いられています。「にくづき」を部首にもつ漢字には、「肌(はだ)」「胃(い)」「股(また)」「背(せ)」「胴(どう)」などがあります。

「天高く馬肥ゆる秋」という故事成語がありますが、この「肥」の部首は、もちろん「にくづき」になります。

⑦「あし」

例「灬(れんが・れっか)」…火や熱を表す。…………熱・照

※漢字の部首は、辞典によって異(こと)なるものもあります。

例題

❶次の部首をもつ漢字をあとから選び、記号で答えましょう。

(1)おおざと　(2)まだれ　(3)さんずい　(4)ころもへん

(5)えんにょう　(6)ごんべん　(7)こざとへん　(8)はつがしら

(9)ふるとり　(10)しめすへん　(11)あなかんむり　(12)がんだれ

(13)くにがまえ　(14)こころ　(15)のぎへん

ア登　**イ**複　**ウ**議　**エ**想　**オ**神　**カ**陸　**キ**回　**ク**郡

ケ種　**コ**府　**サ**空　**シ**延　**ス**雑　**セ**原　**ソ**洋

❷次の部首名を答えましょう。

(1)忄　(2)冖　(3)斤　(4)犭　(5)勹　(6)冫

❸次の各組の漢字は、共通する部首がついて別の漢字になります。その部首を例にならって答えましょう。

例 立・寸・二・也　部首 亻

(1)大・玉・寸・木　(2)化・加・次・代

(3)合・寺・相・間　(4)成・明

(5)及・氏・内・田　(6)求・方・孝・正

例題の答え

❶(1)**ク** (2)**コ** (3)**ソ** (4)**イ** (5)**シ** (6)**ウ** (7)**カ** (8)**ア** (9)**ス** (10)**オ** (11)**サ** (12)**セ** (13)**キ** (14)**エ** (15)**ケ**

❷(1)りっしんべん (2)わかんむり (3)おのづくり (4)けものへん (5)つつみがまえ (6)にすい

❸(1)口 (2)貝 (3)⺮ (4)皿 (5)糸 (6)攵

考え方

❶(1)「おおざと」は「つくり」。(7)「こざとへん」は「へん」。

❷(1)「心」が立ったのが、「りっしんべん」です。(6)「冫」は「氷」を表します。

❸(2)お金に関係する部首がつきます。

3 筆順のきまり

★★

漢字を組み立てている一つ一つの点や線を画といい、一つの漢字を書くときの一画一画の順序(じゅんじょ)を筆順といいます。漢字の筆順には、いくつかのきまりがあります。正しい筆順で書くことが、速く美しく整った形の漢字を書くためには必要です。

筆順のきまりは、次のようなものです。

①上から下へ書く。 例 言
②左から右へ書く。 例 川
③横の画を先に書く。 例 木
④横の画をあとに書く。(③の例外) 例 曲
⑤中心から左右に書く。 例 小
⑥外側から内側へ書く。 例 国
⑦左はらいから右はらいへ。 例 父
⑧全体をつらぬく縦画(たてかく)は最後に書く。 例 中
⑨全体をつらぬく横画は最後に書く。 例 母
⑩横の画と左はらい
- 横画が長く左はらいが短い字は、左はらいを先に書く。 例 有
- 横画が短く左はらいが長い字は、横画を先に書く。 例 友

⑪(①~⑩の)筆順のきまりでは説明できないもの
- 「にょう」には、先に書くものと、あとに書くものがある。

参考 筆順

「右」と「左」という字はよく似(に)ています。しかし、「右」の第一画目は「ノ」、「左」の第一画目は「一」です。筆順は「速く美しく整った形の漢字を書く」ためにあります。実際(じっさい)に「右」と「左」で試してみましょう。

いったん間違(まちが)った筆順を覚えてしまうと、なかなか直すことができません。この機会に、ぜひ正しい筆順を覚え、実際に書けるようにしておきましょう。

先に書くもの　例 起　あとに書くもの　例 返

• 左はらいには、先に書くものと、あとに書くものがある。

先に書くもの　例 及　あとに書くもの　例 方

例題

❶ **漢字の筆順について、あとの問いに答えましょう。**

(1) 第一画を縦画から始めるものを選び、記号で答えましょう。

ア 根　イ 来　ウ 馬　エ 麦　オ 両

(2) 第一画を横画から始めるものを選び、記号で答えましょう。

ア 肉　イ 図　ウ 止　エ 南　オ 星

(3) 最後が縦画で終わるものを選び、記号で答えましょう。

ア 社　イ 屋　ウ 仕　エ 重　オ 車

(4) 最後が横画で終わるものを選び、記号で答えましょう。

ア 筆　イ 官　ウ 研　エ 半　オ 平

❷ **次の漢字の赤色部分は、何画目に書きますか。漢数字で答えましょう。**

(1) 色　(2) 非　(3) 医　(4) 身

❸ **次の漢字の赤色部分は、何画目に書きますか。その数の大きいものから順に、記号で答えましょう。**

ア 発　イ 州　ウ 右　エ 式　オ 圧

例題の答え

❶ (1) ウ　(2) エ　(3) オ　(4) イ

❷ (1) 四　(2) 五　(3) 四　(4) 六

❸ エ→ア→イ→オ→ウ

考え方

❶ (1)「馬」の第一画は、「ニ」ではなく「丨」です。

(3)「車」は、最後に「丨」をまっすぐにおろします。

❷ (2) 四画で書いた左側の次に、縦(たて)におろします。

(3) 第一画の「ニ」の次に「矢」を書いていきます。

❸ アは四画目、イは三画目、ウは一画目、エは五画目、オは二画目に書きます。

4 間違えやすい筆順の漢字 ★

筆順の問題で、入試によく出題される漢字に次のようなものがあります。どの漢字も間違えやすい筆順です。ここで、しっかりと覚えておきましょう。

必…丶ソ义义必（二画目・三画目に注意）

乗…一二三乒乖乘乗（つらぬく画の順番に注意）

皮…ノ厂广皮皮（左はらいから書く）

帯…一十廾卅卌丗丗帯帯（一～四画目に注意）

希…ノメ产产矛希希（三画目は左はらいを書く）

服…丿刀月月肌服服（五画目に注意）

率…丶亠㐭玄玄玄玄玄率率（十画目は横画）

域…一十土圹圹坷垣域域域（五画目・十画目に注意）

衆…ノ丫巾血血血血尹衆衆（八画目は縱画）

郵…一二三乒乖垂垂垂郵郵（三～五画目に注意）

卯…ノ丆丘卯卯卯卯（二画目に注意）

参考 「必」の筆順

「必」の部首は「心」です。そのためか、筆順を「心」を書いたあとに「ノ」を入れたり、あるいは、「心」の中央と右の二つの点の前に「ノ」を入れたりする人も少なくないので、辞書によっては複数の書き順を掲載しています。しかし、第一画を真ん中の点、第二画を「ノ」にすることで最もバランスよく書けるため、この筆順が主流となっています。

「希」の第三画目は「一」なのか「ノ」なのかは、間違えやすいですが、この漢字をよく見ると、第三画目以降は「布」と同じですね。では、「布」の第一画はどうでしょうか。形の似た漢字から考えましょう。

例題

❶ 漢字の筆順について、あとの問いに答えましょう。

(1) 次の漢字を正しい筆順で書くとき、第一画を横画から始めるものを次から二つ選び、記号で答えましょう。

ア 友　**イ** 布　**ウ** 灰　**エ** 成　**オ** 有

(2) 次の漢字を正しい筆順で書くとき、第一画が左にはらうものではないものを次から二つ選び、記号で答えましょう。

ア 角　**イ** 糸　**ウ** 進　**エ** 犯　**オ** 米　**カ** 毎　**キ** 我

❷ 次の漢字の筆順として最も適切（てきせつ）なものを選び、記号で答えましょう。

(1) 無
- **ア** ノ 𠂉 𠂉 𠂉 無 無 無 無 無 無 無 無
- **イ** ノ 𠂉 𠂉 𠂉 無 無 無 無 無 無 無 無
- **ウ** ノ 𠂉 𠂉 𠂉 無 無 無 無 無 無 無 無

(2) 械
- **ア** 一 十 木 木 朩 杧 械 械 械 械 械
- **イ** 一 十 木 木 朩 杙 械 械 械 械 械
- **ウ** 一 十 木 木 朩 杧 械 械 械 械 械

(3) 飛
- **ア** 乁 乁 乁 飞 飞 飞 飞 飛 飛
- **イ** 乁 乁 乁 飞 飞 飞 飛 飛 飛
- **ウ** 乁 乁 乁 飞 飞 飞 飛 飛 飛

例題の答え

❶ (1)ア・ウ　(2)イ・オ

❷ (1)イ　(2)ア　(3)ウ

考え方

❶ (1)イ・エ・オは、第一画が左はらいになります。第一画が
(2)イの「糸」の第一画は「く」になります。また、オの「米」の第一画目は、点を左から右下へおろします。

❷ (1)「無」の第三画は、長い横画で、第四画から第七画まで縦（たて）画が続きます。
(2)「戈」の部分の筆順に注意しましょう。右上の点は最後に書きます。
(3)第四画目は、長い縦画になります。

5 画数・間違(まちが)えやすい画数の漢字 ★

漢字の画数は、漢字を組み立てている点や線を一画と数えます。また、ひと続きに書くものは一画として数えます。

①一画として数えるもの

例「乙」「し」「乀」など

②画数の多い部首

例「糸(いとへん)」六画　「言(ごんべん)」七画
「貝(かいへん)」七画　「門(もんがまえ)」八画
「金(かねへん)」八画　「頁(おおがい)」九画

③間違(まちが)えやすい画数の部首

例「廴(えんにょう)」三画　「阝(こざとへん)・阝(おおざと)」三画
「弓(ゆみへん)」三画　「子(こへん)」三画
「片(かたへん)」四画　「欠(あくび・かける)」四画
「癶(はつがしら)」五画　「疒(やまいだれ)」五画
「隹(ふるとり)」八画　「革(かわへん・かくのかわ・つくりがわ)」九画

例題

❶次の漢字の画数を、算用数字で答えましょう。

(1) 呼　(2) 帰　(3) 批
(4) 災　(5) 姿　(6) 勝

入試では 画数

一画ずつ書いて画数を数えていくと、時間がかかります。入試では、「織」「議」「鏡」などの画数の多い字がよく出題されるので、「糸」「言」「金」などの画数を覚えておくと便利です。

例題の答え

❶ (1) 8　(2) 10　(3) 7　(4) 7　(5) 9　(6) 12　(7) 12　(8) 8　(9) 13

❷ (1) ウ　(2) イ　(3) ウ　(4) ア　(5) ウ　(6) エ　(7) イ　(8) エ

❸ (1) ア・エ・オ・キ・ク・コ　(2) ア・エ・カ・キ・ケ　(3) イ・ウ

(7) 遊　(8) 承　(9) 義

❷ **次の漢字と同じ画数の漢字を選び、記号で答えましょう。**

(1) 初（**ア** 的　**イ** 変　**ウ** 臣　**エ** 成）
(2) 後（**ア** 雨　**イ** 海　**ウ** 校　**エ** 画）
(3) 直（**ア** 昼　**イ** 図　**ウ** 長　**エ** 記）
(4) 書（**ア** 弱　**イ** 船　**ウ** 風　**エ** 飲）
(5) 陽（**ア** 様　**イ** 福　**ウ** 筆　**エ** 帳）
(6) 察（**ア** 散　**イ** 辞　**ウ** 億　**エ** 静）
(7) 録（**ア** 歴　**イ** 衛　**ウ** 講　**エ** 確）
(8) 曜（**ア** 親　**イ** 鏡　**ウ** 謝　**エ** 題）

❸ **漢字の画数について、あとの問いに答えましょう。**

(1) 次の漢字のうち、六画ではない漢字をすべて選び、記号で答えましょう。
ア 夜　**イ** 会　**ウ** 回　**エ** 学　**オ** 汽
カ 再　**キ** 男　**ク** 赤　**ケ** 虫　**コ** 店

(2) 次の漢字のうち、八画の漢字をすべて選び、記号で答えましょう。
ア 述　**イ** 食　**ウ** 努　**エ** 刷　**オ** 約
カ 武　**キ** 舎　**ク** 足　**ケ** 国　**コ** 家

(3) 次の漢字のうち、十五画の漢字を二つ選び、記号で答えましょう。
ア 練　**イ** 敵　**ウ** 導　**エ** 築　**オ** 績

考え方

❶
(3) 三画の「扌(てへん)」と四画の「比」から成ります。
(4) 三つ並んだ「く」は、それぞれ一画で書きます。
(5) 六画の「次」と三画の「女」から成ります。
(7) 「方」「子」「辶」といった、間違えやすい部分があります。

❷
(1) 「初」の部首は「ネ(ころもへん)」で、五画です。
(3) 「直」は、最後に一画で「乚」を書きます。
(5) 「陽」の「阝(こざとへん)」は三画です。
(8) **ウ** 「謝」の「身」の部分は七画です。筆順にも気をつけましょう。

❸
(1) 「学」の「子」は三画、「男」の「力」は二画で書きます。
(2) 「努」の「又」は二画、「約」の「糸」は六画で書きます。

練習問題

解答538ページ

1 次の部首をもつ漢字を用いる熟語をあとから選び、——線のかたかなを漢字に直しましょう。（——線の漢字のみ書くこと。）

(1) くにがまえ (2) れんが (3) しめすへん (4) やまいだれ
(5) りっとう (6) たけかんむり (7) しんにょう (8) さんずい
(9) こざとへん (10) おおがい

ハイキン　コクゲン　ネットウ　イト　ヨウキ
イデン　ケッパク　ジュウジュン　シュクジ　ジュウビョウ

〔普連土学園中〕

2 次の漢字の赤色部分は、何画目に書きますか。算用数字で答えましょう。

(1) 鳥 (2) 耕 (3) 帯 (4) 好

〔目白研心中〕

3 次の文は、「構」という漢字を漢字辞典で探すときの方法をまとめたものです。Aはかたかな、Bは漢字、Cはひらがな、Dは漢数字で答えましょう。

「構」の音は［A］とわかっているので、［B］索引で引けるが、部首索引では［C］のところを引けばよい。また、総画数は［D］画となる。

ヒント

1 かたかなで示された熟語を漢字で書くとどうなるか、先に見当をつけておきます。「ヨウキ」には「容器」「陽気」の二つが浮かびます。
(3)「しめすへん」は「ネ」になります。「ネ」と間違えないようにしましょう。
(5)「りっとう」は「つくり」で、「刂」という形です。
(9)「こざとへん」と「おおざと」は同じ「阝」ですが、「へん」か「つくり」かで違ってきます。 p.60

2 (3)「帯」の二画目はどこになるかを覚えておきましょう。 p.64

3 C「構」の部首は何でしょうか。 p.58

魚へんの漢字

　魚へんの漢字は百個以上ありますが、これらの漢字は、すべて魚の名前か、水辺で生きる生物の名前、あるいは、これに関することがらを表します。たとえば、魚は「えら」という器官を使って呼吸(こきゅう)をします。この「えら」を漢字で書くと、「鰓」となります。また、魚には「うろこ」がありますが、漢字で書くと「鱗」です。

　また、寿司屋(すしや)へ行くと、

「鮑」「鯵」「鯱」「鰊」「鰍」「鰤」「鮒」「鯛」「鱒」「鯏」「鱚」
「鰆」「鮎」「鱈」「鮃」「鰈」「鰯」「鯨」「鯰」「鰹」「鱧」「鯖」
「鯉」「鮹」「鮪」「鮫」「鮭」「鰻」

　こんな漢字が書かれた湯飲みを見かけることはありませんか？　これらの漢字は、すべて魚やそれ以外の海の生物の名前を表しています。ちなみに、

「鮑(あわび)」「鯵(あじ)」「鯱(しゃち)」「鰊(にしん)」「鰍(かじか)」「鰤(ぶり)」「鮒(ふな)」「鯛(たい)」「鱒(ます)」「鯏(あさり)」「鱚(きす)」
「鰆(さわら)」「鮎(あゆ)」「鱈(たら)」「鮃(ひらめ)」「鰈(かれい)」「鰯(いわし)」「鯨(くじら)」「鯰(なまず)」「鰹(かつお)」「鱧(はも)」「鯖(さば)」
「鯉(こい)」「鮹(たこ)」「鮪(まぐろ)」「鮫(さめ)」「鮭(さけ)」「鰻(うなぎ)」

と読みます。みなさんはどれくらい読めるでしょうか。

　魚の名前を表す漢字には、国字（p.22参照）に含(ふく)まれるものがいくつかあります。たとえば「しゃち」は、虎(とら)のように恐(おそ)ろしい海の生物なので、魚へんに「虎」という字を組み合わせて「鯱」という字になりました。また、「いわし」は、とてもくさりやすい魚なので、魚へんに「弱」という字を組み合わせて「鰯」という字になったのです。「きす」は、魚へんに、きすの「キ」という音を表す「喜」を組み合わせて「鱚」となりました。つまり、「鯱」や「鰯」は会意文字（p.18参照）、「鱚」は形声文字（p.19参照）の国字です。

　ところで、百個以上ある魚へんの漢字ですが、意外なことに、小学校では、魚へんの漢字を学習しません（二年生で学習する「魚」の部首は「うお」です）。中学校へ進級しても、「鮮」「鯨」の二種類を学習するだけです。なお「鮮」の音読みは「セン」、訓読みは「あざ-やか」です。魚とは関係なさそうに思えるかもしれませんが、生魚の意味を表しています。「鯨」の音読みは「ゲイ」、訓読みは「くじら」です。

　小学校や中学校で学習しない漢字であっても、みなさんの身近にはいろいろな漢字があります。知らない漢字を見かけたら、辞典で意味を調べてみましょう。

5 ローマ字

1 ローマ字とは ★

ローマ字は，母音(a, i, u, e, o)と子音(母音以外の音)を組み合わせて書きます。

大文字

A I U E O K S T N H F M Y R W G Z J D B P C

小文字

a i u e o k s t n h f m y r w g z j d b p c

英語で用いるアルファベットは26文字ありますが，ローマ字ではLl，Qq，Vv，Xxを除いた，22文字を使います。

ローマ字の書き方

・大文字

A I U E O K S T N H F

M Y R W G Z J D B P C

・小文字

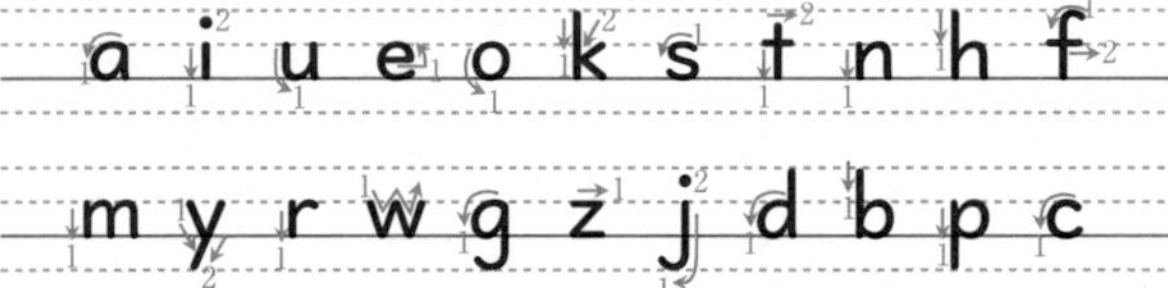

参考 ヘボン式，日本式

ローマ字を用いて日本語を表記したのは，戦国時代に日本に来たポルトガル人が最初だといわれています。ヘボン式ローマ字は，江戸時代末期に来日したアメリカ人医師，ジェームス・カーティス・ヘボン(1815-1911)が作った和英辞典『和英語林集成』における表記法で，英語の発音に基づいています。日本式は，日本人が，五十音図に基づいて系統立てて表記しようという意図から作ったものです。表記を統一させるため，政府は1937年に「内閣訓令第３号」で日本式を基礎として「訓令式ローマ字」を公認しました。

ローマ字の表

		A	I	U	E	O			
ア行		あ a	い i	う u	え e	お o			
カ行	K	か ka	き ki	く ku	け ke	こ ko	きゃ kya	きゅ kyu	きょ kyo
サ行	S	さ sa	し si [shi]	す su	せ se	そ so	しゃ sya [sha]	しゅ syu [shu]	しょ syo [sho]
タ行	T	た ta	ち ti [chi]	つ tu [tsu]	て te	と to	ちゃ tya [cha]	ちゅ tyu [chu]	ちょ tyo [cho]
ナ行	N	な na	に ni	ぬ nu	ね ne	の no	にゃ nya	にゅ nyu	にょ nyo
ハ行	H	は ha	ひ hi	ふ hu [fu]	へ he	ほ ho	ひゃ hya	ひゅ hyu	ひょ hyo
マ行	M	ま ma	み mi	む mu	め me	も mo	みゃ mya	みゅ myu	みょ myo
ヤ行	Y	や ya	(い) (i)	ゆ yu	(え) (e)	よ yo			
ラ行	R	ら ra	り ri	る ru	れ re	ろ ro	りゃ rya	りゅ ryu	りょ ryo
ワ行	W	わ wa	(い) (i)	(う) (u)	(え) (e)	を (o) [wo]			
ン	N	ん n							
ガ行	G	が ga	ぎ gi	ぐ gu	げ ge	ご go	ぎゃ gya	ぎゅ gyu	ぎょ gyo
ザ行	Z	ざ za	じ zi [ji]	ず zu	ぜ ze	ぞ zo	じゃ zya [ja]	じゅ zyu [ju]	じょ zyo [jo]
ダ行	D	だ da	ぢ (zi) [di]	づ (zu) [du]	で de	ど do	ぢゃ (zya) [dya]	ぢゅ (zyu) [dyu]	ぢょ (zyo) [dyo]
バ行	B	ば ba	び bi	ぶ bu	べ be	ぼ bo	びゃ bya	びゅ byu	びょ byo
パ行	P	ぱ pa	ぴ pi	ぷ pu	ぺ pe	ぽ po	ぴゃ pya	ぴゅ pyu	ぴょ pyo

[　]の中の書き方も使うことができます。
(　)の中の書き方は，重ねて出してあるものです。

2 ローマ字の書き方のきまり ★

(1) はねる音(はつ音)「ン」は，すべて「n」と書きます。

例 denki(電気)　sinbun(新聞)

(2) はねる音を表す「n」の次に母音や「y」がくる場合などは，読み違(ちが)いをふせぐために，「n」のあとに「'」を入れます。

例 ken'ei(県営)　kin'yôbi(金曜日)

(3) つまる音(促音(そくおん))「っ」は，次の音を2つ重ねて書きます。

例 kitte(切手)　syuppatu(出発)

(4) のばす音(長音)は，のばす母音の上に「^」をつけます。ただし，「î」の場合は「ii」と書いても問題ありません。また，大文字の場合は，母音の字を重ねて書く場合もあります。

例 otôsan(お父さん)　Tôkyô(東京)
Ôsaka，Oosaka(大阪)

(5) 文のはじめや人名，地名の最初の文字は，大文字で書きます。地名などはすべて大文字で書くこともあります。

例 Asa ga kita.(朝が来た。)　KYÔTO(京都)

(6) 助詞(じょし)の「を，は，へ」は，発音どおりに「o，wa，e」と書きます。

例 Boku wa hon o kari ni tosyokan e iku.
(僕(ぼく)は本を借りに図書館へ行く。)

※ローマ字で文を書くときは，意味をとりやすいように単語ごとに1つずつ分けて書きます。このように分けて書くことを，「分かち書き」といいます。

例 Ano / tatemono / wa, / Akira / kun / no / ie / desu.
(あの建物は，アキラくんの家です。)

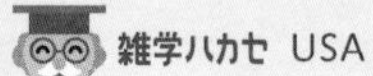

雑学ハカセ USA

アメリカ合衆国(がっしゅうこく)の正式名称は，United States of America，略(りゃく)して「U.S.A」です。では，日本にも「USA」があることを知っていますか？

大分県(おおいたけん)に宇佐市(うさし)という都市があります。全国にある八幡(はちまん)神社の総本社(そうほんじゃ)である，宇佐神宮(じんぐう)がある街です。駅の案内板にローマ字で駅名が書いてありますが，この「USA」を見たアメリカ人がびっくりしたそうです。

ズームアップ

単語 ➡p.169

例題

❶次の言葉を，ローマ字で書きましょう。

(1) おばあさん　(2) 自転車　(3) 鉛筆（えんぴつ）

❷次のローマ字の言葉を，漢字に直して書きましょう。

(1) annai　(2) zen'aku

(3) gakkyû　(4) hikôki

❸次のヒントを参考にして□にローマ字を一字入れ，言葉を作りましょう。

(1) 野菜

①□aiko□

②ta□ane□i

③n□n□in

④ha□u□ai

⑤ky□r□

⑥□en□on

(2) 魚

①wa□asa□i

②s□n□a

③m□gu□o

④□ira□e

⑤□a□uo

⑥□u□i

❹次の文を，ローマ字で書きましょう。

(1) 健一（けんいち）くんのお姉さんは，裕子（ゆうこ）さんです。

(2) 三日前に，植物園に出かけた。

(3) お父さんは，出張（しゅっちょう）で九州へ行った。

例題の答え

❶ (1)obâsan
(2)zitensya
(3)enpitu

❷ (1)案内
(2)善悪
(3)学級
(4)飛行機

❸(1) ①d・n
②m・g
③i・z〔j〕
④k・s
⑤û・i
⑥r・k

(2) ①k・g
②a・m
③a・r
④h・m
⑤k・t
⑥b・r

❹ (1)Ken'iti kun no onêsan wa, Yûko san desu.
(2)Mikka mae ni, syokubutuen ni dekaketa.
(3)Otôsan wa, syuttyô de Kyûshû e itta.

3 ローマ字の符号 ★

(1) 「.」(とめ)…句点の「。」と同じで，文の終わりに使ったり，略字の印としても使ったりします。

例 Ame ga huru.（雨が降る。）

(2) 「,」(区切り)…読点「、」と同じで，文中の意味の切れ目に使います。

例 Ame ga huri, kaze mo huita.
（雨が降り，風も吹いた。）

(3) 「;」(大区切り)…「,」よりも大きな区切りに使います。

例 Sikoku ; Kagawa-ken, Ehime-ken, Kôti-ken, Tokusima-ken.
（四国；香川県，愛媛県，高知県，徳島県。）

(4) 「:」(二つ点)…説明を加える場合や脚本で人物の会話を表す場合などに使います。

例 Taro : Hayaku koko e koi.
（太郎：早くここへ来い。）

(5) 「?」(問い)…問いや疑問文の終わりに使います。

例 Ima nanzi desuka ?（今何時ですか？）

(6) 「!」(強め)…感動を表すときなどに使います。

例 Sugoi !（すごい！）

(7) 「“ ”」(引用)…言葉のはじめとおわりに使います。

例 “Konnitiwa”（今日は）

(8) 「-」(つなぎ)…名前など，言葉をつなぐ印として使います。

例 Isida-Akira（石田明） Nara-ken（奈良県）

(9) 「’」(音切り)…音を切って読む印です。

例 udon’ya（うどん屋） sen’in（船員）

(10) 「^」(やま形)…音をのばす印です。

例 yûenti（遊園地） Hokkaidô（北海道）

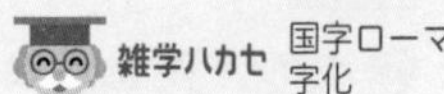

第二次世界大戦後，漢字・かなの使用をやめ，ローマ字を国字にしようとする案が検討されました。アルファベットを使用することで外国人の日本語習得が簡単になり，その結果として，国際化が進むだろうという考えからです。もし実現していたら，日本は，今とはずいぶん違う国になっていたのでしょうね。

例題

1 次の言葉を，ローマ字で書きましょう。

(1) 店員 (2) 風船 (3) 豆腐(とうふ)
(4) 電報(でんぽう) (5) 校長 (6) 山脈
(7) 発見 (8) 単位 (9) 洋酒
(10) 中央公園 (11) 京都市(きょうとし)

2 次のローマ字の言葉を，漢字に直して書きましょう。

(1) syodô (2) ningyô
(3) sanpomiti (4) gyûnyû
(5) undôkai (6) kôsaten
(7) sinbunsya (8) kaigairyokô
(9) hyakunin'issyu (10) syokuryôhin
(11) nettaigyo (12) kyûsyokutôban

3 次の文には，それぞれ2つずつローマ字のつづり方に間違いがあります。正しく書き直しましょう。

(1) Watashi ha sansuu ga sukida.
(2) Honya made no mitizyun wo osieru.

4 次の文を，ローマ字で書きましょう。

(1) 天気予報(よほう)では，今日は雨が降る。
(2) 冷たい水で，顔を洗(あら)った。

例題の答え

1 (1)ten'in
(2)fûsen
(3)tôhu
(4)denpô
(5)kôtyô
(6)sanmyaku
(7)hakken
(8)tan'i
(9)yôsyu
(10)tyûôkôen
(11)Kyôto-si

2 (1)書道〔初動〕
(2)人形
(3)散歩道
(4)牛乳
(5)運動会
(6)交差点
(7)新聞社
(8)海外旅行
(9)百人一首
(10)食料品
(11)熱帯魚
(12)給食当番

3 (1)ha→wa
sansuu →sansû
(2)Honya →Hon'ya
wo→o

4 (1)Tenki yohô dewa, kyô wa ame ga huru.
(2)Tumetai mizu de, kao o aratta.

4 コンピュータのローマ字入力★

パソコンのワープロソフトを使って日本語を書き表すときには，キーボードのひらがなやローマ字を使います。この作業を入力といいますが，入力には，ひらがなを使う「**ひらがな入力**」とローマ字を使う「**ローマ字入力**」の２つがあります。

▶ローマ字入力の方法

(1)　ローマ字の書き方とローマ字入力の方法が同じもの

①ローマ字表に２通りの書き方がある文字は，どちらの打ち方でも入力できます。

例》「白」 SHI〔SI〕RO 「大事」 DAIJI〔ZI〕

②つまる音(促音(そくおん))は，次の音を２つ重ねて入力します。

(2)　ローマ字の書き方とローマ字入力の方法が違(ちが)うもの

①のばす音(長音)は，ひらがな表記のとおり入力します。

例》「お父さん」 OTOUSAN
「野球」 YAKYUU

②のばす音で「ー」を用いる場合は，「—」のキーを打ちます。

例》「サッカーボール」 SAKKA-BO-RU

③はねる音(はつ音)「ん」は，「NN」と入力します。

例》「民意」 MINNI 「明暗」 MEIANN

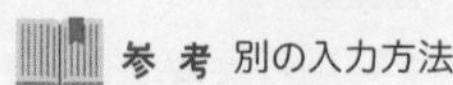

２通りの入力ができる文字は，「し…SI・SHI」「ち…TI・CHI」「つ …TU・TSU」「ふ …HU・FU」「じ…ZI・JI」「しゃ…SYA・SHA」「しょ…SYO・SHO」などです。また，「ちゃ…TYA・CHA・CYA」「ちゅ…TYU・CHU・CYU」「じゃ…ZYA・JYA・JA」「じょ…ZYO・JYO・JO」などのように，３通りの入力ができる場合もあります。

どの方法でも入力できるように覚えておくと，便利です。

④「ぢ・づ」は，「DI・DU」，「ぢゃ・ぢゅ・ぢょ」は「DYA・DYU・DYO」と入力します。

例》「縮(ちぢ)む」 TIDIMU

「三日月」 MIKADUKI

⑤助詞(じょし)の「を，は，へ」は，ひらがな表記どおりに入力します。ただし，「を」は「WO」と入力します。

例》「あれをこちらへ持ってくる」

AREWOKOTIRAHEMOTTEKURU

(3) ローマ字表にはない入力方法

①小さい「ぁ・ぃ・ぅ・ぇ・ぉ」「ゃ・ゅ・ょ・っ」を入力するときは，はじめに「X」または，「L」の文字を入力します。

②特別なつづり方で入力するものもあります。

例》「ファミリー」 FAMIRI-

「スウィーツ」 SUWI-TU

「ミルクティー」 MIRUKUTHI-

「デュエット」 DHUETTO

「ジェット機」 ZYETTOKI　　など

※使用するパソコンによって，入力方法が異(こと)なる場合もあります。

例題

❶次の言葉をパソコンでローマ字入力するとき，どのキーを打ちますか。2通り考えて，打つキー(大文字)を答えましょう。

(1) 医者　(2) 制服(せいふく)　(3) 野宿

(4) 救助(きゅうじょ)　(5) 署名(しょめい)　(6) 貯金(ちょきん)

❷次の言葉をパソコンでローマ字入力するとき，どのキーを打ちますか。打つキー(大文字)を答えましょう。

(1) お兄さんと，公園でボール遊びをした。

(2) そこの全員，ちょっと待ちなさい。

例題の答え

❶ (1)ISYA・ISHA

(2)SEIHUKU・SEIFUKU

(3)NOZYUKU・NOJUKU

(4)KYUUJO・KYUUZYO

(5)SHOMEI・SYOMEI

(6)TYOKINN・CHOKINN

❷ (1)ONIISANNTO, KOUENNDE BO-RUASOBI WOSI〔SHI〕TA。

(2)SOKONO ZENNINN, TYO〔CHO〕TTO MATI〔CHI〕NASAI。

考え方

❶ (3)「野宿」の「じゅ」は、「JU」「ZYU」「JYU」の3通りあります。

❷ (1)「した」の「し」は「SHI」でも入力できます。

(2)「全員」の「ん」は，「NN」と入力します。「ちょっと」の「ちょ」は「CHO」でも，「待ち」の「ち」は「CHI」でも，それぞれ入力できます。

練習問題

解答538ページ

1 次のヒントを参考にして□にローマ字を一字入れ，言葉を作りましょう。

(1) 天気に関係がある

① h□r□　② y□k□

③ □ûya□e　④ □m□

(2) 食べ物

① r□ng□　② se□b□i

③ k□ar□m□ru　④ m□k□n

〔土佐中〕

2 次の言葉を，ローマ字で書きましょう。

(1) 教育　(2) 深夜

(3) 茶室　(4) 日記帳

(5) 航空機（こうくうき）　(6) 札幌市（さっぽろ）

3 次の(1)～(4)は，どの店で買うことができますか。あとから選び，記号で答えましょう。

(1) kitte　(2) zyôgi

(3) toranpetto　(4) painappuru

ア gakkiten　イ kudamonoya

ウ yûbinkyoku　エ bunbôguya

4 次の文には，それぞれ２つずつローマ字のつづり方に間違い（まちが）があります。その言葉に――線を引き，正しく書き直しましょう。

(1) Kyô ha atui node boosi o kaburu.
（今日は暑いので帽子（ぼうし）をかぶる。）

(2) Omise ni kireina tiyawan ga ata.
（お店にきれいな茶わんがあった。）

(3) Panya he kaimono ni iku.
（パン屋へ買い物に行く。）

ヒント

1 (1)③「夕焼け」です。
(2)③「キャラメル」です。

➡p.72

2 (2)「しんや」の「n」のあとに，「ya」が続いています。
(4)「日記帳」には，「つまる音(そく音)」と「のばす音(長音)」があります。
(6)「札幌市」は地名なので，最初は大文字で書きます。

➡p.72

3 (2)漢字で表記すると，「定規（じょうぎ）」になります。

➡p.72

4 (1)「のばす音」の書き方に注意します。
(2)「つまる音」の書き方に注意します。

➡p.72

5 次の――線①・②の言葉の読みが，ローマ字で書いてあります。正しいものを選び，記号で答えましょう。

このあいだ，読書クラブで読んだ本についての感想を①発表しあったときのことです。ある生徒の発表が終わって，②質疑応答（しつぎおうとう）がありました。

① ア hatupyô　イ hatpyô
　ウ happyô　エ hatupiyô
② ア situgiôtô　イ siggioutou
　ウ situgiôtou　エ siggiouto

〔横浜国立大附属横浜中〕

5 ①「発表」には，「つまる音（そく音）」と「のばす音（長音）」があります。

➡p.72

6 次の――線を，ひらがなで書きましょう。（かたかなを使ったほうがよいところは，かたかなを使うこと。）

Otôto wa, kôhî-zyawan ni, hutatuzutu satô o ireta.

〔香川大附属高松中〕

6 「ぢ」と「じ」，「ず」と「づ」のかなづかいにも注意しましょう。

➡p.72

7 次の文を，ひらがなで書きましょう。

Kamosika no naku koe ya, raityô no nakigoe nado wa, dôbutuen dewa tyotto kiku koto ga dekinai.

〔大阪教育大附属池田中〕

7 「tyotto」の読み方に注意しましょう。

➡p.72

8 次の文をパソコンでローマ字入力するときに，打つキーを大文字で書きましょう。

スウェーデン　の　ヴァイオリニスト　が来日した。

8 「ウェ」と「ヴァ」の打ち方に注意が必要です。「来日」の「ち」と「した」の「し」には，それぞれ２通りの入力方法があります。

➡p.76

章末問題

解答539ページ

1 次の漢字の読みを、ひらがなで答えましょう。

(1) 養生　(2) 所望　(3) 早世
(4) 自重　(5) 節操

〔サレジオ学院中〕

2 次の――線の漢字の読みを、ひらがなで答えましょう。

(1) 両者の声が呼応する。
(2) 防災(ぼうさい)用品を取捨選択(せんたく)する。
(3) 大陸を縦断する山脈(さんみゃく)。
(4) 運命に身を委ねる。
(5) 車が何台も連なる。

〔鎌倉学園中〕

3 次の漢字の特殊(とくしゅ)な読みを、ひらがなで答えましょう。

(1) 迷子　(2) 八百屋　(3) 今朝
(4) 果物　(5) 土産

〔東海大付属相模中〕

4 次の各組の――線の漢字の中から、読みが異(こと)なるものを選び、記号で答えましょう。

(1) ア 児童　イ 男児　ウ 小児　エ 育児
(2) ア 就職　イ 去就　ウ 就任　エ 成就
(3) ア 無言　イ 言行　ウ 発言　エ 格言
(4) ア 外国　イ 外科　ウ 除外　エ 外聞
(5) ア 強情　イ 勉強　ウ 強制　エ 強行
(6) ア 嫌悪　イ 険悪　ウ 悪質　エ 罪悪

〔千葉日本大第一中〕

5 次の――線のかたかなを、漢字で答えましょう。

(1) 意見がワれる。
(2) バクマツの時代。
(3) 本をボウ読みする。
(4) 長年のコウセキが評価(ひょうか)される。
(5) 勇気をフルい立たせる。
(6) 山頂(さんちょう)から初日の出をオガむ。
(7) 品物をユソウする。
(8) 水分がジョウハツする。
(9) 車のボウソウによる事故(じこ)。
(10) メンミツな計画を立てる。

〔栄東中〕

6 次の――線のかたかなを、漢字で答えましょう。ただし、送りがなが必要なものは、ひらがなで送りがなをつけて答えましょう。

(1) 自分の畑をタガヤス。
(2) 己(おのれ)のもてる力をハッキする。
(3) 混乱(こんらん)した事態(じたい)をシュウシュウする。
(4) カクチョウ高い文体だ。
(5) 来賓(らいひん)にシャジを述(の)べる。
(6) 先生をウヤマウ。
(7) 王様にツカエル。
(8) 他人の所有権(しょゆうけん)をオカす。
(9) 彼(かれ)は日本画の目キきだ。
(10) 功徳を積(つ)めば成仏(じょうぶつ)できる。
(11) 商品を地方に出荷する。
(12) 雑居ビルが林立する。
(13) 日々の営みを大切にする。
(14) 瞬く間に消えてしまった。
(15) 通説を唱えても仕方ない。

〔逗子開成中〕

7 次の――線のかたかなは漢字で、漢字は読みをひらがなで答えましょう。

(1) 借金をセイサンする。
(2) 神社にサンパイする。
(3) 卒業証書(しょうしょ)をジュヨする。
(4) 目的にガッチした行動を取る。
(5) 仮面(かめん)ブトウ会が開かれた。
(6) 特別ヨウゴ老人ホームで働く。
(7) 二十年の時をツイやして完成した。

8 次の(1)～(4)の――線と同じ漢字が使われているものをそれぞれ選び、記号で答えましょう。

(1) 相手の意コウに従(したが)う
ア コウ層(そう)ビル
イ 作業のコウ程(てい)
ウ 書類で選コウする
エ コウ上心を持つ

(2) 意見をシ持する
ア 塀(へい)にシ柱を立てる
イ 先生のシ示(じ)を守る
ウ 会社の上シ
エ 公シを混同(こんどう)する

(3) 見トウがつかない
ア 提案内容(ていあんないよう)を検(けん)トウする
イ トウ選番号
ウ 健トウを祈(いの)る
エ 全体のトウ一

(4) 薬のゲ熱作用

ア 自己紹カイをする　　イ カイ送電車

ウ 社名をカイ称する　　エ 規制をカイ除する

〔法政大第二中〕

9 次の□にあてはまる共通する一字を、それぞれ漢字で答えましょう。

(1) 遠方の友人から□りが届く。
以前より交通の□がよくなった。
仲間の車に□乗する。

(2) 母は目□量でなべに塩を加えた。
一寸の虫にも五□の魂。
自らの□をわきまえた振る舞い。

(3) 犬がくさりから□たれる。
□言によって信用をなくす。
魚を川に□流した。

〔獨協中〕

10 ――線のかなづかいとして適切なものを次から二つ選び、記号で答えましょう。

ア セーターを洗ったらちじんだ。

イ 落ち葉でぢめんがおおわれている。

ウ 去年は十月とおかが体育の日だった。

エ 冷たいこうりみずを飲む。

オ 勉強は毎日つずけなければ意味がない。

カ 字が小さすぎてよみづらい。

キ やっぱりてずくりのケーキはおいしいね。

ク チャイムが授業開始のあいづだ。

〔公文国際学園中〕

11 次の漢字について、あとの問いに答えましょう。

雑

(1) 部首にあたる部分をぬき出して書きましょう。

(2) 総画数が同じものをあとから選び、記号で答えましょう。

ア 駅　イ 遠　ウ 鉄　エ 線

〔日本大藤沢中〕

12 次の各組の四つの漢字に共通する部首をつけると、別の漢字ができます。その共通する部首の名前を答えましょう。

(1) 大　古　井　寸

(2) 告　刀　軍　米

〔公文国際学園中〕

13 次の――線のかたかなを漢字に直したとき、その漢字の総画数を算用数字で答えましょう。

フク雑な形

〔桜美林中〕

14 次の――線の熟語には二通りの読みがあります。この場合の正しい読みを答えましょう。

あの方は日本画の大家だ。

〔桜美林中〕

15 次の――線のかたかなを漢字に直しましょう。

(1) ①アタタかい日に②アタタかいココアは飲みたくない。

(2) ①アツい夏の日、②アツい本を読みながら③アツいコーヒーを飲んだ。

〔東海大付属相模中〕

16 次の――線の漢字の読みをひらがなで答えましょう。

(1) 素行に気をつけて生活する。

(2) 目下調査中（ちょうさちゅう）です。

(3) 時に自重することも大切だ。

〔日本大第二中〕

17 次の□にあてはまる共通する一字を、それぞれ漢字で答えましょう。

(1)
- 金銭（きんせん）の出□帳
- □屋にしまう
- 収□家具を買う

(2)
- 正月に□服を着る
- 近所の寺の□尚（しょう）さん
- 今日は行楽日□だ

〔広尾学園中〕

18 次の＝＝線のかたかなと同じ漢字が使われているものを次からそれぞれ選び、記号で答えましょう。

(1) コウ造

ア 文章のコウ成を組み立てる。

イ コウ地面積を測定（そくてい）する。

ウ 生花のコウ習を受ける。

エ 震災（しんさい）から街が復コウする。

(2) ショ置

ア 通学のショ要時間を計る。

イ 欧米（おうべい）ショ国を旅する。

ウ 生ゴミをショ理する。

エ 生徒会でショ名活動を行う。

〔星野学園中〕

19

次の空欄に入る漢字を、音を表す記号、「音記号」と考えます。

1 カ石　2 カ能　3 カ庭

このカという音記号に、意味を表す部首を加えると、同じ発音だが別の意味の三つの漢字になることに気づきました。

次の(1)〜(3)は、この三つの音記号カに、新たに別の部首を組み合わせてできた漢字の説明です。これらの漢字は、もしかしたらまだ習っていない漢字かもしれませんが、音記号と部首を組み合わせれば考えることができます。

さて、それぞれどのような漢字を説明していますか。説明文の(1)〜(3)の□で囲まれた部分の漢字だけを書きましょう。（三つの音記号は一度ずつすべて使っています。）

また(4)の問いに答えましょう。

(1) アキやイネなどに使われているこの部首には、「穣」（ゆたか・みのる）を表す意味があるんだね。この部首に音記号を組み合わせるとカ動になるよ。やっぱり機械がカ動すると、実りによってカセぐことになるものね。

(2) この部首は動物のカワを表すんだね。この部首に「包む」をつけるとカバンになるよね。もしかしたら、このカワを「カ」につけたクツも「カ」と読むのかな。

(3) この漢字には、この音記号の他に二つ足す必要があるね。一つは、「チャ」や「オちる」などに使われている部首、もう一つは「キュウ息」などに使われるものだね。シュッカする時には、やっぱりこの二つが必要だからかな。

(4) 1の音記号に何か部首を組み合わせて、「カ」と音読みする漢字を考え、その漢字を答えなさい。

〔芝浦工業大柏中〕

ここからスタート！

第1編

言葉

第2章 いろいろな言葉

学習することがら

1 言葉の種類

1 和語・漢語・外来語

★入試重要度

わたしたちがふだん用いている言葉は、由来によって三種類に分けられます。

①和語…外国との交流が始まる前から日本にあった言葉で、大和言葉ともいいます。漢字の訓は、中国から入ってきた漢字にあてられた和語です。耳で聞くだけでも意味が理解しやすく、日常会話でも使われやすいという特徴があります。

例 山・川・海・思(やま　かわ　うみ　おも(う))→和語
サン　セン　カイ　シ→漢語
年月・色紙(としつき　いろがみ)→和語
ネンゲツ　シキシ→漢語

②漢語…中国の言葉が取り入れられて日本語になった言葉です。漢字の音がもとになっていて、字音語ともいいます。

※漢字音は、伝えられてから日本化するとともに中国でも次第に変化し、現代の中国では通じない言葉がほとんどです。また、「社会」「映画」などのように、日本でつくられた漢語も非常に多く見られます。

③外来語…もとは外国語だったものが日本に伝わり、日本語の中で使われるようになった言葉です。おもに欧米から伝わった言葉のことを指し、かたかなで表記します。洋語ともいいます。

※日本でしか使われない和製英語というものもあります。

例 サラリーマン　ペットボトル

参考 国字

「畑」「峠」「枠」などの漢字には、訓読みしかありません。これらは和語をもとに日本でつくられた漢字で、「国字」といいます。

p.22

参考 呉音・漢音・唐音

漢字の音は、伝わった時代によって、呉音(奈良時代以前)、漢音(奈良時代後半〜平安時代)、唐音(鎌倉時代以降)という区別がされます。

例 正　ショウ→呉音
セイ　→漢音

唐音には「西瓜(スイカ)」「椅子(イス)」「扇子(センス)」など、特別な読み方が多いのが特徴です。

p.24

例題

❶ 次の言葉の種類をあとから選び、記号で答えましょう。

(1) 感想　(2) インターネット　(3) 話す
(4) 都会　(5) 田舎(いなか)　(6) ゆっくり
(7) 携帯(けいたい)電話　(8) コメント

ア 和語　**イ** 漢語　**ウ** 外来語

❷ 次の各文から漢語をすべて抜(ぬ)き出しましょう。

(1) 昨夜から降(ふ)り続いた雪で、外は一面真っ白だった。
(2) この物語の主人公は、かわいらしい少女だ。
(3) 弟は、夜の九時には必ずベッドに入る。
(4) わたしの夢(ゆめ)は、パティシエになって自分の店をもつことだ。
(5) 夕暮(ぐ)れ時の海辺を、目的もなく歩く。
(6) わたしと姉の名前には、共通の漢字が使われている。

❸ 次の外来語を訳(やく)した言葉として最も適切(てきせつ)なものをあとから選び、記号で答えましょう。

(1) アイディア　(2) プロセス　(3) テクノロジー
(4) エラー　(5) プライド　(6) リズム

ア 過程(かてい)　**イ** 科学技術(ぎじゅつ)　**ウ** 調子　**エ** 自尊心(じそんしん)
オ 発想　**カ** 失敗

例題の答え

❶ (1)**イ**　(2)**ウ**　(3)**ア**　(4)**イ**　(5)**ア**　(6)**ア**　(7)**イ**　(8)**ウ**

❷ (1)昨夜・一面　(2)主人公・少女　(3)九時　(4)自分　(5)目的　(6)共通・漢字

❸ (1)**オ**　(2)**ア**　(3)**イ**　(4)**カ**　(5)**エ**　(6)**ウ**

考え方

❶ 訓読みなら和語、音読みなら漢語と考えましょう。(5)は和語の「いなか」に「田舎」という二字の漢字をあてた熟字訓(じゅくじくん)です。(7)は「携帯」と「電話」という二つの漢語を組み合わせた複合(ふくごう)語(ご)です。

❷ 必ずしも二字熟語＝漢語というわけではないので気をつけましょう。

2 和語の意味の考え方 ★★

和語には、まったく同じ形でありながら使い方によって意味の変わる言葉があります。また、意味によって異なる漢字を用いて使い分けている言葉もあります。したがって、前後の文脈から、それぞれの言葉がどの意味になるかを考えることが大切です。

①多義語…関連する複数の意味をもつ言葉のこと。和語の中でも特に動詞については、多義語であることが少なくありません。

例 **聞く**
- ラジオを聞く……音・声を耳で感じる。
- 道を聞く……たずねる。
- たのみを聞く……ききいれる。

例 **頭**
- 頭が痛い……動物の脳みそがある部分。
- 列の頭に並ぶ……物事の先端部分。
- あの子は頭がよい……頭脳の働き。

②同訓異字…多義語の意味の違いを異なる漢字を用いることで示したものの中で、特に訓読み(和語)に限ったものをいいます。

※意味がほとんど同じで書き分けも必要ないもの、意味は似ているが書き分けが必要なもの、たまたま同じ訓読みをするだけで意味がまったく異なるものもあります。

例 **つとめる**
- 努める……いっしょうけんめいやる、がんばる(努力)。
- 務める……役目を受けもつ(義務・責務)。
- 勤める……役所や会社などで働く(勤労・通勤)。

雑学ハカセ 「ウオ」と「サカナ」

「サカナ」と言えば、「魚」、そして「(酒の)肴」です。「肴」はかつて「酒菜」と書いていました。「お酒を飲むとき一緒に食べるもの。つまみ」という意味ですが、つまみとしてよく魚類が食べられていたため、「サカナ」＝「魚類」となりました。それまで魚類は「ウオ」とよばれていて、「サカナ」とよばれ出したのは江戸時代になってからです。

ことば 同音異字と同音異義語

同じ音をもっていても異なる意味(字)であるものを同音異字、同音異字を組み合わせたもので熟語の形であるものを同音異義語といいます。

p.44・p.50

例 おさめる

治める……国を支配する、平和にする（政治・治世）。
修める……学問や技術を身につける（修学・修了）。
納める……金品を相手にわたす、きちんとしまう（納品・格納）。
収める……手に入れる、中に入れる（収入・収容）。

例題

❶ ――線の言葉が同じ意味で使われているものを次からそれぞれ二つ選び、記号で答えましょう。

(1) **ア** 人差し指を立てる。 **イ** 見通しを立てる。
ウ 看板を立てる。 **エ** ほこりを立てる。

(2) **ア** 先に到着していた。 **イ** 棒の先でつつく。
ウ 一年も先の予定。 **エ** 先の校長先生。

❷ 次の――線の言葉の意味をあとから選び、記号で答えましょう。

(1) アイドルへの熱がさめる。
ア 興味がなくなる **イ** 意識のはっきりした状態になる

(2) 春から銀行につとめる。
ア 一生懸命がんばる **イ** 働く

(3) はしの持ち方をなおす。
ア 正しくする **イ** 病気やけがをした体をもとどおりにする

ズームアップ 同訓異字 ➡p.46

例題の答え

❶ (1)**ア・ウ**（順不同） (2)**ア・エ**（順不同）

❷ (1)**ア** (2)**イ** (3)**ア**

考え方

❶ (1)**ア**と**ウ**は「縦にまっすぐにする」という意味。
(2)**ア**と**エ**は「以前・前」という意味。

❷ 漢字に直して考えてみましょう。
(1)**ア**「冷める」、**イ**「覚める」。
(2)**ア**「努める（努力）」、**イ**「勤める（勤務）」。
(3)**ア**「直す」、**イ**「治す」。

練習問題

解答541ページ

1 次の各文の――線を漢語に直しましょう。

(1) 新幹線が最高の速さを記録する。
(2) 朝早く起きて本を読む習慣をつける。
(3) 学校におくれたわけを説明する。
(4) この部屋で食べたり飲んだりしてはいけません。
(5) 駅までは歩きで十分ほどかかる。
(6) 説明書に書いてある使い方を守ってください。

2 次の言葉は複合語です。和語・漢語・外来語の中の、どれとどれが組み合わさっていますか。あとの中から選び、記号で答えましょう。

(1) 自動ドア　(2) 特別料金
(3) 宙返り　(4) 歯ブラシ
(5) 年末大セール　(6) 卵焼き

ア 和語　イ 漢語　ウ 外来語

3 「ファッション」は漢字の熟語では「服装」と表現することができます。次の(1)～(6)の外来語を□に適当な漢字一字を補って、熟語にしましょう。〔灘中―改〕

(1) ポジション→□置　(2) インフォメーション→□報
(3) コレクション→収□　(4) ディスカッション→□論
(5) リアクション→反□　(6) セクション→□門

ヒント

1 漢語は漢字の音をもとにしてできた言葉です。(3)以外は――線の和語の漢字を音読みに直して考えます。
(3)「わけ(訳)」には、「道理」「意味」といった意味もありますが、ここではふさわしくありません。前後の文脈から適切な意味を読み取って漢語で表しましょう。
p.86

2 まず単語に分け、漢字は音読みか訓読みかを考えましょう。外来語については、かたかな表記が手がかりです。
p.86

3 外来語を漢語に直す問題です。その外来語を使った例文を思い浮かべ、そこから意味をとらえます。
p.86

いろはがるた

みなさんは、「いろはがるた」を知っていますか。

「いろはがるた」とは、かるたの一種で、いろは順のひらがな四十七文字に「京」の字を加えた四十八文字でそれぞれ始まることわざなどを書いた読み札と、その内容を描いた取り札からできています。

「いろはがるた」の起源は、江戸時代後期の上方（現在の京都市とその周辺）を中心とする地域といわれており、その後、尾張（現在の愛知県名古屋市周辺）、江戸（現在の東京都）に伝わったとされています。そのため、それぞれの地域によって「いろはがるた」に使われていることわざに違いが見られます。

【上方】

・い…一寸先は闇

・ろ…論語読みの論語知らず
（知識はあるものの、実行できないたとえ。本の内容を表面的に理解しているだけで、中身や本質を深くは理解できていないこと。）

・は…針の穴から天をのぞく
（少しばかりの知識や経験で、大きな問題を解決しようとすること。）

・京…京に田舎あり
（にぎやかな都にも、思いがけず田舎のような場所があること。）

【尾張】

・い…一を聞いて十を知る

・ろ…六十の三つ子
（人間が年をとると、子どもに戻ることのたとえ。）

・は…花より団子

・京…なし

【江戸】

・い…犬も歩けば棒に当たる

・ろ…論より証拠

・は…花より団子

・京…京の夢大阪の夢
（夢の話をする前に唱える言葉。夢の中でなら、いろいろなことができるということ。現実的ではないことのたとえ。）

「いろはがるた」を使って、遊びながら、たくさんのことわざと、その意味を覚えていきましょう。

2 熟語

1 熟語の成り立ち ★★★

熟語は、二つ以上の漢字が結びついて一つの言葉になったものです。一つの漢字をほかの漢字と組み合わせることで、たくさんの熟語をつくることができます。

例 「実」を使った熟語
実感・実績・実例・実地・実際・実用・実力・実験・実戦・実物・実話・実情・実行・実父　など

熟語の組み合わせには、次のようなものがあります。

①同じ漢字を組み合わせたもの

例 人々(人・人)　口々(口・口)　数々(数・数)
色々(色・色)　山々(山・山)　続々(続・続)

②似た意味の漢字を組み合わせたもの

例 道路(みち・みち)　尊敬(とうとぶ・うやまう)
頂上(いただき・うえ)　鋼鉄(はがね・てつ)

③意味が反対や対になる漢字を組み合わせたもの

例 左右(ひだり・みぎ)　上下(うえ・した)
縦横(たて・よこ)　強弱(つよい・よわい)

雑学ハカセ　踊り字

「々」「ゝ」「〱」などの記号のことを「踊り字(くり返し符号)」といいます。「ゝ」は上にある仮名を、「々」は上にある漢字をくり返すときに使う記号です。また、「〱」は「くの字点」ともよばれ、二字以上のかなまたは漢字混じりの文字をくり返すときに用います。

パソコンなどでは「おなじ」「くりかえし」と入力、変換すると表示させることができます。

④上の漢字が下の漢字を修飾(説明)するもの

例 牛乳(牛の乳)　曲線(曲がった線)
楽勝(楽に勝つ)　誤読(誤って読む)

⑤下の漢字が上の漢字の目的や対象になっているもの

例 帰国(国に帰る)　登山(山に登る)
負傷(傷を負う)　兼業(業務を兼ねる)

※「(下の漢字)に(上の漢字)」「(下の漢字)を(上の漢字)」といった形で読むことができます。

⑥上の漢字が主語、下の漢字が述語になっているもの

例 国立(国が設立する)　人造(人が造る)
氷解(氷が解ける)　腹痛(腹が痛い)

※「(上の漢字)が(下の漢字)」の形で読むことができます。

⑦上の漢字が下の漢字を打ち消すもの

- 不(…ない)　例 不正　不便
- 無(…がない)　例 無害　無人
- 非(…ではない、…がない)　例 非力　非常
- 未(まだ…ではない)　例 未熟　未来
- 否(そうではない)　例 否決　否定

⑧上に、意味をそえる漢字がつくもの(⑦以外)

- 全(…じゅう)　例 全国　全体
- 御、貴(地位や身分が高いことを示す)　例 御社　貴著

参考 ④と⑤の見分け方

④と⑤については見分けることを難しく感じるかもしれませんが、漢字一字一字の訓や意味を理解していれば、上の字から下の字に続けて読むのか(④)、下の字から上の字に返って読むのか(⑤)がわかるようになります。

参考 接頭語

⑦や⑧などの意味をそえる字のことを「接頭語」といいます。

漢字によっては、複数の「接頭語」につながるものがあります。その場合、読み方が変わることもあるので注意しましょう。

例 無力　非力

・諸（たくさんの）　例 諸君　諸事

⑨下に、意味を強めたりそえたりする漢字がつくもの

・「然」（…のような様子、…らしい）
例 必然　当然

・「性」（…の性質をもっている、…の状態、…の程度、…さ）
例 習性　適性

・「的」（…に関する、…についての、…のような、…の状態にある、…の）
例 劇的　私的

・「化」（…にする、…になる）
例 美化　電子化

⑩長い言葉を略したもの

例 国際連合→国連　特別急行→特急　入学試験→入試

⑪三字・四字の漢字でできているもの

・三字熟語
例（一字＋二字）未解決　総予算
（二字＋一字）合理的　成人式
（一字＋一字＋一字）衣食住　雪月花

・四字熟語
例（二字＋二字）団体割引　永世中立
（一字＋一字＋一字＋一字）老若男女　起承転結

参考 接尾語

⑨のような意味をそえる字のことを「接尾語」といいます。

雑学ハカセ 身の周りの略語

ふだん何気なく使っている言葉の中にも、実は略語であるものが多くあります。たとえば「切手」は「郵便切手」の略語です。ほかにも、
・電卓（電子式卓上計算機）
・教科書（教科用図書）
などがあります。

例題

❶ 次の熟語の組み立てとして適切なものをあとから選び、記号で答えましょう。

(1) 私立　(2) 思考　(3) 異国　(4) 着席　(5) 有無

ア 似た意味の漢字を組み合わせたもの
イ 意味が反対や対になる漢字を組み合わせたもの
ウ 上の漢字が下の漢字を修飾(説明)するもの
エ 下の漢字が上の漢字の目的や対象になっているもの
オ 上の漢字が主語、下の漢字が述語になっているもの

❷ 次の熟語と同じ組み立てのものをあとから選び、記号で答えましょう。

(1) 他人　(2) 高低　(3) 映写　(4) 作文

ア 回転　イ 血管　ウ 上陸　エ 利害

❸ 次の言葉の中から組み立ての異なるものを選び、記号で答えましょう。

(1) ア 開閉　イ 接続　ウ 表裏　エ 売買
(2) ア 納税　イ 通学　ウ 失礼　エ 多数
(3) ア 黒板　イ 直線　ウ 私鉄　エ 逆転
(4) ア 非効率　イ 輸入品　ウ 芸術家　エ 博物館
(5) ア 中央集権　イ 一方通行　ウ 花鳥風月　エ 精密機械

❹ 次の□に「不・無・非・未」のいずれか一字を入れ、熟語を完成させましょう。

(1) □協力　(2) □条件　(3) □公平　(4) □完成

例題の答え

❶ (1)オ　(2)ア　(3)ウ　(4)エ　(5)イ
❷ (1)イ　(2)エ　(3)ア　(4)ウ
❸ (1)イ　(2)エ　(3)ウ　(4)ア　(5)ウ
❹ (1)非　(2)無　(3)不　(4)未

考え方

❷ (1)「他の人」と「血の管」
(2)「高↔低」と「利↔害」
(3)「映≒写」と「回≒転」
(4)「文を作る」と「陸に上がる」

❸ (1)イだけ意味の似た漢字の組み合わせです。
(2)エだけ上の漢字が下の漢字を修飾します。
(3)ウは「私営鉄道」の略語です。
(4)アだけ「一文字(打ち消しの接頭語)＋二文字」の組み合わせです。
(5)ウだけ四文字がそれぞれ対等な関係である組み合わせです。

2 熟語の意味の考え方 ★

日本語の言葉の多くは漢字で書き表すことができます。漢字は一字一字がそれぞれ意味をもっているため、二つ以上の漢字でできる熟語の意味は、漢字ごとの意味をもとに類推できるものが多くあります。

①漢字の訓読みを手がかりにする

訓読み（和語）は、日本人の生活に密着した言葉をあてはめているので、意味を思いつきやすい読みです。音読みのみで構成された熟語については、音だけで意味を特定することは難しいため、それぞれの漢字を訓読みにすることが、意味を考える手がかりとなります。

例 向上
- 「向」の訓…むく（向く）
- 「上」の訓…うえ（上）

↓

「上に向く」ことで、「よいほうへ進歩する」という意味。

②漢字の意味を手がかりにする

漢字には、訓読みがなく音読みだけのものもあります。その漢字を使った別の熟語から漢字それぞれの意味を推測し、手がかりとしましょう。

例 雑貨
- 「雑」…①まとまりのない（雑念）　②いろいろな（雑務）
- 「貨」…①お金（貨幣）　②商品・荷物（貨物）

↓

「雑」②の意味
「貨」②の意味

↓

「いろいろな商品」という意味。

※漢字の一字一字の意味を考えても、正しい意味がわからないものがあります。そのような言葉は特別な意味で漢字を使っているので、辞書で正しい意味を調べて覚えるようにしましょう。

参考　二字熟語の読み方

二字熟語の読み方には、
①訓読み＋訓読み
②音読み＋音読み
③訓読み＋音読み（湯桶読み）
例 夕刊・身分・荷台
④音読み＋訓読み（重箱読み）
例 団子・軍手・茶色
⑤特別な読み方（熟字訓）
例 今日・七夕・眼鏡
の五つがあります。

p.26

例題

1 次の熟語を、例にならって文の形に直しましょう。

(1) 暖流（だんりゅう）　(2) 厳守（げんしゅ）　(3) 除雪（じょせつ）

例 退場（たいじょう） → 場を退く（しりぞく）。

2 次の熟語の意味をあとから選び、記号で答えましょう。

(1) 読書
ア 読むことと書くこと　イ 本を読むこと

(2) 画策（かくさく）
ア いろいろと計画すること　イ 作戦を図示（ずし）すること

3 次の――線の漢字の意味とその使用例をあとから選び、記号で答えましょう。

(1) 課税（かぜい）
ア 義務（ぎむ）としてわりあてる（課題）　イ 会社などの業務の区分（会計課）

(2) 制服（せいふく）
ア きまり（制度）　イ 形をつくること（制作）

4 次の熟語の意味をあとから選び、記号で答えましょう。

(1) 来朝
ア 朝になること　イ 外国から日本へ来ること

(2) 失言
ア 言葉を失う　イ 思わず言ってしまう

例題の答え

1 (1)暖（あたた）かい流れ。 (2)厳（きび）しく守る。 (3)雪を除（のぞ）く。

2 (1)イ (2)ア

3 (1)ア (2)ア

4 (1)イ (2)イ

考え方

2 (1)ここでの「書」は、「書物」の意味です。
(2)「画」「策」ともに「計画」という意味をもっています。

4 (1)この場合の「朝」は「日本国(わが国)」を表しています。外国から帰ってきたときは「帰朝」といいます。
(2)「失」には「思わず〜してしまう」という使い方があります(例)失言・失笑（しっしょう）)。

練習問題

解答542ページ

1 次の(1)〜(6)の□に漢字を入れて、二通りの読み方ができる熟語を作りましょう。

(1) 市□　(2) □紙　(3) 風□
(4) □手　(5) 年□　(6) 生□

〔灘中〕

2 次の(1)〜(3)の熟語の――線部の漢字と違う意味で使われているものを、下のア〜エの中からそれぞれ選び、記号で答えましょう。

(1) 推測〔ア 推定　イ 推移　ウ 類推　エ 推理〕
(2) 要所〔ア 要求　イ 主要　ウ 重要　エ 要点〕
(3) 感謝〔ア 謝礼　イ 謝恩　ウ 月謝　エ 謝罪〕

〔和洋九段女子中〕

3 次の□に共通の漢字を入れて、それぞれ熟語を作りましょう。

例　事□　条□　要□　答え……件

(1) □心　□手　□労
(2) 人□　□分　火□
(3) □場　大□　□作
(4) 屋□　□流　海□

〔関東学院六浦中〕

ヒント

1 音読みで読んだ場合と、訓読みで読んだ場合を考えます。同じ漢字を使っていますが、読み方によって意味が少し異なる場合もあるので気をつけましょう。

2 熟語によって、使われている漢字の意味が異なります。訓読みに直したり別の熟語を思い出したりして意味を考えましょう。p.96

3 どれか一つ思い浮かぶ熟語があれば、その文字を使って、ほかの二つにもあてはまるかどうかを確かめます。合わなければ別の熟語を考えて、あてはめてみます。これをくり返して解きましょう。

4

次の□の中に、打ち消しや否定の意味をもつ「非・不・未・無・否」のうち、どれがあてはまりますか。最も適切なものを答えましょう。

(1) □責任　(2) □凡　(3) □景気　(4) □記名

(5) □成年　(6) □認　(7) □練　(8) □良

〔四天王寺羽曳丘中〕

5

次の(1)～(5)に示す成り立ちにあてはまる熟語を、あとの漢字を二字組み合わせて答えましょう。ただし、同じ漢字を二度使ってはいけません。

(1) 似たような意味の字を重ねたもの　例 出発

(2) 上が下を修飾したり説明したりするもの　例 親友

(3) 下が上の目的となったり説明したりするもの　例 読書

(4) 反対や対になる意味が重なったもの　例 天地

(5) 上が下を打ち消しているもの　例 不便

〔得　金　子　語　知　地
未　迷　預　震　言　失〕

〔玉川学園中〕

6

次の(1)～(4)の三字熟語の組み立てと同じものをあとから選び、記号で答えましょう。

(1) 不可能　(2) 市町村　(3) 想像力　(4) 再出発

ア 新発売　イ 運動会　ウ 衣食住　エ 無責任

〔松蔭中〕

---

4 どの接頭語を選ぶかは、漢字や熟語によって決まっていることがほとんどです。一つずつあてはめて読んでみましょう。

p.93

5 (1)・(4)は組み合わせる漢字の意味が手がかりになります。(5)はまず打ち消しの接頭語を探しましょう。(2)・(3)については、訓読みにして文の形になる組み合わせを考えます。

p.92～p.94

6 「二字＋一字」の組み立てになっているもののうち、打ち消しの接頭語を含むものについては、ここでは分けて考えてみましょう。

p.93

3 三字熟語・四字熟語

1 おもな三字熟語 ★★

上の一字が下の二字の意味を打ち消すもの

非常識…常識から外れていること。
例 非常識な発言を改める。

ハイレベル **不可逆**…元に戻らないこと。
例 不可逆的な変化をする。

不可欠…欠くことができないこと。
例 会社の発展に不可欠な人物だ。

不条理…筋の通らないこと。
例 不条理な世界を生きる。
＝理不尽

ハイレベル **未曽(曾)有**…これまで一度もなかったこと。
例 未曽有の大災害に見まわれる。
＝前代未聞

無造作…手間をかけず物事を行う様子。
例 無造作に置かれた箱。

無分別…あと先を考えないこと。
例 無分別な行動はやめなさい。

上の一字が下の二字を修飾(説明)するもの

色眼鏡…思い込みや偏見。
例 色眼鏡で人を見る。
＝先入観

大雑把…小さなことまで気に掛けない様子。
例 大雑把に下書きをする。
↕神経質

紅一点…多くの男性の中に一人だけいる女性。
例 彼女はチームの紅一点だ。

好敵手…お互いに力の程度が同じである相手。
例 長年の好敵手と決着をつける。

小細工…つまらないたくらみ。
例 下手な小細工は一切通用しない。

最高潮…感情や緊張がいちばん高まった状態。
例 会場の熱気が最高潮に達する。

殺風景…美しさや味わいのあるものがなにもない様子。

例 殺風景な部屋に花を飾る。

直談判…直接話をつけること。

例 上司に**直談判**する。

真骨頂…その人やものがもっている、本来の価値。

例 晩年の作品こそ彼の**真骨頂**だ。

＝**真面目**

新天地…新しい土地や環境。

例 **新天地**での活躍を期待する。

正攻法…堂々と正面から挑むやり方。

例 **正攻法**で敵を破る。

上の二字が下の一字を修飾（説明）するもの

一辺倒…一方に偏ること。

例 柔軟性を欠いた、伝統**一辺倒**な考え方。

正念場…いちばん大事な場面。

例 夏期講習は受験の**正念場**だ。

よく出る **世間体**…世間に対する体面。

例 母は**世間体**を気にしがちだ。

大黒柱…集団の中心で支えとなる人。

例 父は我が家の**大黒柱**だ。

＝**屋台骨**

等身大…ありのままの実際の姿。

例 背伸びをしない**等身大**の思いを文章にする。

日和見…その時々で有利なほうにつこうとすること。

例 **日和見**な態度が、次第に信用をなくしていく。

門外漢…その分野について専門ではない人。

例 経済については**門外漢**だ。

⇔**専門家**

下の一字が接尾語であるもの

よく出る **近代化**…考え方や行動が合理的・科学的になること。

例 設備を**近代化**する。

よく出る **効率的**…物事に無駄なところがない様子。

例 **効率的**に仕事を進めれば時間はさほどかからない。

よく出る **先入観**…あるものに対してはじめからもっている思い込み。

例 **先入観**をとりはらう。

＝**色眼鏡**

三字が対等の関係であるもの

衣食住…着るものと食べるものと住むところ。生活に必要なもの。

松竹梅…松と竹と梅。おめでたいとされるもの。

ハイレベル **序破急**…はじめとなかとおわり。物語などを構成する三つの部分。

雪月花…四季の風物の中で美しいとされる三つのもの。

その他

紙一重…少しの違いしかないこと。

例 ふたりの成績は**紙一重**の差だ。

集大成…たくさんのものを集めて完成させること。

例 研究の結果を**集大成**する。

生半可…十分ではなく、いいかげんなこと。

例 **生半可**な知識では太刀打ちできない。

＝**中途半端**

分相応…身の丈に適した様子。

例 **分相応**な生き方をする。

2 おもな四字熟語 ★★★

数字が使われているもの

一期一会…人と人との出会いは一生に一度きりだということ。

例 **一期一会**の出会いを大事にする。

よく出る **一日千秋**…人や物事の訪れを心待ちにすること。

例 引っ越しした友達からの連絡を**一日千秋**の思いで待つ。

一喜一憂…状況が変化するたびに喜んだり落ちこんだりすること。

例 模試の結果に**一喜一憂**してはいけない。

ハイレベル **一触即発**…ちょっとしたきっかけで、今にも争いが起こりそうなほど緊迫すること。

例 両国の関係は**一触即発**の状態にある。

一進一退…進んだり戻ったりすること。また、良くなったり悪くなったりすること。

例 祖母の病状は**一進一退**をくり返しながらも回復に向かっている。

一心同体…皆が心をひとつにして行動し、物事に取り組むこと。

例 全員が**一心同体**となって働く。

一石二鳥…一つの行いで、二つの利益を得ること。

例 一駅手前で電車を降りて家まで歩くようにしたら、健康になったうえ電車代も浮いて、**一石二鳥**だった。

＝**一挙両得**

一長一短…良いところもあるが悪いところもあるということ。

例 どの案も**一長一短**で、なかなか決定に至らない。

＝**一利一害**

二束三文…とても安いこと。

例 コレクションを二束三文で売り払う。

三寒四温…冬に、寒い日が三日ほど続いたあと、暖かい日が四日ほど続くこと。

例 三寒四温をくり返して、季節が春に向かう。

四苦八苦…人間のあらゆる苦しみのこと。とても苦しむこと。

例 全員の意見を取りまとめるのに四苦八苦する。

七転八起…何度失敗しても立ち上がること。なころびやおき。

＝七難八苦

例 失敗してもあきらめず七転八起の気持ちでまたがんばろう。

八方美人…だれに対しても良い顔をして、ぬけめのない人。

例 あの人は八方美人で、裏では何を考えているのかわからない。

百発百中…予想や計画が、すべて当たること。

例 友人がつくるテストの予想問題は百発百中だ。

千差万別…いろいろな違いがあること。

例 千差万別の考え方を、互いに認め合うことが大切だ。

千変万化…さまざまに変化すること。

例 千変万化する水の流れを楽しむ。

同じ漢字を組み合わせたもの

正正堂堂…態度が毅然としていて立派である様子。

例 正正堂堂と最後まで戦うことを誓う。

上の二字と下の二字の意味が似ているもの

悪戦苦闘…良くない状況の中で、苦しみながら努力すること。

例 慣れない仕事に日々悪戦苦闘している。

右往左往…うろたえて、あちこちへと動き回ること。

例 事故が起きたという急な知らせに右往左往する。

栄枯盛衰…栄えることと衰えること。

例 人気だった有名人が落ちぶれていくさまに、人生の栄枯盛衰を感じる。

＝盛者必衰

完全無欠…まったく欠けたところのないこと。

例 この世に完全無欠な人間などいない。

ハイレベル **旧態依然**…昔のままの状態が続いていて、まったく変化や進歩のないこと。

例 旧態依然とした会社に変化のきざしが見える。

共存共栄…互いに助け合って生き、栄えること。

例 自然と人間の共存共栄を目ざす。

厚顔無恥…厚かましくて、恥知らずなこと。

例 みんなが並んでいるところに割り込むなんて、厚顔無恥な人だ。

公明正大…隠しごとや後ろめたいことがない様子。

例 生徒会長には、公明正大な人を推薦したい。

＝**公平無私**

青天白日…世間に後ろめたく思う必要のないこと。

例 疑いが晴れ青天白日の身となる。

よく出る **絶体絶命**…どうやっても避けることのできない、困難な局面。

例 主人公の絶体絶命の危機に思わず目を覆う。

よく出る **日進月歩**…絶え間なくどんどん進歩する様子。

例 日進月歩の医療が人命を救う。

破顔一笑…顔をほころばせて、にっこりすること。

例 合格の通知を受け取った息子は破顔一笑した。

不眠不休…眠ったり休んだりしないで仕事に取り組むこと。

例 不眠不休で鉄道の復旧作業にあたる。

平穏無事…穏やかで変化がないこと。

例 平穏無事な毎日を送る。

唯一無二…似ているものや同じものがほかにないこと。

例 彼女は私にとって唯一無二の親友だ。

優柔不断…物事をはっきり決められない様子。

例 優柔不断な性格で、レストランで好きな料理を選ぶのにも時間がかかる。

利害得失…利益と損失。

例 目先の利害得失にとらわれてはいけない。

上の二字と下の二字の意味が反対や対になっているもの

有象無象…たくさんの取るに足りない人やものたち。

例 有象無象に対して機嫌をとる必要はない。

空前絶後（くうぜんぜつご）…これまでも、これからも起きることはないと思われること。

例 **空前絶後**の規模で描かれた作品。

弱肉強食（じゃくにくきょうしょく）…強いものが弱いものの上に立つこと。

例 **弱肉強食**の業界で中小企業が生き残っていくことは難しい。

取捨選択（しゅしゃせんたく）…必要なものと不要なものを選ぶこと。

例 引っ越し後の生活を考え、持ち物を**取捨選択**する。

針小棒大（しんしょうぼうだい）…物事を大げさに言うこと。

例 小さな事件が**針小棒大**に報道されたせいで、収拾がつかなくなった。

晴耕雨読（せいこううどく）…悠々自適に生活すること。

例 海沿いの小さな町で、**晴耕雨読**の日々を過ごす。

大同小異（だいどうしょうい）…少しの違いはあっても、ほとんど同じである様子。

例 どの店も品ぞろえは**大同小異**で、決め手に欠ける。

半信半疑（はんしんはんぎ）…半分信じ、半分疑うこと。十分に信じられないこと。

例 ささいなうそをよくつくので、彼の話は**半信半疑**で聞くことにしている。

上の二字が下の二字を修飾（説明）しているもの

よく出る **以心伝心**（いしんでんしん）…言葉にしなくても、互いの気持ちが自然に通じ合うこと。

例 十年来の友人とは、**以心伝心**の仲だ。

開口一番（かいこういちばん）…口を開くとすぐに。

例 遅刻してきた友人は、**開口一番**言い訳をし始めた。

よく出る **我田引水**（がでんいんすい）…自分に都合のいいようにはからうこと。

例 彼の**我田引水**な行動のおかげで、こちらは損をしてばかりだ。

＝**自分勝手**

閑話休題（かんわきゅうだい）…話を本筋に戻すときに使う言葉。それはさておき。

例 **閑話休題**、議論に戻ります。

よく出る **危機一髪**（ききいっぱつ）…すぐそこまで危険が迫っていること。

例 **危機一髪**で事故を回避できた。

＝**間一髪**

起死回生（きしかいせい）…絶望的な状態から、再び立ち直らせること。

例 **起死回生**の逆転ゴールを決めた。

急転直下（きゅうてんちょっか）…物事の形勢が急に変化して、収まること。

例 犯人の自供で、事件が**急転直下**の解決をむかえる。

よく出る **自画自賛**…自分で自分を褒めること。自慢すること。

例 彼は自画自賛ばかりで、よほど自分に自信があるのだろう。

＝**手前味噌**

自業自得…自分でした悪事の報いを自分で受けること。

例 不摂生を続けて病気になったのだから、自業自得だ。

＝**身から出たさび**

よく出る **前代未聞**…これまでに聞いたことがないようなこと。

例 前代未聞の試みに挑戦する。

他力本願…他人の力に頼って物事を成し遂げようとすること。

例 最初から他力本願な態度では、成長の機会を失う。

適材適所…その人の才能や能力にふさわしい任務につけること。

例 事業の成功に向けて、適材適所の人事を執り行う。

不言実行…何も言わずに行動すること。

例 彼は不言実行で行動力があり、頼りになる人物だ。

よく出る **無我夢中**…すっかり心を奪われてしまうほど、何かに集中すること。

例 背後に不気味な気配を感じた私は、無我夢中で家に逃げ帰った。

上の二字が主語、下の二字が述語であるもの

意気消沈…元気や勢いが感じられず、しょげている様子。

例 あれほど勉強したのにテストの結果がふるわず、意気消沈する。

意気投合…お互いの気持ちがぴったりと合うこと。

例 初対面だが、共通の趣味のおかげですっかり意気投合した。

意気揚揚…元気があって、得意げな様子。

例 久しぶりに取った満点のテストを持って、意気揚揚と帰宅した。

よく出る **異口同音**…みなが同じことを言うこと。

例 全員が異口同音に賛成を唱えた。

威風堂堂…態度や風格が堂堂としていて、威厳に満ちている様子。

例 彼の威風堂堂たる立ち居振る舞いは、実に見事なものだった。

よく出る **因果応報**…考えや行動の善悪に応じた報いがあること。

例 因果応報の世なので、悪事がまかりとおるはずがない。

感慨無量…感動が計り知れないほど大きい様子。

例 憧れ続けた小説家と話ができて、**感慨無量**だ。

奇想天外…考えなどが、凡人には思いもよらないほど奇抜であること。

例 **奇想天外**な発想が次々と浮かぶ彼は、まさしく天才だ。

よく出る **言語道断**…言葉が出ないほどひどいこと。とんでもないこと。

例 宿題のプリントをなくすなんて、**言語道断**だ。

終始一貫…はじめからおわりまで、理念や主張を貫き通すこと。

例 冬でも長袖を着ないという友人の信念は、**終始一貫**している。

＝首尾一貫

主客転倒…立場や順序、大切なことそうでないことが逆転すること。

例 重要な会議が雑談の場になっては、**主客転倒**だ。

＝本末転倒

心機一転…あるきっかけで、気のもちようが良いほうへ変わること。

例 春からは、新しい土地と職場で**心機一転**がんばろう。

表裏一体…二つのものが切り離せない関係にあること。

例 愛と憎しみは**表裏一体**だ。

問答無用…話し合う必要性がない。

例 宿題を減らしてほしいとやってきた生徒を**問答無用**で追い返す。

よく出る **油断大敵**…注意を怠ると失敗につながるということ。

例 相手は弱小だが、**油断大敵**だよ。

四字が対等の関係であるもの

花鳥風月…自然の美しい景色。

例 日本の**花鳥風月**に親しむ。

起承転結…物事や文章を組み立てる際の、話が起き、承けて、一転し、結ぶという構成・展開。

例 この文章は、**起承転結**がわかりやすい。

その他

古今東西…いつの時代でも、どこの場所でも、という意味。

例 **古今東西**、悪の栄えたためしはない。

老若男女…年齢や男女の区別なく、すべての人々という意味。

例 大会のボランティアには、**老若男女**を問わず、たくさんの応募があった。

練習問題

解答542ページ

1 次の□に漢字一字を入れ、四字熟語を完成させましょう。

(1) 暗□模索／無我夢□

(2) 臨機□変／因果□報

(3) □機一転／一□同体

（日本大第二中―改）

2 次の意味に最も近い四字熟語を、〔 〕の言葉を組み合わせて作りましょう。

(1) 慌てて騒ぐこと。　〔南船　右往　北馬　左往〕

(2) 良いところも悪いところもあること。　〔一重　一短　一長　一軽〕

(3) 元気や勢いが感じられない様子。　〔消沈　投合　意気　生気〕

(4) なりゆきが急に変わって解決すること。　〔直撃　直下　急転　急行〕

（山脇学園中―改）

3 下の（ ）内の意味を参考にしてあとの語群の漢字を□に入れ、四字熟語を完成させましょう。ただし、同じ漢字を二度使ってはいけません。

(1) □□専心（脇目も振らず一生懸命に何かをすること）

(2) 一日□□（人や物事の訪れを心待ちにすること）

(3) □□棒大（小さなことを大げさに言うこと）

ヒント

1 (1)「暗□模索」は、手がかりのないままあちこち探し求めること。(2)「臨機□変」は、状況に合わせて適切に処理すること。(3)「一□同体」は、何人かの人間が気持ちを一つにして結束すること。 p.102～

2 (2)良いところと悪いところを熟語で何と書くか考えましょう。 p.102～

3 (3)棒と同じような形の小さいものを、大きいもののように言うことからできた四字熟語です。 p.102～

(4) 千変□□（さまざまに変化すること）

(5) 優柔（ゆうじゅう）□□（ぐずぐずして決められない様子）

〔語群〕一・千・万・不・化・小・秋・意・針（しん）・断

〔浦和実業学園中―改〕

4 次の縦（たて）の赤い空欄（くうらん）に入る三字の熟語を答えましょう。

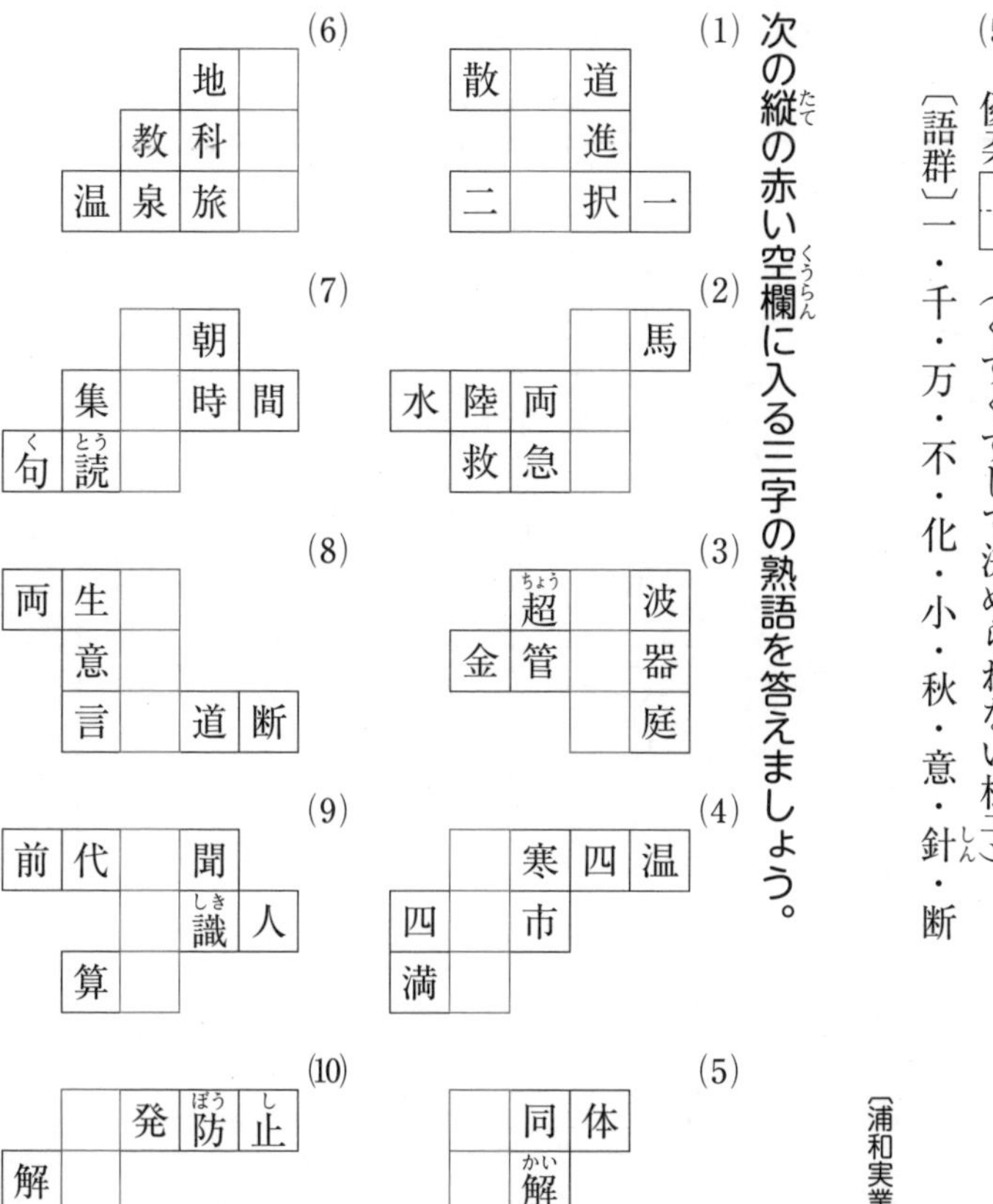

〔那須高原海城中〕

4 それぞれ、二字熟語・三字熟語・四字熟語が組み合わさっています。(1)の二字熟語は「前進」「後進」「転進」などさまざまな熟語が考えられますが、四字熟語にあてはまる漢字は一通りしかなく、答えが決まっています。まずは四字熟語の空欄からうめてみましょう。

p.100～

4 類義語・対義語

1 類義語 ★★★

形は違っていても互いに意味が似た言葉を類義語といいます。

例 熱意……熱心な気持ち。
情熱……何かに対して激しく感情が燃え立つこと。

例 改良……短所や欠点を直して、よくすること。
改善……悪いところを改めて、よくすること。

例 処理……物事をさばいて、始末すること。
処置……その場の状況を判断して、始末すること。

例 永遠……時間が未来に向かって果てしなく続くこと。
永久……時間がいつまでも限りなく続くこと。

※これらの熟語のほかにも、和語を含めて次のような類義語もあります。

例 天の川／銀河　風変わり／異様　息を詰めて／息を凝らして

類義語同士でいつでも置きかえができるわけではありません。次のように、慣用的に使い方が決まっていることもあります。

例 ○ 生ごみの処理方法を調べる。　× 生ごみの処置方法を調べる。

雑学ハカセ　類義語と対義語のわずかな違い

言葉の意味はいくつかの特徴に分けることができます。

例えば「寒い」という言葉には、「温度を奪われる」と「不快」という特徴に分けられます。

このうちの「温度を奪われる」を「温度をもらう」に変えると、対義語である「暑い」となります。

同様に、「不快」のほうを「快」に変えると「涼しい」という類義語となります。つまり、どのような特徴が対立するのかが類義語と対義語を分けるのです。

▼類義語の組み立て

類義語には、次の二つの組み立てがあります。

①一字が共通、もう一字の意味が似ているもの

例「改善・改良」「格別・特別」「素材・材料」

②熟語全体の意味が似ているもの

例「賃金・給料」「納得・承知」

例題

❶次の□にあとの漢字を入れて、上の熟語の類義語を作りましょう。

(1) 使命＝任□　(2) 決心＝決□　(3) 同意＝賛□

(4) 欠点＝□所　(5) 有名＝□名　(6) 天然＝□然

〔成　意　著　短　自　務〕

❷次の熟語の類義語をあとから選び、漢字に直して答えましょう。

(1) 用意　(2) 長所　(3) 理由　(4) 製造

(5) 興味　(6) 念願　(7) 計画　(8) 刊行

〔かんしん　びてん　きぼう　じゅんび　げんいん　せいさん　いと　しゅっぱん〕

❸次の熟語の類義語をそれぞれ選び、記号で答えましょう。

(1) 簡単（ア 容易　イ 平凡　ウ 複雑）

(2) 安全（ア 安心　イ 無事　ウ 危険）

例題の答え

❶ (1)(任)務　(2)(決)意　(3)(賛)成　(4)短(所)　(5)著(名)　(6)自(然)

❷ (1)準備　(2)美点　(3)原因　(4)生産　(5)関心　(6)希望　(7)意図　(8)出版

❸ (1)ア　(2)イ

考え方

このような問題の場合は、文脈から意味を推測することができないので、どれだけ多くの言葉とその意味を知っているかがポイントです。

❶ (5)「著名」は、広く名前が知られているという意味で、「有名」の類義語です。

❷ (5)「かんしん」には、「感心」「寒心」「歓心」「甘心」などの同音異義語もあるので注意しましょう。

2 対義語 ★★★

互いの意味が反対や対になる言葉を対義語といいます。

①反対語…対義語の中でも、量・性質・状態・方向・時間などが反対のものを指します。

例 量…「多量―少量」「最長―最短」　方向…「前進―後退」「上昇―下降」
　性質…「強固―軟弱」「下等―上等」　時間…「過去―未来」「以前―以後」

②対応語…対義語の中でも、意味が対応しているものを指します。「対照語」ともいいます。

例 「寒流―暖流」…「寒」と「暖」は反対語ですが、「寒流」の反対の意味が「暖流」ではありません。
「夏至―冬至」…「夏至」も「冬至」も暦の上の名前であって、反対の意味をもっているわけではありません。

※中学入試では、「反対語」も「対応語」も、区別なく「対義語」として出題されることがほとんどです。

▼対義語の組み立て

対義語には、次の四つの組み立てがあります。

①一字の意味が反対になっているもの

例 「悪意・善意」「長所・短所」

②二字の意味とも反対になっているもの

例 「単純・複雑」「延長・短縮」

Q&A 漢語以外の対義語は？

Q 対義語は漢語だけですか。

A 「上がる・下がる」「イン・アウト」など、漢語だけでなく和語・外来語にも対義語はありますが、入試では漢語を問われることがほとんどです。

Q&A 対になる言葉は一つ？

Q 対義語は、反対や対の意味をもつ言葉ですが、対になる言葉は必ず一つなのですか。

A 一つとは限りません。たとえば、「欠点」の対義語には「美点」「長所」、さらに「特長」や「取り柄」などもあります。ただ、これらの言葉も、それぞれ微妙に意味が異なります。文脈によって、どの対義語がふさわしいかを意識するようにしましょう。

③熟語全体の意味が反対になっているもの
例「原因・結果」「生産・消費」
④打ち消しの接頭語を使って意味を反対にしているもの
例「完全・不全」「決定・未定」

例題

❶次の熟語の対義語を答えましょう。
(1) 受かる　(2) 暗い　(3) 暑い　(4) 得る
(5) 熱い　(6) 安い　(7) 拾う　(8) 終わり

❷次の□にあとの漢字を入れて、上の熟語の対義語を作りましょう。
(1) 勝利・□北　(2) 保守・□新　(3) 権利・□務
(4) 安全・□険　(5) 集合・□散　(6) 収入・□出
〔支　革　危　義　解　敗〕

❸次の熟語の対義語をそれぞれ選び、記号で答えましょう。
(1) 成功（ア 挫折　イ 失敗　ウ 成熟）
(2) 豊富（ア 無実　イ 減少　ウ 欠乏）
(3) 完備（ア 準備　イ 不備　ウ 装備）
(4) 発車（ア 停車　イ 下車　ウ 乗車）

例題の答え

❶(1)落ちる　(2)明るい　(3)寒い　(4)失う　(5)冷たい　(6)高い　(7)捨てる　(8)始まり
❷(1)敗（北）　(2)革（新）　(3)義（務）　(4)危（険）　(5)解（散）　(6)支（出）
❸(1)イ　(2)ウ　(3)イ　(4)ア

考え方

❶(3)と(5)の使い分けに注意しましょう。(3)は気温が高いこと、(5)はものの温度が高いことです。(9)は「始まる」としないようにしましょう。
❸(4)は車が進み始めることをいいます。車が止まるという意味の熟語を選びましょう。

3 おもな類義語・対義語 ★★★

類義語

一字が共通のもの

- 意外＝案外（＝心外）
- 異議＝異論
- 意見＝見解
- 永遠＝永久
- 応接＝応対
- 屋外＝戸外（＝野外）
- 改善＝改良
- ハイレベル 概念＝観念
  「同類のものの共通した特徴。」
- 核心＝中心
- 格別＝特別
- 慣習＝慣例
- 帰郷＝帰省
- 基準＝標準
- 基本＝基礎
- 議論＝討論
- 経験＝体験
- 傑作＝名作

- 決心＝決意
- 限界＝限度
- 故国＝祖国（＝母国）
- ハイレベル 詳細＝委細
- 将来＝未来
- 推量＝推測
- 設備＝施設
- 素材＝材料（＝原料）
- 対照＝対比
- 著名＝有名
- よく出る 天然＝自然
- よく出る 独特＝特有
- 筆者＝著者
- 必然＝当然
- 目的＝目標
- 預金＝貯金

熟語全体の意味が似ているもの

- 安全＝無事

- 案内＝誘導
- 遺品＝形見
- 会得＝理解
- 価格＝値段
- 刊行＝出版
- よく出る 関心＝興味
- 機構＝組織
- 給料＝賃金
- 勤勉＝努力
- 苦言＝忠告
- 計画＝意図
- よく出る 欠点＝短所
- 欠乏＝不足
- 原因＝理由
- 原始＝未開
- 互角＝対等
- 才能＝素質
- 失望＝落胆
- 使命＝任務（＝役目）
- よく出る 手段＝方法（＝方策）
- 所得＝収入

- 処理＝始末
- 親切＝厚意
- 心配＝不安
- 進歩＝発展（＝向上）
- 親友＝知己
- 誠意＝真心
- 生産＝製造
- 大切＝貴重（＝重要）
- 達人＝名手
- 注意＝用心
- 同意＝賛成（＝承知）
- 内容＝中身
- 美点＝長所
- 不意＝突然
- ハイレベル 便利＝重宝
- 身分＝地位
- 綿密＝細心
- 容易＝簡単
- 用意＝準備
- 冷静＝沈着

対義語

一字の意味が反対になっているもの

- 赤字↕黒字 「収入より支出が多い。」
- 悪意↕善意
- 往路↕復路
- 開会↕閉会
- 害虫↕益虫
- 干潮↕満潮
- 欠点↕美点（＝長所）
- 公用↕私用
- 縦断↕横断
- 就任↕辞任
- ハイレベル 主観↕客観 「自分だけの見方。」「誰にでも共通の見方。」
- 受動↕能動
- 正常↕異常
- 整然↕雑然
- ハイレベル 絶対↕相対
- よく出る 長所↕短所（＝欠点）
- 直接↕間接
- 登場↕退場
- 必然↕偶然
- 本流↕支流
- 優性↕劣性
- 楽観↕悲観
- 連続↕断続

熟語全体の意味が反対になっているもの

- 安全↕危険
- よく出る 延長↕短縮
- よく出る 温暖↕寒冷
- よく出る 革新↕保守
- よく出る 拡大↕縮小
- 過去↕未来（＝将来）
- 基本↕応用
- よく出る 許可↕禁止
- ハイレベル 形式↕内容
- よく出る 原因↕結果
- 原則↕例外
- よく出る 権利↕義務
- 公開↕秘密
- 賛成↕反対
- 自己↕他者
- 支出↕収入
- 自然↕人工
- 質疑↕応答
- 死亡↕誕生（＝出生）
- 集合↕解散
- 需要↕供給
- 勝利↕敗北
- 親切↕冷淡
- 水平↕垂直
- 成功↕失敗
- 生産↕消費
- ハイレベル 精神↕物質（＝肉体）
- 戦争↕平和
- よく出る 増加↕減少
- 祖先↕子孫
- 中心↕周辺
- 通常↕臨時
- 得意↕苦手
- 派手↕地味
- 複雑↕簡単（＝単純）
- 服従↕抵抗（＝反発）
- 部分↕全体
- 目的↕手段
- 友好↕敵対
- よく出る 容易↕困難
- 理性↕感情
- よく出る 理想↕現実

打ち消しの接頭語を使って意味を反対にしているもの

- 完成↕未完
- 決定↕未定
- 肯定↕否定
- 清潔↕不潔
- 成熟↕未熟
- 道理↕無理
- 満足↕不満
- 有効↕無効
- 有罪↕無罪

練習問題

解答543ページ

1 次の熟語と意味が最もよく似たものを下から選び、記号で答えましょう。

(1) 完成 （ア 終始　イ 建築　ウ 設立　エ 落成）
(2) 方法 （ア 調査　イ 手段　ウ 表現　エ 結果）
(3) 需要 （ア 要求　イ 供給　ウ 重要　エ 主要）

〔関東学院六浦中〕

2 次のそれぞれの中から同じような意味の熟語（類義語）を二つずつ選び、記号で答えましょう。

(1) ア 用心　イ 中心　ウ 心外　エ 意識　オ 意外
(2) ア 準備　イ 規律　ウ 決意　エ 用意　オ 不備
(3) ア 市外　イ 屋外　ウ 家屋　エ 戸外　オ 外野
(4) ア 進歩　イ 散歩　ウ 進退　エ 以上　オ 向上
(5) ア 安心　イ 心配　ウ 不安　エ 配達　オ 速達
(6) ア 乗客　イ 来客　ウ 未来　エ 未満　オ 将来

〔帝塚山中―改〕

3 次の――線部をかえて、もとの熟語と意味の変わらない熟語にしましょう。ただし、あとの語群より選び、漢字に直して書くこと（同じ語を二度使ってはいけません）。

(1) 熟読　(2) 復興　(3) 質問　(4) 感動

〔語群〕 ぎ　さい　たい　せい　げき

〔星野学園中〕

ヒント

1 (3)「需要」は、「必要だとしてもとめるもの」という意味です。
p.110・p.111・p.114

2 熟語の意味をよく考え、類義関係にある熟語を選びます。同じ漢字が使われていても類義語とは限らないので注意しましょう。
p.110・p.111・p.114

3 (1)「熟読」は、文章の内容をすみずみまで十分に読み取って、よく味わうことです。「熟」が「十分」「よく」という意味で使われていることに着目して、似た意味の漢字を考えましょう。
p.110・p.111・p.114

4 次の熟語の対義語をあとから選んで、記号で答えましょう。

(1) 原因（げんいん）　(2) 原則（げんそく）　(3) 全体
(4) 客観　(5) 親切　(6) 内容（ないよう）
(7) 反抗（はんこう）　(8) 複雑（ふくざつ）　(9) 解散（かいさん）

ア 形式　イ 部分　ウ 主観　エ 供給（きょうきゅう）　オ 消費（しょうひ）
カ 理由　キ 集合　ク 責任（せきにん）　ケ 結果　コ 簡単（かんたん）
サ 個人（こじん）　シ 服従（ふくじゅう）　ス 冷淡（れいたん）　セ 過去（かこ）　ソ 例外

〔大阪女学院中―改〕

5 次の(1)～(5)の対義語をあとの語群から選び、漢字に改めて答えましょう。

(1) 危険（きけん）　(2) 分解（ぶんかい）　(3) 成功
(4) 人工　(5) 絶対（ぜったい）

〔語群〕　ソウタイ　シゼン　アンゼン　カイシ
　　　　フツウ　ゴウセイ　シッパイ

〔玉川聖学院中〕

6 次の(1)～(4)の言葉が対義語の組み合わせになるように、（　）に入る漢字一字をそれぞれ答えましょう。

(1) 収入（しゅうにゅう）―（　）出　(2) 任命（にんめい）―（　）任
(3) （　）利―敗北　(4) （　）手―地味

〔女子聖学院中〕

4 熟語全体の意味が反対になっているものについては、きちんと覚えていくようにしましょう。(2)は「ほとんどのものにあてはまる基本的（きほんてき）なきまり」という意味です。

➡ p.112・p.113・p.115

5 「ソウタイ」や「フツウ」には、「早退」「相対」「総体」、「普通」「不通」などの同音異義語（どうおんいぎご）があります。熟語の意味はもちろん、同じ字をもっていないか、反対の意味の字がないかどうかのほか、組み立てにも着目してみましょう。

➡ p.112・p.113・p.115

6 (2)「任命」は「役目や職務（しょくむ）につくように命令すること」という意味です。すでについている役目や職務をやめさせることを何というか考えましょう。

➡ p.112・p.113・p.115

5 慣用句

1 慣用句とは ★★★

二語以上の単語が結びつき、もとの単語の意味とはまったく違う意味をもった言葉を慣用句といいます。体に関する言葉や身近な動物を使ったものが多いのが特徴です。

①体の一部を使った慣用句

例 足が出る…出費が予算を超える。
顔から火が出る…とても恥ずかしい思いをする。

②身近な動物を使った慣用句

例 猫の手も借りたい…非常に忙しく、いくらでも人手が欲しい。＝目が回る
馬が合う…気が合う。

例題

◆次の□に合うかたちで、「足」を使った慣用句を答えましょう。

(1) 一日歩き回ったので、□た。
(2) 失敗ばかりして、仲間の□ている。
(3) あくどい商売からは□つもりだ。

参考 その他の慣用句

上記以外にも、植物や食べ物に関する慣用句などもあります。
【植物に関する慣用句】
・根掘り葉掘り…細部まで。
・花を持たせる…相手をたてる。
【食べ物に関する慣用句】
・青菜に塩…元気がなくしょんぼりしている様子。

例題の答え

(1)足が棒になっ
(2)足を引っ張っ
(3)足を洗う

考え方

慣用句は、語句全体で一つの意味を表すことに注意しましょう。空欄に合うように言葉の形を整える必要があります。

2 おもな慣用句 ★★★

あ

あいづちを打つ…相手の話に調子を合わせる。

揚げ足を取る…相手の言葉尻や言い損ないをとらえて責める。

あげ句の果て…結局のところ。

あごを出す…ひどく疲れる。

味を占める…一度うまくいったので、またそれを望む。

頭が上がらない…相手に負い目があって、対等に振る舞えない。

頭が下がる…感心する。敬服する。

頭が低い…他人に対して謙虚である。
＝**腰が低い**

よく出る **頭を抱える**…どうしたらいいかがわからず、困り果てる。

頭をひねる…どうしたらいいか、いろいろと考える。

あっけに取られる…思いがけないことにあきれて、ぼんやりする。

よく出る **後の祭り**…時期を外して役に立たないこと。手遅れ。

例 家を出てから忘れ物に気づいても、**後の祭り**だ。

脂が乗る…仕事に調子が出て、うまく進む。

油を売る…無駄話をし、怠ける。用事の途中で時間を潰す。

油を搾る…間違った者や怠け者を厳しく叱る。

泡を食う…びっくりして慌てる。

い

ハイレベル **生き馬の目を抜く**…非常にすばしこくて油断がならないこと。

生き字引き…経験を積み、物事をよく知っている人。

息の根を止める…完全に打ちのめす。

息を凝らす…息を止め、緊張する。
＝**息を殺す・息を詰める**

息をつく暇もない…息をする時間もないほど忙しい。

息をのむ…はっと驚いて息を止める。

息を引きとる…死ぬ。
＝**息が絶える**

よく出る **板につく**…すっかり慣れて、動作がその人によくあてはまる様子。

よく出る **一目置く**…自分より優れていると認めて敬意を払う。

例 成績優秀な彼に**一目置く**。

茨の道…苦難の多い人生のこと。

う

浮き足立つ…不安や期待などで落ち着きがなくなる。

後ろ指をさされる…他人から陰で悪口を言われる。

よく出る **有頂天になる**…すっかり喜んで、我を忘れること。

例 受賞の知らせに**有頂天になる**。

うの目鷹の目…熱心に物を探す様子。

馬が合う…気が合う。息が合う。
⇔**そりが合わない・馬が合わない**

瓜二つ…顔や姿が非常に似ていること。

上の空…ほかのことが気になって少しも落ち着かない様子。

え

ハイレベル **得手に帆をあげる**…恵まれた機会を利用し、得意になって事を進める。
＝**流れにさおさす**

襟を正す…心を引き締めて真面目な態度になる。

縁起を担ぐ…縁起の良し悪しを気にする。

お

大きな顔をする…威張っていて、ずうずうしい様子。

大船に乗ったよう…安心して信頼できるものに身を任す。

大風呂敷を広げる…大げさなことを言う。
＝**大口をたたく**

お茶を濁す…いいかげんに、その場をごまかす。

鬼の首を取ったよう…大きな手柄を立てたように、得意になる様子。

親の欲目…親が、我が子をひいき目で見ること。

折り紙をつける…確かなものだと保証する。
例 彼の人柄に**折り紙をつける**。
＝**太鼓判を押す**

恩に着る…恩を受けたことをありがたく思う。

か

よく出る **飼い犬に手をかまれる**…日頃から世話してきた相手に裏切られること。

顔が利く…世間に名を知られ、相手に無理を聞いてもらえる力がある。

顔が立つ…面目を保つ。

よく出る **顔が広い**…多くの人脈がある。

顔に泥を塗る…恥をかかせる。

顔を潰す…その人の立場を悪くする。

固唾をのむ…心配して、成り行きをじっと見守る。
＝**手に汗を握る**

肩身が狭い…世間に対して引け目を感じ、恥ずかしく思う。

肩を落とす…がっかりする様子。

肩を持つ…味方をする。

かぶとを脱ぐ…降参する。

かゆいところに手が届く…細かい点にまで気を配る。
＝**至れり尽くせり**

借りてきた猫…普段と違っておとなしくしている様子。

き

よく出る **気が置けない**…気遣いしなくてよい。
例 **気が置けない**友人と旅行する。

気が利く…注意深く、対応が適切だ。しゃれた対応をする。
気が気でない…心配で落ち着かない。
＝気がもめる・気が休まらない
機が熟す…物事を始めるのにちょうどよいときになる。
気がとがめる…心にやましさを感じて悪く思う。
＝気が引ける
気がない…興味がない。
気が引ける…後ろめたくて遠慮する。
＝気がとがめる
気がめいる…元気がなくなりふさぎこむ。
↕気が晴れる
ハイレベル 木で鼻をくくる…無愛想な態度。
＝取りつく島もない
気にさわる…不愉快に感じる。
よく出る 気に病む…くよくよと思い悩む。
気は心…少しではあっても真心があれば気持ちが通じること。
肝を潰す…非常に驚く。
肝を冷やす…危険な目に遭いそうになり、思わずぞっとする。
切り札を出す…最後のとっておきの方法を使う。
気を抜く…油断する。
気をもむ…心配してやきもきする。
気を許す…相手への警戒心を解く。

く

くぎづけになる…自由に動けなくなること。

臭いものに蓋をする…人に知られたくないことを、一時逃れに隠す。

口が軽い…何でもぺらぺらしゃべる。

↕口が堅い
口が滑る…言ってはいけないことを思わずしゃべる。

よく出る 口車に乗る…うまい言葉にだまされる。

口火を切る…最初に物事を始めて、きっかけを作る。

口を合わせる…調子を合わせる。しめし合わせて、同じことを言う。「口裏を合わせる」ともいう。

口を利く…人と人の間を取りもつ。

口をとがらせる…不服な様子。

口を割る…白状する。

苦にする…心配する。悩む。

首が回らない…お金のやりくりがつかない。

首をかしげる…疑問に思う様子。

よく出る 首を長くする…待ちわびる。

例 手紙の返事を首を長くして待つ。

首をひねる…疑いの気持ちを表す。

首を横に振る…承知しない。賛成しない。

雲をつかむよう…とらえどころのない様子。

け

けがの功名…失敗が、思いがけなくよい結果を生むこと。

けた違い…大きな差があって比べものにならないこと。

言語に絶する…言葉に言い表せない。
＝筆舌に尽くしがたい

こ

甲乙つけがたい…優劣の差がなく、どちらがいいとも決められない。

例 二人とも成績優秀で、学級委員長として甲乙つけがたい。

さ

よく出る **さじを投げる**…いくらやっても駄目だと諦めて、途中でやめる。

さばを読む…自分に都合がいいように数をごまかす。

三拍子そろう…すべての条件が整う。

し

敷居が高い…義理を欠くようなことをして、その人の家に行きにくい。

例 約束を破って以来、叔父の家は敷居が高い。

舌が長い…おしゃべりである。

舌が回る…すらすらとしゃべる。

舌足らず…言葉の表現が十分でない。

舌鼓を打つ…おいしいものを味わう。

下手に出る…相手に対し、へりくだった態度で接する。

舌の根の乾かぬうち…ある言葉を言いおわるかおわらないかのうちに。

例 泣かないと言った舌の根の乾かぬうちにもう泣いている。

舌を出す…陰で馬鹿にする。自分の失敗に照れる。

しっぽをつかむ…隠している秘密や悪事の証拠をつかむ。

しのぎを削る…激しく争う。
＝火花を散らす

自腹を切る…自分のお金で払う。
＝身銭を切る

白羽の矢が立つ…たくさんの中から選び出される。

例 司会者として白羽の矢が立った。

よく出る **尻馬に乗る**…人のあとについて軽はずみに行動する。
＝付和雷同（故事成語）

尻目にかける…無視する。蔑む。

白い目で見る…冷たい目つきで人を見る。
＝白眼視（故事成語）

ハイレベル **心血を注ぐ**…全力で物事に取り組む。

例 特効薬の開発に心血を注ぐ。

寝食を忘れる…ある物事に熱中する。

す

水泡に帰する…努力が無駄になる。
＝棒に振る・水の泡になる
↔実を結ぶ

巣立つ…親から離れたり、学校を卒業したりして、世の中に出る。

よく出る **図に当たる**…計画や予想のとおりに物事が進む。

例 新商品の開発が**図に当たり**、好調な売れ行きだ。

図に乗る…調子に乗る。

すねに傷持つ…隠している悪事（やましいこと）がある。

せ

関の山…これ以上はできないという限度。せいいっぱい。

よく出る **背に腹はかえられぬ**…大事なことのためには、小さなことには構っていられないこと。

そ

底を突く…すっかりなくなる。

袖にする…人を冷たくあしらう。

そりが合わない…気心が合わない。
↔馬が合う

た

宝の持ち腐れ…役に立つ能力や物を持ちながら活用しないでいること。

よく出る **高をくくる**…馬鹿にする。見くびる。

竹を割ったよう…悪い心やわだかまりのないさっぱりした性質。

立つ瀬がない…自分の立ち場がない。

たもとを分かつ…別れる。

ち

地に落ちる…衰える。廃れる。

血眼…夢中で物事をする様子。

血迷う…逆上して落ち着きをなくすこと。

血も涙もない…人間らしい思いやりや優しさが少しもない。

ハイレベル **長足の進歩**…非常に速く進歩すること。

つ

つかの間…ほんの少しの間。

粒ぞろい…同じようにいいものが集まっていること。

例 今年の新人は**粒ぞろい**だ。

つむじ曲がり…心がひねくれて素直でないこと。または、その人。

面の皮が厚い…ずうずうしい。

て

よく出る **手が掛かる**…世話が必要な様子。

手が込む…細かい細工をしてある。

手がつけられない…どうしようもない。処置のしようがない。

手が長い…盗み癖がある。

手が離れる…子どもが成長して世話を必要としなくなる。

よく出る **手塩に掛ける**…自ら面倒を見て、大事に育ててあげる。

手取り足取り…親切に丁寧に教える様子。

例 初心者を**手取り足取り**指導する。

手に汗を握る…ひやひやして見守る。
=**固唾をのむ**

よく出る **手に余る**…自分の力ではどうにもならない。

よく出る **手も足も出ない**…どうしようもなくて困っている様子。
=**手を焼く・始末に負えない**

手を打つ…交渉で決着をつける。

手を切る…縁を切る。関係を断つ。

手をつける…物事をやり始める。

てんてこ舞い…非常に忙しく慌てる様子。

例 開店準備で**てんてこ舞い**だ。

と

度肝を抜く…非常に驚かせる。

毒にも薬にもならない…害にもならず、役にも立たない。
=**可もなく不可もなし（故事成語）**

飛ぶ鳥を落とす勢い…勢いが盛んな様子。

途方に暮れる…うまい方法がなくて困り果てる。

例 泣く弟をどうあやしたらよいかわからず、**途方に暮れる**。

虎の子…大事にしまっておく金品。

取りつく島もない…頼ろうとしても、相手に見放された様子。

取るに足りない…わざわざ取り上げる価値もない。
=**木で鼻をくくる**

取るものも取りあえず…大急ぎで。ぐずぐずしないで。慌てて。

な

ハイレベル **流れにさおさす**…勢いに乗って、物事がうまく進む。
=**得手に帆をあげる**

波風が立つ…争いやもめごとが起こる。

涙をのむ…つらいことを我慢する。

難癖をつける…欠点を見つけ出してけなす。

に

荷が重い…責任が大きい。

苦虫をかみ潰したよう…非常に不愉快そうな顔つき。

よく出る **二の足を踏む**…気が進まず、ぐずぐずする。

例 うまくやれる自信がなくて、**二の足を踏む**。

二の舞を演じる…前の人と同じ失敗を繰り返すこと。

ぬ

抜き足差し足…足音を忍ばせて歩く様子。

抜き差しならない…どうにも動きがとれない。どうしようもない。

抜きん出る…特に優れている。

例 姉の才能は音楽の分野で**抜きん出る**。

抜け目がない…やり方がうまく、手抜かりがない。

濡れ衣を着せられる…無実の罪をかぶせられる。

濡れねずみ…衣服を着たままびっしょり濡れること。

ね

猫なで声…相手の機嫌を取るために出す、優しい甘えたような声。

よく出る **猫の手も借りたい**…忙しくて人手が足りない様子。

猫の額…とても狭い様子。

例 猫の額ほどの小さな庭。

猫の目のように変わる…とても変わりやすい様子。

猫もしゃくしも…誰も彼も。

猫をかぶる…本当の性質を隠し、おとなしくする。

ねじを巻く…もっとしっかりやるように注意し、叱る。

＝**活を入れる・発破をかける**

よく出る **寝耳に水**…不意の出来事に驚くこと。

＝**青天のへきれき（故事成語）・藪から棒**

根も葉もない…まったく根拠がない。

例 根も葉もないうわさが広まる。

音を上げる…苦しさに耐え切れず、弱音を吐く。

念を押す…間違いのないように相手に十分確かめる。

＝**駄目を押す**

の

喉から手が出る…欲しくてたまらない様子。

乗りかかった船…一度始めたからには、途中でやめられないこと。

は

場数を踏む…経験を多く積む。

よく出る **歯が立たない**…相手に敵わない。

拍車を掛ける…進行を一段と早める。

橋渡しをする…両方の間に立って仲立ちをする。

旗色が悪い…形勢が不利な様子。

ハイレベル **破竹の勢い**…勢いがよく盛んな様子。

蜂の巣をつついたよう…抑えられないような大騒ぎになる様子。

八方手を尽くす…できる限りの努力をする。

よく出る **鼻が高い**…得意になる。自慢に思う。

例 大会で優勝し、鼻が高い。

鼻が曲がる…とても臭い様子。

話に花が咲く…さまざまな話が次々に出る。

鼻であしらう…冷たく扱う様子。

鼻に掛ける…自慢する。

よく出る **鼻につく**…飽きて嫌になる。うっとうしく感じる。

鼻を明かす…相手を出し抜いてあっと言わせる。

歯に衣着せぬ…包み隠さず言う。

羽を伸ばす…気兼ねなくのびのびと振る舞う。

幅をきかせる…思いのままに勢力を振るう。

羽目を外す…調子に乗り、度を越す。

腹が黒い…心に悪だくみがある。

腹が立つ…しゃくに障る。怒る。

腹が太い…度量が大きいこと。

腹八分…食べ物を腹いっぱいではなく、程よく食べること。

よく出る **腹を括る**…覚悟を決める。

＝腹を決める・腹を据える

腹を探る…他人の気持ちを推し量る。

よく出る **腹を割る**…本心を打ち明ける。

腫れ物に触るよう…気難しい人などに、恐る恐る接する様子。

歯を食いしばる…怒りや苦痛をこらえる。

ひ

ひいきの引き倒し…ひいきしすぎて、かえってその人を不利にすること。

額を集める…大勢が集まって相談する。

例 額を集めて対応を話し合う。

一泡吹かせる…相手の予想外のことをして、あっと驚かせる。

一人(独り)舞台…多くの中で、一人だけ目立って優れていること。

人を食う…相手をばかにしたような言動を取る。

よく出る **非の打ちどころがない**…欠点がなく完全である。

火の車…経済的にとても苦しい様子。

日の目を見る…世の中に出て人に認められる。

例 死後に日の目を見た作品。

火を見るより明らか…疑う余地がない様子。

ふ

ハイレベル **風前のともしび**…危険が迫り、今にも滅びそうな様子。

袋のねずみ…逃げ出すことができない状況。

筆が立つ…文章を書くことがうまい。

筆を入れる…文章や文字を直すこと。添削すること。

＝筆を加える

ふに落ちない…納得できない。

へ

へそで茶をわかす…おかしくてたまらない様子。

へそを曲げる…機嫌を悪くする。

へとも思わない…平気である。何とも思わない。

ほ

棒に振る…努力を無駄にすること。

例 逆転の機会を**棒に振る**。

ハイレベル **ほうほうの体**…やっとの思いで逃げる様子。

棒読み…文章を単調に音読すること。

よく出る **骨が折れる**…苦労する。

ま

間が抜ける…馬鹿げて見える。

間が悪い…きまりが悪い。運が悪い。

眉に唾をつける…だまされないように用心する。

眉をひそめる…心配そうな顔をする。嫌な顔をする。

↔愁眉を開く（故事成語）

まんじりともしない…不安や心配で少しも寝られない。

み

見栄を張る…体裁を飾る。

水入らず…他人が入らず、身内の者だけであること。

水と油（油に水）…互いに調和しないこと。

水に流す…済んだことはとやかく言わず、なかったことにする。

よく出る **水の泡になる**…努力が無駄になる。

＝水泡に帰する・棒に振る

↔実を結ぶ

水を打ったよう…しんとして静かな様子。

水を差す…端から邪魔をして、うまくいかないようにする。

例 楽しい雰囲気に**水を差す**。

道草を食う…途中で他のことに時間を費やす。

身に余る…与えられたものが、自分にはもったいないくらいだ。

身につく…技能が自分のものになる。上達する。

耳が痛い…聞くのがつらい。

よく出る **耳にたこができる**…何度も同じことを言われて嫌になる。

耳を貸す…人の話を聞く。

耳を傾ける…注意して熱心に聞く。

身も蓋もない…はっきりしすぎて、人情味も奥深さもない。

身を入れる…心を込めて熱心にする。

例 **身を入れて**勉強に励む。

身を立てる…世の中に出て、一人前になる。

実を結ぶ…努力のかいあって、よい結果が出る。

↔水の泡になる・水泡に帰する・棒に振る

む

よく出る **虫がいい**…自分のことだけを考えて、他人のことは顧みないこと。

虫が知らせる…何か起こりそうだと、前もって何となく感じられる。

虫が好かない…何となく好きでない。

虫の息…今にも死にそうな様子。

虫の居所が悪い…機嫌が悪い様子。

武者震い…心が勇み立って体が震えること。

胸がすく…心のつかえが取れ、爽やかになる。

胸が潰れる…びっくりする。悲しみが迫る。

＝胸がつかえる・胸が詰まる

胸がふさがる…悲しさ、悔しさで、心がいっぱいになる。

胸を痛める…心配する。

胸を打つ…感動する。

＝心を打つ・胸に迫る

胸をなで下ろす…安心する。

胸を張る…自信のある堂々とした態度を示す。

例 胸を張って考えを主張する。

＝胸を反らす

胸を膨らませる…心の中が希望でいっぱいになる。

無用の長物…あっても何の役にも立たないうえに、邪魔になるもの。

例 ピアノがあっても、演奏できない僕には無用の長物だ。

め

迷宮入り…事件が入り組んで容易に解決できなくなること。

目が利く…見分ける力が優れている。

＝目が高い

目がくらむ…心を奪われて正しく判断ができなくなる。

目がない…非常に好きである。

目が回る…とても忙しい様子。

よく出る **目から鼻へ抜ける**…利口で抜け目のない様子。

＝一を聞いて十を知る（故事成語）

目途がつく…見通しがつく。

＝目鼻がつく

よく出る **目に余る**…あまりにひどくて、黙って見ていられない様子。

よく出る **目につく**…目立って見える。

目に物見せる…ひどい目に遭わせる。

目もくれない…見向きもしない。

目を掛ける…かわいがる。

例 有望な後輩に目を掛ける。

目を凝らす…じっと見つめる。

目を盗む…こっそり何かをする。

＝目をかすめる

目を細める…うれしそうな様子。

も

もっけの幸い…思いもよらない都合のよいこと。

ハイレベル **物の数ではない**…取るに足らない。

例 初戦の相手など物の数ではない。

物見高い…何でも見たがる様子。

門前払い…訪ねてきた人を、会わないで追い返すこと。

門に入る…弟子になる。

や

八つ当たり…怒りや不満で相手かまわず当たり散らす。

藪から棒…出し抜けに物事をする。
＝**青天のへきれき**（**故事成語**）・**寝耳に水**

藪をつついて蛇を出す…余計なことをして、かえって面倒を引き起こす。「藪蛇」とも。

例 親切からの発言が**藪蛇**となり、計画が行き詰まった。

破れかぶれ…やけを起こすこと。

矢も盾もたまらず…思いつめて、こらえきれない。

例 連絡を受けて、**矢も盾もたまらず**友人の家に駆けつけた。

ゆ

油断も隙もない…わずかな間も気持ちを緩められない。

指をくわえる…うらやましく思っても何もできず、ただ見ている。

湯水のように使う…お金などを惜しげもなく使う。

よ

善かれ悪しかれ…良いにしろ悪いにしろ、どちらにしても。

ハイレベル **横車を押す**…道理に反したことを無理に押し通す。

横やりを入れる…脇から口を出す。

例 話がまとまりかけると、**横やりを入れる**人がいる。

世に出る…出世する。

余念がない…他のことに気が散らず、一心になっている。

寄ると触ると…集まるといつでも。

弱音を吐く…意気地のないことを言う。

例 簡単に**弱音を吐いて**はいけない。

ら

らちが明かない…物事がはかどらない。解決しない。

例 問題があとからあとから出てきて、**らちが明かない**。

ろ

ハイレベル **労を惜しまない**…苦労を嫌がらず、物事に取り組む。

路頭に迷う…生活の手段や住まいを失って暮らしに困ること。

わ

脇目も振らず…一つのことに熱中して、ほかに気を取られない様子。

忘れ形見…忘れないための記念の遺品。親が死んで残された子ども。

我に返る…ぼんやりしていたのが正気に戻る。

我を忘れる…何かに心を奪われ、夢中になる。

輪をかける…程度が一段と勝る。

例 姉は母に**輪をかけて**器用だ。

練習問題

解答543ページ

1 次の(1)・(2)の（　）にあてはまる言葉として適切なものをあとの語群から選び、記号で答えましょう。

(1) 遠足のことを考えていて、授業は（　　）だった。

(2)（　　）仲間と楽しい夏休みを過ごした。

〔語群〕

(1) ア 水の泡　イ 後の祭り　ウ 上の空
エ 火の車　オ 水を打ったよう

(2) ア 気がとがめる　イ 気が置けない　ウ 気を引く
エ 気にさわる　オ 気をもむ

〔目黒星美学園中〕

2 次の文の――線部があとの（　）の意味になるように、□にあてはまる言葉をひらがなで答えましょう。

(1) 相手選手の、目に□□□反則に、観客は抗議した。
（度を越していて無視できない）

(2) 彼のような口が□□□人に話してしまったら、みんなに知れわたってしまうよ。
（秘密にすべきことを口外しがちな性格である）

(3) お前のような親孝行な息子を持って、私は鼻が□□□よ。
（得意なさま）

ヒント

1 文脈から、どのような意味の慣用句が入るかを考えましょう。
(1) 他のことが気になって少しも落ち着かない、という意味の慣用句が入ります。
(2) 気遣いしなくてよい、という意味の慣用句が入ります。

p.118～

2 □にはひらがなで答えるよう指示されていることに注意して答えましょう。

p.118～

(4) 明日の試合に負けたら二度とボールは握らないと、腹を□□□べきだ。
（覚悟を決める）

〔浦和実業学園中―改〕

3 次の(1)～(3)の――線部の（　）に漢字を一字入れると、慣用句を用いた文になります。ア～オの（　）に入る漢字の中で、共通の漢字を用いるものを選び、記号で答えましょう。

(1)
ア （　）が出ない範囲で、買える分の材料を買ってくれ。
イ 王様にほめられるなんて、（　）に余る光栄である。
ウ 彼の相談事は深刻すぎて、私の（　）に余る。
エ 努力が（　）を結び、全国大会に出場することができた。
オ 芸で（　）を立てるのには、少なくてもあと五年はかかる。

(2)
ア 彼女は絵に関して（　）が利くので、優劣がすぐ分かる。
イ 先生は有名で、教育界では外国でも（　）が利く方だ。
ウ 暑いとすぐに団扇で扇いでくれるほど、妹は（　）が利く。
エ 彼は後輩によく（　）を掛けてくれる優しい先輩だ。
オ 学歴を（　）に掛けて話す彼の態度が気に入らない。

(3)
ア 君にとってその役は、まさに（　）についているね。
イ 彼の行動は、集団の中でも（　）につくので気になる。
ウ やるか、やらないか、もう（　）を決める時期だ。
エ 私と彼は（　）を割って話し合える仲間だ。
オ 犯人が（　）を割ったので、事件が解決した。

〔玉川学園中―改〕

3 （　）のあとの言葉が同じ慣用句は、特によく注意して、文脈から判断しましょう。

(1)**ア**は予算を超えない、**イ**は自分にはもったいないくらい、**ウ**は自分の力ではどうにもならない、**エ**はよい結果が出る、**オ**は世の中に出て一人前になる、という意味の慣用句。

(2)**ア**は見分ける力が優れている、**イ**は相手が無理を聞いてくれるだけの力がある、**ウ**は注意深く対応が適切だ、**エ**はかわいがる、**オ**は自慢する、という意味の慣用句。

(3)**ア**はもの慣れた様子、**イ**は目立って見える、**ウ**は覚悟を決める、**エ**は隠さずに本心を打ち明ける、**オ**は白状する、という意味の慣用句。

p.118～

6 ことわざ

1 ことわざとは ★★

ことわざとは、昔から言いならわされ、人々の間で受け継がれてきた言葉です。

ことわざには、①教えさとすもの、②人間のもつ欠点や弱点をいうもの、③生活に必要な知恵となるものなどがあります。

▼ことわざの表現の特徴

①「たとえ」形式のもの　例 犬も歩けば棒にあたる

②反対の言い方をしているもの　例 負けるが勝ち

③説明を省いたもの　例 地震雷火事おやじ

④音を重ねたリズミカルなもの　例 短気は損気

⑤数字をうまく取り入れたもの　例 七転び八起き

例題

◆次の□に動物の名前を入れて、（　）の意味のことわざを完成させなさい。

(1) 能ある□は爪を隠す
（本当に実力のある人は、やたらに人前でそれを現さない。）

(2) 捕らぬ□の皮算用（確かでないことを期待する。）

Q&A ことわざと格言は違うの？

Q ことわざと格言はどう違うのですか。

A ことわざが人々の生活の中から生まれた言葉であるのに対し、格言（金言）は誰が言った言葉か、はっきりわかっています。たとえば、「初心忘るべからず」は世阿弥元清が能楽書『花鏡』で述べている言葉なので、格言です。

例題の答え (1)鷹（たか）　(2)狸（たぬき）

考え方 慣用句と同様に、ことわざにも生き物がたくさん登場します。犬、猫、狸、亀、雀、雉、鳶、鷹、蛇、蛙など、生き物ごとにまとめて覚えておきましょう。

2 おもなことわざ ★★★

あ

悪銭身につかず…不正な手段で手に入れたお金は、いい加減に使われがちで、手元に残らない。

浅い川も深く渡れ…簡単そうに見えても油断せず、用心せよ。
＝石橋をたたいて渡る
↔危ない橋を渡る（慣用句）

頭隠して尻隠さず…一部だけを隠して全部を隠したつもりでいること。

暑さ寒さも彼岸まで…春と秋の彼岸の頃になると、暑さや寒さがやわらぎ、程よい気候になる。

よく出る **あとは野となれ山となれ**…あとのことはどうなってもかまわない。
例 手は尽くしたのだから、あとは野となれ山となれだ。
↔立つ鳥あとを濁さず

あばたもえくぼ…好きになると、欠点すらよく見えるものだ。
↔坊主憎けりゃけさまで憎い

虻蜂とらず…あれもこれも欲張ると、すべて失敗してしまうということ。
＝二兎を追うものは一兎をも得ず
↔一挙両得（故事成語）・一石二鳥（四字熟語）

よく出る **雨降って地固まる**…もめごとのあとは、かえって落ちついて、前よりよくなること。
例 彼とは最初はけんかが絶えなかったが、雨降って地固まるで、今ではいちばんの仲よしだ。

案ずるより産むが易し…実際にやってみると、事前に心配していたよりも容易にできるものだ。

い

よく出る **石の上にも三年**…つらくても我慢や辛抱をすれば報われるということ。
例 資格を取ろうと思ったら、石の上にも三年の覚悟が必要だ。

石橋をたたいて渡る…用心深く物事を進めること。
例 弟は石橋をたたいて渡る慎重な人間だから、まず失敗はない。
＝浅い川も深く渡れ

医者の不養生…医者が人に体を大切にすることを教えながら、自分の健康には注意を払わないこと。他人には立派なことを言う人が自分では実行しないこと。
＝紺屋の白ばかま

よく出る **急がば回れ**…急ぐからと危ない近道を行くより、遠回りでも安全な道を行くほうがよい。
例 急がば回れだ、慌てて結論を出さず、まずは話し合おう。
＝せいては事をし損じる
↔先んずれば人を制す・善は急げ

一事が万事…行いやそのやり方を一つ見れば、すべてが推し量れるということ。

例 やりたいと言うが、結局やらない。**一事が万事**そうだから、君には任せられないよ。

犬も歩けば棒にあたる…出歩いていると、思いがけない災難や幸福にぶつかるというたとえ。

一寸先は闇…先のことは闇のようにどうなるかわからないということ。

う

ハイレベル **魚心あれば水心**…相手が自分に好意をもてば、自分も相手に好意をもつ用意があること。

うそから出たまこと…うそのつもりで言ったことが、思いがけず本当になる。

＝**ひょうたんから駒**

うそも方便…場合によっては、うそも必要なことがあるということ。

よく出る **馬の耳に念仏**…いくら言っても効き目のないこと。

＝**馬耳東風（故事成語）**

瓜のつるになすびはならぬ…平凡な親からは優れた子は生まれない。

＝**蛙の子は蛙**

↔**鳶が鷹を生む**

え

えびで鯛を釣る…少しのもので多くの利益を手に入れること。

例 誕生祝いのお返しが豪華で**えびで鯛を釣った**感じだ。

縁の下の力持ち…目立たないところで、人に知られない苦労や努力をすること。

例 **縁の下の力持ち**である君がいなければ、このクラスはばらばらになってしまう。

お

負うた子に教えられて浅瀬を渡る…ときには自分より未熟な者から教えられることがあるということ。

鬼に金棒…強いものがさらに強くなること。

例 彼がチームに合流してくれるなら、**鬼に金棒**だ。

鬼のいぬ間に洗濯…気がねする人がいない間に思う存分くつろぐ様子。

鬼の目にも涙…無慈悲な人にも、ときには慈悲や同情の心があること。

帯に短したすきに長し…中途半端で役に立たない。

溺れる者はわらをもつかむ…苦しいときには、助かろうとしてどんな手段にも頼ろうとする。

例 妹に手伝わせるとは、**溺れる者はわらをもつかむ**だな。

＝**苦しいときの神頼み**

親の心子知らず…子を思う親の深い心を知らずに、子は勝手な振る舞いをすること。

か

蛙の子は蛙…平凡な親から生まれた子はやはり平凡だということ。
＝**瓜のつるになすびはならぬ**
↕**鳶が鷹を生む**

風邪は万病のもと…風邪を引くと体が弱って、他の病気にかかりやすいから、油断してはいけない。

ハイレベル **勝ってかぶとの緒を締めよ**…勝ったあとも、気を緩めるなという教え。

例 **勝ってかぶとの緒を締めよ**で、次の試合に向けて、明日から練習を強化するつもりだ。

よく出る **かっぱの川流れ**…うまい人でもときには失敗するというたとえ。
＝**弘法にも筆の誤り・猿も木から落ちる**

壁に耳あり障子に目あり…秘密にしても漏れやすいということ。

よく出る **果報は寝て待て**…焦らずに待てば幸運はやってくるということ。

例 結果が気になるのはわかるけれど、**果報は寝て待て**だよ。

＝**待てば海路の日和あり**
↕**まかぬ種は生えぬ**

亀の甲より年の功…長い間の経験は尊いものであるということ。

枯れ木も山のにぎわい…つまらないものでも、ないよりはましであるということ。

例 私が行っても役に立たないかもしれませんが、**枯れ木も山のにぎわい**というものです。

かわいい子には旅をさせよ…愛する子どもであればこそ、甘やかすよりも、世の中に出すなどして、厳しく育てなければならないということ。

き

聞いて極楽見て地獄…話に聞いたときは素晴らしかったが、実際に見てみたらひどいこと。
＝**見ると聞くとは大違い**

聞くは一時の恥聞かぬは一生(末代)の恥…知らないことを人に聞くのは、そのとき恥ずかしいと思うだけで済むが、聞かずに知らないでいると、もっと恥ずかしい思いをする。

例 今さらこんな初心者みたいなことを聞くのは恥ずかしいが、**聞くは一時の恥聞かぬは一生の恥**だ。

雉も鳴かずば打たれまい…余計なことを言ったりしなければ、災難を招くこともない。
＝**口は禍の門(元)**

狐と狸(の化かし合い)…ずる賢い者たちが、お互いに相手をだまそうとすること。

よく出る **九死に一生を得る**…ほとんど助からない命がかろうじて助かること。

例 突然倒れて救急車で運ばれたが、適切な応急処置のおかげで九死に一生を得た。

く

口は禍の門(元)…うっかり言ったことが原因で災難を招くことがあるから、口は慎まなければいけないということ。

＝雉も鳴かずば打たれまい

苦しいときの神頼み…普段は神を拝まない人が、苦しいときや困ったときだけ、神の助けを願うこと。

＝溺れる者はわらをもつかむ

け

芸は身を助く…身につけた芸は、生活に困ったときの助けとなる。

犬猿の仲…とても仲が悪い様子。

こ

後悔先に立たず…物事が終わってから残念に思ったり悔やんだりしても取り返しがつかない。

例 欲しかった服が売り切れ、早く買えばよかったと思ったが、もはや後悔先に立たずだ。

＝覆水盆に返らず(故事成語)

よく出る **弘法にも筆の誤り**…書道の達人である弘法大師もときには書き損じるように、どんな優れた人にも失敗はある。

＝かっぱの川流れ・猿も木から落ちる

弘法筆を選ばず…名人は道具の良し悪しなど問題にしない。

紺屋の白ばかま…人のことをするのに忙しくて、自分のことをする暇がない。

＝医者の不養生

転ばぬ先のつえ…失敗しないように、前もって用心することが大切だ。

さ

先んずれば人を制す…人より先に動けば、人よりも有利な立場になれる。

例 先んずれば人を制すだ。確かに質は大事だが、今回の件はスピード重視で動きたい。

＝善は急げ

↕急がば回れ・せいては事をし損じる

よく出る **猿も木から落ちる**…名人も失敗することはある。

＝かっぱの川流れ・弘法にも筆の誤り

触らぬ神にたたりなし…寄りつかなければ災いを受けないで済む。関わらなければ災いを招くことはないということ。

↕寝た子を起こす（慣用句）・藪をつついて蛇を出す

よく出る
三人寄れば文殊の知恵…凡人でも、三人集まって考えれば文殊菩薩（知恵をつかさどる仏）のような良い考えが生まれるものだということ。

例 三人寄れば文殊の知恵というように、クラスのみんなで考えてよい案がまとまった。

し

地震雷火事おやじ…世の中にある恐ろしいものを順に並べたもの。

釈迦に説法…釈迦に仏の教えを説くように、そのことをよく知っている人に物を教えるのは愚かだということ。

ハイレベル
蛇の道は蛇…他の人にはわからなくても、仲間ならば通じ合うこと。

例 蛇の道は蛇というとおり、専門の私に任せてほしい。

=餅は餅屋

朱に交われば赤くなる…人はつきあっている友だちによって、良くも悪くもなる。

=水は方円の器に従う（故事成語）

例 朱に交われば赤くなるというから、友だちは選ぶ必要がある。

知らぬが仏…知らないでいれば平気で、仏のように穏やかでいられる。

例 だまされているとは思いも寄らず、知らぬが仏とはこのことだ。

す

好きこそものの上手なれ…何事でも好きだとそのことを熱心にやるようになり、自然と上達するものだ。

↕下手の横好き

よく出る
雀百まで踊り忘れず…小さいときに覚え、身につけたことは、年をとっても忘れない。

例 雀百まで踊り忘れずで、泳ぎ方は体が覚えている。

=三つ子の魂百まで

捨てる神あれば拾う神あり…悪いことがあれば、良いこともあるので、いちいち気にしなくてよい。

=渡る世間に鬼はない

住めば都…どんな所でも、慣れれば住み心地が良くなる。

せ

ハイレベル
青雲の志…出世して高い地位にのぼろうとする心。

せいては事をし損じる…物事をするのに慌てたり、焦ったりすると失敗する。

=急がば回れ

↕先んずれば人を制す・善は急げ

船頭多くして船山に上る…指図する人が多いとまとまりがつかず、かえって物事がうまく進まない。

善は急げ…善いことをするときは、ためらわず直ちに実行せよ。
＝**先んずれば人を制す**
↕**急がば回れ・せいては事をし損じる**

た

よく出る **立つ鳥あとを濁さず**…立ち去る際には見苦しくないように後始末をきちんとするべきだということ。

例 使ったものは片づけなさい、**立つ鳥あとを濁さず**ですよ。

↕**あとは野となれ山となれ**

よく出る **棚からぼた餅**…思ってもいなかった幸運が舞い込むこと。

例 親せきのおじさんに偶然会ったら、**棚からぼた餅**で、お小遣いをもらった。

短気は損気…短気を起こすと自分のためにならず、損をすること。

ち

提灯に釣り鐘…形は似ていても、まったく比較にならなかったり、釣り合わなかったりすることのたとえ。

例 こんなに見事な料理でも、紙皿で出されたら、**提灯に釣り鐘**だ。

＝**雲泥の差（故事成語）・月とすっぽん**

よく出る **ちりも積もれば山となる**…ちりのようにわずかな物事も、積もり重なると山のように大きくなる。小さなことを大切にせよという戒め。

つ

月とすっぽん…二つのものが、似ているようでまったく違っていること。
＝**提灯に釣り鐘**

鶴は千年亀は万年…長生きでめでたいこと。

て

出るくいは打たれる…飛び抜けて優れている人は、妬まれたり、邪魔されたりするということ。

例 **出るくいは打たれる**ものだから、正論を声高に言えばいいというものではないよ。

と

よく出る **灯台もと暗し**…身近なことはかえってわかりにくいということ。

ハイレベル **豆腐にかすがい**…豆腐は軟らかくて、材木をつなぐ釘のかすがいがきかない。少しも反応や効き目がないことのたとえ。
＝**ぬかに釘・のれんに腕押し**

時は金なり…時間は貴重なものなので、決して無駄にしてはならない。

所変われば品変わる…地方によって、風習・言葉などがそれぞれ違っている。

隣の花は赤い…人の物はよく見える。

取らぬ狸の皮算用…まだ狸を捕まえないうちから、皮を売ってもうける計算をするという意味で、確かでないことを期待すること。

例 友人は試験に合格したら楽器を買ってもらうつもりらしいが、**取らぬ狸の皮算用**だ。

泥棒を捕らえて縄をなう…何か事が起きてしまってから、慌てて方法を考える。

どんぐりの背比べ…どれも皆同じぐらいで、飛び抜けて優れたものがない様子。

例 リレーの選手を選ぶのに、実力は**どんぐりの背比べ**で決め手がない。

＝**五十歩百歩**（故事成語）・**似たり寄ったり**（慣用句）・**目くそ鼻くそを笑う**

飛んで火に入る夏の虫…自分から進んで災難を受けるようにすること。

よく出る **鳶が鷹を生む**…平凡な親から優れた子が生まれること。

例 **鳶が鷹を生む**で、家族の中で姉だけは運動神経がよい。

↔**瓜のつるになすびはならぬ・蛙の子は蛙**

鳶に油揚げをさらわれる…大切なものを不意に横取りされること。

な

長いものには巻かれろ…自分より強いもの・大きいものには、従ったほうがよい。

＝**寄らば大樹の陰**

よく出る **泣きっ面に蜂**…悪いことの上にさらに悪いことが重なること。

例 走って転んだうえに落とし物をして、まさに**泣きっ面に蜂**だ。

＝**弱り目にたたり目**

ハイレベル **泣く子と地頭には勝てぬ**…いくら正しい道理をもって争ってもかなわないこと。

なくて七癖…人は誰でも、多かれ少なかれ癖をもっている。

情けは人のためならず…人に親切にすれば、やがて自分にもよいことが巡ってくる。

七転び八起き…何度失敗してもくじけず、そのたびに立ち上がって頑張る様子。

習うより慣れろ…教えられるより、自分で何度もやって慣れたほうが、物事をよく覚えることができる。

例 **習うより慣れろ**で、毎日ボールで遊んでいたら、自由自在に操れるようになった。

ならぬ堪忍するが堪忍…我慢できないことをこらえるのが本物の我慢だということ。

に

よく出る **二階から目薬**…思うようにならずもどかしい様子。効き目がないこと。
=焼け石に水（慣用句）

憎まれっ子世にはばかる…憎まれるような者のほうが、世間で勢いがある様子。

逃がした魚は大きい…一度手に入れかけて逃がしてしまったものは、実際より価値があるように思えるものだということ。

逃げるが勝ち…戦わずに逃げるのが得策だ。
=三十六計逃げるにしかず（故事成語）・負けるが勝ち

二兎を追う者は一兎をも得ず…同時に二つのことをすると、結局どちらも成功しない。
=虻蜂とらず
↔一挙両得（故事成語）・一石二鳥（四字熟語）

ぬ

よく出る **ぬかに釘**…手応えがないこと。

例 忘れ物をしないように何度言い聞かせても、ぬかに釘だ。

=豆腐にかすがい・のれんに腕押し

濡れ手で粟…苦労せず大きなもうけを得ること。

例 濡れ手で粟の大もうけを狙っても思うようにはいかない。

ね

猫にかつお節…過ちが起こりやすく、安心できない状況であること。

よく出る **猫に小判**…どんなに値打ちのあるものでも、もつ人によっては何の役にも立たないこと。
=豚に真珠

例 おしゃれに興味がない人に、アクセサリーをあげても猫に小判だろう。

の

よく出る **能ある鷹は爪を隠す**…本当に実力のある人は、やたらに人前でそれを現さない。

喉元過ぎれば熱さを忘れる…つらい経験も過ぎてしまうと、すっかり忘れる。

例 昨日で懲りたはずが、喉元過ぎれば熱さを忘れるだ。

のれんに腕押し…手応えがないこと。
=豆腐にかすがい・ぬかに釘

は

掃きだめに鶴…場に似合わない優れたものがいる。

花より団子…見て美しいものよりも、実際に役立つもののほうがよい。

ひ

人の口に戸は立てられない…人のうわさ話は防げない。

人のふり見て我がふり直せ…人の行いを見て、それを参考にして自分の行いを反省しなさいという戒め。
＝他山の石（故事成語）

人を見たら泥棒と思え…人を簡単に信用せず、まずは疑うべきだ。

火のない所に煙は立たぬ…原因がなければ、うわさの立つはずがない。

例 うわさだとは言っても、火のない所に煙は立たぬ。

ひょうたんから駒…意外な所から意外な物が出る。冗談で言ったことが現実になる。
＝うそから出たまこと

ふ

よく出る **豚に真珠**…価値のわからない者によいものを与えても役に立たないこと。
＝猫に小判

へ

下手の横好き…下手なくせに、そのことが好きなこと。

例 下手の横好きながら、歌を習っている。

↕好きこそものの上手なれ

ほ

坊主憎けりゃけさまで憎い…坊主が憎いと、坊主が着ているけさまで憎く感じるというように、憎しみのあまり、その人にまつわるすべてが憎い様子。

ハイレベル **仏作って魂入れず**…肝心なところが抜けている。
↕あばたもえくぼ
＝画竜点睛を欠く（故事成語）

仏の顔も三度…どんなに情け深い人でも、重ねて道理に外れたことをされれば、しまいには怒り出すということ。

ま

まかぬ種は生えぬ…何もしないで、良い結果を得ることはできないということ。

例 空想だけでは何も成しえない。まかぬ種は生えぬと言うし、まずは始めてみなさい。

↕果報は寝て待て・待てば海路の日和あり

負けるが勝ち…無理をして争うより、相手に勝ちを譲るほうが、よい結果になる。

例 言い争いはまっぴらだ。ここは負けるが勝ちと行こう。

＝三十六計逃げるにしかず（故事成語）・逃げるが勝ち

よく出る **待てば海路の日和あり**…じっと待っていれば、必ずよい時機が来るということ。
＝果報は寝て待て
↕まかぬ種は生えぬ

み

よく出る **身から出たさび**…自分のした悪いことが原因で、自分自身が苦しみを受けること。

例 過去の発言から信用を失うとは、**身から出たさび**だな。

＝**自業自得**（四字熟語）

三つ子の魂百まで…幼い頃に身につけた精神は、一生に渡ってずっと変わらないものだ。

＝**雀百まで踊り忘れず**

見ると聞くとは大違い…話に聞いていたのと実際に見てみたのとではずいぶん違うということ。

＝**聞いて極楽見て地獄**

む

ハイレベル **昔取ったきねづか**…若いときの腕前や経験は、いつまでも衰えないこと。

無理が通れば道理が引っ込む…無理なことが世に行われると、道理にかなったことが行われなくなる。

め

目くそ鼻くそを笑う…自分の欠点に気づかず、他人の欠点をあざわらうこと。

＝**五十歩百歩**（故事成語）・**どんぐりの背比べ**・**似たり寄ったり**（慣用句）

目の上のこぶ…目障りで邪魔な存在。

目は口ほどに物を言う…目に表れた感情は、口で話すのと同じくらいに相手に伝わるということ。

も

餅は餅屋…仕事には、それぞれ専門家がいる。

＝**蛇の道は蛇**

元のもくあみ…一旦よくなった物事が元の状態に戻ること。

例 庭の落ち葉をきれいに掃き集めたが、風が吹いて、**元のもくあみ**となった。

ハイレベル **門前の小僧習わぬ経を読む**…常に見たり聞いたりしていることは、自然に覚えてしまうということ。

や

安物買いの銭失い…値段の安い物は品質が悪く、買うときは安く済んで得したようでも、結局は損になるということ。

柳の下にいつもどじょうはいない…たまたま幸運をつかんだからといって同じ方法でうまくいくとは限らない。「二匹目のどじょう」ともいう。

＝**守株**（故事成語）

よく出る **藪をつついて蛇を出す**…しなくてもよいようなことをして、かえって問題を起こすこと。

=**寝た子を起こす**（慣用句）
↔**触らぬ神にたたりなし**

例 その話題にふれるのは、**藪をつついて蛇を出す**ようなものだ。

闇夜に提灯…困り果てているときに、助けになるものに出会うこと。
=**地獄で仏に会ったよう**（慣用句）・**渡りに船**

よ

寄らば大樹の陰…頼るなら、大きな力をもった人がよいということ。
=**長いものには巻かれろ**

弱り目にたたり目…困ったことが重ねて起きること。
=**泣きっ面に蜂**

ら

楽あれば苦あり…楽のあとには苦労することがくる。世の中はいいことばかりではない。

例 **楽あれば苦あり**で、今うまく行っているからといって、浮かれている場合ではない。

=**楽は苦の種苦は楽の種**

る

類は友を呼ぶ…性質や趣味などの似た者は、互いに寄り合うものだ。

例 **類は友を呼ぶ**ようで、周りは趣味の合う友人ばかりだ。

れ

礼も過ぎれば無礼となる…礼にも程度が大切で、度を過ぎた礼はかえって失礼になる。

ろ

よく出る **論より証拠**…議論するより証拠を見せたほうが、相手を納得させることができる。

例 **論より証拠**だ、私が説明するより、現場を見ていただくほうがよいでしょう。

わ

渡りに船…ちょうど都合のよいことが起きること。

例 一人で映画に行くのがいやで悩んでいると、兄が同じ映画を見るというので、**渡りに船**とついて行った。

=**地獄で仏に会ったよう**（慣用句）・**闇夜に提灯**

渡る世間に鬼はない…世間には、不人情な人ばかりがいるわけではなく、親切で心温かい人もいるということ。
=**捨てる神あれば拾う神あり**

笑う門には福来たる…いつも笑いの絶えない明るい家には、自然と幸福が訪れる。

練習問題

解答544ページ

1 次の(1)~(4)のことわざの意味をあとから選び、記号で答えましょう。

(1) 猿も木から落ちる
(2) 豚に真珠
(3) 石橋をたたいて渡る
(4) どんぐりの背比べ

ア ものの良さや価値がわからないこと。
イ 用心深いこと。
ウ 専門家や名人でも失敗はあること。
エ どれも大差がないこと。

〔鎌倉女子大中―改〕

2 次の(1)~(4)の――線部のことわざが、正しく使われていれば○、間違っていれば×で答えましょう。

(1) 私は運動会に出場することになり、クラスの仲間の大きな応援をもらい、鬼の目にも涙を見る思いだった。
(2) 公園で楽しんだあとは立つ鳥あとを濁さず、使った場所をみんなできれいにして帰りましょう。
(3) ピアノの発表会の前の晩は眠れなかったが、案ずるより産むが易し、間違えずに弾くことができた。
(4) 宿題をやらずにゲームをしてしまい、石の上にも三年、先生に叱られた。

〔昭和女子大附属昭和中〕

ヒント

1 ことわざは教訓や知恵をたとえで示しているものがあります。ことわざの中で示されたものがどんなことを連想させるかを考えましょう。たとえば(1)の「猿」は、木登り上手なものとして挙げられています。

p.132~

2 ことわざの意味は次のとおりです。

(1)無慈悲なものにも、ときには、慈悲の心がある。
(2)後始末をきちんとする。
(3)実際にやってみると、思ったより容易にできるものだ。
(4)つらくても、我慢や辛抱をすればいつか報われる。

p.132~

3 次の（　）に入ることわざをあとから選び、記号で答えましょう。

一人で浮かれている今の彼には、何を言っても（　）だよ。

ア 馬の耳に念仏　イ 猫に小判　ウ 逃げるが勝ち
エ 転ばぬ先のつえ　オ 泣きっ面に蜂

4 次の(1)・(2)のことわざと似た意味のものを、あとからそれぞれ選び、記号で答えましょう。

(1) のれんに腕押し
(2) せいては事をし損じる

ア 急がば回れ　イ 猿も木から落ちる
ウ 提灯に釣り鐘　エ 弱り目にたたり目
オ 豆腐にかすがい　カ 出るくいは打たれる
キ 鬼に金棒　ク 馬鹿とはさみは使いよう

〔明治学院中―改〕

5 次の(1)～(4)のことわざと反対の意味のものをあとから選び、記号で答えましょう。

(1) 鳶が鷹を生む　(2) 渡る世間に鬼はない
(3) あとは野となれ山となれ　(4) まかぬ種は生えぬ

ア 瓜のつるになすびはならぬ　イ 立つ鳥あとを濁さず
ウ 人を見たら泥棒と思え　エ 大海も一滴の集まり
オ 果報は寝て待て　カ 虻蜂とらず

〔南山中―改〕

3 文脈から、どんなことわざがふさわしいかを判断します。「彼の耳には届かない」というような内容のことわざが入ると考えられます。 p.132～

4 同じような教訓や知恵を表すことわざを選びましょう。
(1)のれんを腕で押したときの手ごたえを想像してみましょう。
(2)「せいては」の「せく」は、早くしなければと焦るという意味です。 p.132～

5 ことわざが表す教訓や知恵と、逆のことを示しているものを選びます。 p.132～

7 故事成語

1 故事成語とは ★

故事とは、中国の古典をもとにして、昔から伝えられてきた教訓話やいわれのことで、その故事をもとにした言葉を、故事成語といいます。

①中国の戦国時代、魏の恵王が孟子にこう聞いた。「私はふだんから民百姓を大事にしているつもりだ。だが、他国の民が魏を慕って移り住んだ様子がない。これはどういうことなのか。」孟子はこう答えた。「戦場で二人が怖くなって逃げ出しました。一人は百歩逃げました。もう一人は五十歩逃げました。そこで、五十歩逃げた者が百歩逃げた者を『臆病者』と言って笑ったとします。王はこれをどう思われますか。」王はこう言った。「それはおかしい。二人とも逃げたことに違いはないではないか。」孟子は、「そのとおり。」と答えて、魏の恵王の政策も他国と比べて「五十歩百歩」だと指摘した。

この故事から、「**大きな差のないこと**」を意味する「五十歩百歩」という故事成語ができました。同様の意味のことわざに「**どんぐりの背比べ**」があります。

②ある浜で鷸（しぎ）と蚌（はまぐり）が争っていた。そこを通りかかった漁師が苦労せずに両方を捕まえてしまった。

雑学ハカセ 日本の故事成語にあたる言葉

故事成語は中国の古典をもとにした言葉ですが、同じように日本にも、古典や歌、昔の出来事をもとにした言葉がたくさんあります。

たとえば、「小田原評定」という言葉があります。

豊臣秀吉が小田原城を包囲したとき、城にこもった北条氏は、戦うか降伏するかで家臣と話し合いを続けましたが、百日たっても決まりませんでした。そうこうするうちに城は攻め落とされてしまったのです。

このことから、いつまでも結論の出ない会議のことを「小田原評定」と言うようになりました。

この故事から、「**二つの勢力が争っている間に、第三者が利益を得てしまうこと**」を意味する「漁夫の利」という故事成語ができました。

③中国の春秋時代、宋の国の男が、自分で植えた苗の成長を気にして毎日畑へ通い世話を続けた。毎日世話をしているのに、その苗の成長は遅いので、男は苗の成長を助けようとして、苗の先を上に引っ張った。疲れて家に帰った男は、家族にそのことを話した。それを聞いた息子が畑に行ってみると、苗の根が土から浮き上がっており、とうとう苗は弱って枯れてしまった。

この故事から、「**物事を助けようとして余計なことをして、かえって害を与えてしまうこと**」を意味する「助長」という故事成語ができました。しかし、今日では「**第三者が物事を助けること**」という意味でも使われています。

①～③のような故事は、他にもたくさんあります。p.148～の 由来 のところを読んでみましょう。

例題

◆次の様子に合う故事成語をあとから選び、記号で答えましょう。

(1) リレーで、先頭の二人がもつれ合って転んだすきに、三番手がゴールした。

(2) 弟から「散らかっていたから、片づけてあげたよ」と言われて机の上を見てみると、明日提出する書類もいっしょに捨てられていた。

(3) 体操服を忘れた君は、かばんを忘れた僕とそれほど違わないと思うよ。

ア 五十歩百歩　**イ** 漁夫の利　**ウ** 助長

例題の答え

(1) **イ**
(2) **ウ**
(3) **ア**

考え方

(1) ここでは、三番手の選手が、横から利益を得た第三者にあたります。

(2) 机の上を片づけるという親切が、重要な書類の紛失につながってしまいました。

(3) どちらにしても、二人は忘れ物をした人たちです。

2 おもな故事成語 ★★★

あ行

悪事千里を走る…悪い行いやうわさは、すぐ世間に知れ渡ってしまう。

例 **悪事千里を走る**というから、あの人の不正が世に問われるのも時間の問題だろう。

よく出る **圧巻**…いちばん優れた部分。

由来 昔、中国の官僚登用試験である科挙で、最優秀の答案を他の答案の上に載せたことから。

ありの穴から堤も崩れる…わずかな油断が取り返しのつかない大事につながる。

一日の長…経験や技能が他の人より一歩優れていること。

例 ピアノの演奏については、妹より先に習い始めた私に**一日の長**がある。

一を聞いて十を知る…少しのことを聞いてすべてを理解する。

よく出る **一挙両得**…一つの行動で二つの得をすること。「一石二鳥」も同じ。

例 お使いに行くと、運動になるしこづかいももらえて**一挙両得**だ。

一炊の夢…人の世での繁栄は、はかないことのたとえ。「邯鄲の夢」「盧生の夢」ともいう。

井の中の蛙大海を知らず…狭い井戸の中にいる蛙は、広い海のあることは知らない。自分の狭い知識や考えにとらわれて、広い世界のあることを知らないこと。「井蛙」ともいう。

烏合の衆…規律も統制もなく、ただ集まっている大勢の人々。

雲泥の差…とても大きな差があること。

例 練習するのとしないのとでは、技術に**雲泥の差**がある。

温故知新…古いことを調べて、そこから新しい知識を得ること。

例 **温故知新**というように、歴史に学ぶことも必要だ。

か行

ハイレベル **臥薪嘗胆**…目的達成のために、長い間の苦労に耐えること。

由来 中国の春秋時代、呉の王と越の王が戦い、呉の王が敗れた。呉の王は息子の夫差に越に復しゅうするよう遺言した。夫差は父の言葉を忘れず、薪の上に寝起きし、痛みで自分を戒めた。これを知った越の王は呉を攻めたが失敗し、呉に降伏した。越の王は苦い胆を嘗めて恥を忘れないようにした。あるとき、夫差の留守中に越の王が攻め入り、数年後には夫差を降伏させた。夫差は自ら首をはねて死んだ。

可もなく不可もなし…特別良いところもなければ悪いところもない。

例 今度の作品は、**可もなく不可もなし**といったところだ。

画竜点睛…最後の仕上げの重要な部分。「画竜点睛を欠く」はそのような部分が欠けていること。

由来 絵の名人が、お寺から頼まれて、壁画に天へ登ろうとする二匹の竜を描いたが、睛が描かれていない。不思議に思って聞いてみると、「睛を入れたら天に登ってしまう」という。いくら何でもそんなことはあるまいと、頼み込んで睛を描き入れてもらったところ、すぐに激しい雷が鳴り、竜は天に登ってしまった。

疑心暗鬼を生ず…疑う心をもつと、何もかも疑わしく思えてしまうこと。

ハイレベル **杞憂**…取り越し苦労。無用の心配。

由来 春秋時代、杞の国に、たいへん心配性の男がいた。天地が崩壊するのを心配して夜も眠れず、食事も喉を通らなかったが、天は空気が積もったものだし、地は四方に広がっているものだから、大丈夫だと人に教えられて安心したという。

よく出る **蛍雪の功**…苦労して学んだ成果。

由来 晋の時代に、車胤と孫康という少年がいた。官吏になるには本をたくさん読んで勉強しなければならないが、貧しくて灯をともす油が買えない。そこで車胤は夏は小袋に入れた蛍の光で勉強し、また孫康は冬には窓辺の雪に反射する明かりで勉強し、二人は高級官吏になった。

好事魔多し…うまく事が進んでいるときは、邪魔が入りやすいものだ。

例 初めて大きな仕事を任された。**好事魔多し**というから、今まで以上に気を引き締めて進めよう。

呉越同舟…仲の悪い者同士が行動を共にすること。

由来 春秋時代の呉と越は敵国同士だが、同じ舟に乗っているときに大風に見舞われたら、日頃の恨みを忘れ、互いに協力するだろうという中国の兵法書『孫子』の言葉から。

よく出る **虎穴に入らずんば虎子を得ず**…危険を冒さなければ、求めるものは手に入らないというたとえ。

例 この方法はリスクがあるが、**虎穴に入らずんば虎子を得ず**の精神でやってみよう。

さ行

塞翁が馬…人生の幸不幸は予測できないものだということ。

例 いつもの電車に乗り遅れたが、事故に遭わずにすんだ。人間万事**塞翁が馬**というやつだ。

歳月人を待たず…人間の都合にかかわらず、時はとどまることなく流れていくものだ。

例 やると決めたからには、すぐにでも始めなさい。「**歳月人を待たず**」ですよ。

三十六計逃げるにしかず…不利な形勢になったら、計略を巡らすよりも、とにかく逃げて身を守るのが得策だ。

舌を巻く…非常に驚いたり、感心したりする様子。

例 彼の見事な英語の発音に先生も**舌を巻いた**。

七転八倒…転げ回って苦しむこと。

例 足の小指をぶつけ、あまりの痛さに**七転八倒**する。

四面楚歌…周りを敵に囲まれている状態。

由来 楚の項羽は、漢の王劉邦との戦いで劣勢になり城を囲まれてしまった。夜になると、故郷の楚の歌があちこちから聞こえてくる。楚の人々が漢に降服したのだと思った項羽は観念し、自害した。しかし、実は漢の軍師の作戦で四面から楚歌を聞かせたのだった。

雌雄を決する…勝敗を決める。

例 今日の試合は、**雌雄を決する**大勝負になる。

よく出る **守株**…しきたりにこだわって融通のきかないこと。偶然の幸運をあてにしてはいけない意味でも使われる。

由来 宋の国の農夫が、運よく切り株にぶつかって死んだうさぎを手に入れた。それきり農夫は畑仕事もしないで切り株を見守り、再びうさぎが手に入るのを待ち続け、国中の笑い者になった。

推敲…文章をよく考えて練ること。

由来 唐の詩人の賈島が馬に乗っているときに詩を作り始め、ある句の表現は「推す」と「敲く」のどちらがいいかと悩んで夢中になっているうちに、高官であり文学者としても高名な韓愈の行列に突っ込んでしまった。事情を聞いた韓愈は「敲く」がよいと助言し、二人は意気投合して詩について論じ合った。

青天のへきれき…予期していなかった出来事が起こること。「へきれき」とは突然雷が鳴ること。

例 新製品の完成まであと一歩というところだったのに、事業からの撤退という会社の発表は**青天のへきれき**だった。

切磋琢磨…競い合ってお互いに技術などを磨き合うこと。

千載一遇…滅多に巡ってこないであろう、とてもよい機会。

例 あの有名校と練習試合ができるなんて、こんな**千載一遇**のチャンスを逃す手はない。

備えあれば憂いなし…普段から備えておけば、いざというときに困らない。

例 **備えあれば憂いなし**で、我が家の災害対策は万全だ。

た行

大器晩成…大人物が成長するには、時間をかけてじっくりと実力を養っていくものだ。

よく出る **他山の石**…他人の誤った言動を参考にして自分に役立てること。

例 せっかちな父を**他山の石**として、兄弟は気長に構えるように常に心がけている。

よく出る **蛇足**…わざわざ余計なことをすること。

由来 一杯だけの酒をもらった使用人たちは、地面に蛇の絵を描いて一番早かった者が酒を飲むことにした。一番に描き終えた者が得意になって「足だって描き終えられるぞ」と描き足している間に、二番手の男が蛇を描き終え、「蛇には足などないのだ」と言って酒を取り上げて飲んでしまった。

玉にきず…ほんの少しの欠点。

竹馬の友…幼なじみのこと。

例 彼は小学生の頃からの**竹馬の友**だ。

朝三暮四…目先の違いだけにとらわれて、本質は同じであることに気がつかないこと。また、人を巧みに言いくるめてだますこと。

由来 宋の国に猿をたくさん飼っている人がいたが、費用がかさむので餌を減らすことにした。猿たちに「餌を、これからは朝に三つ、暮れに四つにする」と言ったところ怒り出したので、「それなら朝に四つ、暮れに三つならどうか」と言うと納得した。

天高く馬肥ゆる秋…澄んだ空は高く感じられるほど晴れわたり、馬の食欲も増すような気持ちのよい秋ということ。

頭角を現す…学問・知識が優れ、多くの人の中で目立つようになる。

ハイレベル **登竜門**…立身出世の関門のこと。

例 夢を実現するために、新人の**登竜門**となっているコンテストに出場する。

虎の威を借る狐…自分には力がないのに強い者の力を借りて威張る者のたとえ。

由来 虎が狐を捕まえたところ、狐は虎にこう言った。「自分は天の神様から獣の頭領にされている。自分を食べると天の神様に逆らうことになる。それが証拠に、どんな獣も自分を見たら恐れて逃げ出すから、ついてきて見るといい。」虎が狐についていってみると、獣はみんな逃げてしまった。実際には狐でなく虎を恐れたのだが、虎はそのことに気づかなかった。

な行

南船北馬…南に北にとあちこちを旅すること。

例 父は仕事の都合で出張が多く、**南船北馬**の毎日を送っている。

は行

よく出る **背水の陣**…一歩も退くことのできないせっぱ詰まった状況で、全力で事に当たること。

由来 漢の名将韓信が趙に攻め込んだとき、河を背にして陣を敷いた。そのため、趙の軍は退路のない浅はかな戦法だと甘く考えて攻め入ったが、漢の軍の圧勝に終わった。漢の軍は寄せ集めの兵隊だったので、韓信はあえて退路を断って必死の戦いを強いたのだった。

馬脚を露す…隠していたことが露見してしまうこと。

例 能にくわしいと言う彼女だったが、有名な曲の内容を知らず、**馬脚を露した**。

ハイレベル **白眼視**…しらけた冷たい目で見る。

伯仲…力量が同じくらいで、差がないこと。

例 両者は実力**伯仲**していて、なかなか勝負がつかないよ。

白眉…多数あるもののうちで、最も優れているものや人のたとえ。

由来 蜀の馬氏には、五人の兄弟があった。五人とも優秀だったが、眉に白い毛のある長男の馬良が、中でも最も優れていたことから。

馬耳東風…人の忠告などを気にせず、聞き流すこと。

例 弟は、部屋を片付けなさいといくら言い聞かせても、**馬耳東風**で散らかしたままだ。

破天荒…誰もしたことがないようなことをする様子。

由来 唐の時代、荊州では、官僚試験である科挙に合格する者が出なかった。そこで荊州を天地未開を意味する「天荒」と言っていたが、とうとう合格者が出た。天荒を破ったということで「破天荒」と言った。

万事休す…すべてが終わって、どうすることもできない。

例 昨日の夜に必死に仕上げた宿題の絵を、家に置いてきてしまった。もはや**万事休す**だ。

よく出る **百聞は一見にしかず**…人の話を何度も聞くよりも、体験するほうが確かでよくわかる。

覆水盆に返らず…一度起こったことは、取り返しがつかない。

由来 周の呂尚という人が読書に熱中して働かないので、愛想を尽かした妻は実家に帰ってしまった。その後、呂尚が君主に重臣として取り立てられるまでに出世すると、妻は戻ってきて復縁してくれと頼んだ。それに対して呂尚は、器にくんだ水をこぼして、妻にそれを戻すように言い、「こぼした水が器に戻らないように、元には戻れない」と答えた。

付和雷同…よく考えずに人の意見に従う。

例 あの人はいつも実力者の考えに**付和雷同**して、意見がころころ変わる。

傍若無人…周囲の人のことを考えず、勝手に振る舞うこと。

例 社長の**傍若無人**な振る舞いに、従業員はみんなあきれている。

ま行

枕を高くする…安心して寝る。

例 逃走中だった犯人が捕まり、**枕を高くする**。

満を持す…準備を十分にして、時機が来るのを待つ。

例 決勝戦には、**満を持して**チームのエースが登板する。

水は方円の器に従う…環境によって、人はどのようにもなるものだ。

よく出る **矛盾**…物事のつじつまが合わないこと。

由来 盾と矛を売る人が「私の盾はどんな矛でも突き通せない。また、私の矛はどんな盾でも突き通せる」と自慢したが、「お前の矛でお前の盾を突いたらどうなるのか」と言われ、答えられなかったという。

や行

有名無実…評判ばかり良くて、中身が伴わないこと。

ハイレベル **羊頭狗肉**…外見ばかりで中身や実質が伴わないこと。

ら行

竜頭蛇尾…はじめは勢いがよかったのに、おわりになると、まったく勢いがなくなってしまうこと。

例 改革の掛け声は勇ましいが、たいていは**竜頭蛇尾**だ。

由来 「頭」ははじめ、「尾」はおわりを表し、はじめは竜のように立派だったが、おわりは蛇のように貧弱であるということから。

良薬は口に苦し…自分のためになる忠告は、素直に聞き入れるのが難しいものだということ。

臨機応変…その場その時の成り行きに合わせて適切なやり方をすること。

例 災害時には、**臨機応変**に行動しなければならない。

わ行

禍を転じて福となす…災難を努力によって幸福に変えること。

例 争いが裁判に発展して苦労したが、**禍を転じて福となす**とばかり、事の一部始終をまとめて出版した本がベストセラーになり、大金を手にした。

練習問題

解答545ページ

1 次の故事成語の□に言葉を入れて、あとの（　）の意味に合う故事成語を完成させましょう。

(1) 禍を転じて□となす
（災難を努力によって幸せに変えること。）

(2) □の威を借る狐
（自分には力がないのに強い者の力を借りて威張る者のたとえ。）

(3) 井の中の蛙□を知らず
（自分の狭い知識や考えにとらわれて、広い世界のあることを知らないこと。）

2 次の故事成語の意味を、あとから選び、記号で答えましょう。

(1) 蛍雪の功
(2) 烏合の衆
(3) 竹馬の友
(4) 背水の陣
(5) 他山の石

ア 他人の誤った言動を参考にして自分に役立てること。
イ せっぱ詰まった状況で全力で事に当たること。
ウ 苦労して学んだ成果。
エ 規律も統制もなく、ただ集まっている大勢の人々。
オ 幼なじみのこと。

ヒント

1
(1)「幸せ」にあたる言葉が入ります。
(2)「強い者」にあたる動物が入ります。
(3)「広い世界」にあたる場所が入ります。

p.146〜

2
(1) 蛍の光や窓の雪明かりで何をしたかを考えましょう。
(2) カラスが集まっているさまを表しています。
(3) 竹馬で遊んだ頃の友達。
(4) 後ろが水辺なので、退却できないような陣形。
(5) よその山の石がどう自分に関係するでしょうか。

p.146〜

3 次のような由来をもつ故事成語をあとから選び、記号で答えましょう。

(1) 蛇の絵を描いて一番早かった者が酒を飲むことにした。一番だった者が得意になって余分な足を描き足しているうちに、二番の者が描き終えて、蛇に足などないのだと言って酒を取り上げて飲んでしまった。

(2) どんな矛でも突き通せない盾と、どんな盾も突き通せる矛を売る者がいた。お前の矛でお前の盾を突いたらどうなるかと問われ、返事ができなかった。

(3) 切り株にぶつかって死んだうさぎを手に入れた農夫が、畑仕事もせずに再びうさぎがぶつかるのを待って見守った。

(4) 昔、中国の官僚試験である科挙で、最優秀の答案を他の答案の上に載せた。

ア 矛盾　**イ** 守株　**ウ** 推敲
エ 杞憂　**オ** 蛇足　**カ** 圧巻

4 次の□に入る故事成語をあとから選び、記号で答えましょう。

(1) 今まで話題にも上らなかった選手が、けがをした選手の代理でチームに呼ばれて意外な活躍を見せ、□こととなった。

(2) 彼女は英会話が得意だと自慢していたが、実際はアメリカからの留学生と英語で話すことができず、□こととなった。

(3) 優勝争いをする二人の選手のこれまでの成績には差がなく、最後の直接対決で、まさに□こととなった。

ア 枕を高くする　**イ** 雌雄を決する
ウ 頭角を現す　**エ** 馬脚を露す
オ 満を持す　**カ** 万事休す

3 由来の中に登場するものに関係のありそうな文字が使われています。

p.146～

4 (1)「目立った存在になる」という意味の言葉が入ります。
(2)「隠していたことが明らかになる」という意味の言葉が入ります。
(3)「勝敗が決まる」という意味の言葉が入ります。

p.146～

8 辞典の引き方

1 国語辞典 ★

国語辞典は、いろいろな言葉を五十音順に並べて、その意味や用例・漢字と送りがな・品詞などを示したものです。言葉の意味や使い方、漢字がわからない場合には、次のように国語辞典を引いて調べます。

(1)項目として載せられた見出し語の中から、その意味を知りたい言葉を探します。複数の意味があるものは、❶・❷……として分けて書いてあります。

例 おぎなう【補う】❶足りないところを足す。❷損害をうめる。

(2)言葉は、言い切りの形で引きます。

例 目がかすんでよく見えない。

→この場合の「かすん(で)」は「かすむ」という形で載せてあります。

▼国語辞典の言葉の並び方

①第一音が同じものは、第二音が五十音順に並んでいます。

例 うさぎ　うなぎ　うわぎ

②第二音も同じものは、第三音が五十音順に並んでいます。

例 そらいろ　そらまめ　そらみみ

参考 長音を含む言葉を調べるときの注意

国語辞典の見出しは、通常はひらがなで示してあります。漢字で書く熟語なども、ひらがなで示してあります。ただし、かたかなで書く言葉は、見出しもかたかなで示してあります。

かたかなで書くときの、長音(ー)は、のばす前の音がア段なら「あ」、オ段なら「お」のところの、通常「あ」や「お」と書く言葉のあとに載っています。

例 ・まあい→マーカー
　→マーク
　→まあたらしい
・とおす→トースト
　→とおで→ドーナツ

③濁音（「がぎぐげご」など）や半濁音（「ぱぴぷぺぽ」など）は、清音（「はひふへほ」など）のあとに並んでいます。

例 はす　バス　パス

④小さく書く「ゃ」「ゅ」「ょ」「っ」などは、普通の字のあとに並んでいます。

例 びょういん　びょういん　／　かって　かって

例題

❶ 次のうち、国語辞典で調べられないものを、記号で答えましょう。

ア 言葉の意味　イ 言葉の使い方

ウ 漢字の成り立ち　エ 漢字での書き方

❷ 次の言葉は、国語辞典では、どんな順番で並べられていますか。前に載っているほうから順に記号で答えましょう。

(1) ア はたらく　イ はち　ウ はちみつ　エ はちまき　オ はたち

(2) ア かわ　イ カレンダー　ウ かわうそ　エ かわいい　オ かるい

(3) ア ひざ　イ ピザ　ウ ビザ

(4) ア パパ　イ はば　ウ ばば　エ はは

❸ 次の言葉は、国語辞典では、どんな順番で並べられていますか。前に載っているほうを記号で答えましょう。

(1) ア きゃく　イ きやく

(2) ア しゅうち　イ しゅうち

例題の答え

❶ ウ

❷ (1) オ→ア→イ→エ→ウ
(2) オ→イ→ア→エ→ウ
(3) ア→ウ→イ
(4) エ→イ→ウ→ア

❸ (1) イ　(2) ア

考え方

❶ 国語辞典で調べられるのは、その言葉についてです。

❷ (1)・(2)第一音は同じ音なので、第二音で五十音順に並べ、第二音が同じものの中で、さらに第三音で五十音順に並べます。
(3)・(4)清音→濁音→半濁音の順に並べます。

❸ 小さく書く字は、普通の大きさで書く字のあとに並べます。第一音が同じ場合に第二音で判断するのは、ほかの字の場合と同じです。

2 漢字辞典 ★

漢字辞典は、漢字の読み方や意味、熟語例などを調べるときに利用します。小学生向けには「漢字辞典」という名前で発行されているものが多いですが、一般には「漢和辞典」（漢語を和語、つまり日本語で説明した辞典）という名前で発行されています。その引き方には、三つの方法があります。

(1) **部首で引く方法**…漢字の読み方がわからないときは、部首索引（辞典の表紙の裏側などにある）を使います。

①漢字の部首を部首索引で見つけ、何ページにあるかを調べて、その部首の漢字が並んでいるページを開きます。

※漢字の部首は、画数の少ない順に並べてあります。

例「根」を引く場合…「根」の部首は「木」（きへん）で四画。

→ 四画 木 440ページ

②その漢字の部首以外の画数を数えて探します。

※その部首の漢字が、部首以外の画数の少ないほうから順に並べてあります。

例「根」を引く場合…「根」の部首以外の部分は「艮」で六画。

→木(0) 末(1) 未(1) 机(2)……根(6)……

(2) **総画数で引く方法**…漢字の部首も読み方もわからないときは、総画索引を使います。

Q&A 調べ方の優先順位

Q 部首も総画数も音訓もわかるときは、どの索引を使うのがいいですか。

A どの索引でも引けますが、総画索引は同じ画数の漢字がたくさんあるので、探すのがたいへんです。部首索引と音訓索引の二つのうち、引きやすいほうを使うとよいでしょう。

①漢字の総画数を調べて、総画索引のその画数のところを見ます。
※漢字が総画数の少ない順に、同じ画数の中では部首の画数の少ない順に並べてあります。

例 「根」を引く場合…「根」の総画数は十画。
→ 十画　木(きへん)　根　462ページ

②示(しめ)されたページを開いて、漢字を探します。

(3) **音訓で引く方法**…漢字の読み方がわかっているときは、音訓索引を使います。

①漢字の音読み、または訓読みを音訓索引で見つけます。
※漢字が音訓一緒(いっしょ)に、五十音順に並んでいます。普通(ふつう)、音はかたかな、訓はひらがなで書いてあり、同じ読みの漢字が総画数の少ない順に並んでいます。

例 「根」を引く場合…「根」の音読みは「コン」、訓読みは「ね」。
→ コン　根　462ページ　あるいは　ね　根　462ページ

②示されたページを開いて、漢字を探します。

例題

(1) 「話」の部首と部首名を答えましょう。

(2) 「道」の字を、漢字辞典の部首索引を使って調べるには、「辶」(しんにょう・しんにゅう)の何画のところを見ればよいですか。

(3) 「包」の字を、漢字辞典の総画索引で調べるには、何画のところを見ればよいですか。

例題の答え

(1) 部首…言・部首名…ごんべん
(2) 九画
(3) 五画

考え方

(1) どんな部首があるかを覚えておくと、漢字の部首を判断(はんだん)しやすくなります。

(2) 「辶」(しんにょう・しんにゅう)以外の部分である「首」の画数のところを見ます。

(3) 総画数なので、すべての画数を数えます。

練習問題

解答545ページ

1 次の(1)～(4)の語を、五十音順に並べた国語辞典で調べると、どういう順に出ていますか。記号を並べて答えましょう。

(1) ア 縮刷　イ 出血　ウ 私有　エ 周囲　オ 宿舎

(2) ア 百薬の長　イ 批評　ウ 費用　エ 百貨店　オ 秘密

〔洛南高附中〕

(3) ア 断片　イ 談笑　ウ 暖冬　エ 単身　オ 探訪

〔玉川学園中〕

(4) ア 助走　イ 重大　ウ 所得　エ 周辺

〔鳴門教育大附中〕

2 漢字を調べたいと思って、辞典の部首索引のところを開きました。次の漢字は、この辞典の何ページから調べていったらよいですか。それぞれ部首索引から漢数字を抜き出して答えましょう。

部首索引
※数字はページを示す

画数	部首	ページ
一画	一	一
	丨	三
	丶	四
	ノ	六
	乙・乚	六
	亅	八
二画	二	一九
	亠	二一
	人・亻	二三
	儿	四六
	入	四八
	八	五〇
四画	心・忄・⺗	一六四
	戈	一八一
	戸	一八三
	手・扌	一八四
	支	二〇一
	攴・攵	二〇一
	文	二〇九
	斗	二一〇
	斤	二一〇

ア 仕　イ 折　ウ 上　エ 性　オ 攻

〔大阪教育大附属池田中―改〕

ヒント

1 第一音・第二音・第三音という優先順位で、それぞれ五十音順に並んでいます。また、五十音順が同じ場合には清音→濁音→半濁音の順、普通の字→小さく書く字の順になります。

p.156

2 まずは、調べたい漢字の部首が何かを確かめて、辞典の部首索引で、その部首の漢字が載っているページ数を調べます。

p.158

故事成語と童謡

昔から言い伝えられてきた出来事（故事）をもとにしてできた故事成語は、その多くが中国の故事に由来しています。そのため、故事成語は、国語の学習以外ではあまり親しみがないように思いがちですが、実は、身近にある童謡と深い関わりがあるものもあります。みなさんは、次の童謡を聞いたことはありませんか。

待ちぼうけ　北原白秋

1
待ちぼうけ　待ちぼうけ
ある日せっせと　野良かせぎ
そこへ兎が　とんで出て
ころり転げた　木の根っこ

2
待ちぼうけ　待ちぼうけ
しめた　これから寝て待とか
待てば獲物は　かけてくる
兎ぶつかれ　木の根っこ

3
待ちぼうけ　待ちぼうけ
昨日鍬とり　畑仕事
今日は頬づえ　ひなたぼこ
うまい切り株　木の根っこ

4
待ちぼうけ　待ちぼうけ
今日は今日はで　待ちぼうけ
明日は明日はで　森の外
兎待ち待ち　木の根っこ

5
待ちぼうけ　待ちぼうけ
もとはすずしい　黍畑
今は荒野の　ほうき草
寒い北風　木の根っこ

この童謡は、「古い習慣にとらわれて、変化に新しく対応することができないこと」を意味する故事成語「守株」に基づいています。

ほかにも、卒業式などでよく歌われる「蛍の光」の冒頭部分の、「蛍の光　窓の雪」は、「苦労をしながら学問に励み、成功すること」を意味する、「蛍雪の功」の故事から作られたものです。

私たちは知らず知らずのうちに、故事成語に関わりのあるフレーズを口ずさんでいたようですね。

章末問題

解答546ページ

1 次の熟語と組み立てが同じものを、あとから選び、記号で答えましょう。

(1) 始末　(2) 朗報

ア 美談　イ 今昔　ウ 森林
エ 観劇　オ 防寒　カ 満足

〔日本大藤沢中〕

2 次の三文字熟語のうち、組み立てがほかと異なるものを選び、記号で答えましょう。

ア 確実視　イ 代表戦
ウ 道具箱　エ 全部員

〔東京都市大等々力中―改〕

3 「不安定」のように、次の熟語の□に打ち消す漢字を入れましょう。

(1) □成年
(2) □制限
(3) □日常

〔鎌倉女学院中―改〕

4 「一心不乱」の同義語、類義語ではない語を次の中から選び、記号で答えましょう。

ア 無我夢中　イ 一意専心
ウ 一生懸命　エ 沈着冷静

〔自修館中―改〕

5 次のA～Hには、例のように対義関係にある語が入ります。それぞれ漢字を一字ずつ入れて、四字熟語を完成させましょう。

例 一長一短

(1) A口B音　(2) 空C絶D
(3) E往F往　(4) 起G回H

〔獨協埼玉中―改〕

6 次の(1)～(5)の□に漢数字を入れ、四字熟語を完成させましょう。

(1) 十人□色（人によって、それぞれ考え方や好みが違うこと）
(2) □載一遇（めったにないこと）
(3) □里霧中（見通しや方針がまったくたたないこと）
(4) 危機□髪（きわめて危なくさしせまった状態）
(5) □花繚乱（多くの花が咲き乱れること）

〔星野学園中〕

7 (1)～(5)の言葉の対義語を語群の中からそれぞれ選び、記号を答え、カタカナを漢字に直して答えましょう。

(1) 安全　(2) 天然　(3) 許可（きょか）
(4) 往復（おうふく）　(5) 平等

【語群】
㋐ カタミチ　㋑ キケン　㋒ ギム
㋓ キンシ　㋔ ケイシキ　㋕ ゲンジツ
㋖ サベツ　㋗ ジンコウ　㋘ ハンタイ
㋙ ビョウジャク

〔開智中〕

8 次の□に適切（てきせつ）な漢字一字を入れて、慣用句（かんようく）を完成させましょう。

(1) 一寸（いっすん）の□にも五分（ごぶ）の魂（たましい）
(2) □に短したすきに長し
(3) 魚心あれば□心あり

〔早稲田実業学校中〕

9 （　）内の意味の慣用句になるように、□に適する漢字をあとから選び、記号で答えましょう。ただし、同じ記号を二回以上使用してはいけません。

(1) □につかない（ほかのことに気を取られて、あることに集中できない。）
(2) □に余（あま）る（度を超（こ）していて黙（だま）っていられない。）
(3) □を持つ（弁護（べんご）や賛成（さんせい）などをして、味方する。）
(4) □を割（わ）る（隠（かく）し立てせず、なにもかも打ち明ける。）
(5) □にかける（自分が優（すぐ）れていることを自慢（じまん）する。）

ア 頭　**イ** 手　**ウ** 鼻　**エ** 目
オ 肩（かた）　**カ** 腹（はら）　**キ** 耳

〔江戸川女子中〕

10 次のことわざと似（に）た意味のものをあとから選び、記号で答えましょう。

「虻蜂（あぶはち）とらず」

ア 石の上にも三年
イ 一石二鳥
ウ 二兎（にと）を追う者は一兎をも得ず
エ 頭隠（かく）して尻（しり）隠さず

〔かえつ有明中〕

11 次の(1)～(5)の文章の空欄に入ることわざとして、最もふさわしいものを後から選び、記号で答えましょう。ただし、同じ記号を二回以上使用してはいけません。

(1) この小説の展開は□ようで不自然だ。

(2) 長編小説を書き上げたのに題名が決まらず、□の状態だ。

(3) 彼はアルバイトをしながら学校に通い研究者になったが、まさに□だ。

(4) □と言うように、不正をはたらいたといううわさはすぐに広まった。

(5) 兄の模型を壊してしまい、謝ったが許してもらえず、□だと後悔した。

ア 濡れ手で粟　イ 蛍雪の功
ウ 猿も木から落ちる　エ 悪事千里を走る
オ 木に竹をつぐ　カ 豚に真珠
キ 覆水盆に返らず　ク 悪銭身に付かず
ケ 仏作って魂入れず　コ えびで鯛を釣る

〔東京農業大第一中〕

12 次のように漢字辞典を引いたときに、調べたい漢字が出てくるのはどれですか。記号で答えましょう。

ア 「梅」を、音訓さくいんの「つ」で調べた。
イ 「近」を、総画さくいんの「六画」で調べた。
ウ 「部」を、総画さくいんの「十画」で調べた。
エ 「利」を、部首さくいんの「のぎへん」で調べた。
オ 「間」を、部首さくいんの「もんがまえ」で調べた。

〔日本大第二中〕

13 次の問いに答えましょう。

(1) 次の□に漢字一字を入れ、下の意味になるように言葉を完成させましょう。
□里眼（遠方や将来を見通す能力）

(2) 次のA・Bについて、BがAとほぼ同じ意味になるように、□に入る言葉を漢字で答えましょう。
A 得意満面　B □が高い

(3) 次のア～エのうち、熟語の成り立ちとしてほかと異なるものを選び、記号で答えましょう。
ア 自己　イ 牛乳　ウ 寒冷　エ 存在

(4) 次のA・Bが対義語になるように、またC・Dが同義語になるように、□に入る漢字一字を答えましょう。
A 保守 ↔ B 革□
C 快活 ＝ D 明□

〔國學院大久我山中―改〕

14 横マスの①〜④の四字熟語を完成させたうえで、縦マス（赤い空欄）の四字熟語を答えましょう。

(1)

		①				転	変
	②	巧			色		
③	謹			直			
④ 不		流					

(2)

		①				一	会
	②	以			心		
③	呉			舟			
④	裏	一					

〔浦和実業学園中〕

15 □には体の一部を表す言葉が入ります。「相手の失言をとらえてなじること」という意味になるように、漢字一字を入れましょう。

揚げ□を取る

〔桜美林中〕

16 「因果」と同じ組み立ての熟語を、次から選び、記号で答えましょう。

ア 伸縮　イ 不足　ウ 減刑　エ 悲哀

〔春日部共栄中〕

17 次のクロスワードから、四字熟語を四つ抜き出しましょう。ただし、答えとなる四字熟語同士が重なっていることはなく、上から下、または左から右にしか読まないものとします。

難	問	答	無	用	一	天
功	明	正	大	心	世	下
不	和	雷	同	身	一	太
落	千	心	小	棒	大	平
天	変	知	異	句	同	音
百	万	物	流	展	望	無
因	果	応	報	告	人	事

〔神奈川大附中―改〕

18 次の(1)・(2)の空欄に入る共通の漢字一字を答えましょう。

(1) 彼は甘いお菓子に□がない。
　 素晴らしい演技に□を奪われた。

(2) 横綱が強すぎて、まったく□が立たない。
　 □が浮くようなお世辞を言う。

〔公文国際学園中〕

19

次の各問いに答えなさい。

(1) 次のA～Dにはことわざや慣用句、四字熟語などがそれぞれ五つ挙げられており、□には〔　〕内の条件に合った漢字一字を入れることができます。五つすべてに異なる漢字一字が入る場合は1、五つのうち二つに共通する漢字一字を入れることができる場合は2、五つのうち三つに共通する漢字一字を入れることができる場合は3、五つのうち四つに共通する漢字一字を入れることができる場合は4、五つすべてに共通する漢字一字を入れることができる場合は5と答えましょう。

A〔身体の一部を表す漢字一字〕
・空いた□がふさがらない　・牛□を執る
・老□に鞭打つ
・鶏□となるも牛後となるなかれ・食□が動く

B〔色を表す漢字一字〕
・□菜に塩　・□眼視　・□貧洗うがごとし
・□二才　・□息吐息

C〔動物を表す漢字一字〕
・竹□の友　・閑古□が鳴く
・□脚を露す　・□芝居　・生き□の目を抜く

D〔漢数字一字〕
・□日の長　・悪事□里を走る
・親の□光り　・□日天下　・□鬼夜行

(2) 次の①～⑤のア・イの□に入る二字熟語は、それぞれの二字熟語の上下の漢字を入れ替えてできた言葉です。このとき、上下を入れ替えると、二字熟語を構成するそれぞれの漢字の読み方が変わるものを、①～⑤から一つ選び、番号で答えましょう。

例 ア 風潮（ふうちょう）→イ 潮風（しおかぜ）
※「ふう」は「かぜ」に、「ちょう」は「しお」に読み方が変わる。

① ア 人生の□が訪れる
　イ □が利く人
② ア □を超えた大きな存在
　イ 出先で□に会う
③ ア 君の提案は□的ではない
　イ 理想の□は困難だ
④ ア 往復の□時間
　イ □を締めるピッチング
⑤ ア □を据える
　イ □を叩き直す

〔慶應義塾中〕

ここからスタート！

第1編

言葉

第3章 言葉のきまり

学習することがら

1 文の組み立て

1 言葉の単位

入試重要度★★

言葉のきまりを学習するにあたって、まず、言葉をいくつかのまとまりに分けて考えます。これを**言葉の単位**といいます。言葉の単位には、大きく分けて次のようなものがあります。

①**文章**…最も大きな言葉の単位で、いくつかの文が意味や前後の関係によってつながったもの。ふつう、二つ以上の文が集まってできています。

②**文**……ひと続きの言葉で、まとまった内容を表したもの。文の終わりに「。」(**句点**)をつけます。「。」の代わりに「?」や「!」などを置くこともあります。

※「はい。」のように一つの言葉だけでも、それだけでまとまった意味をもつ場合は「文」です。

※文の中に出てくる会話などは、「。」がついていても、一つの文ではないので注意しましょう。

例 お母さんが、「早く起きなさい。」と私に言いました。

↓「早く起きなさい」で一つの文ではなく、全体で一つの文です。

例 ①お母さんが、「早く起きなさい。」と私に言いました。②私はそれでも起きることができませんでした。③もう少しで遅刻するという時間になって、ようやく起きることができました。

↓三つの文から、一つの文章ができています。

ことば 文で使われる記号

文で使われる「。」は句点、「、」は読点といい、合わせて「句読点」といいます。また、「?」は疑問符、「!」は感嘆符といいます。

Q&A 文と文章は同じ?

Q ふだん、文章のことを文ということが多いですが、文章と文は同じではないのでしょうか。

A 正しくは同じではありません。言葉のきまりでは、文章と文は上記のように区別して考えます。

③**文節**…意味や発音上不自然にならない程度(ていど)に、文をできるだけ短く区切ったまとまりのこと。文の途中(とちゅう)で「ネ」「ヨ」「サ」などを入れて読んでも意味が通じる部分が、文節と文節の切れ目になります。

例 赤いネ／花がネ／きれいにネ／咲(さ)いた。ネ

④**単語**…これ以上分けると意味がなくなるところまで、文節をさらに細かく区切ったもの。言いかえれば、文節を作っている、これ以上分けることができない最も小さい言葉の単位です。

例 赤い／花／が／きれいに／咲い／た

例

文章

お母さんが、「早く起きなさい。」と私に言いました。私はそれでも起きることができませんでした。もう少しで遅刻(ちこく)するという時間になって、ようやく起きることができました。大急ぎで学校へ行く準備(じゅんび)をして、家を飛び出しました。

文 もう少しで遅刻するという時間になって、ようやく起きることができました。

もう／少し／で／遅刻する／と／いう／時間／に／なっ／て、／ようやく／起きる／こと／が／でき／まし／た。

参考 複合語

複数(ふくすう)の単語を合わせて一つの単語となっているもの(複合語 p.87)もあります。

例 花畑(花＋畑)
船乗り(船＋乗り)

これらはすべて、全体で一つの単語となります。

Q&A 言葉の単位を覚えるには?

Q 言葉の単位が覚えられません。

A 言葉の単位は、大きいものから順に並(なら)べると次のようになります。

①文章→②文→③文節→④単語

まずはこの順番をおさえて、それぞれの単位にどのような違(ちが)いがあるのかを覚えていきましょう。上の例をもとに考えると覚えやすくなります。

例題

❶ 次の文章は、いくつの文からできていますか。漢数字で答えましょう。（「。」(句点)は省いています。）

(1) あさがおの苗を夏休みにいろいろな所に植えてみた日当たりがよい場所に植えたので夏真っ盛りのころにはたくさんの花をつけたこのあさがおの観察日記は夏休みの宿題の一つとして提出できそうだ

(2) 今日は久しぶりに映画を見に行った数日前から公開を楽しみにしていた作品だ大作ということもあって映画館はたくさんの人で混み合っていた一緒に映画を見ることになっていた山田君は待ち合わせ場所に迷わずに来ることができるだろうか

❷ 次の文は、いくつの単語からできていますか。漢数字で答えましょう。

(1) 自分の畑で育てた野菜は、おいしい。
(2) 野菜をどのように調理するか。
(3) 生のままでサラダにした。
(4) サラダにドレッシングか塩をかけよう。
(5) 家族はみんな、おいしいと言ってくれた。
(6) たくさんとれたので、近所の人におすそ分けした。
(7) どの野菜もとても評判がよかった。
(8) 次はどんな野菜を育てるか考える。

例題の答え

❶ (1)三 (2)四
❷ (1)九 (2)五 (3)八 (4)八 (5)九 (6)十 (7)八 (8)八
❸ (1)六 (2)イ (3)ウ

考え方

❶ 「。」(句点)がどこにつくのかを考え、その数を数えましょう。

❷ それぞれの文を単語で区切ると次のようになります。
(1)自分／の／畑／で／育て／た／野菜／は、／おいしい。
(2)野菜／を／どのように／調理する／か。
(3)生／の／まま／で／サラダ／に／し／た。
(4)サラダ／に／ドレッシング／か／塩／を／かけ／よう。
(5)家族／は／みんな、／おいしい／と／言っ／て／くれ

3 次の文章を読んで、あとの問いに答えなさい。

今日の晩ごはんは何カレーだろうと考えながら、早足で家に帰った。朝、メニューを母から聞いていたので、私は今日のカレーは何カレーだ。ところが、①家の近くになってもまったくカレーの匂いが感じられない。いつもならそろそろおいしそうなカレーの匂いがしてくるのに。まさか、母はメニューを変えたのだろうか。不安になって家のドアを開けると、申し訳なさそうな顔をした②母が私を出迎えてくれた。

(1) この文章は、いくつの文からできていますか。漢数字で答えましょう。

(2) ——線①を文節に分けたものとして最も適切なものを選び、記号で答えましょう。

ア 家の近くに／なっても／まったく／カレーの／匂いが／感じられない。
イ 家の／近くに／なっても／まったく／カレーの／匂いが／感じられない。
ウ 家の近くに／なっても／まったく／カレーの／匂いが／感じられ／ない。
エ 家の／近くに／なっても／まったくカレーの／匂いが／感じられない。

(3) ——線②を単語に分けたものとして最も適切なものを選び、記号で答えましょう。

ア 母が／私を／出迎えてくれた。
イ 母が／私を／出迎えて／くれた。
ウ 母／が／私／を／出迎え／て／くれ／た。
エ 母／が／私／を／出迎えて／くれ／た。

／た。

(6) たくさん／とれ／た／ので、／近所／の／人／に／おすそ分けし／た。

(7) どの／野菜／も／とても／評判／が／よかっ／た。

(8) 次／は／どんな／野菜／を／育てる／か／考える。

3 (1) 一つの文の終わりには必ず「。」(句点)などがつきます。会話文はないので「。」(句点)の数が文の数になります。

(3) 単語で分ける場合は、まず文節で分けてから考えましょう。——線②を文節で分けると次のようになります。

母が／私を／出迎えて／くれた。

ここからさらに、これ以上分けると意味がなくなるところまで区切りましょう。

2 文の種類 ★

文は、次のような三つの角度から分類することができます。特に「構造上の分類」は、言葉のきまりを学ぶうえで重要になってきます。あとの単元とあわせて理解しておきましょう。

①意味上の分類

- 平叙文…断定・推量・希望・決意などの意味を述べる文。
- 疑問文…疑問の意味を述べる文。おわりに「か」「の」がつくのが普通です。
- 命令文…相手に命令したり禁止したり願望を表したりする文。
- 感嘆文…感動・詠嘆などの意味を述べる文。文のはじめかおわりに感情を表す言葉がきます。

②構造上の分類

- 単文…一つの文の中に、主語と述語の関係が一回だけある文。

例 花が(主語) 咲く。(述語) →主語＋述語

- 複文…一つの文の中に、主語と述語の関係が二回以上ある文。複文は、一方の文が、もう一方の文の一部として含まれている形になっている、いわば主と従の関係になっている文です。

例 私が(主語) 植えた(述語) 花が(主語) 咲いた。(述語) →主語＋述語(従) →主語＋述語(主)

- 重文…一つの文の中に、主語と述語の関係が二回以上あって、それぞれが独立

ことば 平叙と詠嘆

- 平叙＝物事をありのままに述べること。
- 詠嘆＝深く感動すること。また、感動したことを言葉などで表現すること。

参考 文の構造の見分け方

「構造上の分類」による三つの文のうち、重文がいちばん見分けやすく、単文と複文は見分けにくいため、まずは重文から探すことが問題を解く際のポイントになります。

また、複文は重文以上に主語と述語が複雑に入り組んでいる文と覚えましょう。

している文。

例 兄は山へ行くが、弟は海へ行く。（兄は＝主語、行くが＝述語、弟は＝主語、行く＝述語）
→主語＋述語＋主語＋述語

③表現技法上の分類

・省略の文…主語と述語が省かれている文。

例 「君は誰ですか？」「田中です。」
→「田中です」の前に主語「私が」が省かれています。
「僕は、明日、図書館に行くよ。君は？」
→「君は」のあとに述語「どうする」が省かれています。

・倒置の文…主語と述語が位置をかえて逆さまになった文。

例 「きれいだなあ、あの山は。」
→普通の主語・述語の並び方では、「あの山はきれいだなあ。」となります。

例題

◆次の文と同じ構造の文をあとから選び、記号で答えましょう。

(1) 私の弟は、サッカー教室に通っている。
(2) 田中さんはテニス部に所属していて、私はバレーボール部に所属している。
(3) 父が大切に育てたミニトマトの苗が、ついに実をつけた。

ア 父と母は会社へ行き、私と妹は学校へ行く。
イ 親せきの赤ちゃんが笑う様子はとてもかわいかった。
ウ 大型の台風の接近により、昨日から急に風が強くなってきた。

例題の答え

(1) ウ (2) ア (3) イ

考え方

(1) 主語は「弟は」、述語は「通っている」で単文です。
(2) 「田中さんは」「所属していて」、「私は」「所属している」と、主語と述語の組み合わせが二つあり、対等の関係にあるので重文です。
(3) 「父が」「育てた」、「苗が」「つけた」と、主語と述語の組み合わせが二つあり、対等の関係ではないので複文です。

3 主語・述語の関係 ★★★

文には、普通、主語と述語があります。この組み合わせをしっかりおさえることが大切です。組み合わせの型によって、文は、基本となる四つの文型に分けられます。

①何が(は)―どうする。（例 鳥が　鳴く。）
②何が(は)―どんなだ。（例 空が　青い。）
③何が(は)―何だ。（例 これは　本だ。）
④何が(は)―ある。（例 山が　ある。）

「何が(は)」にあたる文節が主語、「どうする・どんなだ・何だ・ある」にあたる文節が述語です。

※主語も述語も、二つ以上の文節(連文節)からできていることがあります。このような場合には、主部・述部とよびます。

例 君と　僕とは（主部）　親友だ。
　 空が　青く　高い。（述部）

・主語には、「が(は)」がつくだけでなく、「も」「さえ」「の」「まで」など、いろいろな語がつきます。

例 僕も　音楽会へ　行く。
　 赤んぼうさえ、笑いだす。

・述語は「―どうする」「―どんなだ」「―何だ」「―ある」という形だけでなく、次のようないろいろな形をとります。

参考　主語と述語の探し方

文の中で、主語と述語を見つけるには、次の順番で探すとよいでしょう。

①まず、述語を見つけましょう。普通、述語は文末にありますが、倒置の文などでは文末にない場合もあります。

②次に、①で見つけた「そうする／そうである」(述語)のは「だれ／何」(主語)かを探します。主語は省略されている場合や、「が(は)」以外の言葉がついている場合もあるので、注意しましょう。

また、主語と述語が不自然なねじれ文にならないように気をつけましょう。

例 ○僕の夢は(主)～ことです(述)。
　 物――→物
　 ×僕の夢は～持っています。

例 お父さんは、いらっしゃいますか。（―かどうか）
早く行きなさい。（―どうしろ）　僕も行きたい。（―どうしたい）

例題

1 次の各文の文全体の主語と述語を文節の単位で抜き出しましょう。

(1) 今年で　私も　中学生だ。
(2) 遠くに　見える　山が　富士山です。
(3) 夏休みの　残りは　あと　少しです。
(4) 私には　さっぱり　わからないよ、君の　気持ちなんて。
(5) 弟は　とんだり　はねたり　していた。
(6) 妹が　夏休みに　育てた　ひまわりは　とても　かわいらしい。
(7) 山田さんこそ　僕たちの　学級委員長に　ふさわしい　人物だ。

2 次の(1)～(8)の文は、あとのどの文型にあてはまりますか。記号で答えましょう。

(1) 母は朝から激怒した。
(2) 謝る気はまったく起きない。
(3) 太陽がとてもまぶしい。
(4) 弟は小学一年生だ。
(5) あなたの考えは正しい。
(6) 犬が自宅の庭で寝ていた。
(7) 祖父の家には貴重な絵画がある。
(8) 私の父は、この町の町長だ。

ア 何が（は）―どうする。　**イ** 何が（は）―どんなだ。
ウ 何が（は）―何だ。　**エ** 何が（は）―ある。

例題の答え

1
(1) 主語…私も　述語…中学生だ
(2) 主語…山が　述語…富士山です
(3) 主語…残りは　述語…少しです
(4) 主語…私には　述語…わからないよ
(5) 主語…弟は　述語…していた
(6) 主語…ひまわりは　述語…かわいらしい
(7) 主語…山田さんこそ　述語…人物だ

2
(1) **ア**　(2) **エ**　(3) **イ**　(4) **ウ**
(5) **イ**　(6) **ア**　(7) **エ**　(8) **ウ**

考え方

1 まずは述語を探し、次に対応する主語を探しましょう。

例 ○僕は(主)～という夢を持っ(述)ています。
人 ――→ 動作
×僕は～という夢です。

4 修飾・被修飾の関係 ★★★

1 修飾語と被修飾語

ある文節がほかの文節を「どんな」「どんなに」などとくわしく説明する言葉を修飾語といいます。これに対して、修飾語に修飾される言葉を被修飾語といいます。

例 赤い（修飾語）→どんな→花が（被修飾語）（主語） きれいに（修飾語）→どんなに→咲いた。（被修飾語）（述語）

▼修飾のいろいろ（――線は修飾語、――線は被修飾語を表します。）

①主語の修飾

例 ・何の 何が↓水道の 水が（主語）

・どんな 何が↓冷たい 水が（主語）

②述語の修飾

例 ・どんなに どうする↓はげしく 降る。（述語）

・どんなに どんなだ↓とても 静かだ。（述語）

③修飾語の修飾

例 とても 小さい（修飾語） 花を 育てる。

参考 「被」の意味

被修飾語の「被」は「～される」という受け身の意味を表します。

ことば 「かかる」「うける」

ある言葉がほかの言葉と意味の上で結びつく場合に、前の言葉は、あとの言葉にかかるといい、あとの言葉は、前の言葉をうけるといいます。（ただし、倒置の場合は前後が逆になります。）

主語は述語にかかり、述語は主語をうけます。また、修飾語は被修飾語にかかり、被修飾語は修飾語をうけます。

2 文図(ぶんず)

複雑(ふくざつ)な構造(こうぞう)の文でも、文図に書いてみると、修飾・被修飾の関係がよくわかり、文の意味がはっきりします。

例 あさがおの　花が、見たことも　ないほど　美しい　色に　咲いた。

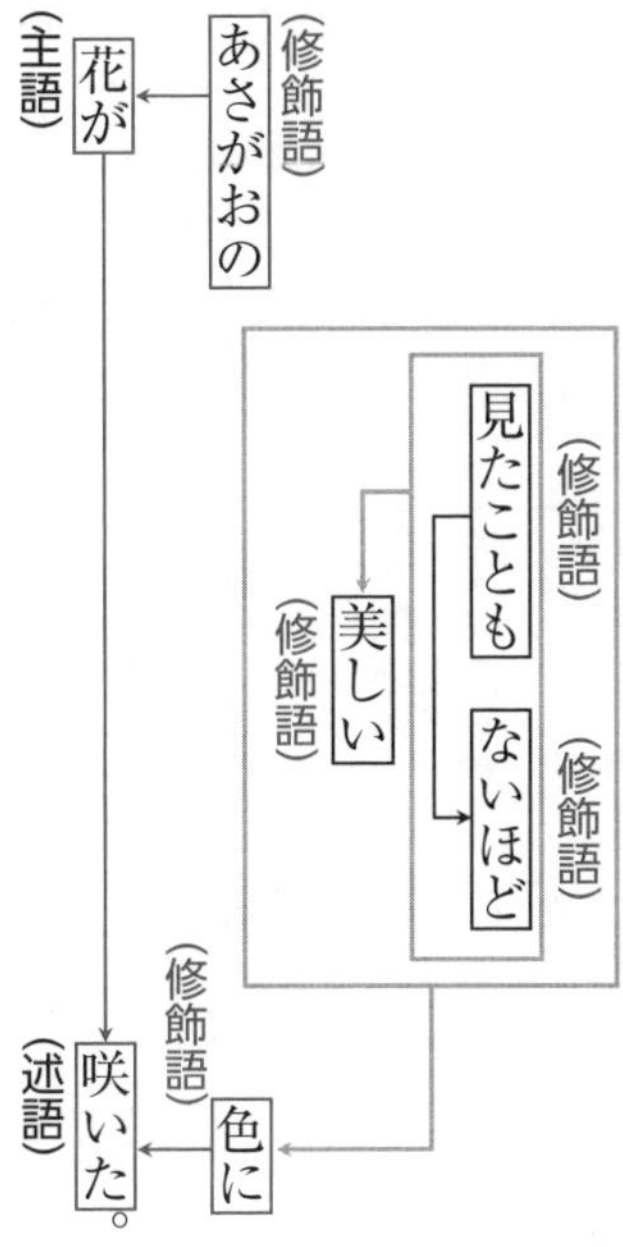

あさがおの(修飾語)→花が(主語)→咲いた。(述語)
見たことも(修飾語)→美しい(修飾語)
ないほど(修飾語)→美しい
[見たことも ないほど 美しい]→色に(修飾語)→咲いた。

例題

◆次の文の〰〰線の語が修飾している語を、――線の語の中から選び、記号で答えましょう。

(1) 赤い　アー大きな　イー花が　ウー庭に　エー咲いた。
(2) アー兄は　イー明日、図書館に　ウー行くのを　エーやめた。
(3) あらゆる　アー人が　イー優勝(ゆうしょう)を　ウー喜んで　エーいる。
(4) アー私は　イー山道を　一人で　ウーゆっくりと　エー歩いた。
(5) アー母が　イー急に　田舎(いなか)へ　ウー行くと　エー言い出した。

参考　修飾語と被修飾語の位置

修飾語は被修飾語の直前にあるとは限(かぎ)りません。

例 父が、私に(修飾語)　とても　すばらしい　万年筆を　くれました。(被修飾語)

右の例の場合、「私に」は「くれました」を修飾しており、その間にはほかの語がいくつか並(なら)んでいます。このように修飾語と被修飾語が離(はな)れている場合は特に注意しましょう。

例題の答え

(1) イ　(2) ウ　(3) ア　(4) エ　(5) ウ

考え方

かかる言葉と受ける言葉をつなげると、(1)「赤い花が」、(2)「図書館に行くのを」、(3)「あらゆる人が」、(4)「山道を歩いた」、(5)「田舎へ行くと」と自然に意味が通ります。

5 その他の文節と文節の関係 ★★

文節と文節の関係には、すでに説明した「主語・述語の関係」「修飾・被修飾の関係」のほかに、いくつかあります。

①並立の関係

例 アルプスは 高くて けわしい。（並立）

このように、対等に並んでいる二つ以上の文節の間の関係を、並立の関係といいます。

②補助の関係

例 電灯は 消えて いる。（補助）

このように、前の言葉が主な意味を表し、あとの言葉はこれに補助的な意味を添えるだけの関係を、補助の関係といいます。

③独立の関係

例 ・平和、それは人類の願いだ。（提示）
・はい、私も行きます。（応答）

例の「平和」や「はい」のように、意味としては文のあとの部分全体に続きますが、あとの文節と直接かかりうけの関係がない場合を、独立の関係といいます。また、「平和」や「はい」のような言葉は**独立語**といいます。

④接続の関係

例 雨が やんだので、帰宅した。（接続部）

参考　並立の関係と文の中での働き

並立の関係にある文節は、次のような働きをします。

①主語になるもの
例 父と 母は 仲が よい。

②述語になるもの
例 あの山は、高くて 美しい。

③修飾語になるもの
例 静かで 平和な 町。

④独立語になるもの
例 食料と 住まい、どちらも 大切だ。

雑学ハカセ　補助語の表記

補助の関係にある文節のうち、補助語はその語の本来の意味が薄れているため、ひらがなで書かれることが多いです。

例 ケーキを 食べて 見る。
→ケーキを 食べて みる。

このように、前の文節（接続語・接続部）の意味を受けて、あとの文節につなぐ関係を接続の関係といいます。

例題

❶ 次の文の——線と‖線は、あとのどの関係になりますか。記号で答えましょう。

(1) 真冬の 寒い 中、彼は やって きた。
(2) 二羽の つばめが 空を 飛ぶ。
(3) 風邪を ひいたので、休んだ。
(4) 今田さんは かわいくて やさしい。
(5) 長い 間の 研究が やっと 完成した。

ア 主語・述語の関係　**イ** 修飾・被修飾の関係
ウ 並立の関係　**エ** 補助の関係
オ 接続の関係

❷ 次の文から、独立語を抜き出しましょう。

(1) おはようございます、今日も 元気に がんばりましょう。
(2) みなさん、体育館に 集合してください。
(3) 七月七日、今日は 七夕です。
(4) へえ、そのことは 全然 知らなかったなあ。

例題の答え

❶ (1)**エ** (2)**ア** (3)**オ** (4)**ウ** (5)**イ**
❷ (1)おはようございます (2)みなさん (3)七月七日 (4)へえ

考え方

❶ (1)「来た」という語の本来の意味がうすれて、「やって」に補助的な意味を添えています。「きた」とひらがな表記になっていることにも着目しましょう。

❷ 独立語は「提示」や「応答」のほかにも、「呼びかけ・感動・あいさつ」などを表すものがあります。
(1)は「あいさつ」、(2)は「呼びかけ」、(3)は「提示」、(4)は「感動」を表しています。

練習問題

解答548ページ

1 次の各文はいくつの文節でできていますか。文節の数を漢数字で答えましょう。

(1) 私は昨日、集中して作文を書きました。

(2) 今年の夏は、思っていた以上に暑いです。

(3) 運動場を一生懸命走ってみると、とても気持ちがよかった。

2 次の各文の主語と述語をそれぞれ抜き出しましょう。ただし、主語または述語がない場合は、×を書きましょう。

(1) 今日は、朝の　七時に　起きました。

(2) きっと　届くでしょう、この　手紙は。

(3) サッカーの　ワールドカップは　四年に　一度　開催されます。

(4) 一刻も　早く　彼に　会いたい。

(5) 家に　ある　おもちゃが　少し　壊れた。

3 次の各文の――線が修飾している部分を選び、それぞれ一文節で抜き出しましょう。

(1) 私は大きな筆で、この景色をキャンバスに描いた。

(2) 私は、弟が必ず、次の試合で勝つと信じている。

(3) 母は長時間、美しい秋の夕暮れに見入った。

(4) 彼の様子を見て、すぐに体調が悪いことに気づきました。

(5) どうしてもわからない問題があります。

ヒント

1 文節で区切るときは、「ネ」「ヨ」「サ」などを入れてみましょう。

p.169

2 主語と述語を見つけるには、まず述語を探し、次に、その述語に対応する主語を探しましょう。

また、述語は文末にくることが多いですが、倒置などの文では文末にこないため、注意が必要です。

p.174

3 ――線と答えを続けて読んでみて、意味が自然とつながるかを確認しましょう。

p.176

4 次の文章を読んで、あとの問題に答えましょう。

日曜日、私は母と二人で買い物に出かけた。いつもは車に乗って出かけることが多いが、今回は久しぶりに電車で出かけた。天気がとても良くて、たくさんの人が電車に乗っていた。

電車が発車してすぐに、お年寄り（としより）がふらふらと頼り（たよ）ない足取りで①立っているのが見えた。私はちょうど席に②座って（すわ）いたため、自分の席を譲ろ（ゆず）うと③思っていたが、一方でA断られ（ことわ）たらどうしようと迷う（まよ）気持ちもあった。するとB、私の隣（となり）に座っていた母が、さっと立ち上がり、お年寄りに④声をかけて席を譲った。母に先を越さ（こ）れたと思いつつも、お年寄りの笑顔を見て、次からは自分がC率先（そっせん）して席を譲ろうと決意した。

(1) 〰〰線のような構造（こうぞう）の文を何といいますか。次の中から選び、記号で答えましょう。

ア 単文　イ 複文（ふくぶん）　ウ 重文

(2) ――線①～④の中で、含（ふく）まれる文節どうしの関係が異（こと）なるものはどれですか。番号で答えましょう。

(3) ‖線Aから主語と述語を一文節でそれぞれ抜き出しましょう。ただし、主語または述語がない場合は、×を書きましょう。

(4) ‖線Bの直前に省略（しょうりゃく）されている主語を書きましょう。

(5) ‖線Cが修飾している一文節を抜き出しましょう。

4

(1) 単文、複文、重文それぞれの構造の違い（ちが）を確認しましょう。主語と述語がどのように組み合わされているかが重要です。 p.172

(2) 修飾・被修飾（ひしゅうしょく）の関係と、補助の関係があります。 p.176・p.178

(3) まず述語から探しましょう。次に、その述語に対応（たいおう）する主語を探しましょう。 p.174

(4) 「思いつつも」となったのは誰（だれ）かを考えましょう。前後の文も参考になります。 p.173

(5) 「率先して」がかかっていく部分が答えになります。 p.176

2 言葉の種類と働き

1 単語の分類 ★★

文節よりも細かい単位である、単語について整理します。

1 自立語と付属語

単語は次のように、その意味や働きによって分類できます。

- 自立語…その語だけで文節を作ることができる単語。必ず文節のはじめにあります。
- 付属語…その語だけでは文節を作ることができない単語。自立語のあと、または他の付属語のあとにつきます。

例 僕・は／とても／早く／走る／こと・が／でき・まし・た。
（僕＝自立語　は＝付属語　とても＝自立語　早く＝自立語　走る＝自立語　こと＝自立語　が＝付属語　でき＝自立語　まし＝付属語　た＝付属語）
／＝文節の切れ目　・＝文節の中の単語の切れ目

- 活用…あとに続く語によって形が規則的に変わることをいいます。単語には、活用するものと活用しないものがあります。

例 僕・は／とても／早く／走る／こと・が／でき・まし・た。
［網かけ］…活用する語　［網かけ］…活用しない語

ズームアップ
文節 ➡p.169　単語 ➡p.169　活用 ➡p.38

Q&A 自立語と付属語ってどう違うの？

Q 自立語と付属語の区別がつきません。

A 文節に区切ったときに、文節のはじめにはできず、他の単語に意味を添えたり、語と語の関係を表したりする単語が付属語です。あとのp.198～p.201でくわしく説明します。

2 用言と体言

単語の一部を、活用するかしないかで、次のように分類することがあります。

・用言…活用がある自立語で、述語になることのできる単語。

例 行く（動詞）・美しい（形容詞）・静かだ（形容動詞）

・体言…活用がない自立語で、主語になることのできる単語。

例 桜（名詞）・日本（名詞）・四月（名詞）

例題

❶ 次の文から自立語をすべて抜き出しましょう。

(1) 白い 鳥 が 飛ん だ。

(2) その 小さな 犬 は ほえ ませ ん。

(3) 駅前 に 花 が 咲い て いる。

❷ 次の文中にある付属語の数を漢数字で答えましょう。

(1) 公園を歩きます。　(2) 魚が海を泳いでいた。

(3) おもしろい本がある。

❸ 次の文から、A活用する自立語、B活用しない自立語、C活用する付属語、D活用しない付属語を、それぞれすべて抜き出しましょう。

(1) 私が妹を喜ばせる。　(2) 明日は晴れるそうです。

(3) まるで雪のように白い。

例題の答え

❶ (1)白い・鳥・飛ん (2)その・小さな・犬・ほえ (3)駅前・花・咲い・いる

❷ (1)二 (2)四 (3)一

❸ (1)A喜ば　B私・妹　Cせる　Dが・を
(2)A晴れる　B明日　Cそう・です　Dは
(3)A白い　Bまるで・雪　Cように　Dの

考え方

❶ (3)「～ている」の「て」は付属語、「いる」は自立語です。

❷ (1)を・ます (2)が・を・で・た (3)が

❸ (1)「せる」は「喜ぶ」につく助動詞です。

2 単語の種類 ★★

単語を働きによって分類したものを品詞といいます。あとの①～⑩にある十種類に分類できます。

▼品詞分類表

- 単語
  - 自立語
    - 活用しない
      - 主語（体言） — 名詞 ①
      - 修飾語
        - 用言などを修飾 — 副詞 ②
        - 体言を修飾 — 連体詞 ③
      - 接続語 — 接続詞 ④
      - 独立語 — 感動詞 ⑤
    - 活用する
      - 述語（用言）
        - 言い切りの形がウ段でおわる — 動詞 ⑥
        - 言い切りの形が「い」でおわる — 形容詞 ⑦
        - 言い切りの形が「だ・です」でおわる — 形容動詞 ⑧
  - 付属語
    - 活用しない — 助詞 ⑨
    - 活用する — 助動詞 ⑩

参考 言い切りの形

「言いきりの形」とは、ふつうの文の最後（「。」の前）にあるときの形です。辞典の見出し語にある形ともいえます。

例 ○ 走る・歩く
× 走ら・歩け

ズームアップ
述語➡p.174 主語➡p.174
修飾➡p.176 接続➡p.178
独立➡p.178

Q&A 「○○語」と「○○詞」の違いは？

Q 主語、述語などの「○○語」と、名詞、動詞などの「○○詞」は何が違うのですか。

A 「○○語」は文節の働き、「○○詞」は単語の働きで分類したものです。自立語は、一単語で一文節になることがあるので、「述語になっている形容詞」などということがあります。

〈感動詞の種類〉
・感動を表すもの　例 ああ、大変だ。／おお、寒い。
・呼びかけを表すもの　例 さあ、行こう。／おい、待て。
・応答を表すもの　例 はい、わかりました。／いいえ、ちがいます。
・あいさつを表すもの　例 おはよう、元気か。／はじめまして、山田です。
・かけ声を表すもの　例 よいしょ、重い。／同時に上げるよ。せえの。

例題

❶ **次の——線の語の品詞をあとから選び、記号で答えましょう。**

①上田さんは、②夏になったら自転車旅行に③行く④らしい。⑤だから⑥大きな荷物を自転車に積んで⑦速く走る練習をしている。⑧ああ、⑨さわやかな風を切って走るのは⑩きっと気持ちいいに違いない。

ア 名詞　イ 動詞　ウ 連体詞　エ 感動詞　オ 形容動詞
カ 助詞　キ 副詞　ク 形容詞　ケ 助動詞　コ 接続詞

❷ **次の——線の感動詞の種類をあとから選び、記号で答えましょう。**

(1) えい、やっつけてやる。　(2) うん、わかったよ。
(3) まあ、大きな大根。　(4) ありがとう、助かりました。
(5) こら、そんなことをするな。

ア 感動　イ 呼びかけ　ウ 応答　エ あいさつ　オ かけ声

参考 注意すべき独立語

独立語になるのが、すべて感動詞とは限りません。名詞や動詞なども独立語になります。

例 書く、それだけに集中した。

例題の答え

❶ ①ア　②カ　③イ　④ケ　⑤コ　⑥ウ　⑦ク　⑧エ　⑨オ　⑩キ

❷ (1)オ　(2)ウ　(3)ア　(4)エ　(5)イ

考え方

❶ ⑥「大きい」とは別の語です。

❷ かけ声は、動作のきっかけを作るための言葉です。

3 物事の名前を表す言葉（名詞） ★★

人や場所、物事や出来事などの名前を表す言葉を名詞といいます。

1 名詞の種類

名詞は主に次の五つに分類できます。

①**普通名詞**…一般的なものの名前を表します。
例 本・学校・時計・家・道路・ペン・明かり

②**固有名詞**…人名や地名など、それ以外には存在しないものの名前を表します。
例 日本・富士山・織田信長・紫式部・ニューヨーク・東京タワー

③**数詞（数名詞）**…数や量、順序などを表します。単位も含めて数詞とすることが多くあります。
例 一個・二枚・三メートル・四グラム・五時・六日（数量の数詞）
第一・第二回・三番・四号・第五条・六代（順序の数詞）

④**代名詞**…人や物事を指し示して表します（指し示す言葉）。

▼**人に用いる**（人称代名詞）
例 私・私・僕・あなた・君・彼・彼女・どなた・だれ

▼**事物・場所・方向などに用いる**（指示代名詞）
例 事物について―これ・それ・あれ・どれ
場所について―ここ・そこ・あそこ・どこ
方向について―こちら・そちら・あちら・どちら

参考 こそあど言葉と品詞

代名詞の例の一つはこそあど言葉です。

こそあど言葉には、名詞のほかにも、連体詞、副詞、形容動詞になるものがあります。

・連体詞…この・その・あの・どの
・副詞…こう・そう・ああ・どう
・形容動詞…こんなだ・そんなだ・あんなだ・どんなだ

ことば 転成名詞

動詞や形容詞から名詞になったものを「**転成名詞**」といいます。

例 学校からの帰りのできごと。
優しさがうれしい。
丸みのある形。寒けがする。

Q&A 名詞を見分けるには？

Q 名詞の見分け方はありますか。

A 「が」をつけて、主語になることができる語が名詞です。

⑤形式名詞…もとの語の意味が薄れて形式的に使われるものです。

例 走ることが好きだ。／右のほうがいい。

2 名詞の働き

①主語・述語になる

例 富士山が 見える。／あれは 富士山です。

②助詞と結びついて修飾語になる

例 富士山の 頂上。／富士山に 登る。／富士山を 描く。

③独立語になる

例 富士山、これこそ 日本の 象徴で ある。

例題

❶次の文中から名詞をすべて抜き出しましょう。

昨日、父といっしょに東京駅に行った。いとこが一週間僕の家に遊びに来ることになったので迎えに行くためだ。

❷次の名詞をあとからすべて選び、記号で答えましょう。

(1) 普通名詞　(2) 固有名詞　(3) 数詞
(4) 人称代名詞　(5) 指示代名詞

ア 七か所　イ あれ　ウ どなた　エ 総理大臣　オ 山田君
カ 北海道　キ おれ　ク 十番目　ケ アイドル　コ ここ

例題の答え

❶ 昨日・父・いっしょ・東京駅・いとこ・一週間・僕・家・遊び・こと・迎え・ため

❷ (1)エ・ケ　(2)オ・カ
(3)ア・ク　(4)ウ・キ
(5)イ・コ

考え方

❶「駅」は、どこの駅にも使えますが、東京駅は一つの駅を指します。固有名詞と普通名詞の区別に注意しましょう。

❷ (1)「総理大臣」は、役職の名前です。「伊藤総理大臣」などとなると、個人を指すので固有名詞です。

(2)「山田君」は、「山田君が学校を休んだ。」などと、文脈の中で特定の個人を指すので、固有名詞です。

4 動きを表す言葉(動詞) ★★★

動作・存在・作用などを表す言葉を動詞といいます。

1 動詞の種類

①自動詞と他動詞

自動詞…それ自身の動作・作用を表す動詞。 例 石が落ちる。(石の動き)

他動詞…ほかに対する働きかけとしての動作・作用を表す動詞。

例 人が石を落とす。(石以外のものの動き)

②可能動詞…「～することができる」(可能)という意味をもった動詞。

例 行ける(「行く」ことができる)・書ける(「書く」ことができる)

2 動詞の活用

動詞は、あとに続く言葉によって語形が変化します。これを「動詞の活用」といいます。

①活用する形…あとに続く言葉によって六種類の語形に変化します。

ア「ない」「う」などに続く形。 例 歩か—ない/歩こ—う

イ「ます」「た」などに続く形。 例 歩き—ます/歩い—た

ウ言いきる形。 例 歩く

エ「とき」などに続く形。 例 歩く—とき

オ「ば」に続く形。 例 歩け—ば

カ命令して言いきる形。 例 歩け

ことば 活用語尾と語幹

活用するときに変化する部分を「活用語尾」、変化しない部分を「語幹」といいます。左ページの表の㋐～㋕の段にあるのが活用語尾です。

Bの「き」、Cの「め」も変化していないように見えますが、五十音図のどの段で活用するか(Bはイ段、Cはエ段)を表す音は、活用語尾に含まれます。

動詞の活用語尾は、必ず㋐～㋕のいずれかのパターンにあてはまります。

動詞の語幹は、「来る」「する」のように全体が活用するものにはありません。

上のAのパターンで活用する場合は、㋑の「た(だ)」や「て」に続くときに「い・ん・っ」となることがあります。

例 歩きた→歩いた
読みだ→読んだ

	基本形	語幹	ア	イ	ウ	エ	オ	カ
A	歩く	ある	か こ	き い	く	く	け	け
B	起きる	お	き	き	きる	きる	きれ	きろ きよ
C	集める	あつ	め	め	める	める	めれ	めろ めよ
D	来る	○	こ	き	くる	くる	くれ	こい
E	する	○	し せ さ	し	する	する	すれ	しろ せよ

②活用する種類…動詞の活用にはパターンがあります。上の表のように、五十音図のアイウエオの五段（ごだん）すべてに活用するもの（A）、イ段に活用するもの（B）、エ段に活用するもの（C）や、「来る（D）」「する（E）」にみられる特別な活用をするものがあります。

3 動詞の働き

- 述語（じゅつご）になる　例 私（わたし）は　本を　読む。
- 助詞と結びついて主語になる　例 ゆっくり　読むのが　よい。
- 修飾語（しゅうしょくご）になる　例 はやく　読む　人が　多い。

例題

❶ 次の□に入る語を「考える」を活用させて答えましょう。

(1) よく□ます。　(2) よく□ばわかる。　(3) □ことが大切だ。

❷ 次の——線の動詞が自動詞なら「自」、他動詞なら「他」と答えましょう。

(1) 妹が野菜を残す。　(2) 皿に野菜が残る。

(3) 種が土にうまる。　(4) 種を土にうめる。

ズームアップ 活用

言いて→言って ➡p.182

Q&A 自動詞と他動詞ってどう違（ちが）うの？

Q 自動詞と他動詞の見分け方はありますか。

A 動詞の前に「を」を入れることができるのが他動詞、入れると不自然になるのが自動詞です。

例題の答え

❶ (1)考え　(2)考えれ　(3)考える

❷ (1)他　(2)自　(3)自　(4)他

考え方

❶「考える」は、上の表のCのパターンで活用します。続く言葉に気をつけましょう。

5 物事の性質や状態を表す言葉（形容詞・形容動詞） ★★★

性質や状態を表す言葉に、形容詞と形容動詞があります。

1 形容詞

①形容詞と動詞の違い…形容詞も動詞も自立語で活用があります。しかし、動詞が物事の動作・存在・作用を表すのに対して、形容詞は物事の性質や状態を表します。また、活用のしかたで、形容詞は言い切りの形が「～い」となるのに対して、動詞は五十音図の**ウ段**の音で終わります。

例 顔が赤い。（形容詞）／顔が赤らむ。（動詞）

②形容詞の活用

ア「う」などに続く形。 例 赤かろ―う
イ「た」「なる」などに続く形。 例 赤かっ―た／赤く―なる
ウ言いきる形。 例 赤い
エ「とき」などに続く形。 例 赤い―とき
オ「ば」に続く形。 例 赤けれ―ば
カ命令して言いきる形。 なし

基本形	語幹	ア	イ	ウ	エ	オ	カ
赤い	あか	かろ	かっ く	い	い	けれ	○

③形容詞の働き

・述語になる 例 山が 高い。

参考 品詞による活用の仕方

動詞の活用と、形容詞・形容動詞の活用では、㋐・㋑のあとに続く言葉が違います。「ない」に続く形が、動詞では㋐でしたが、形容詞・形容動詞では㋑になります。

例 赤く―ない（形容詞）
暖かで―ない（形容動詞）

また、表の中の○は、その形がないことを表します。形容詞・形容動詞には、命令する形はありません。

参考 言い切りの形

動詞の言い切りの形の終わりがウ段の音になるというのは、「う・く・す・つ・ぬ・ふ・む・ゆ・る」のどれかになるということです。ローマ字で書いたときに最後が「u」になる音です。

- 助詞と結びついて主語になる　例 あの　高いのが　富士山だ。
- 修飾語になる　例 高い　山は　すずしい。

2 形容動詞

①**形容動詞と形容詞の違い**…形容動詞は形容詞と同じで、物事の性質や状態を表します。しかし、形容動詞の言いきりの形は「～だ」または「～です」となり、「とき」などの名詞に続くときは「～な」となります。

例 部屋が暖かだ。暖かな部屋。（形容動詞）／部屋は暖かい。（形容詞）

②**形容動詞の活用**

基本形	語幹	ア	イ	ウ	エ	オ	カ
暖かだ	暖か	だろ	だっ で に	だ	な	なら	○
静かです	静か	でしょ	でし	です	（です）	○	○

③**形容動詞の働き**

- 述語になる　例 手が　きれいだ。
- 修飾語になる　例 手が　きれいな　人。

例題

◆**次の文から(1)形容詞と(2)形容動詞を抜き出し、言い切りの形で答えましょう。**

若くて元気な人がおおぜいいる。

Q&A 形容詞・形容動詞を見つけるには？

Q 「～い」となるのは形容詞、「～だ・です」となるのが形容動詞と覚えたらいいですか。

A 言い切りの形だけでなく、「自立語で活用があり、物事の性質や状態を表す」という点もおさえましょう。

p.251

例題の答え

(1)若い　(2)元気だ

考え方

文中の活用する自立語は、「若く」「元気な」「いる」の三つです。これらを言いきりの形にすると、「若い」「元気だ」「いる」となりますので、「若い」が形容詞、「元気だ」が形容動詞で、「いる」は動詞であることがわかります。「人」と「おおぜい」は自立語で名詞です。

6 物事の状態や程度を表す言葉(副詞) ★★

おもに用言(動詞・形容詞・形容動詞)を修飾し、その意味をくわしく説明する言葉を副詞といいます。

1 副詞の種類

①**状態を表す副詞**…動作や作用が「どのように」か、状態(様子)をくわしく説明します。(動詞をくわしくすることが多い。)

例 子どもが　すやすや　ねむる。　ほのぼのと　夜が　明ける。
　からすが　カーカー　鳴く。

②**程度を表す副詞**…物事の性質や状態が「どのくらい」か、程度を示します。

例 昨日は　たいへん　寒かった。　今日の　弟は　ずいぶん　静かだ。

※程度を表す副詞は、ほかの副詞を修飾することもあります。

例 もっと　ゆっくり　歩こう。
（程度の副詞→状態の副詞→動詞）

③**特別な約束のある副詞**…副詞のあとに必ず決まった言い方が続くものを「陳述の副詞」といいます。

例 決して　行かない。(打ち消し)　もし　雨が　降ったら　中止だ。(仮定)
　まさか　母は　知るまい。(打ち消しの推量)
　まるで　夢のようだ。(たとえ)　なぜ　言わないのか。(疑問)
　どうか　許して　ください。(願望)　たぶん　だめだろう。(推量)

ことば　擬声語(擬音語)と擬態語

「からすがカーカー鳴く。」の「カーカー」のように、ものの音や声を表す言葉を**擬声語**または**擬音語**といいます。また、「弟がにこっと笑う。」の「にこっと」のように、ものの様子をそれらしく表す言葉を**擬態語**といいます。これらは、状態を表す副詞です。

参考　副詞の種類

特別な約束のある副詞のことを、「陳述の副詞」のほかに、「**呼応の副詞**」や「**叙述の副詞**」と呼ぶことがあります。

入試では　副詞に関する問題

特別な約束のある副詞に関する問題では、「○○に呼応する(副詞)」などという言い方がされることもあります。「少しも…ない」「いくら…ても」など、

▼副詞を置く場所…副詞は修飾する言葉のすぐ前に置くとよいでしょう。離れたところに置くと、意味がはっきりしなくなることがあります。

例 私は、たいへん つかれて ねむく なった。（「つかれて」を修飾）
私は、つかれて たいへん ねむく なった。（「ねむく」を修飾）

2 副詞の働き

①動詞を修飾する 例 ゆっくり 歩く。
②名詞を修飾する 例 およそ 十キロメートル。
③形容詞を修飾する 例 きわめて 美しい。
④形容動詞を修飾する 例 ずいぶん 静かだ。
⑤副詞を修飾する 例 よほど はっきり 見える。

例題

❶ 次の文から副詞を抜き出し、状態を表す副詞ならア、程度を表す副詞ならイと答えましょう。

(1) 小さな 犬を そっと だき上げた。
(2) かなり 多くの 人が いた。

❷ 次の文の——線に注意して、□に入る副詞をひらがなで答えましょう。ただし、□の中に示した字数で答えること。

(1) 昨日は［二字］休んだのですか。
(2) 妹は［三字］風船のようにほおをふくらませた。

副詞とあとに続く言葉のセットに注目しましょう。

例題の答え

❶ (1)そっと・ア (2)かなり・イ
❷ (1)なぜ (2)まるで

考え方

❶ (1)「小さな」は名詞「犬」を修飾し、副詞ではありません。「そっと」は「どのようにだき上げた」のかを表します。
(2)「多くの」は、形容詞と助詞です。「かなり」は「どのくらい多くの人」なのかを表します。

❷ (1)「なぜ…か」は、「どうして…か」と同じで、疑問を表します。
(2)「まるで…ように」は、「ちょうど…ような」と同じで、たとえを表します。

7 連体詞（れんたいし）

自立語で活用がなく、名詞（体言）をくわしく説明する言葉を連体詞といいます。

1 連体詞の形

①「〜の」
例 この本はおもしろい。
その本がいい。
あの問題は、もう解決した。
どの人ですか。
ほんの気持ちばかりの品です。

②「〜な」
例 大きな声で話す。
小さな虫がいる。
おかしなまねはよせ。

③「〜た（だ）」
例 たいした人気だ。
とんだことをした。

④「〜る」
例 ある日のことでした。
これはあらゆる生物に共通したものである。

2 連体詞の働き

名詞（体言）だけを修飾し、活用しないことに注意しましょう。連体詞のなかで特に大事な働きをするのはこそあど言葉です。

Q&A まぎらわしい連体詞

Q こそあど言葉で「〜な」になる、「こんな・そんな・あんな・どんな」も連体詞ですか。

A 「こんなこと」などと名詞を修飾するので連体詞と間違えそうですが、連体詞ではありません。「こんなだろ(う)・こんなだっ(た)・こんなで(ない)・こんなに(なる)…」などと活用し、言いきりの形は、「こんなだ・そんなだ・あんなだ・どんなだ」となります。よってこれらは形容動詞です。

ズームアップ
こそあど言葉 ⇒ p.186

参考 連体詞か形容詞かでまぎらわしい言葉
・小さな花が咲く。 →連体詞
・小さい花が咲く。 →形容詞
違いに気をつけましょう。

3 まぎらわしい連体詞

● 「〜な」の連体詞（②）は形容詞・形容動詞と間違えやすい

例 大きな・小さな・おかしな

※形容詞「大きい・小さい・おかしい」は活用しますが、「〜な」とはなりません。「〜な」となるものに形容動詞がありますが、形容動詞は言いきりの形が「〜だ・です」となります。連体詞②は「大きだ・小さだ・おかしだ」とはならないので、形容動詞とも区別できます。

● 「〜だ」の連体詞（③）は形容動詞と間違えやすい 例 とんだ

※形容動詞の言いきりの形が「〜だ」なので間違えやすいですが、「〜な」などと活用するかどうかを確かめましょう。

● 「〜る」の連体詞（④）は動詞と間違えやすい 例 ある

※動詞の「ある」は、存在を表し、「あり（ます）・あれ（ば）」などと活用します。

例題

❶ 次の文中の——線の名詞を修飾している連体詞を抜き出しましょう。

(1) 机の上にあるあの本はだれのですか。

(2) 一年生としてはたいしたものだと思うよ。

(3) 駅の南側の小さな公園で会おう。

❷ 次の文中から連体詞を抜き出しましょう。

(1) いすの上に大きな白いかばんがある。

(2) 君が持っているその帽子はどこのチームのですか。

(3) 結果の発表は来たる十日に行われる。

例題の答え

❶ (1) あの (2) たいした (3) 小さな

❷ (1) 大きな (2) その (3) きたる

考え方

❶ 修飾している言葉のうち、ほかの語をともなわず、活用しないものを探しましょう。ここでは、——線の直前の語が連体詞です。

❷ (1) 「かばん」を修飾している語のうち、「大きな」が連体詞、「白い」は形容詞です。

(2) こそあど言葉が二つありますが、「どこ」は代名詞です。

(3) 「来たる」は、「近いうちに来る」という意味の連体詞です。

8 文と文をつなぐ言葉(接続詞) ★

前後の文や文節、単語をつなぐ言葉を接続詞といいます。

1 接続詞の種類

①前の事柄が原因になって、あとのことになるということを表す(**順接**)

例 だから・それで・それだから・そこで・すると・したがって
彼はよく勉強する。だから成績がよい。

②前に述べたこととあとに述べることとは、意味のつながりのうえで逆になることを表す(**逆接**)

例 しかし・だが・だけど・けれども・ところが・それでも・でも
なかなか理解してもらえなかった。しかし、私は失望しなかった。

③二つ以上を並べる(**並立**)

例 また・および・ならびに
松島、厳島および、天橋立を日本三景という。

④つけ足す(**添加**)

例 そして・それから・そうして・そのうえ・しかも・次に
彼は頭がいい。そのうえ、努力家だ。

⑤二つ以上から一つだけを選ぶ(**選択**)

例 それとも・または・もしくは・あるいは
手紙にしようか。それとも、電話にしようか。

Q&A 接続語と接続詞の違いは?

Q 「接続語」と「接続詞」は同じですか。

A 少し違います。「接続語」は、「主語・述語」のような、文節の働きの一つです。「接続詞」は、「名詞・動詞」のような、単語の働きの一つです。

たとえば、

「寒いので遠出はやめよう。」

の場合の「寒いので」は接続語ですが、形容詞と助詞が合わさった文節で、接続詞ではありません。しかし、「寒い。だから遠出はやめよう。」の「だから」は、接続詞で、これだけで文節を作っているので接続語です。

「接続詞」よりも「接続語」のほうが広い範囲で使われます。あとの助詞の単元で、接続語を作る「接続助詞」も出てきます。p.200

⑥前の事柄についての説明や補い（おぎな）を表す（**説明**）
例 すなわち・ただし
僕（ぼく）のおじは一九八九年、すなわち平成元年の生まれです。

⑦前の事柄から話題を変える（**転換**（てんかん））
例 ところで・ときに・さて・では
激（はげ）しい雨だ。さて、夕食のメニューを考えよう。

⑧前の事柄について理由を表す（**理由**）
例 なぜなら
彼はうそをついた。なぜなら、勝ちたいからだ。

例題

◆次の□に入る接続詞をあとから選び、記号で答えましょう。ただし、同じものは二度使ってはいけません。

(1) 今日は寒い。□コートを着よう。
(2) 今日は寒い。□半袖（はんそで）でがんばるぞ。
(3) 今日は寒い。□風が強い。
(4) 今日は寒い。□昨日はどうして学校を休んだの。
(5) 今日は寒い。□冬だからだ。

ア ところで　**イ** けれども　**ウ** なぜなら
エ だから　**オ** しかも

参考 接続詞の名前と分類

接続詞の種類の名前や分類のしかたには、次のようなものもあります。
・「並立」を「並列」という。
・「添加」を「累加（るいか）」という。
・「並立」と「添加」をひとまとめにする。
・「選択」を「対比（たいひ）・選択」という。
・「説明」を「説明・補足（ほそく）」という。

例題の答え

(1)エ　(2)イ　(3)オ
(4)ア　(5)ウ

考え方

前とあとの内容（ないよう）のつながり方をとらえましょう。(1)は順接、(2)は逆接、(3)は添加、(4)は転換、(5)は説明です。

9 意味を添える言葉(助動詞) ★★

付属語で活用するものを助動詞といいます。

1 おもな助動詞

①れる・られる
- **受け身**…他から動作を受ける意味を表す。 例 犬にかまれる。
- **可能**…「～できる」という意味を表す。 例 朝早く起きられる。
- **自発**…動作が自然に起こる意味を表す。 例 将来が案じられる。
- **尊敬**…他を敬う意味を表す。 例 先生が休まれた。

②せる・させる
- **使役**…他に動作をさせる意味を表す。 例 大工に家を建てさせる。

③ない・ぬ(ん)
- **打ち消し**…否定を表す。 例 雨が降らない。

④う・よう・まい
- **推量**…推し量る意味を表す。 例 今日は晴れるだろう。
- **意志**…話し手の決意を表す。 例 元気に出発しよう。
- **打ち消しの推量**…否定的な推量の意味を表す。 例 たぶん雨は降るまい。
- **打ち消しの意志**…否定的な決意を表す。 例 失敗は二度とすまい。

⑤たい・たがる
- **希望**…願いや望みの意味を表す。 例 よい本が読みたい。

参考 「ない」の識別

「ない」には、助動詞と形容詞があります。

・「ぬ」と言いかえられる。
→助動詞
例 とびらは開かない。(○開かぬ。)

・「ある」と言いかえられる。
→形容詞
例 本がない。(○本がある。)

参考 まぎらわしい形容詞

「～らしい」という言葉で、「いかにも～にふさわしい」「～と感じられる」という意味を表す場合は、推定の助動詞(⑧)ではなく、「～らしい」全体で、一つの形容詞です。

例 男らしい・かわいらしい

⑥た(だ)
・過去…すでに過ぎ去ったことを表す。 例 遠足は楽しかった。
・完了…ちょうどおわったことを表す。 例 宿題がおわったところだ。
・存続…その状態が続いていることを表す。 例 名札を付けた子ども。

⑦そうだ(そうです)
・伝聞…人から聞いたという意味を表す。 例 五キロはあるそうだ。
・様態…様子やありさまを表す。 例 雨が降りそうだ。

⑧ようだ(ようです)・らしい
・比喩…「まるで~のようだ」という意味を表す。 例 海は鏡のようだ。
・推定…不確かな断定の意味を表す。 例 今日は晴れるようだ。

⑨だ・です・ます
・断定…はっきりと言いきる意味を表す。 例 あの人が犯人だ。/今は春です。
・丁寧…物事を丁寧に言う。 例 学校に行きます。

例題

◆**次の文から助動詞を抜き出し、その意味をあとから選び、記号で答えましょう。**

(1) テストは何度でも受けられる。
(2) 大会は中止になるそうだ。
(3) 急に母に呼ばれる。
(4) 今にも泣き出しそうな顔。

ア 受け身　**イ** 可能　**ウ** 伝聞　**エ** 様態

例題の答え

(1) られる・**イ**
(2) そうだ・**ウ**
(3) れる・**ア**
(4) そうな・**エ**

考え方

(1) 「受けられる」は、「受ける＋られる」で、可能の意味です。
(2) 「なるそうだ」は、「なる＋そうだ」です。言いきりの形に「そうだ」がついたときには、伝聞を表します。
(3) 「呼ばれる」は、「呼ぶ＋れる」で、受け身の意味です。
(4) 「泣き出しそうな」は、「泣き出す＋そうだ」です。言いきりの形ではない形に「そうだ」がついたときには、様態を表します。活用に注意しましょう。

10 語と語の関係を表す言葉(助詞) ★★

付属語で活用しないものを助詞といいます。

1 助詞の種類

①格助詞…おもに体言(名詞)について、その語と他の語との関係を示す。

例 が・を・に・へ・で・の・と・から・や・より

・花が咲く。(主語)　・私の本。(修飾語)

・本を読む。(動作の目的)　・東へ進む。(動作の方向)

・算数より国語が好きだ。(比較)　・電車で帰る。(手段)

②接続助詞…用言(動詞・形容詞・形容動詞)や助動詞について、前後の部分をつなぐ。

例 が・けれど・ので・から・ても(でも)・ば・と・ながら・のに・つつ・し・たり(だり)・て(で)・なり・ものの・ものを

・暑いが出かけよう。(確定の逆接)　・雨が降るからやめよう。(理由)

・読めばわかる。(仮定の順接)　・とんだりはねたりする。(並立)

・雨が降っても出かける。(仮定の逆接)

③副助詞…いろいろな語について、さまざまな意味を添える。

例 は・も・こそ・だって・さえ・まで・でも・しか・だけ・ばかり・ほど・くらい(ぐらい)・など・ずつ・やら・か・とか・なり

・私は行かない。(区別)　・私も行く。(同類の意味)

・今度こそやりとげるぞ。(強調)　・子どもでもできる。(他を類推)

ズームアップ

順接・逆接 p.196

ことば 類推

「類推」とは、似た点をもとに、ほかの物事を推し量ることです。「子どもでもできる。」は、「子どもでもできるのだから、大人もできるだろう。」という意味です。

Q&A まぎらわしい助詞

Q 「が」は、格助詞ですか。それとも接続助詞ですか。

A どちらの場合もあります。他にも「から」「と」など、同じ語が違う種類の助詞に属するものがあります。種類は、助詞の性質や働きによって分類されたものなので、文中での使われ方によって、格助詞になったり、接続助詞になったりします。どのような使われ方、働きをしているかで見分けましょう。

④終助詞…文の終わりについて、疑問（ぎもん）・禁止（きんし）・感動などの意味を表す。

例 か・かしら・や・の・な・なあ・よ・ね（ねえ）・ぞ・ぜ・とも・さ・わ

・この本はだれのですか。（疑問）　・しばふの中に入るな。（禁止）

・すばらしい景色だなあ。（感動）　・あなたが田中君ですね。（念をおす）

2 助詞の働き

いつも他の語について、語と語の関係を示したり、意味を加えたりします。同じ助詞でも、いろいろな働きがあることに気をつけましょう。

例 ・京都に住む。（場所）　・花見に行く。（動作の目的）

・六時に起きる。（時）　・東京に着く。（動作の帰着）

例題

❶ 次の——線の助詞の種類をあとから選び、記号で答えましょう。

(1) 食べたいのに食べられない。　(2) 遠足は中止らしいよ。

(3) 子どもにさえ解（と）ける問題だ。　(4) 本やノートを用意する。

ア 格助詞　イ 接続助詞　ウ 副助詞　エ 終助詞

❷ 次の各組から——線の助詞の働きが同じものを二つ選び、記号で答えましょう。

(1)
ア 姉の服を借りる。
イ 父のかいた絵。
ウ 駅前の公園に行く。
エ 青いのが兄のくつです。

(2)
ア 八時で店が閉（し）まる。
イ 毛糸でマフラーを編（あ）む。
ウ おにぎりをのりで巻（ま）く。
エ 弟がかぜで欠席した。

例題の答え

❶ (1) イ　(2) エ　(3) ウ　(4) ア

❷ (1) ア・ウ　(2) イ・ウ

考え方

❶ (1)「食べたいのに」が接続語になっています。
(2) 文の終わりにあります。
(3) 例を挙げてほかを類推させる働きをしています。
(4) 名詞についています。

❷ (1) アとウは、修飾語を作っています。イは部分の主語を作り、エは、名詞（くつ）の代わりになっています。
(2) イとウは、材料を表しています。アは、限（かぎ）られた時間を表し、エは、原因（げんいん）を表しています。

11 複合語(ふくごうご) ★

二つ以上の単語が結びついて、一つの単語になったものを複合語(ふくごうご)といいます。

例 夏 ＋ 休み → 夏休み
歩く ＋ 回る → 歩き回る

1 複合語の種類

①名詞(めいし)の複合語…二つ以上の単語が結びついてできた名詞。（複合名詞）

・名詞＋名詞　例 海＋水→海水／山＋里→山里
・動詞＋名詞　例 引く＋力→引力／織(お)る＋物→織物(おりもの)
・名詞・動詞＋形容詞(けいようし)の語幹(ごかん)　例 円＋高い→円高／切れる＋長い→切れ長
・形容詞の語幹＋名詞　例 高い＋値(ね)→高値／近い＋場→近場
・形容詞の語幹＋形容詞の語幹　例 遠い＋浅い→遠浅
・名詞・動詞・形容詞＋動詞　例 物＋語る→物語／読む＋書く→読み書き

②形容詞の複合語…二つ以上の単語が結びついてできた形容詞。（複合形容詞）

・名詞＋形容詞　例 心＋細い→心細い／力＋強い→力強い
・動詞＋形容詞　例 蒸(む)す＋暑い→蒸し暑い／聞く＋苦しい→聞き苦しい
・形容詞の語幹＋形容詞　例 細い＋長い→細長い／薄(うす)い＋暗い→薄暗い

③動詞の複合語…二つ以上の単語が結びついてできた動詞。（複合動詞）

・名詞＋動詞　例 練習＋する→練習する／旅＋立つ→旅立つ
・動詞＋動詞　例 思う＋出す→思い出す／切る＋開く→切り開く

ことば　派生語(はせいご)

二つ以上の語が結びついてできたもの（合成語）には、複合語のほかに派生語(はせいご)もあります。

他の語の上について意味を添(そ)える語（接頭語(せっとうご)）や、他の語の下について意味を添える語（接尾語(せつびご)）がついたものがあります。

例 お茶・真夜中・かき消す・か弱い・大好きだ・こぎれいだ

例 私(わたし)たち・三番目・寒がる・水っぽい・文化的・山田(やまだ)さま

結びついた語の一方がもう一方に対して補助的(ほじょてき)についた語は、複合語とは区別しましょう。

参考　複合語の品詞

複合語では、いちばん下についた単語の品詞と同じ品詞になる場合がほとんどです。

ズームアップ　語幹 p.188

・形容詞の語幹＋動詞　例 長い＋引く→長引く／若(わか)い＋返る→若返る

2 くり返す言葉

同じ単語または単語の一部を重ねてできた複合語。（畳語(じょうご)）

例 山々・我々(われわれ)・すみずみ・くろぐろ・重々しい・若々しい

3 和語・漢語・外来語の複合語

①和語＋和語　例 落ちる＋葉→落ち葉／泣く＋出す→泣き出す

②漢語＋漢語　例 輸入(ゆにゅう)＋品→輸入品／商店＋街→商店街

③外来語＋外来語　例 デジタル＋カメラ→デジタルカメラ

④和語＋漢語　例 青い＋信号→青信号／運動＋くつ→運動ぐつ

⑤和語＋外来語　例 消す＋ゴム→消しゴム／ペン＋立てる→ペン立て

⑥漢語＋外来語　例 体験＋レッスン→体験レッスン

例題

❶ 次の複合語は、どのような語が結びついてできたものですか。例にならって答えましょう。　例 歩き回る→歩く＋回る

(1) 雪景色(げしき)　(2) 夜明け　(3) 近寄(よ)る　(4) 見送る

(5) 作り直す　(6) おそれ多い　(7) 不公平　(8) 市町村

❷ 次の二つの語が結びついてできる複合語をひらがなで答えましょう。

(1) 風＋上　(2) 口＋笛　(3) 雨＋雲　(4) 金＋物

(5) 近い＋近い　(6) 泣く＋声　(7) 缶(かん)＋詰(つ)める　(8) 聞く＋つらい

ズームアップ 漢語・和語・外来語 p.86

例題の答え

❶ (1)雪＋景色　(2)夜＋明ける　(3)近い＋寄る　(4)見る＋送る　(5)作る＋直す　(6)おそれる＋多い　(7)不＋公平　(8)市＋町＋村

❷ (1)かざかみ　(2)くちぶえ　(3)あまぐも　(4)かなもの　(5)ちかぢか　(6)なきごえ　(7)かんづめ　(8)ききづらい

考え方

❷ 違(ちが)う音になるものや、「じ・ぢ」「ず・づ」の使い分けに注意しましょう。

練習問題

解答549ページ

1 次の(1)〜(5)の言葉のうち、他と種類の違(ちが)うものはどれですか。それぞれ記号で答えましょう。

(1) ア です　イ けれど　ウ らしい　エ ようだ

(2) ア ゆかいだ　イ 暖(あたた)かだ　ウ ほがらかだ　エ これだ

(3) ア あら　イ まあ　ウ もしもし　エ なお

(4) ア 大きい　イ 遠い　ウ やっかい　エ 美しい

(5) ア 東京(とうきょう)　イ 高尾山(たかおさん)　ウ 大地　エ 徳川家康(とくがわいえやす)

〔共立女子第二中〕

2 次の――線の品詞(ひんし)をあとから選び、記号で答えましょう。ただし、同じ記号は二度使用してはいけません。

今日は、①私(わたし)が首を長くして待った中学校の入学式②だ。桜(さくら)の花が学校全体をおおうようにあざやかに咲(さ)いて③いる。そして、校舎(こうしゃ)の三階④の窓(まど)には、太陽の光が差しこみ、近くには鳥のさえずりが⑤聞こえる。私の心は、すべての情景(じょうけい)が刻(きざ)まれ、⑥おだやかだ。何年過(す)ぎたとしても、⑦この日のことは⑧決して忘(わす)れることは⑨ないだろう。

ア 動詞　イ 形容詞(けいようし)　ウ 形容動詞　エ 名詞　オ 副詞
カ 連体詞　キ 接続詞(せつぞくし)　ク 感動詞　ケ 助動詞　コ 助詞

〔明治学院中―改〕

ヒント

1
(1)活用するかしないかに注目しましょう。 p.198
(2)「だ」の働きに注目しましょう。 p.191
(3)それぞれのあとに続くと考えられる言葉との関わりをとらえましょう。
(4)活用を考えてみましょう。 p.184
(5)どのようなものを表しているかを考えましょう。 p.190

2 自立語か付属語(ふぞくご)か、活用するかしないか、どのような働きをするかに注目して分類しましょう。 p.186 p.184

3 次の(1)~(5)の——線の言葉の品詞名をA群から選び、記号で答えましょう。また、(1)~(5)のそれぞれの品詞と同じ品詞の言葉をB群から選び、記号で答えましょう。

(1) <u>のどかな</u>田園地帯が続く。
(2) <u>すぐ</u>救急車(きゅうきゅうしゃ)を呼(よ)んだので彼(かれ)は助かった。
(3) 次にくる<u>電車</u>は久里浜(くりはま)行きだ。
(4) たくさんご飯を<u>食べる</u>。
(5) <u>おお</u>、君がいてくれると百人力だ。

（A群）ア 名詞　イ 動詞　ウ 形容詞　エ 形容動詞　オ 副詞
　　　カ 連体詞　キ 感動詞　ク 接続詞　ケ 助動詞　コ 助詞
（B群）ア 動く　イ もっと　ウ 例の　エ させる　オ 赤い
　　　カ を　キ 静かだ　ク 富士山(ふじさん)　ケ そして　コ もしもし

〔青山学院中〕

4 次の文中の——線の語を、もとの形（言いきり）に直しましょう。

例 赤ちゃんが<u>泣い</u>ている。（泣く）
(1) 夕方に大雨が<u>降(ふ)っ</u>た。
(2) その知らせを聞いて<u>おどろき</u>ました。
(3) 夕空にからすが<u>飛ん</u>でいる。
(4) 新聞紙を<u>広げ</u>て見る。
(5) たこの糸が<u>切れ</u>た。

〔女子聖学院中〕

3 それぞれの品詞名と働きを確認しましょう。(1)「のどかな」と(4)「食べる」は、あとに続く言葉によって形が変化します。(2)「すぐ」は「呼んだので」をくわしく説明しています。

p.184

4 ——線のすぐあとに「。(句点(くてん))」があったら、文がどう終わるかを考えます。

p.188

5 次の⑴～⑸の――線の接続語（文と文をつなぐ働きをもつ言葉）と働きが同じものをあとから選び、記号で答えましょう。

(1) 雨が降っている。だから、かさを持って出かけた。
(2) 電話にしようか。それとも、手紙にしようか。
(3) 山には雪が積もっている。しかし、平野は暖かい。
(4) 朝早く起きた。そして、犬を散歩に連れて行った。
(5) 紙がよごれてしまった。なぜなら、消しゴムがなかったからだ。

ア あるいは　イ また　ウ けれども　エ すなわち　オ そこで

〔多摩大目黒中〕

6 次の⑴～⑸の□に入る、つなぎ言葉の説明としてふさわしいものを、あとから選び、記号で答えましょう。ただし、同じ記号は二度使用してはいけません。

(1) あの子は優しい□みんなに人気がある。
(2) 母の妹の子ども□私のいとこです。
(3) 雨が降ってきた□かさをささなかった。
(4) おいしいケーキだったね。□だれが作ったの。
(5) 野球が得意で□ダンスもうまい。

ア つけ加えるときの言葉
イ 話題を変えるときの言葉
ウ 言いかえるときの言葉
エ 前の文の内容からは予想できなかったときの言葉
オ 前の文の結果を述べるときの言葉

〔大妻嵐山中〕

5 置きかえてみて、意味が変わらない語は同じ働きです。言いかえられなくても、接続語の前の文とあとの文の関係が同じ語もあります。

p.196

6 つなぎ言葉（接続詞）の前後の内容同士の関係から考えます。具体的に、どんな接続詞が入るかも考えてみましょう。

p.196

7 次の各文の――線の呼応（陳述）の副詞に注意して、□の数に合う言葉をすべてひらがなで答えましょう。

(1) どんなに努力し□□、成功はのぞめない。
(2) 彼のことだから、よもやそんなことはある□□。
(3) そんなことは、とてもでき□□□。
(4) きっと合格するに□□□□□。
(5) どうか許して□□□□。

〔東京成徳中〕

8 次の各文の――線の語と同じ使い方のものを、あとから選び、記号で答えましょう。

(1) 友人は、私のがんばりを理解してくれたらしい。
　ア すっかり秋らしい服装になった。
　イ ドレス姿はとてもかわいらしい。
　ウ 彼女の動きはとても女性らしい。
　エ 明日は朝から雨になるらしい。

(2) 風雨によって、今にもかべが倒れそうだ。
　ア 会議の内容は、きちんと記録に残すそうだ。
　イ 外は雨が降り、寒そうだ。
　ウ 今年の冬は雪が多いそうだ。
　エ 明日、外国のアーティストが到着するそうだ。

〔昭和女子大附属昭和中〕

7 呼応（陳述）の副詞とは、副詞のあとに必ず決まった言い方が続くものです。どんな言葉とセットになるかを考えましょう。 p.192

8
(1)助動詞と形容詞が混じっています。「らしい」の直前に注目して選びましょう。 p.199
(2)同じ助動詞であっても使い方によって表す意味が違います。「そうだ」の場合は、直前の語がどのような形かで区別できます。 p.199

3 敬語

1 敬語の種類 ★

相手（＝聞き手や読み手）や話題の中の人物に対して、自分（＝話し手や書き手）の敬い（うやま）の気持ちを表すために用いる言葉を敬語（けいご）といいます。それぞれの人同士の立場や関係によって、次のように言葉を使い分ける必要があります。

①尊敬語（そんけいご）…話題の中の動作をする人を敬う（うやま）気持ちを表す言葉です。その人を尊重する気持ちを表すために、その人の動作を高めて言います。

例 先生が教室にいらっしゃる。

②謙譲語（けんじょうご）…相手に対して自分や身内がへりくだる気持ちを表す言葉です。相手を尊重する気持ちを表すために、自分や身内の動作を低めて言います。

㋐謙譲語…相手に向かう自分や身内の動作をへりくだって表す言葉です。

例 お客様に意見をうかがう。

※「うかがう」は「聞く」の謙譲語です。「聞く」という動作が向かう相手が「お客様」で、この動作の向かう相手に対してへりくだっています。

㋑丁重語（ていちょうご）…対面する相手に向かって、相手以外に向かう自分の動作をへりくだって表す言葉です。

例 先生、私（わたし）から弟に申します。

参考 敬語の対象

敬語は、自分より立場が上の人に対して使うものだと思われがちですが、初対面の人など、上下関係のない人に対しても使います。これは、人と人とがたがいに尊重し合う気持ちを表すためです。そのため、目下の人に対して使うこともあります。

Q&A 謙譲語と丁重語の違いは？

Q ㋐の謙譲語と㋑の丁重語の違いがよくわかりません。

A 動作の向かう相手に対してへりくだるのが㋐の謙譲語、話し相手に対してへりくだるのが㋑の丁重語です。ただし、動作の向かう相手と話し相手が同じ人物である場合は、区別ができませんから、広い意

※「申し(申す)」は、「言う」の丁重語です。「言う」という動作が向かう相手は「弟」ですが、「申す」は「弟」ではなく、話し相手(聞き手)の「先生」に対してへりくだっています。

③丁寧語(ていねいご)…聞き手(読み手)に対して丁寧さを表す言葉です。

㋒丁寧語…文末に「です」「ます」「ございます」などを使って丁寧に言う言葉です。

例 今日は日曜日です。

㋓美化語…「お」や「ご」を使って、話し手が自分の言葉を上品に表現(ひょうげん)する言葉です。

例 お弁当とお茶を用意します。

敬語は右のように、細かく五種類(①・㋐・㋑・㋒・㋓)に分類する場合と、大きく三種類(①・②・③)に分類する場合とがあります。たいていの場合は、「尊敬語・謙譲語・丁寧語」の三種類に分類されます。(ここからあとのページで扱(あつか)う「謙譲語・丁寧語」は、三種類に分けた場合のものです。)

例題

◆次の——線の敬語の種類をあとから選び、記号で答えましょう。

(1) 僕(ぼく)は中学校に進学します。
(2) 校長先生のおっしゃるとおりだ。
(3) お土産(みやげ)をいただきました。
(4) 小学校を卒業されるそうですね。
(5) かばんは私がお持ちします。
(6) おはしを忘(わす)れてしまいました。

ア 尊敬語　イ 謙譲語　ウ 丁寧語

味で②の謙譲語になります。動作に関する㋑の丁重語は、下に「ます」をつけて使いますが、㋐の謙譲語は「ます」をつけずに使うこともあります。

例題の答え

(1)ウ　(2)ア　(3)イ
(4)ア　(5)イ　(6)ウ

考え方

(2)「おっしゃる」は「話す」の尊敬語です。
(3)「いただく」は「もらう」の謙譲語です。
(4)助動詞(じょどうし)「れる・られる」を使った尊敬語です。
(5)「お～する」は謙譲語です。
(6)美化語です。

2 尊敬語 ★★

敬語のうち、相手や話題になっている人物を敬う気持ちを表す言葉を尊敬語といいます。相手の動作を高めて言います。

▼尊敬語の分類

①敬語動詞を使うもの…そのものが尊敬語になっている動詞を使います。

例 先生が教室にいる。→先生が教室にいらっしゃる。

・いる・行く・来る→いらっしゃる
・言う→おっしゃる
・見る→ご覧になる
・食べる・飲む→召し上がる
・くれる・与える→くださる
・する→なさる

②助動詞「れる・られる」を使うもの

例 先生が話す。→先生が話される。
お客様が来る。→お客様が来られる。

③特定の形式を使うもの…「お(ご)～になる(なさる)」とします。

例 先生が話す。→先生がお話しになる。
お客様が利用する。→お客様がご利用なさる。

※ほかに「お(ご)～だ」「お(ご)～くださる」もあります。

参考 尊敬＋可能

尊敬語に可能の意味を添えるには、まず尊敬語にしてから可能の形にします。

例 読む→お読みになる
→お読みになれる

参考 形容詞の尊敬語

形容詞などを尊敬語にするには、

・「お・ご」をつける

例 お美しい・ご親切

・「～くて(で)いらっしゃる」にする

例 若くていらっしゃる

これら両方を使う場合もあります。

Q&A 「お」と「ご」の違いは?

Q 「お」と「ご」はどちらを使ってもいいのですか。

A 「お・ご」がつく言葉は、どちらがつくかは決まっていま

④名詞などの尊敬語…接頭語（「お」「ご」など）や接尾語（「様」など）をつけます。

例》お名前・ご住所・貴社・田中様・上田先生

例題

❶次の——線を敬語動詞を使って尊敬語に書きかえましょう。

(1) お客様がコーヒーを飲む。
(2) となりのおじいさんが野菜をくれる。
(3) 先生が写真を見る。
(4) 市長がくしゃみをする。

❷次の——線を助動詞を使って尊敬語に書きかえましょう。

(1) 先生が出張に行く。
(2) 社長が社員を率いる。
(3) お客様が公演を見て笑う。
(4) 知事が花束を受け取る。

❸次の——線を〔 〕内の指示にしたがって尊敬語に書きかえましょう。

(1) 首相が日本に帰る。〔「お～になる」にする〕
(2) お客様が店で相談する。〔「ご～なさる」にする〕
(3) 先生が私たちに本を読む。〔「お～くださる」にする〕
(4) お客様がサービスを利用する。〔「ご～になる」にする〕
(5) 先生は忙しいようです。〔接頭語を使う〕

❹次の——線の敬語が正しければ○を、間違っていれば正しい尊敬語に直して書きましょう。

(1) お客様がお待ちくださる。
(2) 先生が私たちにお説明なさる。

す。おおよそ、和語には「お」、漢語には「ご」がつきます。

例題の答え

❶ (1)召し上がる (2)くださる (3)ご覧になる (4)なさる

❷ (1)行かれる (2)率いられる (3)笑われる (4)受け取られる

❸ (1)お帰りになる (2)ご相談なさる (3)お読みくださる (4)ご利用になる (5)お忙しい

❹ (1)○ (2)例 ご説明なさる

考え方

❹ (2)「ご説明になる」「ご説明くださる」などにもできます。

3 謙譲語 ★★

敬語のうち、相手に対して自分がへりくだる気持ちを表す言葉を謙譲語といいます。自分の動作を低めて言います。

▼謙譲語の分類

①敬語動詞を使うもの…そのものが謙譲語になっている動詞を使います。

例 お客様に手紙をやる。→お客様に手紙を差し上げる。

・もらう・食べる・飲む→いただく・頂戴する
・行く・来る→参る
・言う→申す・申し上げる
・行く・聞く・たずねる・訪問する→うかがう
・聞く→承る・拝聴する
・会う→お目にかかる
・見る→拝見する
・思う・知る→存ずる・存じ上げる
・する→いたす

②特定の形式を使うもの…「お(ご)～する(いたす)」とします。

例 お客様を待つ。→お客様をお待ちする。
先生に報告する。→先生にご報告いたします。

※ほかに「お(ご)～申し上げる」「お(ご)～いただく」などもあります。

参考 謙譲語+可能

謙譲語に可能の意味を添えるには、まず謙譲語にしてから可能の形にします。

例 聞く→うかがう
→うかがえる
待つ→お待ちする
→お待ちできる

参考 「お(ご)～する/申し上げる」

「お(ご)～する・お(ご)～申し上げる」は、動作の向かう先に対してへりくだるときにだけ使えます。「食べる」や「乗車する」など、動作の向かう先がない場合は、この形式は使えません。

○お教えする
×お食べする

言葉によって、形式にあてはまるものとそうでないものがあるので、注意しましょう。

③補助動詞を使うもの…動詞の本来の意味が薄れた動詞（差し上げる・いただくなど）を使います。

例 理由を教える。→理由を教えて差し上げる。
結果を聞かせる。→結果を聞いていただく。

④名詞などの謙譲語…接頭語（「お」「ご」など）や接尾語（「ども」「め」など）をつけます。

例 お手紙・ご案内・弟ども・私め・小社

例題

1 次の――線を、敬語動詞を使って謙譲語に書きかえましょう。

(1) オレンジジュースを飲む。
(2) 美しい絵を見る。
(3) おばさんの家には明日行きます。

2 次の――線を（ ）内の指示にしたがって謙譲語に書きかえましょう。

(1) 先生に歌を聞かせる。〔「お～する」にする〕
(2) お客様を案内する。〔「ご～申し上げる」にする〕
(3) お客様に説明を聞いてもらう。〔「お～いただく」にする〕

3 次の――線の敬語が正しければ○を、間違っていれば正しい謙譲語に直して書きましょう。

(1) あなたのご意見にご賛成します。
(2) 先生に自由研究の結果をご覧に入れました。

参考 謙譲語と続く言葉

「お（ご）～いたす・お（ご）～申し上げる」などの形式の謙譲語にしたときには、あとに続く丁寧語は「ます」です。

例題の答え

1 (1)いただく (2)拝見する (3)うかがい・参り
2 (1)お聞かせする (2)ご案内申し上げる (3)お聞きいただく
3 (1)賛成いたし (2)○

考え方

1 (3)「うかがう」「参る」を「ます」に続く形にします。
3 (1)「賛成する」「ご賛成する」は、「ご賛成申し上げる」などとは言いません。「賛成いたす」を使います。

4 丁寧語 ★

敬語のうち、丁寧に言い表す言葉を丁寧語といいます。敬意を表す相手がいるときだけでなく、特定の相手がいないときにも使います。また、尊敬語や謙譲語とともに使われることが多いので、使う回数が非常に多い敬語です。

聞き手に対する言葉を丁寧にする

▼丁寧語の分類

①助動詞「です」「ます」を使うもの

例 学校に行く。→学校に行きます。
姉は中学生だ。→姉は中学生です。

②「ございます」を使うもの

①「ある」を丁寧に言う「ございます」

例 机の上に本がある。→机の上に本がございます。

②存在の意味が薄れた「ございます」

例 彼は弟だ。→彼は弟でございます。

③接頭語「お」「ご」をつけるもの

例 お水・お茶・お料理・お菓子・ご飯

※「お」「ご」がつく言葉でも、敬う相手の側のものの場合は尊敬語、へりくだる自分の側のものの場合は謙譲語です。

例 先生からのお手紙を読む。（尊敬語）
先生にお手紙を差し上げた。（謙譲語）

参考 形容詞＋「ございます」

「ございます」が形容詞につくときには次のようになります。形容詞「〜い」の「い」の直前の音に注目します。

・ア段の場合
「〜(同じ行のオ段)うございます」
例 わかい →わこうございます

・イ段の場合
「〜(イ段)ゅうございます」
例 おおきい →おおきゅうございます

・ウ段の場合
「〜(ウ段)うございます」
例 かるい →かるうございます

・オ段の場合
「〜(オ段)うございます」
例 おもい →おもうございます

(「〜(エ段)い」の形の形容詞はありません。)

例題

1 次の――線を「です・ます」を使って丁寧語に書きかえましょう。

(1) 今日は遠足だ。 (2) 雨が降っている。

2 次の――線を「ございます」を使って丁寧語に書きかえましょう。ひらがなのものはひらがなのまま書きかえること。

(1) 私が彼女の兄だ。 (2) 今年の冬は特にさむい。

(3) 駅前のビルはたかい。 (4) このりんごはおいしい。

3 次の文中から丁寧語が使われている文節をすべて抜き出しましょう。

(1) お弁当を 持って 山に ハイキングに 行きます。

(2) ご覧に なって いる 絵が 僕の 自信作です。

(3) 昨日は 雪が 降りましたが、今日は 晴れて います。

(4) 先生の お言葉を 忘れないように 書いて おきましょう。

4 次の――線の敬語の種類をあとから選び、記号で答えましょう。

(1) 母は仕事に行きました。 (2) 去年ご卒業なさいました。

(3) 司会は僕がいたします。 (4) ケーキを召し上がる。

(5) 庭のお花に水をやりましょう。 (6) いつかお会いしたいと思います。

(7) 荷物を持たれる必要はありません。 (8) ここが私の小学校でございます。

(9) 私のご説明でご理解いただけましたか。

ア 尊敬語　イ 謙譲語　ウ 丁寧語

例題の答え

1 (1)遠足です (2)います

2 (1)兄でございます (2)さむうございます (3)たこうございます (4)おいしゅうございます

3 (1)お弁当を・行きます (2)自信作です (3)降りましたが・います (4)おきましょう

4 (1)ウ (2)ア (3)イ (4)ア (5)ウ (6)イ (7)ア (8)ウ (9)イ

考え方

3 (4)「お言葉」は、ここでは尊敬語です。

4 (2)「ご～なさる」の形です。(6)「お～する」の形です。(7)「持つ」＋助動詞「れる」の形です。(9)「私」がした「説明」です。

練習問題

解答550ページ

1 次の――線の敬語の種類として最も適切なものをあとから選び、記号で答えましょう。

・これはあなたが買われ①たものです②ね。
・これはあなたがなさることではないと存③じ ま④す。

ア 尊敬語　イ 謙譲語　ウ 丁寧語

〔山脇学園中〕

2 次の文の――線を敬語を使って言うときの言葉として最も適切なものをあとから選び、記号で答えましょう。

(1) 先生がするとおりにしましたら、うまくいきました。
(2) 先生にお会いしたいと、鈴木さんという方が事務室にいらっしゃっています。
(3) 日曜日に、図書館に行く途中の先生にお会いしました。

ア いらっしゃる　イ おっしゃる　ウ なさる
エ 申す　オ うかがう　カ いたす

〔浦和実業学園中〕

3 次の――線を、適切な敬語表現に直しましょう。

(1) 先生に聞いたところ、彼女は今日は欠席するそうだ。
(2) お飲み物は、コーヒー、紅茶、どちらにいたしますか。
(3) 今度そちらへ行ってよろしいでしょうか。
(4) うちのお母さんに頼まれたものをお持ちいたしました。

〔相模女子大中〕

ヒント

1 活用する語は言いきりの形にして考えましょう。 p.208
③「存じ」の主語は、文中に表れていない話し手であることに着目しましょう。

2 それぞれ尊敬語に直しましょう。 p.210

3
(1)「聞く」のは自分です。 p.212
(2)「いたす」は「する」の謙譲語です。
(3)「行く」のは自分です。 p.210
(4) 自分の身内について話すときは、尊敬の表現はしません。 p.212

4 次の――線の敬語表現で、正しいものは○を、誤っているものは正しい表現を書きましょう。

(1) 先生が申されました。
(2) 先生はお帰りになりました。
(3) お客様、少々お待ちください。
(4) お客様、受付でうかがってください。

〔城西大附属城西中〕

5 次のうち、誤った言葉の使い方をしているものを選び、記号で答えましょう。

ア 先生、おかわりなくお過ごしでしょうか。
イ 私たちは元気に学校に通っております。
ウ 同窓会には是非出席させていただきます。
エ 母が先生によろしくとおっしゃっていました。

〔國學院大久我山中〕

6 次の敬語表現について説明した文の ① ～ ④ にあてはまる言葉を、あとから選び、記号で答えましょう。

林先生が、南先生にこの本をわたす(A)ようにと、私に言い(B)ました。

――線Aは、南先生に対する ① の表現で ② として、――線Bは、林先生に対する ③ の表現で ④ とするのが適切です。

ア 尊敬語　イ 謙譲語　ウ 申し　エ おっしゃい
オ おわたしする　カ おわたしになる

4 それぞれだれの動作かを考えて、尊敬語か謙譲語のどちらがふさわしいかを考えましょう。 p.208

5 アは「お過ごしでしょうか」、イは「通っております」、ウは「出席させていただきます」、エは「おっしゃっていました」に注目しましょう。 p.208

6 それぞれだれのだれに対する動作かを整理しましょう。 p.208

敬語

敬語とは、自分と相手や周りの人との立場や役割の違い、年齢や経験の違いなどにもとづいた「敬い」や「へりくだり」などの気持ちを表現する言葉です。また、公的な場での改まった気持ちも表現します。

敬語を使わなかったり、間違って使ったりするとどうなるでしょうか。

私的な場で、あえて敬語を使わないことで親しさを表現することはあります。しかし、それは相手との関係が敬語を使わないことを許している場合に限られます。

敬語を使うべきときに使わなかったり、間違って使ったりすると、相手を不愉快にするだけでなく、自分の気持ちが正しく伝わりません。

たとえば、あなたの自宅にお父さんのお友達がいらっしゃったときに、次のようなあいさつをするとどうなるでしょうか。

「いらっしゃい。よく参りましたね。」

お父さんのお友達は、きっと子どもから見下されたようでいやな気持ちになるでしょう。そうすると、あなたがお父さんのお友達を歓迎しようとしている気持ちも伝わりません。このような場合には、

「いらっしゃいませ。ようこそおいでくださいました。」

などと言うのがよいでしょう。

敬語の使い方でよくある間違いは、次のようなものです。

①一つの言葉に、同じ種類の敬語を重ねて使う。

×先生が本をお読みになられました。

　「読む」の尊敬語として「お～になる」と「れる」が重なっています。これを二重敬語といいます。

○先生が本をお読みになりました。

　ただし、「読んでいる」を「お読みになっていらっしゃる」とするのは、二重敬語ではありません。

②尊敬語と謙譲語を間違える。

×先生が私にご説明してくださいました。

×私が先生にご説明していただきました。

　ここで「説明」するのは「先生」ですが、これらは「ご説明して」、つまり「ご～する」という謙譲語を使っています。

○先生が私にご説明くださいました。

○私が先生にご説明いただきました。

相手を低めたり、過剰に敬語を重ねたりしないで、その場に応じたふさわしい表現を日頃から心がけましょう。

章末問題

解答551ページ

1 次の文の——線「明らかにした」の主語を、一文節で書き抜きましょう。

実は、地球についてのこの認識が生れたのと時を同じくして、生物学が人間は地球上に暮らす数千万種とも言われる多様な生きものの一つであり、すべての生きものは三十八億年前に存在した共通の祖先から生れたものであることを明らかにした。

（中村桂子「小さき生きものたちの国で」）〔専修大松戸中―改〕

2 次の各文の═線がかかる語句を選び、記号で答えましょう。

(1) 東京オリンピックを　ア目標に　イ努力している　ウ選手が　エ世界中に　オいる。

(2) 富士山は　アいつになく　イ美しく　ウ私には　エ見える。

〔かえつ有明中〕

3 次の各文の═線がかかる語句を選び、記号で答えましょう。

(1) あなたの　ア夢が　イいつか　ウかなう　エことを　オ祈る。

(2) あれは　アかつて　イ僕が　ウ住んで　エいた　オ家だ。

(3) もっと　ア私が　イ早く　ウここに　エ来れば　オよかった。

〔公文国際学園中〕

4 次の各文の——線が直接かかる文節を例にならって抜き出しましょう。ただし、句読点は含みません。

例 赤い　リンゴが　ある　解答＝リンゴが

(1) 明日には　きっと　あなたの　かぜは　よくなると　思う。

(2) この場合　どれだけ　情報を　持って　いるかが重要な　問題に　なる。

〔大宮開成中〕

5 次の中で、日本語として適切でないものを一つ選び、記号で答えましょう。

ア 僕の将来の夢はパイロットになりたいと思っています。

イ 問題が難しければ、難しいほど、やる気が出てくる。

ウ 夏休みに富士山に登ったが、美しい風景に感動した。

エ 昨日は朝から雨もようだったので、折りたたみのかさを持っていた。

〔芝浦工業大学附属中〕

6 次の文の「な」と同じ意味・用法で「な」が用いられている文を、あとから選び、記号で答えましょう。

・広い庭のある大きな家に住む。

ア いつもは静かなこの公園も桜の季節はとてもにぎわう。

イ 地球温暖化でおかしな天気が続いている。

ウ あの人の苦しみに比べれば私の悩みは小さいなと思った。

エ 春にはきれいな花が我々の目を楽しませてくれる。

〔日本大藤沢中〕

7 次の□にあてはまる言葉として最も適切なものをあとから選び、記号で答えましょう。

地域にたった一つの高校を存続させようという声もあがり、署名集めなどの動きもあったけれど、それは、わずか数年の延命を手に入れた□に過ぎなかった。

（あさのあつこ「このグラウンドで」「きみが見つける物語　十代のための新名作　スクール編」）

ア さえ　**イ** まで　**ウ** だけ

エ こそ　**オ** でも

〔青山学院横浜英和中―改〕

8 次の――線と同じ品詞（同じ性質の言葉）をあとの――線から選び、記号で答えましょう。

(1) 八十年前の木造校舎が大切に保存されています。

ア 彼は子どもの幸せを願った。

イ この地域は、国際的な都市に生まれ変わるだろう。

ウ 飛騨地方は、古い街並みが人気の観光地だ。

エ 九十歳の祖母は、今も畑仕事が生きがいだ。

(2) この町の祭りは、すでに八百年以上の歴史がある。

ア シンガポールに、最初の世界遺産が誕生した。

イ 皆既日食は、米国の天文台によって宇宙からすばやく観測された。

ウ このセーターは、私にはもう小さくなった。

エ 友人との関わりで、すっかり成長した。

〔かえつ有明中〕

9 次の□に入る接続詞として最も適切なものをあとから選び、記号で答えましょう。

ホタル（ゲンジボタル）も各地でそのようにして保護されてきた。少なくなった発生地を守ろうと、保存会が結成され、発生地を保全し、公園化されたところもある。[　　]皮肉なことに、その結果ホタルが減少したところも少なくないのだ。

（小澤祥司「メダカが消える日」）〔青稜中—改〕

ア ところで　イ そのうえ
ウ だから　エ しかし

10 次の空欄[A]～[C]にあてはまる言葉をあとから選び、記号で答えましょう。

過去五十年くらいをふり返れば、知識の集積ではコンピューターのほうが人間よりうまいことがはっきりしてきました。知識が多いだけでは、人間は機械にかなわないのです。

それにもかかわらず、知識を増やすことをもって人間の進歩があるように考えるのは、まことにおかしな話です。

[A]、知識が増えれば増えるほど、それに反比例するように、思考力が低下することに、はっきり気づくべきです。

思考能力が問われる学術の世界でさえ例外ではありません。

[B]、自然科学分野の研究者なども、知識などが不充分な若いころは、自分の頭で考えて、驚くべき成果をあげることがあります。

[C]、早い人では三十代後半にもなると、考える力が衰え始めます。

（外山滋比古「50代から始める知的生活術 ～「人生二毛作」の生き方～」）〔千葉日本大第一中—改〕

ア たとえば　イ むしろ
ウ したがって　エ ところが

11 次の——線「られる」と同じ働きのものを、あとから選び、記号で答えましょう。

いつまで辛抱していられるかわからないので、早くだれか人を呼んでくれないか。

ア 君に来られると困る。
イ 彼女の将来が案じられる。
ウ 先生に声をかけられる。
エ 十八歳で選挙権が得られる。

〔成城中—改〕

12 次の各文の――線の中から他と異なる働きのものをそれぞれ選び、記号で答えましょう。

(1) **ア** 話があまりおもしろくない。
イ 春なのにあたたかくはない。
ウ 受験への取りかかりが早くない。
エ いつまでたっても現れない。

(2) **ア** 私はちいさな町に住んでいる。
イ それはきれいな湖の景色でした。
ウ 毎日おだやかな気分でいられる。
エ とてもきのどくなお話だ。

〔大宮開成中―改〕

13 次の――線「ようだ」と同じ働きのものを、あとから選び、記号で答えましょう。

明日は雨のようだから、試合は中止だ。

ア 私も鈴木くんのような自転車がほしい。
イ 彼女はバラのように美しい。
ウ 彼が喜んでいるということは、努力が実ったようだ。
エ 彼女の言葉は冷たくて氷のようだ。

〔日本大学藤沢中〕

14 次の各文の――線と同じ種類・用法のものをあとから選び、記号で答えましょう。

(1) 私の飼っている犬は小さい。
ア その消しゴムは私のです。
イ 私の父が働いている会社だ。
ウ 桜の花が咲く。
エ 君の住む町に行く。

(2) 紅葉を見に出かける。
ア 父にお使いをたのまれる。
イ てぶくろを買いに行く。
ウ 旅行で京都に行く。
エ 教室が静かになる。

(3) ようやく勉強が終わった。
ア 昨日は遠足だった。
イ 電源をぬれた手でさわってはいけない。
ウ 曲がりくねった道を走る。
エ ちょうど起きたところだ。

〔佼成学園中―改〕

15 次の——線の言葉が、尊敬語の場合はア、謙譲語の場合はイ、丁寧語の場合はウと、それぞれ記号で答えましょう。

(1) このお茶は大変おいしゅうございました。
(2) 今日は、社長がおこしになるようです。
(3) お部屋まで、私がご案内した。
(4) 外からの水の音が聞こえます。
(5) いただいたお手紙を拝見する。

〔浦和実業学園中〕

16 次のグループの中で、上下の二つの言葉の関係が異なるものを選び、記号で答えましょう。

ア 言う―おっしゃる　イ 見る―ご覧になる
ウ 与える―差し上げる　エ 食べる―召し上がる

〔青山学院横浜英和中―改〕

17 次の各文の——線の敬語の使い方は間違っています。正しく直しましょう。

(1) 係の者にうかがってください。
(2) 先に召し上がってもいいですか。
(3) 先生が申し上げたとおりにしよう。
(4) 先輩は発表会に参りましたか。
(5) それは私がなさいます。

〔星野学園中〕

18 次の——線を正しい言い方に直すと、どのようになりますか。最も適切なものをあとから選び、記号で答えましょう。

・母が校長先生によろしくと言っておりました。

ア 申して　イ 申されて
ウ 言われて　エ おっしゃって

〔日本大豊山中〕

19 次の文は、ハンカチをプレゼントしてくれた親せきのおばさんに送るお礼の手紙です。——線の言葉を、敬語を使った適切な言い方に直して答えましょう。

先日はすてきなハンカチをプレゼントしてくださり、ありがとうございました。お花の刺しゅうが愛らしく、使うたびに気持ちがなごみます。昨年の誕生日におばさんに①もらったカバンも大切に使っています。

おばさんにはなかなか②会う機会がないのですが、今年の夏休みにはぜひお宅に③行きたいと思っています。

それでは、お元気で。さようなら。

〔和洋国府台女子中〕

1 入試に出る難しい漢字の読み書き

中学入試においては、小学校で学習する漢字の範囲を越えて出題されることがあります。次の点に注意して問題に取り組みましょう。

◆熟語の読み方にはきまりがある。

◆熟語になると読み方が変わる漢字がある。

◆同訓異字や同音異義語に気をつける。

・熟語の読み方には次のようなきまりがある。

(1)音読み＋音読み→上下の漢字とも音で読む。 例 絵本（エホン）

(2)訓読み＋訓読み→上下の漢字とも訓で読む。 例 細道（ほそみち）

(3)重箱読み→上の漢字を音、下の漢字を訓で読む。 例 番組（バンぐみ）

(4)湯桶読み→上の漢字を訓、下の漢字を音で読む。 例 手本（てホン）

・二つの言葉が組み合わさると、読み方が次のように変わることがある。

(1)あとの言葉が濁る 例 横（よこ）＋顔（かお）→横顔（よこがお）

(2)あとの言葉が変わる 例 小（こ）＋雨（あめ）→小雨（こさめ）

(3)はじめの言葉が変わる 例 声（こえ）＋色（いろ）→声色（こわいろ）

(4)はじめの言葉もあとの言葉も変わる 例 風（かぜ）＋車（くるま）→風車（かざぐるま）

・同じ訓読みで意味が違うものを同訓異字、同じ音読みで意味が違う熟語を同音異義語という。

差がつく

同訓異字や同音異義語は、それぞれの意味を区別してとらえる。

◎同訓異字…文の意味に合う熟語を考えてみる。

つとめる
- 会社に勤める。（職場で働く。出勤）
- 議長を務める。（役目を受け持つ。任務）
- 看病に努める。（一生懸命はげむ。努力）

◎同音異義語…熟語を文の中で使って考えてみる。

さいかい
- 友人に再会する。（再び会うこと。）
- 工事を再開する。（再び開始すること。）

実戦問題

1 ――線の漢字は読み方をひらがなで答え、かたかなは漢字に直しましょう。

(1) チームの攻撃(こうげき)を司る存在(そんざい)。
(2) 悪の権化のような人。
(3) 重宝する道具。
(4) 定石にのっとる。
(5) 郷に入っては郷に従(したが)え。
(6) 口はワザワいのもと。
(7) 期日をノばしてもらう。
(8) 食品エイセイに気をつける。
(9) 同じドヒョウで戦う。
(10) 受験勉強にセンネンする。

〔開智中〕

2 次の(1)～(5)の漢字の特別な読み方を、ひらがなで答えましょう。

(1) 迷子　(2) 八百屋　(3) 今朝
(4) 果物　(5) 土産

〔東海大付属相模中〕

ヒント

1 (2)特殊(とくしゅ)な読み方をする熟語なので、このまま覚える。
(3)(4)「重」「定」には、それぞれ音読みが二種類ある。読みごとに熟語で覚えておくとよい。
(7)同訓異字があるので、字の意味をとらえて意味に合うものを考える。
(8)同音異義語に気をつける。言葉の意味から考えるとよい。

2 熟語全体で特別な読み方をする言葉(熟字訓)がある。このまま、読みといっしょに覚えておくこと。

解答

1 (1)つかさど　(2)ごんげ
(3)ちょうほう　(4)じょうせき
(5)ごう　(6)災
(7)延　(8)衛生
(9)土俵　(10)専念

2 (1)まいご　(2)やおや
(3)けさ　(4)くだもの
(5)みやげ

2 入試に出る難しい語句

未知の語句については、次のようなポイントに注意して、対処します。

◆熟語の場合は、漢字一字一字の意味を手がかりにして意味を考える。
◆文の前後から意味を想像する。

また、使える言葉を増やしていくためのコツとして次のことが挙げられます。

◆用例の中で覚える。
◆外来語は、意味といっしょに覚える。

・熟語を構成する漢字の意味に着目すると、語句の意味をとらえることができる。

例 通行 ・「通」の訓読み……とおる ・「行」の訓読み……いく → 通って行く。
　 登山 ・「登」の訓読み……のぼる ・「山」の訓読み……やま → 山に登る。

・難しい語句の意味を考えるときは、その言葉の前後に着目するとよい。

例「これは大仕事だから、人手が足りない。」
「大仕事だから…(何が)…足りない」の前後の関係から、「人手」は「手」のことではなく「働く人」の意味であることが想像できる。

・語句の意味がわからないときは、その語句がどのように使われているかを考える。

例「整理」という語の意味がわからないとき

差がつく

読解問題では、テーマ性の強い語が見られることがあります。たとえば「主観」と「客観」が挙げられます。読解問題の文章中に「主観」「客観」といった語が出てきたら、人間のものの見方、感じ方が文章のテーマになっていることがよくあります。難しい語句に出会ったら、単に意味を覚えるだけでなく、その語に結びつくテーマも理解するようにしましょう。

・交通整理が行われる。
・机の中を整理する。
・問題点を整理する。 ｝→きちんとかたづける。
・不要な書類を整理する。→いらないものを捨てる。

・コンピュータの用語やスポーツの用語など、さまざまな分野の用語が、外来語として日本語の中に取り入れられている。よく使われる外来語については、意味を確かめて覚えておこう。

例
・アドバイス…助言。
・エコ…環境の。生態(学)。エコロジーの略。
・ケア…介護。「ケアサービス」などと使う。
・システム…制度。体系。仕組み。
・バーチャル…仮想。

実戦問題

1 (1)・(2)の言葉の意味として最も適切なものをあとから選び、記号で答えましょう。

(1) 不覚

ア 油断して失敗すること。
イ うまくいかず後悔すること。
ウ 真実をあまり覚えていないこと。
エ 正確さが足りず困ること。

1 ヒント

(1)「横綱が、不覚にも格下の力士に負けた。」のように、例文を作って考える。

(2) 俄然(がぜん)

ア やる気に満ちあふれる様子。
イ 感情(かんじょう)が高ぶる様子。
ウ 結論(けつろん)を出すのに慎重(しんちょう)になる様子。
エ 急に状況(じょうきょう)が変わる様子。

〔関東学院中―改〕

❷ 次のア〜エから、二つの言葉の関係が他と異(こと)なるものをそれぞれ選び、記号で答えましょう。

(1)
ア 心地(ここち)よい・快適(かいてき)だ
イ あやうい・危険(きけん)だ
ウ 軽々しい・不愉快(ふゆかい)だ
エ ややこしい・複雑(ふくざつ)だ

(2)
ア 首をひねる・不審(ふしん)
イ 鼻が高い・得意(とくい)
ウ 目を丸くする・驚嘆(きょうたん)
エ 肩(かた)を並(なら)べる・満足

(3)
ア テーマ・主題
イ タイトル・物語
ウ ルール・規則(きそく)
エ チャレンジ・挑戦(ちょうせん)

〔関東学院六浦中―改〕

---

(2) 「お菓子(かし)をあげると、妹は俄然元気になった。」のように使う。「俄」は「急に、突然(とつぜん)」という意味をもつ。

❷
(1) 同じ意味を表す和語と漢語の組み合わせであることに着目する。
(2) 慣用句(かんようく)と、その意味を表す熟語の組み合わせであることに着目する。
(3) 外来語と、その意味を表す熟語の組み合わせであることに着目する。

3 次に挙げたのはそれぞれ動作や状態(じょうたい)を表す言葉です。各群の□□に共通するひらがな二字を入れて、言葉を完成させましょう。

(1) うご□□　いろ□□　とき□□
(2) むし□□　つい□□　あせ□□
(3) いき□□　さか□□　うず□□
(4) うす□□　やわ□□　やす□□
(5) いて□□　ぐず□□　かさ□□
(6) かた□□　はか□□　ふち□□

〔灘中〕

4 次の言葉の対義語(たいぎご)をあとからそれぞれ選び、漢字に直しましょう。

(1) 過失(かしつ)
ア ゴニン　**イ** シッパイ
ウ ニンイ　**エ** コイ

(2) 官製(かんせい)
ア トクセイ　**イ** フクセイ
ウ シセイ　**エ** テセイ

〔広尾学園中〕

---

3 三つの言葉のうち一つでもあてはまるひらがなを考えて、それが残りの二つの言葉にもあてはまるか考えてみるとよい。

4 (1)「過失」は「不注意でおかしてしまったあやまち」ということ。対義語なので、「わざとする」という反対の意味の言葉を考える。
(2)「官製」の「官」は「おおやけ、国の機関」という意味。「官」の反対の意味の漢字を考えるとよい。

解答

1 (1) **ア**　(2) **エ**
2 (1) **ウ**　(2) **エ**　(3) **イ**
3 (1) めく　(2) ばむ　(3) まく　(4) らぐ　(5) つく　(6) どる
4 (1) **エ**・故意　(2) **ウ**・私製

3 まぎらわしい品詞や用法の識別

中学入試では、しばしば文法の問題も出題されます。次のような点に注意して対策をしておく必要があります。

◆助動詞の意味や使い分けをおさえる。

◆助動詞とそれ以外の品詞で使い分けがまぎらわしいものをおさえる。

①助動詞の中で意味がまぎらわしいもの。

・「れる・られる」

(1)受け身……ほかから動作を受ける意味を表す。

例 父にほめられる。

(2)可能……動作ができることを表す。

例 静かで、よくねられる。

(3)自発……動作が自然に起こる意味を表す。

例 部屋が明るく感じられる。

(4)尊敬……ほかを敬う意味を表す。

例 先生がすわられる。

・「そうだ（そうです）」

(1)伝聞……人から伝え聞いたことを表す。

例 この池は深いそうだ。

差がつく

・「れる・られる」の見分け方

(1)受け身…「だれ（何）かに～される」という意味を表す。

(2)可能…「～することができる」と言いかえられる。

例 すぐに迷路から出られる。（出ることができる）

(3)自発…「ひとりでに～する（そうなる）」と言いかえられる。

例 去年のことが思い出される。（ひとりでに思い出す）

(4)尊敬…「お～になる」と言いかえられる。

例 お客様が帰られる。（お帰りになる）

(2)様態……そういう様子だということを表す。

例 この池は深そうだ。

②他の語が含まれ、品詞がまぎらわしいもの。

・「らしい」

(1)助動詞……推定することを表す。

例 朝から雨が降るらしい。

(2)接尾語……名詞について形容詞を作る。

例 暖かくなって、春らしい気候だ。

(3)語の一部……もともと語の一部で、一つの単語ではない。

例 すばらしい(「すばらしい」で一つの単語。「すば＋らしい」ではない。)

③言葉の形が同じで、品詞がまぎらわしいもの。

・「ない」

(1)助動詞……打ち消しの意味を表す。

例 学校を休まない。

(2)形容詞……「形がない」「存在しない」「持っていない」などの意味を表す。

例 冷蔵庫に入れたはずのプリンがない。

・「そうだ」の見分け方

◎「そうだ」の前にくる語が言いきりの形になっている。

→**伝聞** 例 部屋は広いそうだ。

◎「そうだ」の前にくる語が言いきりの形になっていない。

→**様態** 例 部屋は広そうだ。

・助動詞と接尾語の「らしい」の見分け方

(1)助動詞…「どうやら」をつけ加えることができる。

例 どうやら雨が降るらしい。

(2)接尾語…「いかにも」をつけ加えることができる。

例 いかにも春らしい暖かさだ。

・「ない」の見分け方

◎「ぬ」と言いかえられる。

→**助動詞** 例 公園に行かない。(行かぬ＝○)

◎「ぬ」と言いかえられない。

→**形容詞** 例 今日は寒くない。(寒くぬ＝×)

・「だ」

(1)助動詞……断定の意味を表す。

例 私は小学生だ。

(2)形容動詞の一部……言いきりの形の場合の語末。

例 吹いてくる風がさわやかだ。

(3)過去の意味を表す助動詞「た」が、濁った形。

例 小鳥が飛んだ。

(4)助動詞の一部……「そうだ」「ようだ」の語末。

例 明日は晴れるそうだ。
妹は機嫌がよいようだ。

・断定の助動詞と形容動詞の一部の「だ」の見分け方

◎「な」と言いかえて、名詞を続けられる。

例 この野菜は新鮮だ。

↓形容動詞の一部

（新鮮な野菜＝○）

◎「な」と言いかえられない。

例 おいしい野菜だ。

↓断定の助動詞

（野菜な＝×）

実戦問題

1 次の(1)〜(5)について、――線が他と違う意味・用法のものを選び、記号で答えましょう。

(1)
ア 先生に指されて立ち上がった。
イ 弟は兄にかわいがられている。
ウ ペニシリンはフレミングによって発見された。
エ 移動中に雨に降られて困った。
オ 昔がしのばれてくる。

1 ヒント

(1)「受け身」「可能」「自発」「尊敬」のうち、どの意味で使われているか考える。「だれ(何)かに〜される」という意味の場合は「受け身」、「〜することができる」と言いかえられる場合は「可能」、「ひとりでに〜する(そうなる)」と言いかえられる場合は「自発」、「お〜になる」と言いかえられる場合は「尊敬」である。

(2)
ア 午後からは雨になりそうだ。
イ 今度は上手くいきそうだ。
ウ 冬になってみんな寒そうだ。
エ 明日は雪でも降りそうだ。
オ 彼は東京の生まれだそうだ。

(3)
ア 墨を流したような闇が辺りを覆った。
イ 注意されるようなことをしてはいけない。
ウ 彼は魚のような泳ぎをする。
エ 満天の星のような蛍の群れ。
オ 小山のような波が海岸に打ちつけた。

(4)
ア バスは五分前に出発した。
イ 今から四十年も前のことだった。
ウ 確かに彼は来るといっていた。
エ 今年優勝した埼玉のチーム。
オ 海に面した白い家。

(5)
ア よく調べないで怒られても困る。
イ 寝てばかりであまり食べない。
ウ 明日、いっしょに遊ばないか。
エ この映画、少しもおもしろくない。
オ 夏休みにどこにも旅行しない。

〔大宮開成中〕

---

(2) 「伝聞」と「様態」のうち、いずれの意味で使われているか考える。「そうだ」の前の語が言いきりの形になっていれば「伝聞」、言いきりの形になっていなければ「様態」である。

(3) 「ような」の元の形は「ようだ」。「ようだ」には「たとえ」「推定」「例示」の意味がある。「まるで」をつけ加えて、「まるで～(の)ようだ」と言いかえられる場合は「たとえ」の意味である。

(4) 「た」には「過去」「完了」「存続」の意味がある。「～ている」と言いかえられる場合は「存続」の意味である。

(5) 打ち消しの助動詞か形容詞のうち、いずれかを考える。「ぬ」と言いかえられる場合は、打ち消しの助動詞である。ただし「しない」の場合は、「せぬ」と言いかえる。

❷ 次の(1)〜(3)の文の——線と同じ種類・用法のものをあとから選び、記号で答えましょう。

(1) 農村の風景はとてものどかだ。
ア ここが私の育った土地だ。
イ あの人の情報(じょうほう)はいつも確(たし)かだ。
ウ 選手が一斉(いっせい)にプールに飛びこんだ。
エ そろそろ仕事に出かけるところだ。

(2) 私は大きな声で歌っていた。
ア 人気作家の新作を読んでいる。
イ 秋の日差しが実にさわやかで快(こころよ)い。
ウ 木で作られた家具には独特(どくとく)の美しさがある。
エ 白鳥は渡(わた)り鳥で、おもしろい習性(しゅうせい)を持っている。

(3) 我々(われわれ)は、もうあの店には二度と行くまいと話し合った。
ア こんな天気では山にのぼる人はあるまい。
イ 私は雨が降ろうが降るまいが出発します。
ウ 子どもじゃあるまいし、よく考えなさい。
エ この経験(けいけん)から、私はウソをつくまいと心に決めた。

〔佼成学園中〕

❷
(1) 断定の助動詞と形容動詞の一部のうち、いずれかを考える。「な」と言いかえて名詞を続けられる場合は形容動詞の一部である。
(2) 「で」には、格助詞(かくじょし)の「で」と接続助詞の「で(て)」がある。また、形容動詞や助動詞の形が変わったものの場合もある。次のように見分けるとよい。
・名詞につき、下に「ある」「ない」と続けられる。
↓断定の助動詞「だ」の形が変わったもの
・名詞につき、連用修飾語(しゅうしょくご)を作る(下の動詞を修飾する)。
↓格助詞
・動詞につく。↓接続助詞
・「な」と言いかえられる。
↓形容動詞の形が変わったもの
(3) 「まい」には、「打ち消しの推量」と「打ち消しの意志(いし)」の意味がある。話し手の「もう〜しない」という意志が含(ふく)まれている場合は「打ち消しの意志」。

解答

❶ (1) オ (2) オ (3) イ (4) オ (5) エ

(1) イ (2) ウ (3) エ

読む

ここから
スタート！

第2編

読む

第1章 文章を読み取るために

学習することがら

1 文章の種類と特徴

文章には次のような種類があります。それぞれの文章の特徴をよく理解して読むようにしましょう。

1 説明的な文章

・説明文…ある事柄について、読み手にわかりやすいように筋道を立てて説明した文章。
・論説文…ある事柄や問題について、意見や考えを述べたり論じたりする文章。
・記録文…あとで役に立てるために、経験したことを正確に記録した文章。
・報道文…世の中の出来事を、多くの人々に伝えるための文章。

2 文学的な文章

・物語…古くから伝わる、あるいは新たに作られた「お話」を書いた文章。
・伝記…ある人の一生や半生を伝え、その人がなしとげた事柄を書いた文章。
・随筆…生活の中で実際に見聞きしたことや感想などを思うままに書いた文章。
・紀行文…旅行中に実際に見聞きしたことや感想などを書いた文章。
・脚本…映画や劇での役者のせりふや動作などを書いた文章。

3 実用的な文章

・手紙…人に用件などを知らせるために送る文章。
・生活文…身のまわりの出来事について書いた文章。

雑学ハカセ 随筆の由来

随筆をもう少しやわらかい言い方で、エッセーとよぶことがあります。エッセーとは、フランスの作家モンテーニュが十六世紀に書いた作品の名前に由来します。「エセー」というフランス語で「試み」を意味しています。筆者の自由な考えの流れを文字として記し、途中で話が脱線することも許す内容でした。その意味で、挑戦的な「試み」だったと言えるのでしょう。

2 文章を読み取るための注意点

1 鉛筆で印をつけながら読む ★入試重要度

文章を正確に読み取るために、読みながら自分が大事だと感じたところには鉛筆で線を引いたり、気になった言葉を丸で囲んだりして、読んだあとを残すようにします。そうやって、読んだ内容がしっかりと記憶に残るようにしましょう。

①文学的な文章の読み取り
物語なら**登場人物の心情**、随筆なら**筆者の思い**がはっきりと表されているところに注目します。
→心情は出来事と関係しているので、それがよくわかるように、心情と出来事を線で目立たせたりつないだりするのもよいでしょう。

例 先日、学級委員長を決める選挙が行われた。立候補していた彼は、開票の瞬間、息をのんで結果を待っていた。

②説明的な文章の読み取り
それぞれの段落の中で、**筆者の考えや意見**が述べられているところに注目します。
→特に重要と思った段落は、あとで読み返せるように印をつけておきます。

例 我々人類は、これまで科学技術に多大な投資を続け、その見返りとして、自らの社会の拡大発展という成果を得てきたことは確かです。しかし、人類がこ

入試では 線を引きながら読む

入試などでは時間に限りがあるので、文章を何度も読み返す時間がありません。時間をかけずに文章を理解するためには、重要と感じたところに線を引きながら読むようにします。自分の手で文章に強弱を設けていくことで、大事なところが、しっかり記憶に残るようになります。また、問題を解く際に同じところを読み返す必要が生じても、文章の重要なところにすぐに目が行きます。

の地球上でこれから先の未来に渡って社会の営みを持続していくためには、アクセルを踏み続けてきたこれまでの方針を改め、自らの社会活動を少し抑えることも考えていかなくてはならないと思います。

例題

◆次の文章を読んで、あとの問いに答えましょう。

1すごく頭が良くて、組織でも上手に渡っていける、処理能力が高い。器用でするする進む、どんな組織にも、そういう人はいます。

2学園紛争＊のようなトラブルが起きて研究がやりにくくなったら、外国に行く。そこできちんと研究を進めて、実績を上げる。それはそれで立派なことでしょう。でも、人生はもうちょっとゴツゴツしたものではないか、という気がどこかでするのです。

3いろんな揉めごとを、器用に要領や才覚で切り抜ける。そういう人に、つい言いたくなるのは、そういう人生って面白くないだろうな、ということです。

4そんなものは単にお前の好みじゃないか。そう言われれば、それまでです。その通りです。しかし、日本人の底流にある価値観は、そうした要領の良さを尊ぶのとは別なものなのではないか、とも思います。（養老孟司「『自分』の壁」）

＊学園紛争…一九六〇年代後半におきた、学生と大学の対立問題。

(1) 2段落で最も重要な一文を探し、はじめの五字を抜き出しましょう。

(2) この文章全体で最も重要な一文を探し、はじめの五字を抜き出しましょう。

例題の答え

(1) でも、人生

(2) しかし、日

考え方

(1) 最もよく筆者の主張が表されている部分に線を引きましょう。2段落では、器用な人がすることについていったん認めたあとに、「でも」という逆接の接続語以降に筆者の考えが書かれています。

(2) 4段落で、筆者は、要領や才覚で器用に生きる生き方は日本人の価値観にそぐわないと言っています。これが筆者の最も言いたいことです。

2 主・述をおさえて読む ★

文章の意味を正確にとらえるには、それぞれの文の主語と述語を正しくとらえることが大切です。主語と述語を探すときには、述語をまず見つけ、それから主語をたどるようにしましょう。

例 日本では 一般的に 言って 礼儀正しい 人々が(主語) ほめられます。(述語)

×主語

→文末のほうを探すと、述語は「ほめられます」だとわかります。誰がほめられるのかと考えると「人々が」で、これが主語だとわかります。「は」がつくからといって「日本では」を主語としてしまわないよう注意しましょう。

例 怒りの感情をおさえ込むというのは、簡単にできることではありません。そうは言っても、クラスメイトに対して怒りをそのままぶつけてしまわないようにしなければいけません。これは(主語)集団で生活することをさけられない人という動物にとって、どうしても必要な技能なのです。(述語)

→三つ目の文の述語は、「技能なのです」ですが、その技能が何なのかと考えて主語を探すと「これは」だとわかります。そこで、「これ」が何を指しているか確認すると、「怒りの感情をおさえ込むというの(「の」は「こと」の代わり)」となります。文章を正確に理解するためには、指示語の内容をうやむやにせず、主語の内容を丁寧におさえながら読むようにします。

参考 書き手として主・述に注意する

次のような誤った文を書かないように注意しましょう。

例 父が好きなことは、毎朝近所の川辺を散歩しています。→ねじれ文といいます。主語は「ことは」ですが、述語が「散歩しています」となっており、主・述が対応していません。「散歩することです」などとします。

p.174

例題

◆次の文章を読んで、あとの問いに答えましょう。

1 ①活字という文字には匂いがあった。新聞には新聞の言葉の匂い、辞書には辞書の活字の匂いがありました。言葉は意味だけでできているのではなくて、文字には墨の匂い、インクの匂い、紙の手触り、風合いがありました。本を手にする、本を読むことは、そういう感覚を覚えるということでもあったけれども、そういうふうに②「本」という言葉も今日では、もうなくてはならぬ言葉、心の風景をつくる言葉として、ある親身な感覚を喚起する言葉というふうではなくなっています。

2 本来、そのまわりにさまざまなものを集めるのが、言葉の本質です。風景を集める。感情を集める。時間を集める。*ヴィジョンを集める。人を集める。記憶を集める。③そういう言葉を自分のなかにどれだけもっているかが、胸のひろさ、心のゆたかさをつくる。

（長田弘「なつかしい時間」）

*ヴィジョン…展望。

(1) ――線①「活字という文字には匂いがあった」から主語と述語をそれぞれ抜き出しなさい。

(2) ――線②「『本』という～います」から主語と述語をそれぞれ抜き出しなさい。

(3) ――線③「そういう～つくる」から主語と述語をそれぞれ抜き出しなさい。

例題の答え

(1) (主語)匂いが (述語)あった

(2) (主語)言葉も (述語)なくなっています

(3) (主語)もっているかが (述語)つくる

考え方

(1) 文末にある「あった」が述語です。何があったのかと考えると「匂いが」あったとわかります。

(2) 「なくなって」いるものは何かと考えます。「今日では」を主語にしないように注意しましょう。

(3) 何が「つくる」のかと考えます。

3 文章中の手がかりを見逃さない ★

文章を読むときには、内容を理解するうえで大事な手がかりとなる言葉や表現を見逃さないようにします。

手がかり

◆説明的な文章
・あまり耳になじみのない言葉
・文中でくり返し用いられる言葉
・疑問としてかかげられている言葉
・比喩によってたとえられている主張

◆文学的な文章
・登場人物と関わっている出来事を示す言葉
・登場人物の心情を表した言葉（比喩が用いられることもある）

↓

手がかりから筆者や作者の意図をたどる

筆者や作者の意図

筆者が何について説明しようとしているのか

作者が登場人物の心情を通じて何を伝えようとしているのか

例 生物の多様性とは何でしょうか。簡単に言うと、さまざまな生き物の個性やつながりのことです。この地球上には、約870万種もの生物が存在すると言われています。これら多種多様の生物が、互いに関わり合い支え合って生きているのです。

↓ □の意味について、〰のように筆者が問いかけていることに注意して読んでいくようにします。

参考 探偵になって読む

文章を読むうえでの心構えのひとつとして、探偵になった気分で読んでみるというのはどうでしょうか。その場合、「筆者や作者がどのようなことを伝えようとしているのか」を、いわば事件の真相ととらえてみるのです。そして、読者自身は探偵としてその真相を探り出すのです。

文章中には、筆者や作者の意図を表す手がかりが散りばめられています。読者は、目の前の文章からその手がかりを拾い集めて、事件の真相、すなわち筆者や作者の意図に迫っていくのです。

このように考えると、今まで何となく文章を読んでいたときよりも、ひとつひとつの言葉や表現に注意が向けられるようになるのではないでしょうか。

例題

◆次の文章を読んで、あとの問いに答えましょう。

1松という言葉が松そのものではない、ということぐらいは、誰でも知っていますが、松という言葉を使いなれてゆくうちに、松についてすべてを知っているつもりになるという傾きが生じやすいのです。言葉の日常的な使われ方は、〝すべて知っているつもり〟の使われ方といってもいいでしょう。

2もちろん、それは無意識のうちにそうなっているのですが、そのために、対象に深い注意を払わないという結果になりやすいのです。つまり、言葉の日常的な使われ方では、言葉がある対象に人を引き合わせてくれると同時に、その対象に深入りすることを妨害するという姿をとるのです。これを、一つの比喩で語りますと、誰かを、ある秘密の部屋に通ずる入口のドアまで連れて行って、そのドアに鍵をかけてしまう人のようなものです。

（吉野弘「詩の楽しみ　作詩教室」）

(1) 1段落でくり返し使われている言葉を探し、抜き出しましょう。

(2) (1)の言葉について、筆者はどのようなことを述べていますか。十五字で抜き出しましょう。

(3) 「秘密の部屋に通ずる」という比喩表現がありますが、この「秘密の部屋」に入っていくことは、どのようなことを意味していますか。2段落から十字で抜き出しましょう。

例題の答え

(1) 松

(2) すべてを知っているつもりになる

(3) 対象に深入りすること

考え方

(1) 1段落では、日常的に使われる言葉の例として「松」という言葉がくり返し現れています。

(2) 「松」のような日常的に使われる言葉は、それについてすべてを知っているつもりになってしまうことに筆者は注意をうながしています。

(3) 「対象に深入りする」とは、対象の隠された本質を知ることです。「秘密の部屋」は、まさしくその隠された本質を比喩的に表しています。

4 目的をもって文章を読む ★★

文章を読むにあたって、何の目的もたずに、ただ文字を追っているだけではなかなか内容をつかめません。それでは、どのようなことを目的として文章を読んでいけばよいでしょうか。それは、文章の種類によって違いがあります。

1 説明文・論説文を読み取るために

説明文・論説文については、論理的な説明をとおして**筆者が伝えようとしている考え**を読み取ることが大切になります。筆者は、自分の考えが理屈のとおった正しいものとして読者に受け入れてもらえるように、順を追って説明を進めています。したがって、読み取りでは、その説明の順に沿って丁寧に筆者の考えを追っていかなければいけません。その第一歩として、それぞれの段落の中で、大事なことが書かれた部分を見つけ出しましょう。大事な部分というのは、筆者が読者に対して知らせようとしている**事実**や**自分の考え**をまとめた部分のことです。

2 物語を読み取るために

物語では、作者が作品をとおして強くうったえようとしている中心的な内容を読み取ることが大切になります。作者は、出来事を設定し、それに直面した主人公をはじめとする登場人物の心情やその変化を描くことで、それらをとおして間接的なかたちで読者に**筆者の考える中心的内容**を伝えようとしています。したがって、読み取りでは、物語の中でどのようなことが起き、**どのようなことを登場人物が感じたり思ったりしたか**を丁寧に読み取っていくようにします。

入試では 設問を想定して読む

入試では、多くの場合、最後に文章全体に関わる問題が設けられています。例えば、文章の内容と合うものを選択肢の中から選ぶような問題が出されます。まったく準備のないまま最後まで来てこうした問題に取り組むことになると、改めて全体を読み直さなければならなくなります。設問の最後に来て慌てることのないように、前もってこうした問題を想定して、大事と思われるところに線を引いておくようにします。そのためにも、上で説明している読む目的を意識しながら読み進めるようにしましょう。

例題

1 次の文章を読んで、あとの問いに答えましょう。

[1]実は、なかなかヒトの耳には届かないだけで、多くの昆虫が音を出している。子供を育てるモンシデムシ属というシデムシ科の甲虫の一群は子育ての際に音を出して親子で交信を行うし、ほかの多くの昆虫もヒトの耳には聞こえない小さな音や振動でなかま同士の「会話」を行っているようである。

[2]ちなみに、ファーブルは、セミの近くで大砲を鳴らす実験を行った。その結果、セミはまったく驚かなかったという。それはセミの耳が聞こえないということではなく、セミが不必要な音を感知しない（セミが察知し、反応する音域にない）ということである。

[3]われわれはセミの声にうるさいと思ったり、*哀愁を感じたりするが、セミはヒトの会話を聞くことさえできないのかもしれない。それはヒトの耳が小さな虫の会話を感知できないのと同じである。ヒトと昆虫が音という同じ道具を使っていると言ったが、道具の中身はずいぶん異なるようだ。

（丸山宗利「昆虫はすごい」）

*哀愁＝何となく悲しくさびしい感じ。

(1) [1]段落で大事な文を探し、はじめの五字を抜き出しましょう。
(2) [3]段落で大事な文を探し、はじめの五字を抜き出しましょう。
(3) (1)・(2)をもとに、この文章で筆者が伝えたいことを書きなさい。

例題の答え

1 (1) 実は、なか
(2) ヒトと昆虫
(3) 例 多くの昆虫が音を出しているが、その音や振動はヒトのものとはずいぶん違っている。

考え方

1 (1) [1]段落では、多くの昆虫が音を出していることを述べています。ただしそれは特別な音や振動だと言っています。
(2) [3]段落では、最後の文が中心文です。[1]段落で述べた内容についてくり返しています。
(3) 「多くの昆虫が音を出している」という内容と、ヒトと昆虫では「道具の中身はずいぶん異なるようだ」という内容を比喩表現に注意してまとめます。

❷次の文章を読んで、あとの問いに答えましょう。

（夏代には悪いことが続き、財布まで落としてしまいました。ある老人が財布を届けてくれたので、夏代は喜び、ほおずきを持ってお礼を言いに行きました。）

「あの、あたし、お財布拾ってもらった者なんですけども……」

「ああ」

老人は合点がいったように頷いた。

「あの、ほんとにありがとうございました」

そう言って頭を下げたとたん、唐突に冷たい涙が滝のように夏代の頬を流れ落ちた。びっくりしたのと恥ずかしいのが一緒くたになって、夏代の身体の内側を駆けまわった。

夏代は「お礼です」と叫ぶように言ってほおずきを老人に渡し、驚いた顔の老人と犬に「さよならっ」と言った。

駅へ続く坂道を、夏代は駆け昇った。心臓がばくんばくんと音を立てた。終わりかけた夏の風が夏代の頬をすべっていった。

そう思ってしたことでなくとも、優しさとか善意とかいうものは確かに人間を救うことがあるんだな。わけのわからなくなった頭の中で、夏代はそんなことを考えていた。

（鷺沢萠「海の鳥・空の海」）

(1) 夏代の気持ちが一番大きく動いたのがわかる一文を文中より探し、はじめの五字を抜き出しましょう。

(2) 作者の中心的な考えが現れている一文のはじめの五字を書きましょう。

例題の答え

❷ (1)そう言って (2)そう思って

考え方

❷ (1)夏代は老人と会って、お礼を言ったときに、自分の気持ちが大きく動くという経験をしました。夏代の変化した心情が、具体的に表されている部分を探します。

(2)それまで悪いことが続いていた夏代にとって、財布を届けてくれた老人の行為がどのような意味を持つかが書かれている箇所を探します。夏代の考えをとおして、作者が伝えたい中心的な考えが示されています。

ここからスタート!

第2編

読む

第2章 いろいろな文章を読む

学習することがら

1 説明文・論説文

1 指示語の内容をとらえる

入試重要度★★★

1 指示語とは

物事を指し示す働きをもつ言葉を**指示語**といいます。文中に一度出てきた言葉を指示語で言いかえ、同じ言葉のくり返しをさけて、簡潔でわかりやすい文章にするために用いられます。「これ」「それ」「あれ」「どれ」などがあり、最初の文字をとって**こそあど言葉**とよばれることもあります。

例 私は、昨日本屋さんで国語の参考書を買いました。それは、私の知っている先生が書いた本です。

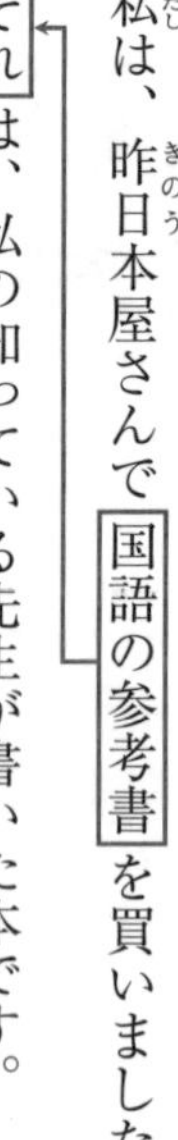

例 間違えた問題を放っておくと、なかなか力がつかない。勉強をしても成果が出ないのは、これが原因なのだ。

2 指示内容（指すもの）の探し方

「くり返しをさける」目的から、指示内容は指示語より前にくることがほとんどで

参考 指示語の指すもの

上の二つ目の例で

間違えた問題を放っておくと、なかなか力がつかない。これは常に意識しておくべき問題だ。

となると、「これ」という指示語は前の文全体を指すことになります。

このように、指示語は特定の言葉だけでなく、文全体や段落全体を指すこともあります。

す。ただし、指示語が含まれる文に指示内容のヒントとなる表現があるため、いきなり前を探すのではなく、指示語を含む一文を最後まで読んで考えるようにしましょう。

例 机の上に、分厚い本がある。これは、僕が昨日買ってもらったものだ。

→「これ」は、「僕が昨日買ってもらったもの」です。前からこの内容を探すと、指示内容は「本」のことだとわかります。

例 私は時間を大切にしている。時間というのは不思議なもので、時間に追われている人ほど、あわてててつまらない失敗をして、いっそう不足を感じるものだ。だから、私はふだんからそう自分に言い聞かせているのだ。

→「そう」は「私がふだんから自分に言い聞かせていること」です。間に一文がはさまっていますが、前からこの内容を探すと、指示内容は「時間を大切にすること」です。

3 指示語問題の解答の作り方

指示内容を問われたときは、次の手順にしたがって解答を作りましょう。

例 毎年、新製品が次々と発表される。あまりに数が多いので、それらをすべて検討する時間はなかなか取れない。

①指示語を含む一文をすべて読み、指示内容の見当をつける。

→「あまりに数が多」くて、「すべて検討する時間は…取れない」ものは何かと考え、前を探す。

入試では 解答の文末表現

問題の答えを作るとき、注意しておかなければいけないことがあります。それは解答の文末表現です。

例えば「○○が指しているのはどのようなことですか」のように問われた場合は、文末は普通「〜(という)こと」とすべきですし、「〜どのような理由ですか」とあれば「〜(という)理由」のようにすべきです。

入試では文末表現が正しくないと、減点の対象になります。思わぬ減点をさけるためにも、問いを確認して文末表現を適切な形に整えるようにしましょう。

②「それら」に合う指示内容を一言で考える。

↓「それら」が「新製品」を直接指している。

③本文の表現を使って、指示内容に肉づけ（＝説明を追加）する。このとき、指示語よりあとに出てきている表現は使わない。

↓「新製品」の説明をする。ここで、「**毎年次々と発表される新製品**」という解答ができる。

④③で作った解答を指示語にあてはめ、意味がとおるかどうか確認する。

↓「あまりに数が多いので、『**毎年次々と発表される新製品**』をすべて検討する時間はなかなか取れない」となる。これは意味がとおる。

※指示語が含まれる文の「指示語よりあとの部分」は、指示内容のヒントにはしますが、指示内容の説明に使うことはできません。④の手順で指示語にあてはめたときに、同じ表現のくり返しになってしまうからです。

4 特殊な使い方の指示語

指示語の指示内容は原則として前から探しますが、指示語よりあとに述べる内容を示す場合もあります。

例 これはないしょの話だが、僕は超能力が使えるんだ。

↓「これ」は「僕が超能力を使えること」を指しています。

例 私はそうしてはいけないとわかっていたが、宿題を後回しにしてしまった。

↓「そう」は「宿題を後回しにすること」を指しています。

入試では 指示語に指示語が含まれる例

例えば次のような文章で、「この」の指すものを考えてみましょう。

勉強をするとき、同じ問題を何度も間違えることがある。それを自力で乗り越えると、力がつく。

この点において、失敗は必要なことであるといえる。

直接的な答えとしては、「それを自力で乗り越えると力がつくという点」というように、指示語の指示内容にさらに指示語が含まれることになります。

このような場合は、指示内容をさかのぼってから解答をまとめましょう。そうすると、正解は「何度も間違えた問題を自力で乗り越えると力がつくという点」となります。

例題

◆次の文章を読んで、あとの問いに答えましょう。

今、南を向いているとします。そうすると、右手は西で、左手は東、背中が北になります。あたりまえですが、この判断がすぐ出来る人と、少し時間をかけなければ出来ない人があります。筆者などは後者で、しばらく考える必要があります。しばらく何を考えているかというと、子供の時に自宅の縁側に腰掛けて座っている自分を思い出しているのです。この時の正面が南で、左手が日が昇ってくる東の方、右手が日が沈む西の方と思い出し、だからこっちが西かなどと考えるので、時間がかかってしまいます。つまり、子供の頃にしっかり焼き付けられた方向感覚を一回一回今の状況に重ねないと、判断が出来ないのです。地図を読むときも東西南北を考える時、この種の翻訳をやっている自分に気がつきます。もちろんこんな面倒なことをしないで、見ただけで東西南北がわかる方がいいのですが、考え方の癖みたいなもので、今はあきらめています。もともとこの手の能力がないのでしょう。

（山鳥重「『わかる』とはどういうことか」）

問 ——線「この種の翻訳」とありますが、どういうことを表していますか。次から選び、記号で答えましょう。

ア 子供時代に教えこまれた方法を使って方角を理解していること。
イ 子供の頃に強く記憶した方向感覚を当てはめること。
ウ 子供の頃に使った地図を思い出して方角を理解すること。
エ 子供の頃の記憶を思い出しながら別の言葉で言いかえて説明すること。

例題の答え

イ

考え方 ——線を含む一文をよく読み、「筆者が」「地図を読むとき」「東西南北を考える」ためにしていることを、前の部分から探しましょう。

ア 教えこまれた方法
ウ 子供の頃に使った地図
エ 別の言葉で言いかえて

の部分がそれぞれ誤っています。

2 接続語をとらえる ★★★

1 接続語とは

接続語とは、文と文をつなげる言葉です。まずはそれぞれの接続語が前後の内容をどのようにつなぐのか、働きごとに分類して覚えましょう。

	接続語の働き	接続語と例文
順接	前の内容が理由であとの結果が起こる	だから・それで・すると・したがって・そして 例 雨が降った。だから、運動会は中止になった。 例 昨日はよく寝た。それで、今朝は気分がいい。
逆接	前の内容とあとの内容が反対	しかし・だが・けれども・ところが・でも 例 道で転んだ。しかし、けがはしなかった。 例 前もってしっかり計画を立てた。ところが、うまくいかなかった。
並立	前の内容とあとの内容が対等に並ぶ	また・ならびに・および 例 五年生は京都へ行きます。また、六年生は大阪へ行きます。
添加	前の内容にあとの内容がつけ加えられる	さらに・しかも・そのうえ 例 今日は風が強い。さらに、雨まで降ってきた。 例 このラーメン屋は安い。しかも、おいしい。

入試では 逆接・説明の接続語のあとに注目

論説文では、逆接や説明の接続語のあとに筆者の言いたいことがくることが多いので注意しておきましょう。

特に、論説文の後半に出てくる説明の接続語は、文章全体のまとめとして、筆者の言いたいことがまとめられていることが多いことを覚えておきましょう。

ズームアップ 接続詞 p.196

説明・補足	言いかえる。まとめる。前の内容を補う。例外や条件をつけ加える	**つまり・すなわち・ただし** 例 母は最近ずっとにこにこしている。つまり、機嫌がいいのだ。 例 食べることとは、すなわち、生きることだ。
例示	前の内容の具体例をあとに示す	**たとえば・いわば** 例 姉は集団でやる競技が好きだ。たとえば、サッカーやバレーボールだ。
理由	前の内容の理由をあとで説明する	**なぜなら・というのも** 例 急いで帰った。なぜなら、本を読みたかったからだ。 例 山を登るときは、必ず地図を持っていく。というのも、迷いたくないからだ。
選択	前の内容とあとの内容のどちらかを選ぶ	**それとも・または・もしくは・あるいは** 例 お茶にしますか。それとも、コーヒーにしますか。
転換	前の内容から話題を変える	**ところで・さて・それでは** 例 これで授業は終了だ。さて、放課後は何をしようか。 例 ずいぶん調子がよさそうだね。ところで、君の家の猫は元気かい。

参考 もちろん(確かに)～。しかし…。

論説文では、自分の意見への反論に対して「もちろん(確かに)～だ」といったん受け止め、「しかし、……」と続ける形がしばしば使われます。

この形が使われた場合、筆者の言いたいことは「しかし」のあとにきます。

相手の意見を完全に否定するのではなく、きちんと理解したうえで自分の意見につなげる表現方法です。

例 もちろん、あなたの言っていることは正しい。しかし、それを実現するのは難しいのだ。

2 接続語の前後の関係性をとらえる

接続語は文と文をつなぐ働きをしますから、その前後の内容がどのような関係になっているかをとらえることが大切です。

例 姉の応援しているサッカーのチームが優勝した。（理由）
だから、←
姉は昨日から機嫌がいい。（結果）

例題

❶ 例と同じ働きの接続語が使われている文をあとから選び、記号で答えましょう。

(1) 例 鉛筆で書いてください。あるいは、ボールペンで書いても良いですよ。

ア 私は体育が得意だ。また、音楽も得意だ。
イ 今日はよく晴れている。しかも、雲一つ浮かんでいない。
ウ あの人は私の母の姉です。すなわち、私のおばです。
エ 明日は雨になるでしょう。もしくは、くもりになるかもしれません。

(2) 例 この作業は危険です。したがって、一人で行うのは禁止します。

ア 兄は足が速いです。だからリレーの選手に選ばれました。
イ 緑黄色野菜、たとえば、ほうれん草やかぼちゃを食べましょう。
ウ 今日は朝から風が強いです。しかも雨まで降ってきました。
エ これで作業は終了です。ところでお昼ご飯は何にしますか。

参考 段落の先頭の接続語

接続語は文と文をつなぐ働きをしますが、段落の先頭にある接続語は、段落どうしをつなぐ働きをします。
したがって、段落の先頭に接続語がある場合は、前後の文だけでなく、前後の段落全体の内容をおさえてつながりを考える必要があります。

❷ **次の文章を読んで、あとの問いに答えましょう。**

草取りが行われる環境は、植物にとって適した場所であるとは言えません。しかし、他の植物に競争で負けてしまう弱い存在である雑草は、あえて、この草取りが行われる環境に生えることを選びました。そして、草取りが行われる特殊な環境に適応して、特殊な進化を遂げた植物だけが、雑草としてはびこっているのです。

そんな雑草は、あろうことか草取りによって増えるという性質を持っています。[A]、草刈りをして、茎がちぎれちぎれに切断されてしまうと、ちぎれた断片の一つ一つが根を出して再生してしまう雑草があります。こうして、雑草は増えてしまうのです。

また、きれいに草むしりしたつもりでも、しばらくすると、一斉に雑草が芽を出してきます。雑草は小さな種子をたくさんつけるという特徴があります。そして地面の下には、膨大な雑草の種子が芽を出すチャンスを伺っているのです。[B]、雑草が蓄えた種子の銀行と言えます。

（稲垣栄洋「植物という不気味な生きもの」）

問 空欄[A]、[B]に入る言葉を次からそれぞれ選び、記号で答えましょう。

ア しかし　**イ** だから　**ウ** つまり　**エ** たとえば

例題の答え

❶ (1)エ　(2)ア

❷ A エ　B ウ

考え方

❷ [A]、[B]の前後をよく読み、内容をおさえましょう。

[A]の前には「雑草が草取りによって増える」という話があり、あとには「ちぎれた断片の一つ一つが根を出して再生してしまう雑草」という具体例が続いています。

[B]の前には雑草が小さな種子をたくさんつけ、それらが地面の下で発芽のチャンスを待っているという話が書かれています。これをまとめたものとして、あとに「雑草が蓄えた種子の銀行」という表現が続いています。

3 話題をとらえる ★

1 説明文・論説文の目的と話題

説明文・論説文の筆者の多くは、文章をとおして「自分の伝えた内容が、読者に『なるほど』と思ってもらえること」を目的としています。説明文・論説文を読むときには、「筆者はどのような話題について『なるほど』と思わせたいのか」を意識して読むようにしましょう。

2 話題はどこに現れるか?

①本文の前の方に注目する

物語では、いきなり大きな事件が起こるのではなく、最初はまったく関係のない話から入る形になっているものもたくさんあります。そうすることで読者の興味をひきつけるのです。これに対して説明文・論説文では、読者が「何の話が述べられているのか」を理解して読み進められるように、「できるだけ早い段階で『話題』を明らかにする」ことが原則です。ですから、話題は本文の前の方で示されていることが多いのです。一段落目は特に注意して読みましょう。

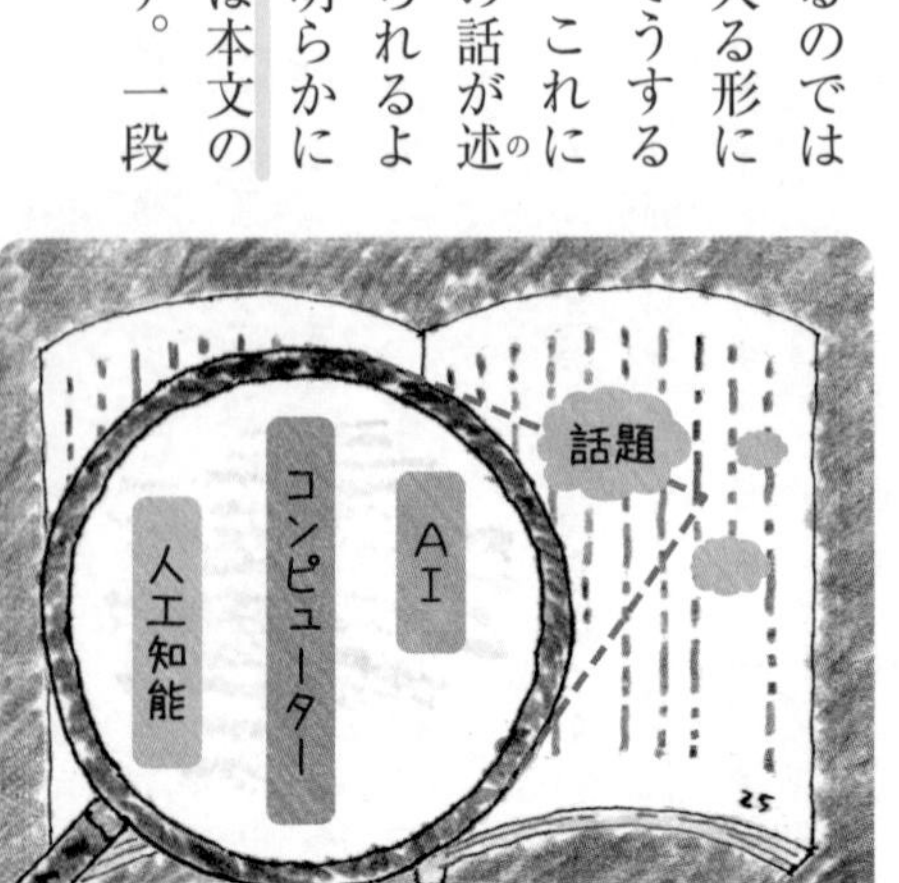

参考 わざと話題を伝えない

日常生活では、必ずしもすべての会話で「自分が今から何の話をするのか」をはっきり示さなければならないわけではありません。また、逆に、わざと話題を伝えず少しぼかした言い方をすることで「何の話をしているのだろう」と相手に思わせ、興味をひく方法もあります。

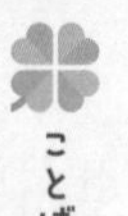

ことば キーワード

「論説文・説明文」において、筆者は、今まで言われていない新たなことを主張するものです。そのため、そのような筆者の考えを言い表す言葉として、しばしば読者にとってはあまり耳なじみのない言葉が用いられます。しかし、そのような言葉にこそ、筆者の考えの核心に触れる事柄が表されています。

キーワードとは、目の前の文

②くり返し現れる言葉に注目する

読者に「なるほど」と思ってもらうには、筆者の言っていることが正しく読者に伝わらなければなりません。そのために、筆者は読者に「なるほど」と思ってほしいこと(主張)をくり返します。そのとき、同じ言葉や同じ意味を表す言葉がくり返し出現(しゅつげん)します。こうした本文全体で何度も出てきている言葉は、話題に関係しているだけでなく、キーワードとして注意しておくことが必要です。

③問いかけの形に注目する

説明文・論説文の中には、クイズのように**読者に問いかける形**が出てきます。これは、筆者の「読者にこの内容に興味を持って考えてほしい」「問いかけの答えについて読者に説明したい」という気持ちの表れです。したがって、これも「話題」を示す目印であるといえます。

例 みなさんは、勉強をはじめる時間になってもやる気が出ず、結局予定どおりにできなかったことはありますか。実は人間の脳(のう)には、やりはじめるとどんどん「やる気を出す」という特徴(とくちょう)があります。つまり、「やる気を出す」ために大切なのは、「どんな形であれ、やりはじめる」ということなのです。

→この文章は「やる気を出す」ことが話題になっていることがわかります。

④「〜とは」の形に注目する

「勉強するとは、どういうことだろうか」のように、ある言葉について「○○とは」という形で説明している部分も話題を示しています。これは、話題となる言葉の意味について、筆者が自分なりの考えを述べるときに出てくる形です。

章を読み取るうえで、まさしく「キー(=カギ)」になる言葉です。キーワードをしっかりおさえることができれば、筆者の言いたいことをそれだけ正確に理解できるのです。

入試では 形を変えてくり返す

入試であつかわれる文章では、いくら筆者の一番言いたいことであっても、まったく同じ形で何度もくり返されることは多くありません。読者が興味を持ち続けられるように、一見新しい内容を述べているようで、実は同じ内容のくり返しになっている場合がほとんどです。

例

太陽から出る光は白色だ。しかし、木の葉は緑色だ。白い光で照らされているのに白くない。改めて考えると不思議である。色が見えるとはどういうことだろうか。実は、木の葉が緑に見えるのは、葉に含まれるクロロフィルという物質が、赤や青などの光合成に必要な色を吸収しているからだ。白い光は赤・青・緑の色の光が混ざってできるので、吸収されない緑の光が反射され、葉が緑に見える。つまり、吸収されない光が反射されることによって、色が見えるのだ。

→この文章の話題は「色が見える」ことです。

例題

◆次の文章を読んで、あとの問いに答えましょう。

人の目なんか気にするな、自分を信じて、自分のやりたいようにやればいい。などと言う人がいる。たしかにそれは正論かもしれない。人の目ばかり気にしていてもしょうがない。それはわかるんだけど、どうしても人の目を気にしてしまう。そんな人が多いはずだ。

それは当然だ。だれだって人の目は気になる。気にならないわけがない。周りの人の目に自分がどう映っているか、それは、だれにとっても大きな関心事だ。

とくに友だちからどう見られているかは最大の関心事と言ってよいだろう。

いつもこっちに気づくと笑顔であいさつしてくる友だちが無表情で通り過

入試では 話題についての出題

入試では、「話題」そのものを問う問題が選択式で出題されることがあります。これは、出題者が「この文章の話題をきちんととらえたうえで他の各設問に取り組んでほしい」と考えていることを示しています。このような問題は、できるだけ優先して解くようにするとよいでしょう。

ぎると、「気づかなかったのかな」と思いつつも、「もしかして、おこらせるようなことを何か言ったかな」と気になって仕方がない。

軽い気持ちでからかうような冗談を言ったとき、友だちがちょっとムッとした様子を見せたりすると、「うっかり傷つけちゃったかな、まずいなあ」と気になって仕方がない。

このように、ぼくたちは、日常のあらゆる場面で、相手からどう思われているかを気にする習性を身に着けている。

どうしてそんなに人の目が気になるのか。それは、人の目が自分の姿を映し出してくれる鏡だからだ。

だれでも自分を知りたい。そして、自分を知るヒントは、人との比較によって得られる。自分を知るためのもうひとつのヒントをくれるのが人の目だ。

人の目は、言ってみれば、モニターカメラのようなもの。自分の姿が客観的にどのように見えるのか。それを教えてくれるのが人の目だ。

（榎本博明「〈自分らしさ〉って何だろう」）

問 この文章の話題を次から選び、記号で答えましょう。

ア 人の目を気にせず、自分のやりたいようにやるべきだということ。
イ 人の目は自分の姿を客観的にとらえる手がかりになるということ。
ウ 人の目を気にしておかないと物事はうまくいかないということ。
エ 人の目を見れば、相手の姿も自分の姿も正確に見えるということ。

例題の答え

イ

考え方

文章全体に「人の目」という言葉がくり返し出てきています。また第七段落に「どうしてそんなに人の目が気になるのか」という問いかけがあり、直後に「人の目が自分の姿を映し出してくれる鏡だから」という答えが書かれています。以上のことから、「人の目」が「自分の客観的な姿をとらえる手がかりになる」ことが、この文章の話題であることがわかります。

4 段落の要点をとらえる ★★

1 形式段落と意味段落

文章は、段落に分けて書かれています。一字下げて書きはじめ、一つの内容について書かれたものを形式段落とよびます。それらをまとめ、大きな話題のまとまりになっているものを意味段落とよびます。

例

意味段落①	形式段落1
	形式段落2
	形式段落3
意味段落②	形式段落4
	形式段落5
	形式段落6
	形式段落7

意味段落の分かれ目は、まとめている形式段落の分かれ目と同じです。したがって、文章を意味段落に分けるときには、形式段落の先頭に注目することになります。

形式段落の冒頭にくる**接続語**などに注目すると、段落どうしの関係がはっきりしてきます。まずは一つずつの段落で述べられている内容に注目し、話題が共通しているいくつかの段落を意味段落としてとらえるようにするとよいでしょう。

2 具体例と筆者の意見

筆者の言いたいことをそのまま言葉にして述べただけでは読者に伝わりにくい場合があります。そこで、筆者の体験や興味深いエピソードを示して、言いたいことがよりわかりやすくなるよう工夫をします。段落の中で筆者の意見が述べられている部分とその具体例を整理して読むようにしましょう。

参考 段落先頭の接続語に注目

段落の先頭に置かれた接続語は、意味段落を分けるうえでのヒントになる場合があります。特に「説明・補足」の接続語が段落の先頭にある場合、その段落で一度、意味段落の内容をまとめ、次の段落からは新しい意味段落が始まることが多くあります。

ズームアップ

「説明・補足」の接続語 p.253

例

筆者の意見 → 負けると成長できる

具体例 → 理解を助ける → たとえば、野球の練習試合でこてんぱんに負けても、すぐにチーム内で話し合い、力の足りないところを明らかにできれば、その後の練習にいかすことができます。

「負けると成長できる」という内容だけが示された場合、読者としては何を言いたいのかがつかみにくいでしょう。具体例によって筆者の意図がわかりやすくなっています。

3 キーセンテンス

各形式段落には、段落の内容を一文でまとめたキーセンテンスがあります。「段落の内容を一番よく表している文はどれか?」という意識で探しましょう。キーセンテンスは2で述べた「筆者の意見」と重なっている場合も多いだけに、きちんとおさえておく必要があります。

例 次の例はとても印象的だ。人間の記憶というものがいかにあいまいであるかを示している。ある実験で、幼少期の自分が写った複数の写真に一枚だけ合成写真を加え、被験者に見せたそうだ。すると、ほとんどの被験者は合成写真の一枚を含めたすべての写真についての記憶を語ったという。他の写真は実際に経験したことなので、それらの記憶を語るうちに、合成写真についても実際の記憶だと勘違いしてしまい、頭の中で記憶を作り出してしまうというのだ。

入試では 段落で注目するところ

段落の中で、特に冒頭の部分と最後の部分には注意しましょう。説明的な文章では、しばしばそこに段落のキーセンテンスがきます。

入試で時間に追われて読まなければいけないときも、最低限それらの部分はしっかり読んで、内容をおさえておく必要があります。

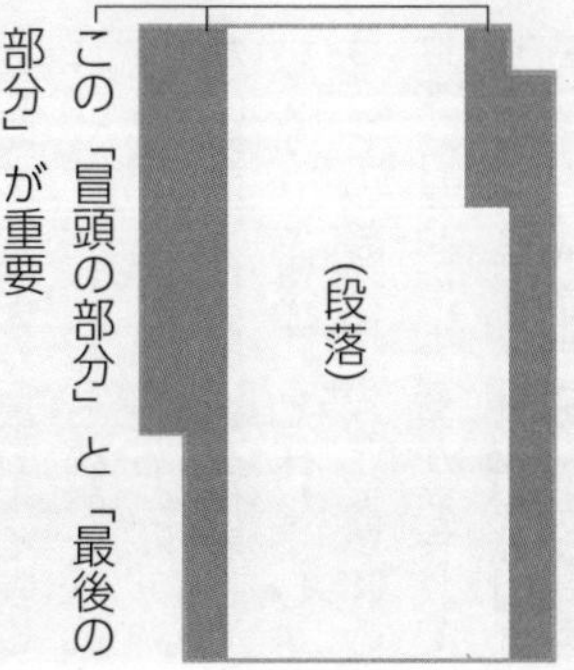

この段落の内容は「人間の記憶というものがいかにあいまいであるか」という表現でひとまとめにできます。これがキーセンテンスです。

例題

◆次の文章を読んで、あとの問いに答えましょう。

1ゴリラやチンパンジーの集団は、だいたい十～十五頭で構成されていますが、人間も言葉を使わなくても気持ちが通じあえる仲間、たがいに信頼感を持ちあえる集団（共鳴集団といいます）の規模は、十～十五人程度といわれています。サッカーチームは十一人、ラグビーチームは十五人ですが、理に適った人数というわけです。

2さらに、顔と名前が一致するのはせいぜい百五十人までだといわれています。これは、動物を狩ったり、木の実や果実をとったりして暮らす、狩猟採集民の共同体の人数と、だいたい同じです。

3ところが、コミュニケーションの幅を広げる言葉という道具を手に入れた人間は、信頼関係を築ける十五人という規模の集団をこえ、百人、千人単位の知り合いを作れるようになりました。それが、人間が長いことはぐくんできた、共感する力をうすめてしまうことと引きかえだったという側面は、見過ごせません。自分にとっての相手、相手にとっての自分は、十五人のうちのひとりではなく、百人のうちのひとり、千人のうちのひとりになってしまったのです。分母が大きくなればなるほど、個々のかかわりはどうしても希薄になっていき

入試では 論説文・説明文の読み方

論説文や説明文を読むときに、形式段落の内容を最もよく表した一文を探しながら読むようにします。そのとき、「どの一文が、段落全体の内容を代表しているか」を意識して探しましょう。その際、指示語や意味のはっきりしない言葉が含まれている文はふさわしくありません。「その文しか読まなくても段落の内容がつかめる」ことを基準にすることが大切です。

例題の答え

(1)ウ　(2)分母が大き

考え方

(1)2冒頭の「さらに」は、前の内容にあとの内容をつけ加える働きをもつため、1と2は同じ意味段落ととらえます。

ます。

4また、遠くはなれて電話やメールでつながっている関係では、相手と同じものを見る、同じ音を聞く、同じにおいをかぐ、手をつないでたがいにふれあう、そんな体を通して生まれる深い共感が失われてしまうのは、当然といえば当然のことなのです。

5ゴリラと人間は、ほかの動物よりも「遊び」や「笑い」を進化させてきました。

6同じ年ごろの子どもたちとたっぷり遊ぶ経験を持たない動物園のゴリラが、交尾(こうび)できなくなっている事実を見てもわかるとおり、遊びや笑いを通じた、他者との同調や共感がなくなっていくと、ゴリラも人間も、生きることの土台がゆらいでしまうのかもしれません。

（山極寿一(やまぎわじゅいち)「ゴリラは語る」）

(1) この文章をいくつかの意味段落に分けたものとして最も適切(てきせつ)なものを次から選び、記号で答えましょう。

ア 1－2－34－56
イ 12－3－45－6
ウ 12－34－56
エ 1－2－345－6

(2) 3段落のキーセンテンスを一文で探し、最初の五字を答えなさい。

4段落冒頭の「また」は前の内容とあとの内容を並(なら)べる働きをもつため、3と4も同じ意味段落ととらえます。4は、3の内容の具体例になっています。5・6段落はともに「遊び」や「笑い」と人間・ゴリラの関係をあつかっているので、これも同じ意味段落ととらえます。

(2) この段落で筆者が最も強く主張(しゅちょう)しているのは「言葉を手に入れたおかげでコミュニケーションの幅が広がった代わりに、個々のかかわりは希薄になった」ということです。これを一文で過不足なく言い表している文がキーセンテンスとなり、段落の最後の文がこれにあたります。

5 段落相互の関係をとらえる ★★

1 各意味段落の役割

それぞれの意味段落には、本文の中での役割があります。すべての文章が同じ構成になるわけではありませんが、一般的な説明文・論説文の多くは、次の表のような構造になっています。

序論	話題を示す。（筆者の意見を明らかにする。）
本論	筆者の意見が正しいことを証明する事実や具体例を示す。
結論	本論で示した事実や具体例をもとに、筆者の意見をまとめる。

2 中心段落

それぞれの意味段落において、中心となる段落を探しましょう。それぞれの段落のキーセンテンスを比べたとき、意味段落全体の内容をわかりやすくまとめている段落が、中心段落です。

ズームアップ
意味段落 →p.260

入試では 文章の一部を切り取った問題文

入試に使われる文章は、入試用に分量を調節したうえで書かれたものではなく、もっと長い文章の一部を切り取ったものがほとんどです。必ずしも、きれいに「序論・本論・結論」という形をしていないので、無理に形をあてはめて考えないようにしましょう。

参考 中心段落の見つけ方

中心段落を見つけるためには、「その段落を抜いても前後の意味段落と話がつながるかどうか」で考えることがヒントになります。「それがなければ前後と話がつながらなくなってしまう」ものが「中心段落」です。

3 段落構成

文章の書き方には、以下の三つの型があります。

▼頭括型（とうかつがた）…はじめに意見を述べ、理由や具体例をあとに続ける形

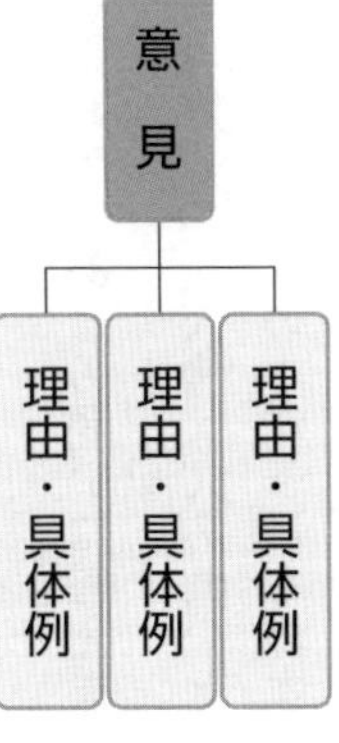

▼尾括型（びかつがた）…先に理由や具体例を挙げ、それらをまとめて最後に意見を述べる形

理由・具体例　理由・具体例　理由・具体例
意見

▼双括型（そうかつがた）…理由や具体例の前後に意見を述べる形

意見
理由・具体例　理由・具体例　理由・具体例
意見

ことば　頭括・尾括・双括

「括」は訓読みで「くく(る)」と読みます。したがって、「頭括」は文章の冒頭（ぼうとう）(=頭)に中心となる意見を述べることによって文章全体をまとめる形、「尾括」は文章の末尾に中心となる意見を述べることによって文章全体をまとめる形になります。「双括」は冒頭と末尾両方に中心となる意見を置き、読者により伝わりやすくする形です。

4 接続語（せつぞくご）から段落相互（そうご）の関係をとらえる

段落の先頭にある接続語は、段落どうしの関係を示しています。特に、順接の接続語（だから・したがって）、例示（れいじ）を表す接続語（たとえば）、説明を表す接続語（つまり・すなわち）などに注目することで、段落相互の関係がとらえやすくなります。

例 段落と段落をつなぐ接続語

> 最近の研究では、人が物事を行うとき、行動を起こさないとやる気が出ないような仕組みになっていることが分かっています。

↓

> したがって、やらなくてはいけないことを後回しにしないために必要なのは、まず何でもいいから始めてしまうことだといえるのです。

前の段落は、人が物事を行うときにやる気が出る仕組みについて書かれています。これが、あとの段落で述べられる「まず始めてしまうことが必要だ」という意見の根拠（こんきょ）になっています。

例題

◆次の文章を読んで、あとの問いに答えましょう。

1 絵本という本について考えてみたいと思います。子どもの本というと、しばしばそれは子ども時代の本が子どもの本であると考えられています。そのため、子どもの本は、なかでも絵本は思い出の本のように語られがちです。新しい本でさえも、よい思い出になるかどうかで測（はか）られたりします。

2 しかし、そうではなく、絵本は絵本という本であり、本としては変わった本

参考 指示語と接続語を合わせた言葉

段落冒頭でよく使われる「このように」という言葉は、それまでに述べられた内容をふまえつつ、「つまり」「だから」などに置き換（か）えられる働きをします。

例 人に親切にされて喜（よろこ）ばない人はいません。しかし、自分のしていることが本当に相手の求めているものかどうかを考えることはとても大切です。

このように、だれかに何かをする場合には相手の気持ちを考えることが大切なのです。

ですが、変わった本というより、原型としての本と言っていい本です。わたしはいま、十四冊の絵本をぜんぶ自分で選んで訳してシリーズでだしていて、絵本という本を通して、本という文化のつくってきた大切なもの、絵本がほんとは何かということを感じ、考えさせる本であるということを、あらためて深く感じています。

3 絵本は、まず第一に、絵と言葉(文字)でできています。つまり、言葉と絵の対話からなる本です。モノローグが基となる大人の本と違い、絵本は対話を本質にもつ本です。

4 第二に、色のある本です。色それ自体に意味があり、広がりがあることを示す本。この絵本の場合、空の色、雲の色が、この絵本の語りたいことすべてを語っています。あるいは、墨一色であっても、たとえば、この絵本のような影のうつくしさ。あるいは、このようなクモの巣を描く線のうつくしさ。絵本では色は、言葉なのです。

5 そのうえ、絵本はしばしば独特のかたちをもっています。大きい本があり、小さい本があり、縦長の本、横長の本があり、決まったかたちをもっていません。むしろ、かたちをつくりだして、こころにかたちをあたえる本が絵本と言っていいかもしれません。

(長田弘「なつかしい時間」)

問 この文章は、「頭括型」「尾括型」「双括型」のうち、どれにあたりますか。段落構成としてあてはまるものを答えましょう。

例題の答え

頭括型

考え方

1・2段落で筆者の「絵本とはどのような本か」という意見が語られています。その具体的な内容が3~5段落でくわしく説明されています。したがって、はじめに意見を述べ、説明を続ける頭括型であると考えることができます。

1—2
├ 3
├ 4
└ 5

6 対比関係をとらえる ① ★★

文中で、ある意見と対立する別の意見を比べることで、筆者の意見を読者によりはっきりと示す方法を対比とよびます。二つの意見を比べながら話を進めることで、読者に筆者の意見が伝わりやすくなります。

・対比の目印となる言葉…**しかし・一方・ところが・～に対して・～が**　など

例

日本人は、自分の意見が相手を傷つけないかどうかを気にして、あいまいなものの言い方をしてしまうことがある。そのため、納得していないのに議論を終えてしまうことがある。**これに対して、**欧米人は自分の意見をかくさず相手に伝えようとすることが多い。議論ではとことん意見を戦わせるのだ。そして議論が終わったあとには激しく言い争ったことなど忘れてしまったかのように、またふだんどおりに仲良く会話をしていることが多い。なんでもかんでも自分の意見だけを押し通そうとするのは感心しないが、少なくとも議論の場では自分の意見をきちんと表明することは、日本人が参考にすべきところなのではないだろうか。

筆者の意見

→前半は「自分の意見が相手を傷つけないかどうかを気にするあまり、納得していないのに議論を終えることがある」という日本人の特徴が語られ、後半はそれに対比する形で「自分の意見をかくさず相手に伝えようとして議論ではとことん意見を戦わせるが、議論の後では仲良く会話できる」という欧米人の特徴が語られています。

入試では 重要なことはあとに述べられる

筆者が自分の意見に対する反論や一般的な考え方を紹介するときは、多くの場合、先にそれらの意見を出しておいて、あとで自分の意見を述べるという形をとって、自分の意見がより強く印象に残るようにしています。

参考 物語における心情の対比

物語において、ある出来事をきっかけにして登場人物の心情が大きく変化する場合があります。この場合は、出来事の前後でそれぞれどのような心情をいだいているのかについて対比し、変化の内容をつかみましょう。

1 共通点に注目する

対比は相違点を強調するものですが、その前に共通点をもっていなければ対比そのものが成り立ちません。「共通点をもつ意見の中で違う点」を明らかにするのが「対比」です。したがって、まずは「どのような意見の対比なのか」をつかむことが大切です。

例 自動車は一度にたくさんの人を乗せることができない。一方、電車には一度にたくさんの人が乗りこむことができる。

→「自動車」と「電車」には、「移動するための手段」という共通点があります。それをふまえて、「乗れる人数」の相違点を説明しています。

2 相違点に注目する

対比関係をとらえるうえで、最も大切なのは、「相違点」をとらえることです。まず、二つの意見の共通点を見つけたら、今度は「二つの意見の違い」について意識しながら読みましょう。このとき、「どのような点が違うのか」を明らかにしておくことが大切です。

例

共通点	相違点
意見の言い方	日本人はあいまいなものの言い方をする 欧米人は自分の意見をかくさず伝える

参考 『対比』の基準

ものを比べるときには、「何について」比べるかが非常に大切です。

たとえば、「りんごの甘さ」と「みかんのすっぱさ」(味と味)を比べることはできますが、「りんごの赤さ」と「みかんのすっぱさ」(色と味)を比べることはできません。対比する場合には、両者に共通する点において、それぞれの違いを考えるようにしましょう。

3 筆者からの「評価」に注目する

文中で対比の関係が出てきているときは、対比されているそれぞれのものについて筆者がどのような評価をしているかをとらえましょう。

はじめの例文で、筆者は「あいまいな言い方をし、納得していないのに議論を終えてしまう」日本人と、「議論ではとことん意見を戦わせるが、議論が終わるとふだんどおりに仲良く会話をする」欧米人を対比させています。対比させている部分のあとで「日本人が参考にすべき」と書いていることから、筆者は欧米人の議論の仕方を高く評価していることがわかります。

例題

◆次の文章を読んで、あとの問いに答えましょう。

1 「ニッチ」とは、もともとは、装飾品を飾るために寺院などの壁面に設けたくぼみを意味している言葉である。それが転じて、生物学の分野で「ある生物種が生息する範囲の環境」を指す言葉として使われるようになった。生物学では、ニッチは「生態的地位」と訳されている。

2 一つのくぼみに、一つの装飾品しか置くことができないのと同じように、一つのニッチには一つの生物種しか住むことができない。そして、すべての生物が自分だけのニッチを持っているのである。もちろん、大きなニッチを持つものもいれば、そのすき間の小さなニッチを持つものもいる。そして、そのニッチは重なり合うことがない。もしニッチが重なれば、ゾウリムシの実験に見た

参考 『対比』は具体例の一種

対比も具体例と同じように、「筆者の意見を補強し、読者に納得させる」ことを目的として使われます。「この二つを比べることでどのような意見を伝えようとしているのか」を意識しましょう。

ように、そこでは、激しい競争が起こり、どちらか一種だけが生き残る。

3こうして、世の中のすべての生物が、それぞれのニッチを持っている。そして、ジグソーパズルのたくさんのピースがはまっていくように、たくさんの生物のニッチでうめつくされて「生物多様性」と呼ばれる世界が作られていくのである。

（中略）

4同じように生えていても、ニッチをすみ分けている例は見られる。

5ハルジオンとヒメジョオンは、姿の良く似た雑草である。しかも、同じような場所に生えているので、なかなか見分けることができない。このハルジオンとヒメジョオンは、共に北アメリカ原産の外来の植物である。

6この二種は、同じような場所に生えているので、ニッチが重なっているように見える。しかし、ハルジオンとヒメジョオンは、時期をずらしている。

7ハルジオンとヒメジョオンの場合は、ハルジオンが春に咲く。そして、その後の初夏から秋にかけてヒメジョオンが咲くというように、ニッチをずらしていると考えられている。

（稲垣栄洋「植物はなぜ動かないのか　弱くて強い植物のはなし」）

問　この文章において対比されている「ハルジオン」と「ヒメジョオン」の「共通点」「相違点」について、それぞれ四十字以内で答えましょう。ただし、「相違点」は「ハルジオンは〜が、ヒメジョオンは……。」という形で書くこと。

例題の答え

・共通点
共に北アメリカ原産の外来の植物で、姿がよく似ていて、同じような場所に生えている。（40字）

・相違点
ハルジオンは春に咲くが、ヒメジョオンはハルジオンの後の初夏から秋にかけて咲く。（39字）

考え方

共通点は「共に」「同じような」「似た」などの語句に注目して探しましょう。5段落に共通点がまとめられています。
これに対し、相違点は7段落にまとめられています。

7 対比関係をとらえる② ★★

対比の仕方には、いろいろなパターンが考えられますが、よく用いられる対比の組み合わせがあります。それらを知っておくことで、筆者の論じ方を予想しながら追っていくことができます。筆者の意見を早く正確に読み取るためにも、対比のパターンをしっかり押さえておきましょう。

1 時代・文化による対比

この場合は「過去と現在」「現在と未来」や「外国と日本」「欧米と日本」などの形の対比が多く出てきます。多くの場合、私たちの生きる「現在」や「日本」に対する批判が述べられ、現状を変えてよりよい「未来」「日本」を目指そうとする意見が示されます。

例 時間による対比

過去	自然と調和し、回復可能な開発が行われていた。
↔	
現在	人間の都合により、回復不可能なほど自然破壊が進んでいる。

意見
現在は人間の生活のために自然破壊が進んでいる。
←
現在の生活を守りつつ、過去の開発の仕方を参考にすべきだ。

入試では 常識に疑問を投げかける

筆者が常識に疑問をいだいている場合、「常識」対「筆者の考え」という対比になることもあります。

このような文章では、「普通はこう考えるだろう」という思い込みで読んでしまわないよう注意をしなければいけません。「筆者が何を言おうとしているのか」を第一に考え、常識にとらわれずに文章を読み進めるようにしましょう。

2 立場・人物による対比

この場合は、「筆者」の意見と「他の立場」「人物」の意見を対比させる形が多く出てきます。他の立場や人物の意見を示して、それらと対比することで、筆者の意見の独自性や良い点を際立たせるというものです。

また、「筆者」以外の「立場・人物」同士の意見を対比させることもあります。対比されているどちらかの意見と筆者の意見が同じであることもあれば、筆者が新たな第三の案を示したりすることもあります。

例 立場による対比

Aの立場	○○池の埋め立てには反対だ。大切な自然が破壊されてしまう。
Bの立場	○○池は、雨が降ると洪水の危険があり、埋め立てすべきだ。

意見

Aの意見はわかるが、周囲の住民のために、何らかの対策は必要。

ただし、Bの意見そのままだと、貴重な自然が失われる。池は残しつつ、洪水対策をする道を探る。

3 対義語に注目する

「精神と肉体」「主観と客観」「現実と理想」のように、対義語に注目して読み進めることで、対比されているものがとらえやすくなります。対義語を目印として、筆者の論じていることを整理していくとよいでしょう。

入試では 誤りやすい選択肢問題

選択肢の問題で、筆者が否定している内容と肯定している内容が逆になっているものが出題されることがあります。このような選択肢は、なんとなく読んだだけでは「同じ言葉が使われているから正しい」と勘違いしてしまうことにつながりかねません。

書かれている言葉そのものに飛びつくのではなく、選択肢の内容と本文の内容を比較して正誤を決めるようにしましょう。

ズームアップ 対義語 p.112

言葉本来の意味だけでなく、筆者がそれをどのようにあつかっているかに注目するようにしましょう。また、「何のためにこの二つを対比しているのか」ということを考えながら読むことが大切です。

例 対義語と話題

対義語		話題
発展	衰退	文化・文明・国
自然	人工	環境・食・産業
自立	依存	成長・教育
主観	客観	成長・議論・意見

例題

◆次の文章を読んで、あとの問いに答えましょう。

挑戦にはリスクがつきものです。よく、成功するためには「リスクを取らなくてはいけない」と言いますが、今までとは一八〇度違うことをいきなり始めるのは、リスクを取るというより無謀だということになるのではないでしょうか。

リスクとは、自動車のアクセルのようなものです。運転のうまい人は、アクセルを強く踏んでも事故を起こしませんが、それは、どのくらいまでならスピードを出しても自分で対応できるかを知って、いいタイミングでブレーキを

参考 その他の対比

普通は常識として誰もが受け入れている説を筆者が否定して、自説を述べる場合があります。

例「何でも話せる間柄」が良い、とされることは多い。でも、本当にそうだろうか。いけないことをしてだまっているのは確かに悪いが、思いつくままに何でも話すことが必ずしも良いとは限らない。相手の気持ちを不用意に傷つけないよう、思っていることとは反対のことを言う方が良いことだってある。「これは相手に言うべきか、そうではないか」をきちんと考えてから話す方が、相手に対して誠実なのではないだろうか。

→多くの人が受け入れているであろう「何でも話せる間柄」を否定すること

踏むことができるからです。

どこまでアクセルを踏んで、どこでブレーキを踏むか。適切な判断ができるかが挑戦をスムーズに続けられるかどうかに関わってくるのでしょう。

これは、年齢によって変わってくるところがあって、私は今、四十代ですが、この年代になると、ブレーキのほうは頭で考えなくても勝手に踏んでいる場合が多い。今までの経験から、「ここはこれ以上、激しい手を指してはいけない」と考えて、意識しないうちに勝手にブレーキを利かせている。ですから今は逆に、いかにしてためらわずにアクセルを踏めるかが、自分の挑戦になっています。

その点、十代や二十代の若いときは、意識しなくてもどんどんアクセルを踏み込んで挑戦していける。そこに若さの特権というか、大きな可能性があると思います。

（羽生善治「僕達が何者でもなかった頃の話をしよう」）

問 ――線「リスクがつきもの」とありますが、これに対する考え方として、四十代と十代・二十代ではどのように違うのですか。次から選び、記号で答えましょう。

ア 四十代では、十代や二十代よりリスクを意識する機会が減る。
イ 四十代では、十代や二十代よりリスクを大切にあつかうようになる。
ウ 四十代では、十代や二十代よりリスクを避けようとしがちになる。
エ 四十代では、十代や二十代よりリスクを取ることをためらわなくなる。

で、「相手に言うべきかどうかを考える方が誠実な態度だ」という対立する筆者の意見を強調しています。

例題の答え ウ

考え方 最後の二つの段落で、「四十代」と「十代や二十代」という年代について、「リスク」の取り方という基準で対比が行われていることに注目します。
ア 意識する機会が減る
イ 大切にあつかう
エ ためらわなくなる
の部分がそれぞれ誤っています。

8 言い換えの関係をとらえる ★★★

1 くり返される同様の内容をとらえる

文中で何度もくり返される内容は、筆者の言いたいことと深くつながっています。ただし、まったく同じ言い方でくり返すのではなく、形を変えて言い換えをする場合がほとんどです。さまざまな方法でくり返される内容に注目しましょう。

2 説明・まとめの表現に注意する

文中で、筆者は自分の意見を読者に納得させるためにいろいろな説明を行います。それらをまとめ、「こういうことですよ」と念押しするときに出てくるのが、次のような「まとめの目印となる言葉」です。

・説明・まとめの目印となる言葉…**つまり・すなわち・要するに・このように・以上のように** など

文中にこれらの言葉が出てきたときは、それに続く部分に筆者が読者に納得してほしい内容がまとめられていることになります。

例 子どものころは、親や先生の指示に従って行動していれば、それほど大きな失敗につながることはありません。ところが、大人になると、いちいち指示を出してくれる人はいなくなるので、次にどうすべきか自分で考えなければなりません。つまり、自分で計画を立てて行動する必要があるのです。

入試では 比喩を使った言い換え

言い換え、くり返しに「比喩（たとえ）」が使われることがあります。このような比喩を使った言い換えを探す問題では、

①直喩（「〜ような」、「〜みたいな」が使われた比喩）

②隠喩（「〜ような」、「〜みたいな」が使われていない比喩）

の順に探しましょう。

3 具体と抽象

多くの場合、筆者は自分の体験やエピソードなどの具体的な話だけをしたいわけではありません。それらの話のどれにもあてはまる抽象的な法則のようなものとして自分の意見を展開したいと考えています。しかし、抽象的な主張は読者に通じにくいため、読者の理解を助ける目的で、個別でわかりやすい話(具体)を持ち出します。それには二つのパターンがあります。

①抽象内容を述べてから、具体例を挙げてわかりやすく説明する

抽象内容 → たとえば → 具体例① 具体例②

→読者にとって思い浮かべにくい抽象内容が先にくるため、とまどうこともありますが、その内容をわかりやすくするための具体例があとに出てくるので、あきらめずに読み進めることが大切です。

例 抽象内容→具体例

大きな失敗というものは、緊張しているときにはあまり起こりません。むしろ緊張が解け、気がゆるんだときに起こるものなのです。たとえば、交通事故の半分以上が自宅付近で起こっているというデータがあります。また、重要な書類を書いていて、もうすぐ終わるというところで書き間違いをしてしまうこともあります。

入試では 説明文でも状況を思い浮かべる

説明文では、物語と違って「状況を思い浮かべながら読む」ことを忘れがちです。ただし、説明文でも、「具体」の部分は頭の中で思い浮かべやすい内容が書かれています。積極的に状況を思い浮かべて内容をとらえるようにしましょう。

②具体例を先に挙げ、それらをまとめて抽象内容を示す

具体例①　具体例②　→つまり→　抽象内容

→先に具体例が出た場合は、具体例のあとにくる「まとめの目印」に注意し、「具体例の共通点がまとめられた場所」である抽象内容を探します。

例 具体例→抽象内容

まだ小学校に入る前の子に難しい言葉を使って説明すると、自分の言いたいことはなかなか理解してもらえないでしょう。あるいは、大人に対して赤ちゃんに話しかけるような言い方をすれば、ばかにしているのかと怒られてしまうかもしれません。つまり、言葉は伝えたい相手によって上手に使い分ける必要があるのです。

実際は、これら①②のパターンのうち、どちらか一方ばかりが使われたり、あるいは①と②が入り混じって使われたりして、文章が作られています。また、同じ段落の中に具体と抽象が両方あったり、具体と抽象のどちらかだけしか書いていない段落があったりもします。説明・まとめの目印となる言葉や、「たとえば」のような具体例を導く言葉に注目し、具体と抽象を区別するとよいでしょう。

ことば 抽象

「抽」は「引き出す」、「象」は「かたち」という意味をもっています。

個別でわかりやすい話(具体)から、共通した内容を引きだし、形にしたものが「抽象」です。

4 具体例から抽象内容を探る

文章から「抽象と具体」の関係を探すとき、見つけやすいのは「具体」のほうです。具体とは「個別ではっきりした話」です。よりわかりやすく言えば、「頭の中で映像として思い浮かべやすい話」です。これに対して抽象は、「具体」の内容から共通点を抜き出してまとめたものです。したがって、具体例を見つけたうえで、「この具体例はどのような抽象内容を説明するために使われている例なのか」を意識して探すと、筆者の議論の流れがうまくつかめるようになります。

また、具体例は抽象内容を補強し、内容を読者に納得させるために使われます。「この例を挙げることによって、どんな内容が補強されるか」にも注意して抽象内容を探しましょう。

例 具体例が抽象内容を補強

太陽系の惑星を見てみましょう。水星や金星は太陽に近く、表面温度が三百度を超えます。火星にはほとんど大気がありません。木星や土星はほとんどがガスでできていて、地面がありません。やはり、人類の生活する場所として、地球が最適であるといえるでしょう。

これらの具体例は「人類が生活する場所として、地球が最適である」という内容を補強するために挙げられています。

参考 たとえ上手は話し上手

自分の言いたいことを的確に相手に伝えるには、さまざまな「たとえ」のアイデアをもっておく必要があります。

スポーツが得意な相手ならスポーツ、ゲームが得意な相手ならゲームというように、伝える相手によって「どのようなものでたとえるか」「どのような具体例で説明するか」を工夫すると、自分の意見が伝わりやすくなります。

具体例のほうが探しやすいですが、筆者の言いたいことは抽象内容のほうです。具体例ばかりを意識してしまわないようにしましょう。また、具体と抽象を区別できたら、その部分に傍線を引いたり印をつけたりして、見た目にもわかりやすくしておくと、問題を読解しやすくなります。

例題

❶ 次の各文に続く内容を考えて書きましょう。

(1) 私が好きな食べ物は、ぶどうやももやバナナです。つまり、

(2) 彼は母の弟の息子だ。つまり、

(3) 料理に必要な道具をそろえたい。たとえば、

(4) 生活を豊かにしてくれる便利な道具が家電だ。たとえば、

(5) 日本製の品物は、魅力的なデザインで豊富な機能を備えています。つまり、

(6) どんな世界でも、負けたことのない人はいません。有名なスポーツ選手でも、勝った回数より負けた回数の方が多いのが普通です。このように、

(7) 友人を増やしたいのであれば、積極的に人と交流することが大切です。たとえば、

❷ 次の文章を読んで、あとの問いに答えましょう。

1 現在の私たちが趣味として行っていることの中には、昔の人たちが生活のための生業として行っていたことが少なくありません。釣りやキャンプ、カヌー

例題の答え

❶ (1) 例 果物が好きです。

(2) 例 私のいとこだ。

(3) 例 包丁やフライパンやまな板などだ。

(4) 例 冷蔵庫や洗濯機や掃除機などだ。

(5) 例 品質がよいのです。

(6) 例 失敗を重ねるほど成功に近づきます。

(7) 例 初対面の人にも自分からどんどん話しかけるとよいでしょう。

考え方

「つまり」「このように」などのまとめの目印となる言葉や、「たとえば」などの具体例を導く言葉に注目して、続く内容を考えましょう。

などのアウトドア・レジャー、キノコ狩り、木の実拾い、日曜大工、陶芸や板金なども生活するために必須の作業。その中から環境を整えたり道具を作る技術が生み出されました。縫い物や編み物やパッチワークは、寒さや危険から身を守る衣服を作るのに必要でした。

2「アウトドア・レジャー」という言葉があるのは、世界中でも限られた国だけだそうです。アウトドアを「レジャー」として位置づけることができるのは、あまりにも便利さが進んでしまっていることを表しています。そして同時に、生活に手間をかけたり自分で工夫したりするのは楽しいことなのだと教えてくれているようにも思います。

問 1段落の具体例は、どのようなことを述べるための例になっていますか。次から選び、記号で答えましょう。

ア 現在の私たちはたくさんの趣味をもっているので、毎日の生活がとても充実しているということ。

イ 便利さが進みすぎると、生活に手間をかけたり自分で工夫したりすることが趣味として行われるようになるということ。

ウ 今の世の中は、昔の人たちが生活のために行っていたことをまったくしなくてよいほどに便利になったということ。

エ 「アウトドア・レジャー」という言葉があるのは進んだ国である証拠であり、ほこらしいことなのだということ。

例題の答え

❷ イ

考え方

1段落の具体例は、2段落の抽象内容を説明するために持ち出されたものです。2段落の内容と具体例を照らし合わせて考えましょう。

ア 生活がとても充実している **ウ** まったくしなくてよい **エ** ほこらしいことなのだ の部分がそれぞれ誤っています。

9 理由と結論の関係をとらえる ★★★

1 意見と理由は一体のもの

自分の意見を何らかの形で表すときには、「なぜそう考えるのか」という理由をつけ加える必要があります。理由や根拠を示さず、ただ「こう考える」「こう感じる」だけでは、読者に「なるほど」と思わせることはできません。

2 理由を表す表現

①前に理由がくる場合の目印となる言葉…だから・そして・それで・したがって・それゆえ　など

例 理由 私は二年後の入学試験でよい成績を取り、上位で合格を勝ち取りたい。
結論 だから、今は自分のしたいことをできるだけ我慢して、勉強に集中しようと思っているのだ。

↓「今はしたいことを我慢して勉強に集中しようと思う」結論の理由として、前の文に「二年後の入学試験でよい成績を取り、上位で合格したい」という内容が語られています。理由→結論、の順序に注意しましょう。

②あとに理由がくる場合の目印となる言葉…なぜなら(～からだ)・それは(～からだ)　など

例 結論 私は会議の途中で席を立って帰った。

入試では 筆者の意見に関する理由の見つけ方

筆者はできるだけわかりやすい説明をしようとしているはずなので、わざと理由を離れた位置に置くことはありません。理由を問う設問では、むやみに傍線部から離れず、まずは傍線部の前後で理由に関係する表現を探すようにしましょう。

ズームアップ 「理由」の接続語 p.253

理由 なぜなら、参加者がみな自分の意見を言うだけで、他人の意見を聞こうともしなかったからだ。

↓①と反対で、先に結論を言ってから、後で理由をつけ足す形です。後の文に「〜からだ」という形が出てくるのが特徴（とくちょう）です。

③その他の「理由を示す表現」

文末の「〜のです。」という表現には、「〜からです。」という形と同じように理由を示す働きがあります。すべての「〜のです」が理由を表すわけではありませんが、このような場合があることを覚えておきましょう。

例 私は急いで家に帰りました。弟のことが気になったのです。

＝

私は急いで家に帰りました。なぜなら、弟のことが気になったからです。

また、物事の起きた「きっかけ・背景（はいけい）・根底」などを述べ（の）ることで、理由を示す場合もあります。

例 理由 一九七〇年代に、石油を海外に輸出（ゆしゅつ）している中東で戦争が起こりました。

結論 この戦争をきっかけとして、石油のほとんどを輸入に頼（たよ）っている日本では、石油危機（きき）とよばれる混乱した状況（じょうきょう）が発生してしまいました。

↓「日本で石油危機とよばれる混乱した状況が発生した」という結論をまねくきっかけ（＝理由）として、一九七〇年代に中東で起こった戦争のことが述べられています。

入試では 意見と理由は一緒（いっしょ）に述べる

課題作文などで自分の意見を述べるときには、説得力を増（ま）すために必ず理由をつけ加えるようにしましょう。

「私は〇〇と考える。なぜなら〜だからだ」

「△△だ。だから私は……と考える」

という形を使うことが大切です。

例題

◆次の文章を読んで、あとの問いに答えましょう。

一九七〇年代半ば、磯村尚徳氏が「ニュースセンター9時」にキャスターとして登場、記者が初めてキャスターになったと話題になった頃でした。その頃NHKでは、アナウンサーが原稿を読むだけでなく、現場に行った記者もしゃべればいいじゃないかということになってきていたのです。私も、しばしば、事件現場から中継を担当するようになりました。

現場リポートは、内容にもよりますが、四〇秒から一分ないし一分半程度です。記者は、現場でリポート原稿を書き、それを自分で読みます。

この現場リポートには、意外な落とし穴があります。

たとえば列車事故が起きたとします。

東京のスタジオでアナウンサーが「きょう午前、〇〇線のどこそこで脱線転覆事故があり、五人が大けがをしました。では、現場の〇〇記者に伝えてもらいましょう」と現場に呼びかけます。

すると、現場にいる記者が、「はい、きょう午前何時何分ごろ、〇〇県××市の〇〇線で……」と話し出す。よくあることですね。

でもこれは、あきらかによくないリポート例です。視聴者は、事故現場がどうなっているのか、現場中継ですぐに見たいのです。それなのに、「きょう午前……」と始まりますと、視聴者は、「そんなことより、いまどうなっているんだ」とテレビの前で突っ込みを入れたくなります。

参考 探しやすいものから探す

本文から理由を探す時には、まずは見つけやすい「から」「ため」「ので」などの表現から探しましょう。それらが見つからない時に、他の「理由を表す表現」を探すようにすると、効率よく探すことができます。

どうしてこのような失敗をしてしまうのでしょうか？
それは起承転結を考えてしまうからです。
視聴者はすでに脱線転覆事故があったことを知っています。
知りたいのは、リポーターがどこにいるのか、現場はどうなっているのか、ということです。だから、「こういうところです」という説明から始めなければなりません。

（池上彰「わかりやすく〈伝える〉技術」）

問 ――線「あきらかによくないリポート例」とありますが、筆者はなぜこのリポートをよくないと考えているのですか。次から選び、記号で答えましょう。

ア 起承転結がまとまっておらず、リポートを見た視聴者にどんな情報を伝えたいのかがきちんと整理されていないから。

イ 視聴者の中には脱線転覆事故があったのをすでに知っている人も知らない人もいるのに、情報を省略しているから。

ウ 視聴者は事故現場の様子を中継ですぐに見たいのに、事故そのものの発生時刻の情報から始めてしまっているから。

エ 視聴者は事故が起こった日時や現場の状況などどうでもいいと思っているのに、くどくどと説明しているから。

例題の答え ウ

考え方 ――線を含む段落以降をよく読んで、理由を表す表現を探しましょう。この文章では次の段落で「どうして…でしょうか？」という問いかけがあり、そのあとにリポート失敗の理由が述べられています。

ア 起承転結がまとまっておらず
イ 情報を省略している
エ 日時や現場の状況などどうでもいい

の部分がそれぞれ誤っています。

10 筆者の主張をとらえる ★★

文中に出てくる筆者の主張を見逃さないために、筆者の主張がどのような形で表されやすいかを知っておく必要があります。

1 文末の表現に注目する

「説明文・論説文」においては、筆者が自分の考えをどのような調子で語っているかに注目しましょう。筆者の主張の重要度を読み取ることができます。例えば、より強い調子で述べられている場合は、確定的で重要な主張と理解することができます。

① 「～だと思う(考える)・～だろう」

比較的おだやかに筆者の主張を述べる場合に用いられます。

例 誰でも心の底では、自分が一番かわいいと思っているはずだ。そこをあえて我慢して人のために自分から行動を起こせる人が、大人なのだと思う。

② 「～べきだ・～はずだ・～に違いない」

筆者が自分の意見を強く主張する場合に用いられます。このような強い表現を使う場合には、その理由や根拠となる内容があわせて語られます。理由を表す表現に注目しながら筆者の主張をおさえましょう。

例 本当に自分の夢として語れるようになるまでには時間もかかるし、その間につらいこともたくさん経験するはずだ。それでも「やりたい」と思うことが見つかれば、それが自分にとっての本当の「夢」といえるものに違いない。

入試では 選択肢中の表現に注目

問題の選択肢中に、上記②のような強い主張につながる表現が含まれている場合があります。この場合、間違いであることも多いので、本文の内容と合っているかどうかをきちんと確かめて正誤を考える必要があります。

③「(〜して)はどうだろうか」

筆者の主張は「提案」の形を取ることもあります。内容をより際立たせるために、現在の状態のマイナス点を強調して述べることが多いです。

例 環境問題を解決するためには、これまでどおりの生活を送っていくわけにはいかない。とはいえ一人で大きな成果を出すのは難しいのだから、一人一人が自分にできる環境問題対策を考え、実行してはどうだろうか。

例題

◆次の文章を読んで、あとの問いに答えましょう。

「男らしい」とは、力が強いとか勇敢であるとか大胆であるといった性質から成っていると思われる。つまり、「男らしい」とは男のプロトタイプを構成する諸性質の中からポジティブな価値を認められる性質を拾い出してきたものなのである。（現代において認められているというよりは、「男らしい」という概念が作られてきた当時の社会においてポジティブな価値を認められていたと言うべきかもしれない。）

すると、「男らしい」とは男のプロトタイプ——典型（ふつうのあり方）——に対して、むしろ「範型」（あらまほしきあり方）と言うべきであり、強く言えば「理想型」に関わるものと言うべきだろう。（野矢茂樹「語りえぬものを語る」）

問 文末の表現をヒントに、筆者の強い主張が現れている文を探し、はじめとおわりの四字ずつを書きましょう。

参考 提案を際立たせるテクニック

一般的に、提案を魅力的に見せるには、
・問題点を指摘する
・提案で問題点が解決する
の二点が必要です。

筆者の主張をとらえるには、まず、筆者がどのようなことを「問題点」だと感じているかを意識して本文を読むことが大切です。

例題の答え すると、〜だろう。

考え方 「すると」という接続語と「〜べき」という言い方に注目しましょう。

2 問題提起の答えを探す

筆者が問題提起(問いかけ)をしている内容は、筆者自身が読者に興味をもってほしいと思っている内容だといえます。筆者はその問いかけの答えを知っており、なおかつ読者に伝えたいのです。ですから、問題提起(問いかけ)の形を見つけたときは、「この問題提起の答えはどこにあるか」を意識して読み進めることが大切です。

例 カレーはなぜ辛いか知っていますか。カレーに入れるスパイスには、いろいろな種類のものがあります。その中には、色のもとになるもの、香りのもとになるものの他に、辛さのもとになっている成分が入っています。この成分が原因で、カレーの辛味が出ているのです。

例題

◆次の文章を読んで、あとの問いに答えましょう。

人間にとって言葉は毒にも薬にもなるものです。今、子どものいじめが深刻な社会問題になっていますが、その原因には言葉の力によるものが少なくありません。負の威力が発揮されるのです。小中学生は友人や親の言葉に敏感に反応する年ごろです。「お前は臭いな」とからかわれただけで、事実かどうかもわからないのに、自分を臭いと思いこみ、孤立してしまう。さらに言葉がエスカレートすれば、自殺にまで追いつめられてしまうことさえあります。

人を殺してしまうような言葉もあれば、人を救う言葉もあります。死刑囚・

ことば 社会問題

論説文で取り上げられる社会問題には様々な種類のものがあります。労働の問題、人種の問題、環境の問題、人口の問題など、人間が社会生活を送るうえで発生するあらゆる問題が文章の題材となります。

島秋人は私と同郷の人ですが、彼が歌人の才能を開花させたのは中学時代に、たったひと言の美術の教師からひと言、絵をほめられたことがきっかけでした。たったひと言のほめ言葉が忘れられず、彼は獄中から恩師に手紙を出します。その後、ほどなく刑務所に届いた返事には、恩師の妻が詠んだ短歌が同封されていました。彼は恩師のはげましと三首の短歌が歌人・島秋人の誕生につながったのです。彼は短歌と出合えたおかげで刑を執行されるまでおだやかに生きられたと感謝の言葉をつづっています。このエピソードは極端な例かもしれませんが、心から人をほめる、はげます言葉はその人の人生をも変え得るような力を宿しているのです。

言葉を発することは大きな力をあたえますが、逆に人の言葉、話に耳をかたむける行為も大きな力になります。なやみ、苦しんでいる人の話をとことん聞いてやるだけで、どれだけ相手の心がいやされるかしれません。言葉は、発すること、あるいは受けとめることで多様な力を発揮します。ただ、私たちが忘れてはならないのは、言葉の持つ力を良い方向にも、悪い方向にも発揮させるのは人間の心だということです。

（北原保雄「日本語の常識アラカルト」）

問 ——線「人間にとって言葉は毒にも薬にもなるものです」とありますが、筆者のこの主張をくわしく言い換えた内容を文中から四十字以内で探し、それぞれはじめとおわりの五字を抜き出しましょう。

例題の答え 言葉の持つ〜ということ

考え方 第三段落の最後の文には「私たちが忘れてはならないのは」とあります。この表現は、それに続く部分が筆者の主張であることを示しています。

11 要旨をとらえる ★★★

1 要旨とは何か

要旨とは、「文章の大事なところをまとめたもの」です。筆者の主張を補強するために使われる具体例などは思いきって省き、「どのような話題について」「どのような主張をしているか」だけを取り出してまとめます。

話題（何についての話か）＋主張（どのような意見か）→要旨（文章の大事な部分）

2 キーワード・キーセンテンスの活用

キーワードは文中でくり返し使われる言葉であることが多く、そのためその文章の「話題」とも強く関係しています。一方、**キーセンテンス**は文章の各段落の中心的な内容を表しているので、筆者の「主張」と強く結びついています。キーワードやキーセンテンスを確定できれば、要旨をまとめる助けとなります。

3 要旨のまとめ方

「話題」と「主張」を使って、本文全体で述べられた内容の大事な部分をまとめる場合には、必ず1の「型」を意識して書きましょう。

参考 キーセンテンスの見つけ方

キーセンテンスを見つけるには、「なくても意味が変わらない文を削っていく」方法が有効です。逆にいえば、「その文がなくなると段落で伝えたいことがなくなる」文を探せばよいということになります。

ズームアップ

キーワード ➡p.257

キーセンテンス ➡p.261

次の例文を用いて、実際に要旨をまとめてみましょう。

例 ふつう、文化が発展していくことは良いことだと考えられています。しかし、これまで人間がそれを追い求めてきた結果、自然環境が破壊されてしまうという事態が起こってしまいました。
とはいえ、今さら文化が発展していなかったころに逆もどりすることはできません。今の私たちにできるのは、自然環境に悪影響を与えないように注意しながら文化を発展させていこうとすることなのではないでしょうか。必要なものは何かを考え、無駄なものを作らないという選択をすることで、文化の発展と自然環境保護のバランスはうまく保てるはずなのです。

①キーワード・キーセンテンスを見つける
まず、文章中からキーワードやキーセンテンスを探して、線を引いておきましょう。

②「話題」と「主張」を整理する
線を引いた箇所をもとに、「話題」と「主張」それぞれに整理しましょう。

話題 …文化の発展と自然環境保護のバランス
主張 …必要なものを見極める／無駄なものを生産しない

入試では 要旨問題に対する準備

実際の入試で要旨をまとめる問題が出題されることはそれほど多くありませんが、いつ出題されてもいいように心構えをしておきましょう。
要旨をまとめる問いを見てから文章を読み直している時間はありません。第一章でも触れたように、はじめに読むときからキーワードやキーセンテンスと思われる箇所に鉛筆で印をつけながら読むようにしましょう。

③「話題」についての筆者の意見や考えが、はっきりと示されるようにまとめる

> 文化を発展させることと自然環境を守ることのバランスをとるために、人間にとって必要なものを見極め、無駄なものを生産しないようにすることが大切だ。
>
> 話題
> 主張

例題

◆次の文章を読んで、あとの問いに答えましょう。

一般に外国の言葉を使うのが下手なのは、日本人と韓国人だと言われています。でも日本人と比べれば、韓国人の方がよほど上手でしょう。そう言われる理由の一つに、日本語には「子音の種類が少ない」という特徴が挙げられるそうです。つまり、子音に対する聴覚が発達していない。だからその土地に送られて二カ月～三カ月、あるいは半年くらい経ないと、そこで使われている言葉を聞き取るだけの聴覚が身に付かないんだそうです。まあ、たしかにそういう面はあるでしょう。でも、問題はもっと根本的な部分に存在しているような気がします。そもそも日本人には、意味を一つだけに限定して、単純明快に論旨を組み立てるという習慣が薄かったともいえる。そういう技術は異国の人たちと交わるうちに学んで教えられたことで、時代が進むにつれてずいぶん慣れたものの、本来はやっぱり、苦手なのかもしれない。

参考 外国人から見た「日本語」

外国では、自分の意見を堂々と述べることが大切だと考えられるため、上の文章で「ある事柄を、ある広がりのままに表現して伝える」と説明される日本語は、物事をずばりと指摘しておらずあいまいだと批判されることがあります。

それに対して、上の文章の筆者がどのような立場から自分の意見を述べているかに注意して読みましょう。

ある事柄を、ある広がりのままに表現して伝える。聞く方も、ある広がりのままに聞いて答える。あるいは、その広がりを自分の中に留める。そういうやりとりのほうが、長い歴史の中で培ってきた日本人のもともとの性分なのかな、という気がします。

しかしながら時代が移り変わり、ますます国際化が進むにつれて、言葉のあり方も変わってきている。もともとの性分と、後から流入した使い方との間で、現代の僕らの言葉は分裂しているんですよね。これからは、少し悲しいことではあるけれど、伝統をそのまま続けるのではなくて、今の時代に適ったかたちで言葉を使っていくことになると思います。とはいえ、むやみに変えればいいわけでもない。よその国はどうなっているのか、世界ではどういう形が求められるのか考えながら、日本語の意義を再認識することが必要になってくる。

（古井由吉「言葉について」）

(1) この文章の「話題」「主張」をまとめた次の文の［　］にあてはまる言葉を、指定された字数で文中から抜き出しましょう。

「話題」…日本人にとっての［六字］について

「主張」…よその国と比べ、世界で求められる形を考えながら、今の時代に適ったかたちで［六字］を再認識する必要がある。

(2) この文章の要旨を「『話題』について、『主張』と述べている」という形を使って、八十字以内でまとめましょう。

例題の答え

(1) 「話題」言葉のあり方
「主張」日本語の意義

(2) 例 日本人にとっての言葉のあり方について、よその国と比べ、世界で求められる形を考えながら、今の時代に適ったかたちで日本語の意義を再認識する必要があると述べている。(78字)

考え方

「話題」と「主張」をていねいにつかみ、それらを「要旨をまとめる『型』」にはめこんでいきましょう。

12 表やグラフと関連づけて読む ★

1 何のための資料か

文章に表やグラフなどの資料がつけ加えられることがあります。その目的は、筆者の主張の根拠を示し、読者に『なるほど』と思わせるためです。特に実験結果や調査内容について筆者の主張を述べる文章では、文字だけで多くの情報を伝えようとすると読みにくい文章になってしまいます。このような場合、視覚的に変化や違いをとらえやすい表やグラフを用いることで、読者が理解しやすくなります。

例 平成28年度の「国語に関する世論調査」によると、本音を伝えやすい手段・方法としてスマートフォンなどを利用したやり取りを挙げる人が少なくないことがわかります。直接会って会話することが一番支持を得てはいますが、スマートフォンを含む携帯電話を利用した通話が本音を伝えやすいとした回答は固定電話の利用を上回り、二番目に多い支持を得ています。しかし、文面で伝える場合には、携帯電話やパソコン等の電子メールよりも、手紙や葉書のほうが選ばれています。

最も親しい人に本音を伝えやすい手段・方法

手段・方法	%
直接会っての会話	90.1%
携帯電話(スマートフォン含む)等での会話	30.0
固定電話での通話	19.0
手紙や葉書	18.1
携帯電話(スマートフォン含む)やパソコンなどでのメール	17.3
テレビ電話等相手の顔を見ながらの通話	4.3
SNSやブログでのメッセージ	3.9
手段・方法によって変わることはない	0.7

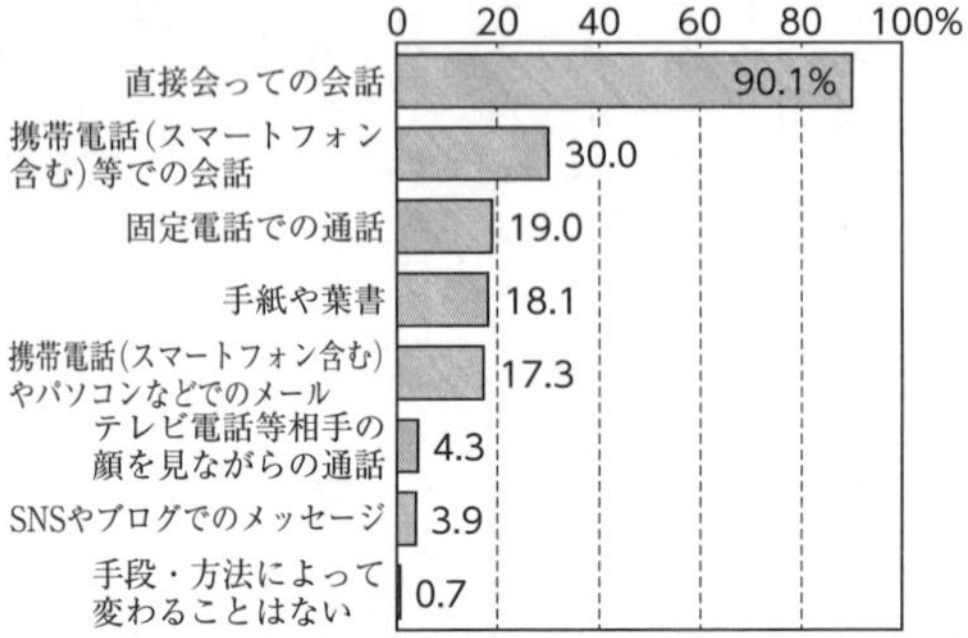

(平成28年度「国語に関する世論調査」(文化庁)による)

参考 グラフの種類と特徴

資料で用いられるグラフにはさまざまなものがあります。それぞれの特徴を知り、読み取るうえでのポイントをおさえておきましょう。

①**棒グラフ**…量の大小をわかりやすく表すことができます。対象となっているもの同士の量の違いに注目します。

②**折れ線グラフ**…量の変化をわかりやすく表すことができます。時間が横軸にとられている場合、増減が発生している時期などに注目します。

③**円グラフ**…全体の比較・構成をわかりやすく表すことができます。例えば全体を100%としたとき、何がどのくらいの割合を占めているかなどに注目します。

2 文章内容との関係性

表やグラフが文章中に示される場合、ただそれらの表やグラフを見るのではなく、「筆者はどのようなことの理解を助けるために表やグラフを示しているのか」を意識して読むことが大切です。「文章とどのように関係しているのか」を考えながら見るようにしましょう。

1の例文では、文章とグラフを組み合わせることによって、「本音を伝えるためにスマートフォンを含む携帯電話を利用する人が少なくなく、さらにメールやSNS*という手段も出てきている」ということを読者にわかりやすく伝えています。

*SNS＝ソーシャル・ネットワーキング・サービスのことで、インターネットを介して社会的なつながりを提供するサービスを意味する。

3 資料を読むときの注意点

表やグラフを読むときには、一目盛りの表す量や数値がどのような大きさなのか、また、その単位が何を示しているかに注意しましょう。

また、表やグラフに表されているものがいつの時期のデータなのかということも重要になります。アンケートなどを表やグラフにしている場合は、どのような人たちを対象にしたアンケートであるかということも確認しておきましょう。

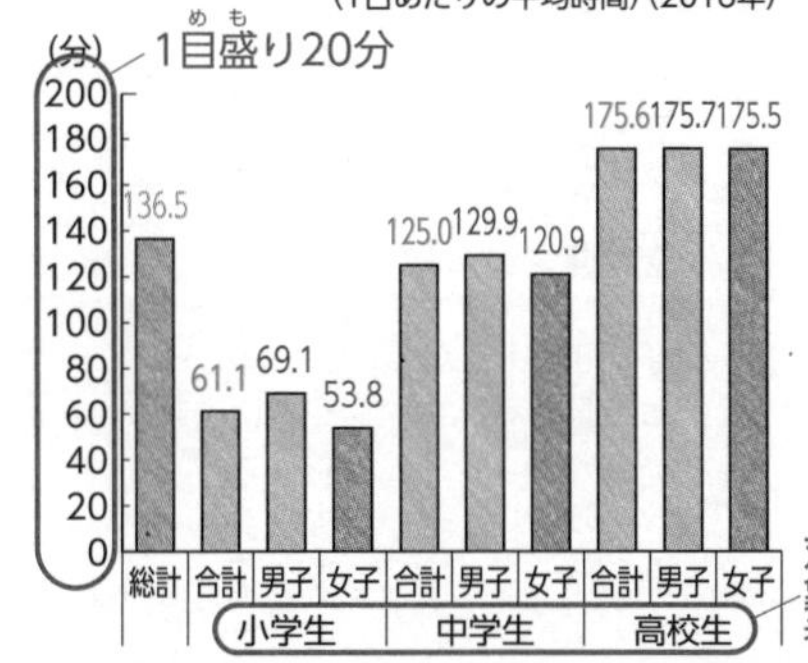

例題

◆次の文章を読んで、あとの問いに答えましょう。

シジュウカラは、春になるとツピーツピーときれいな声で鳴く、黒いネクタイをした美しい鳥です。日本の都会にもまだまだたくさんいますが、イギリスのオックスフォードの近郊にあるワイタムの森というところでは、このシジュウカラの研究が、もう五〇年以上も続けられています。

鳥が一回にあたためる卵の数を一腹卵数と言います。一回には、何個の卵をあたためるのがよいのか、最適な一腹卵数はいったいいくつなのでしょうか？　このワイタムの森に住むシジュウカラたちの平均一腹卵数は、図１のように、□です。これは、最適なのでしょうか、それとも、本当はもっとあたためることもできるのでしょうか？

研究者が人工的に巣の中に卵を足してみたところ、親は、それをちゃんと抱いてかえすことができたので、親の抱卵能力は、九個以上は十分にあるようです。では、なぜ、□でとどめているのでしょうか？　それは、ヒナがかえったあとの、給餌と関係があります。

ヒナがかえると、親鳥は、朝から晩までピーピー鳴くヒナたちに餌の虫を持ってこなければなりません。給餌のピーク時には、なんと、一日に一〇〇〇匹以上もの虫を持ってくるのです！　一腹卵数が多いと、かえったときのヒナの数も多くなります。そうすると、親は大量の虫を持ってこなければならなくなりますが、親の給餌能力には限界があるので、ヒナ数が多くなるほど、各ヒ

入試では

例題のように、グラフから読み取れることを空欄補充の形で問う場合もあります。グラフを読み取るだけではなく、文章の空欄前後とのつながりも合わせて考えましょう。

図1 オックスフォードのワイタムの森に住むシジュウカラの一腹卵数の頻度分布

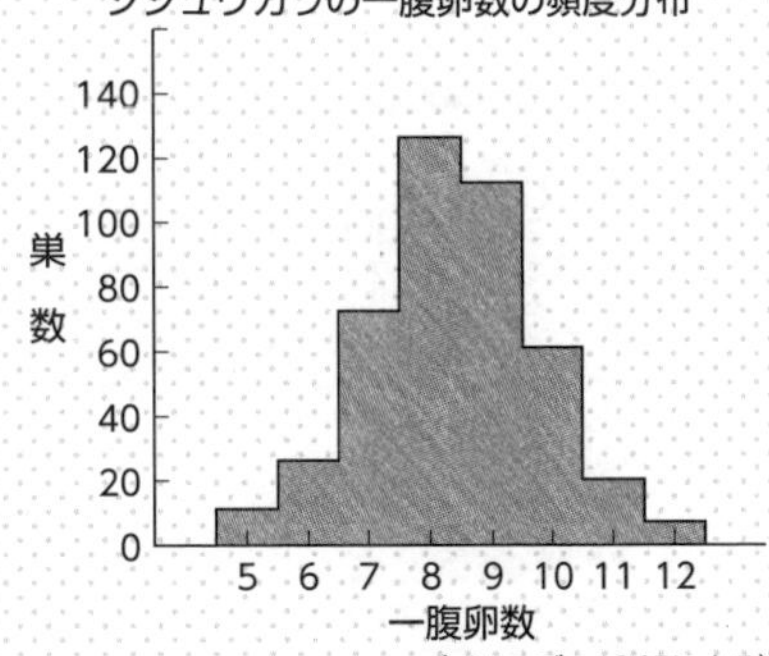

（ベリンズ，1965による）

ナの平均体重が落ちていきます。そして、巣立ちのときの体重がどれほどであるかは、巣立ち後三か月たったときに測った生存率に大きな影響を与えていました。たとえば、巣立ちのときの体重が一五グラムほどであれば、三か月後の生存率はおよそ一〇パーセントですが、体重が二〇グラム以上あれば、生存率は四〇パーセントにまで上昇するのです。

（長谷川眞理子「進化とはなんだろうか」）

問 グラフから読み取れることを考え、本文中の二つの□にあてはまる内容として最も適切なものを次から選び、記号で答えましょう。

ア 五個から六個
イ 六個から七個
ウ 八個から九個
エ 十一個から十二個

例題の答え

ウ

考え方

図1のグラフを見て、実際にシジュウカラたちの一腹卵数は平均してどのくらいになっているかを考えましょう。

練習問題

解答553～554ページ

1 次の文章を読んで、あとの問いに答えましょう。

1 日本人は好奇心旺盛です。安土桃山時代には「ヨーロッパ風の陣羽織をはおってみたい」と水玉もようの陣羽織を作る武将が出現したり、羽織の襟にフリルが付いたりと、なかなか奇抜な格好をしていたようです。徳川家に伝わるフリルも、面白いかたちをしています。鎧の下には立て襟を着ていました。ちょうどこの頃ヨーロッパでズボンが広まり、日本にも入ってきましたから、江戸の男性はずいぶんいろいろな種類のズボンをはいていた記録もあります。おしなべて、A から西洋のおしゃれが取り入れられていったことがわかります。

2 外国製品をそのまま真似しただけではありません。鍋島藩では、日本人好みの形や色で、職人が磁器を作っていました。B、ヨーロッパからアジア全域に時計が流れこみましたが、アジアで唯一日本だけが、日本流に時計を作り変えてしまったのです。

3 江戸時代は太陽が昇るときを「明け六つ」、太陽が沈むときを「暮れ六つ」といい、その間を六つに区切り、そのひとつの区切りを一刻と数えました。ところが、夏は昼間が長く、冬は昼間が短くなりますよね。C 季節によって一刻の長さがまちまちでした。ふつうだったら「時計というものは使いものにならない」となりますが「伸び縮みする毎日の生活に時計を合わせればいいんだ！」とひらめくのが日本人。①季節ごとにおもりを調節し、時計を使いこなしていました。（中略）

ヒント

(1) 「おしなべて」は「大体どれも」という意味の言葉です。1段落の内容から、日本人が西洋のおしゃれをどのような形で取り入れたかを探しましょう。

(2) B の直前は「鍋島藩では日本人の好みに合わせて磁器を作っていた」という内容、直後は「ヨーロッパから時計が流れこんだアジア全域で日本だけが時計を日本流に作り変えた」という内容が書かれています。どちらも「外国から入ってきたものに対する日本人の対応」になっています。C は直前に「夏は昼間が長く、冬は昼間が短くなる」という内容、直後に「季節によって一刻の長さがまちまちである」という内容が書かれています。同じ内容を異なる言

4 日本の技術力は、「どうすれば教わったものを自分の中で消化し、生まれ変わらせることができるか?」ということに集中してきました。技術や考え方をすべて人に頼るのでなく、自分のものにしていく。これこそが本当の個性だと思います。国や産業のあり方も同じです。②そうやって独自の文化を生み出してこそ、次の時代の多様性につながります。たったひとつの価値観しかない社会では、その価値観が崩れた瞬間にぜんぶが倒れてしまいますから、生物多様性と同じように、文化や技術の多様性が必要です。

（田中優子「グローバリゼーションの中の江戸時代」）

(1) [A]に入る言葉として最も適切なものを次から選び、記号で答えましょう。

ア 武士の服装　イ 一般の人々

ウ 男性の着物　エ 奇抜な格好

(2) [B]・[C]に入る言葉として最も適切なものを次から一つずつ選び、記号で答えましょう。

ア だから　イ つまり　ウ ところで　エ また

(3) ――線①「季節ごとにおもりを調節し、時計を使いこなしていました」とありますが、筆者はこの例によってどのようなことを言いたいのですか。説明した次の文の[　]に入る言葉を本文中から二十四字で探し、抜き出しましょう。

日本人は、[　]ことが得意であるということ。

(4) ――線②「そうやって」とありますが、どういうことを指していますか。四十字以内で説明しましょう。

〔関西学院中―改〕

い方で説明し直しています。

(3) ヨーロッパから入ってきた時計は、そのままでは日本の実際の生活に合わない部分が多く、「時計というものは使いものにならない」と言われてしまう可能性がありました。これをうまく調整し、実際の生活に合わせて使う日本人の特徴は、4段落にまとめられています。

(4) 直後に「独自の文化を生み出して」とあることから、「そうやって」の指示内容は「独自の文化を生み出す」ことにつながる内容であることがわかります。直前の部分から、解答に必要な内容を見つけて使いましょう。

2 次の文章を読んで、あとの問いに答えましょう。

日常の生活で、私たちはいろいろなことを頭で考えたり、心で感じたりします。そして、それを外へ表したいとか、他の人に伝えたい、と思うときには、ことばを使います。これはもちろん、ことばの大切な働きです。でも、ことばはいつも①すでにできあがったことを表したり、伝えたりしているだけではありません。逆に、ことばがあることを先につくりだして、それを私たちがはじめて考えたり、感じたりするということも起こります。私たちの日常生活では、ケシゴムはごくありふれた文房具にすぎませんでした。でも、「ケシゴムノ悲シミ」という表現との出会いのもとでは、私たちはケシゴムのようなものとも気持ちが通じると感じます。私たちはケシゴムが私たちの文房具でなく、仲間になってくれるような新しい世界へ導き入れられたのです。ことばは私たちの日常の世界のことがらを表したり、伝えたりするだけでなく、②自分で新しい世界を生み出していく力を持っています。

「歌ウ」ということばを考えてみましょう。だれでもよく知っていることばです。そして③「太郎クンガ歌ッタ」というように、私たちはこのことばを日常ごくふつうに使っています。人間についてばかりでなく「小鳥ガ歌ウ」ともいいます。そして、なんとなくかわいい表現だと感じるでしょう。④「小川ガ歌ウ」などともいいます。ここまでくると、もう私たちは日常の世界を離れて、ケシゴムが私たちと仲間になるのと同じ世界にきています。

「森ガ歌ウ」――吹きぬける風を葉や枝で受けとめて、楽器を鳴らしているように思える森を想像してみればよいでしょう。小鳥も小川も森も、そしてもちろ

ヒント

(1) ――線①を一文全体でとらえると「でも、ことばはいつもすでにできあがったことを表したり、伝えたりしているだけではありません」となります。ということは、――線①は「ケシゴムについて説明するふつうの表現（できあがったことを表すことば）」であるということがいえます。

(2) 一つ前の文に「ケシゴムが私たちの文房具でなく、仲間になってくれるような新しい世界」と書かれています。ここでの「仲間になる」という表現は、「これまで気持ちが通じる相手と考えていなかったケシゴムと気持ちが通じる」ということを表しています。

ん人間も歌うのですから、大地だって歌います。「大地ガ歌ウ」―大地では、一大合唱が行われているわけです。

石だって歌うことができます。［A］を見て、「石ガ歌ウ」と言ってもよいでしょう。

煙だって、光だって、歌うはずです。どのような新しい世界がみなさんには見えてくるでしょうか。

（池上嘉彦「ふしぎなことば　ことばのふしぎ」）

(1) ――線①「すでにできあがったことを表したり、伝えたりしている」は言葉の働きですが、「ケシゴム」についてこの内容と同じことを言っている言葉を本文中から十字で抜き出しましょう。

(2) ――線②「自分で新しい世界を生み出していく力」とありますが、「新しい世界」の説明として最も適切なものを次から選び、記号で答えましょう。

ア 言葉が先につくりだしたことをもとに、私たちが考えたり感じたりする世界

イ 私たちが経験したことが他の人に伝わるように、簡単な言葉で説明した世界

ウ 言葉によって、人間とそれ以外の物の違いがはっきり区別された世界

エ 私たちの日常生活を、これまでに使ったことのない新しい言葉で表現した世界

(3) ――線③「太郎クンガ歌ッタ」、――線④「小川ガ歌ウ」とありますが、この二つの言い方は、使い方にどのような違いがありますか。「日常」という言葉を必ず用いて説明しましょう。

(4) ［A］には「石ガ歌ウ」世界を説明する内容が入ります。ふさわしい内容を書きましょう。ただし、「石のある場所」と「石の様子」がそれぞれわかるように書くこと。

〔神戸大附中―改〕

(3) ――線③と――線④の最も大きな違いは「主語」です。歌っているのが「太郎クン」の場合と「小川」とでどのような違いがあるのか、「日常」という言葉を使ってそれぞれ説明してみましょう。

(4) 「石ガ歌ウ」という言葉で表現される場面を頭に思い浮かべてから解答を作りましょう。「石」は人間ではありませんから、「音を立てている」様子を「歌ウ」と表現していることがわかります。

2 物語

1 場面をとらえる ★★★

1 時・場所・登場人物の言動や様子をとらえる

物語の中で起きた出来事のひとまとまりを場面という。「いつ」「どこで」「だれが」「どうした」という物語の場面の基本となる要素をおさえます。

いつ＝時→どのような時代や季節や日時か
どこで＝場所→どのような場所か
だれが＝登場人物→どのような人物か
どうした＝登場人物がどのような言動をし、どのような様子だったか。

例 由美の家は、小学校から一キロぐらいはなれた所にあり、歩いて二十分程度かかります。由美が小学校に着くと、加藤先生が門の前でやさしく出迎えてくれました。

いつ＝小学校に着いたとき
どこで＝小学校の門の前
だれが＝由美
どうした＝加藤先生にやさしく出迎えられた

Q&A どうやって場面をつかむ？

Q 場面をちゃんととらえるにはどうしたらいいですか。

A 時や場所がわかる語句が現れたら、そのたびに線を引くなどして、あとからでもわかるようにしましょう。また、登場人物は名前だけでなく、その人物がどのような人かがわかる部分に必ず目印をつけておくようにしましょう。

例題

◆次の文章を読んで、あとの問いに答えましょう。

（「僕」は友達といっしょに、町中に設定したコースで自転車のレースをよくしていました。）

　皆の自転車と違って僕のは中古品だから、デザインは時代遅れで車体も重かった。それでも僕は、最後の瞬間までブレーキを我慢する忍耐力には自信を持っていたし、実際五レースに一回はトップを取っていた。

　ところがその日は、一瞬だけレバーを握るタイミングがずれたらしい。気付いた時にはスリップし、レストランの入口に突っ込んでいた。

　僕はチェーンの切れた自転車を押して、シャツ屋の小母さんのところへ行った。彼女はママのたった一人の友だちで、旧市街の外れにシャツ専門の仕立屋を開いていた。

（小川洋子「ガイド」）

(1) 「僕」はどのような出来事を体験しましたか。次の文の（　）にあてはまる言葉を書きましょう。

・ある日「僕」は、自転車のレース中に（　　　）ためにスリップし、（　　　）という体験をした。

(2) (1)の体験のあと、「僕」はだれのところに行きましたか。文中から九字で抜き出しましょう。

例題の答え

(1) 例（一瞬だけ）レバーを握るタイミングがずれた・レストランの入口に突っ込む

(2) シャツ屋の小母さん

考え方

(1) 「僕」が体験している出来事については、第二段落に書かれています。

(2) (1)の体験のあとのことは、第三段落に書かれています。そこから、指定字数の言葉を探します。

2 場面の変化をとらえる

物語では場面がさまざまに変化します。

時＝時刻・季節・年月などが変化します。
場所＝出来事が起こる場所が変化します。
登場人物＝人物が増えたり減ったりし、それぞれの関係性が生まれます。

物語を読むときには、場面の変化に注意しながら読むことが大切です。文章を読みながら、場面が大きく変わった箇所には線を引くなどして、あとからよくわかるようにしておきましょう。

例 修は朝起きて、水泳の用意をした。今日は学校で大好きな水泳の授業があるので、喜んで家を出た。
給食を終えてすぐ、明といっしょにかがやく太陽の下をプールへと急いだ。おたがいに今日はがんばろうと言い合った。
明は泳ぐのがうまいので、修はうらやましく思った。
下校時間になり、学校からの帰り道も明といっしょだった。一年上の陽子さんがやってきて、今度いっしょに市のプールに行こうとさそってくれた。

時の変化＝朝→給食を終えて→水泳の授業→下校時間
場所の変化＝家→学校（プール）→学校からの帰り道
登場人物の変化＝修に明、陽子さんが加わる

入試では 物語の読み方

入試問題で出される物語は長文なので、まずは、時・場所が変化する部分を意識するようにしましょう。また、新しい登場人物が現れて、話の流れが変わる部分にも注意が必要です。

Q&A 場面の変化をつかむには？

Q 場面の変化がよくわからない場合にはどうしたらいいですか。

A 着眼点を時と場所にしぼって文章を読み直すようにしましょう。
また、これらの変化は登場人物の会話から読み取れることもあるので、注意して読むようにしましょう。

例題

◆**次の文章を読んで、あとの問いに答えましょう。**

「仲間が応援してるぞ。頑張れ」

止まったままの蟬は無防備で、放っておいたら、鳥か何かに襲われてすぐ下に落ちてしまいそうだ。使命感を抱いた。見届けなければならない。こいつが翅を広げ、無事に飛び立つところまで。

こいつが無事に羽化できなければ、それは俺とキョウスケのせいだ。理不尽かもしれないけど、もう、見つけてしまったんだから仕方なかった。頭の上から降ってくる無数の蟬の鳴き声に囲まれてしまうと、夏の夜の魔力みたいなものに逆らえなくなった。

ずっと静止したままだったのに、蟬が、急に全身を反るようにダイナミックに動いた。自分の抜け殻に摑まって、器用にくるりとむきを返す。「あ」と二人で同時に呟いた。小さな翅が、だんだんと広がっていく。本当に、時間をかけてゆっくりと。

（辻村深月「八月の天変地異」）

問 場面が大きく変わっているのはどの段落からですか。その段落のはじめの五字を抜き出しましょう。

例題の答え ずっと静止

考え方 はじめの場面では、「俺」と「キョウスケ」が観察している蟬は、まだ羽化をはじめておらず動きもありません。そんな蟬が急に動き出した第三段落で、場面が変わっているととらえることができます。

2 人物の心情をとらえる ①

★★★

1 心情を表す言葉

物語の読み取りにおいては、登場人物の心情(=気持ち)を正しく理解することが大切です。そのため、人物の心情を直接的に表す言葉は、特に注意する必要があります。まずは、代表的なそれらの言葉をおさえておきましょう。

例 病気のために外に出られず、悲しく思った。
長年願ってきた夢が実現して、この上なく幸せだった。

(心情を表す言葉)

▼喜び(プラスの心情)に関わる言葉の例

うれしい　楽しい　わくわく　満足する　いそいそ
自慢げ　ゆかいだ　痛快　ほくほく　喜ぶ
すがすがしい　はしゃぐ　ときめく　うきうき

▼悲しみ(マイナスの心情)に関わる言葉の例

悲しい　さみしい　つらい　心細い　しんみり
せつない　もの悲しい　泣く　ふさぐ　めそめそ
しおれる　わびしい　あわれ　みじめだ　失望する

参考 心情の読み取り方

物語を読む時には心情を表す言葉を鉛筆でマークしながら読むと理解しやすくなります。また、プラスの心情であるか、マイナスの心情であるかを分けながら読むと、人物の心情の変化がよくわかります。

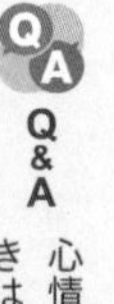

Q&A 心情表現が見つからないときは?

Q 心情を直接的に表す言葉がない時にはどうしたらいいですか。

A 文中に心情を直接的に表す言葉が見当たらない場合もあります。その時にはこのあとの単元で学習するように、人物の表情や様子、あるいはその人がどのような行動をとったかなどから判断しましょう。

例題

◆次の文章を読んで、あとの問いに答えましょう。

膝(ひざ)に手を置いて、はあはあと息を切らしているぼくに、押野(おしの)が「やったじゃん！」と声をかけてくれた。

「うん」

「やっぱ、バットのおかげだな」

ぼくは、ボールがバットに当たったときの自分の手のひらの感じを思い出して、ものすごくうれしく思った。ファウルやピッチャーゴロはぼくにとって、満塁(まんるい)ホームランくらいの価値(かち)があるのだ。当たったことだけでもすごいのに、それがほんの少しでも飛んだんだから、ぼくは、まだじんじんしている手のひらをこすり合わせた。

（椰月美智子(やづきみちこ)「しずかな日々」）

(1) ——線①「やったじゃん」はどのような気持ちを表していますか。次から選び、記号で答えましょう。

ア とまどい　**イ** 怒(いか)り　**ウ** 迷(まよ)い　**エ** うれしさ

(2) ——線②「ぼく」の心情がわかることばを、本文中より十二字で抜(ぬ)き出しましょう。

例題の答え

(1) エ
(2) ものすごくうれしく思った

考え方

(1) 「やったじゃん」という言葉は、「ぼく」がバットにボールを当てたことを見て、押野が喜ぶ気持ちを表しています。

(2) 心情が表された言葉を探(さが)すと、「うれしく」という言葉が見つかります。

▼怒り（マイナスの心情）に関わる言葉の例

かんかん　お冠　しかる　どなる
しゃくにさわる　とがめる　気にさわる
わめく　むくれる　にらむ　なじる　口をとがらせる

▼他の気持ちに関わる言葉の例

・迷い

とまどう
まどう
ためらう
しりごみする
後ずさる
たゆたう

・驚き

息をのむ
びっくりする
ハッとする
ドキッとする
腰がぬける
飛び上がる

・疑問

不審に思う
疑惑
半信半疑
うさんくさい
かんぐる
けげん

・はずかしさ

顔を赤くする　冷や汗をかく　気まずく思う
ばつが悪い　こそばゆい　はじ入る

参考　その他の感情表現

人間の感情には上に挙げたもののほかにも、さまざまなものがあります。あわせて覚えておきましょう。

安心…ほっとする・胸をなでおろす
あせる…気が気でない・やきもきする・歯がゆい・もどかしい
あわてる…気が動転する・うろたえる

例題

◆次の文章を読んで、あとの問いに答えましょう。

昨日（きのう）、飼育（しいく）委員四人を集めて、「事前に飼育委員で相談しておくように」と、椎野（しいの）先生が言ったというのに、だれ一人として相談をしようという気配がない。ぼく以外の二人の男子は、なにやらひそひそと話しているみたいだけど。

彼（かれ）らに任（まか）せておけばいいか、とぼくはちょっとだけ思った。でも、ほとんどの部分では、ちゃんと決めておかなくちゃ、とあせっていた。だって、椎野先生と押野（おしの）に迷惑（めいわく）がかかってしまうから。でも、なかなか言い出せなかった。だれかが声をかけてくれればいいのになと思いながら、ぼくは待っていた。今まででは、ぼくが行動に移（うつ）す前には、すべてのことがきちんと決まっていて、ぼくはそれに従（したが）うだけでよかった。けれど、今回のメンバーは期待できそうになかった。

（椰月美智子（やづきみちこ）「しずかな日々」）

問　――線「彼らに任せておけばいいか、とぼくはちょっとだけ思った」について、次の問いに答えましょう。

① 「ぼく」は本当はどんな気持ちを感じていましたか。それがわかる言葉を本文中より六字で抜き出しましょう。

② 「ぼく」が①のような気持ちになった理由がわかる部分を本文中より二十字で抜き出しましょう。

例題の答え

①あせっていた

②椎野先生と押野に迷惑がかかってしまうから

考え方

① 「あせる」という言葉が「ぼく」の気持ちをよく表しています。

② 「だって」は理由を述（の）べるときの言葉です。みんなが相談をしようとしないので、このままでは椎野先生と押野に迷惑をかけてしまうと考えて、「あせる」気持ちになったのです。

3 人物の心情をとらえる ②　★★★

1 比喩を用いた心情表現をとらえる

比喩とは、何かを他のものに置きかえて表現すること、「たとえ」のことです。物語の登場人物のさまざまな心情を表現するために用いられます。比喩によって、どのような心情がたとえられているのかを考えます。

例 集めた会費をなくしてしまった。身もこおるような気分だった。
→大変なことをしてしまい、とてもこわくなった気持ちを表しています。

例 うっかり間違いを人前で指摘されて、顔から火が出るようだった。
→人前で間違いを指摘されて、とてもはずかしく思う気持ちを表しています。

2 比喩の方法

①「〜のようだ」という言葉を使ってたとえる…直喩

例 丘からの、あざやかな緑のながめは、まるで心が洗われるようだった。
→すがすがしい気持ちを「心が洗われる」とたとえています。

②「〜のようだ」という言葉を使わずにたとえる…隠喩

例 どんな時でも楽しい話で盛り上げてくれる。まさに彼女はクラスの太陽だ。
→彼女の大変明るい様子を「太陽だ」とたとえています。

③人でないものを人のようにたとえる…擬人法

例 海がうなり声をあげている。
→海が荒れている様子をたとえています。

参考　比喩を用いた心情表現

うれしい
例 心がうき立つ　胸(心)がおどる　心(気)が晴れる

悲しい
例 心細い　心がしずむ　胸が痛む　気がめいる

怒り
例 青筋を立てる　頭にくる　いら立つ　イライラする　へそを曲げる　堪忍袋の緒が切れる

はずかしい
例 こそばゆい　穴があったら入りたい

迷い
例 二の足を踏む

例題

◆次の文章を読んで、あとの問いに答えましょう。

（「わたし」は、一羽のがんを助け、「サワン」という名をつけて飼っています。ある秋の夜、夜空に飛ぶ三羽のがんと大きな声で鳴き交わしているサワンを見つけ、「わたし」は鳴かないように言い聞かせますが、素直に聞きません。）

けれどサワンは、三羽の僚友たちの姿と鳴き声がまったく消え去ってしまうまで、屋根の頂上から降りようとはしなかったのです。もしこのときのサワンのありさまをながめた人があったならば、おそらく次のような場面を心に描くことができるでしょう――遠い離れ島に漂流した老人の哲学者が、十年ぶりにようやく沖を通りすがった船を見つけたときの有様――を人々は屋根の上のサワンの姿に見ることができたでしょう。

（井伏鱒二「屋根の上のサワン」）

＊僚友＝仲間。

問 ――線「十年ぶりにようやく沖を通りすがった船を見つけたときの有様」とありますが、これはサワンのどのような様子を表していますか。次から選び、記号で答えましょう。

ア 夜空を飛ぶ仲間を見て、人間に飼われている自分をはじている様子。
イ 飼い主である「わたし」に、仲間のことを教えたいと考えている様子。
ウ 思いがけず仲間の姿を見つけ、あの場所に帰りたいと思っている様子。
エ かつての仲間が敵になってしまったことを理解し、嘆き悲しむ様子。

例題の答え ウ

考え方

「沖を通りすがった船」は、サワンの仲間である三羽のがんを表しています。仲間を見つけたとき、帰りたい気持ちをかき立てられ、必死で自分の存在を伝えようと、今まではしなかった行動をするのです。――線部は、人間におとなしく飼われていたものの、このときばかりは素直に言うことを聞かなかったサワンの様子がたとえられています。

4 人物の心情をとらえる ③

★★★

1 人物の行動、会話から心情をとらえる

人物の心情が直接書かれていなくても、行動や会話からそれを読み取ることができます。その行動や会話の理由を考えて、心情をとらえましょう。

例 少女は友達の死を知って（理由）、顔をおおって泣きくずれた（行動）。
→泣く原因が友達の死なので、悲しんでいる心情がわかる。

例 少年は「リレー選手になったから（理由）、一位になるよ！」とさけんだ（行動）。
→リレー選手に選ばれることは名誉なことで、その喜びややる気に満ちた心情が行動に表れているとわかる。

物語の中で、登場人物が次々と起こす行動や発する会話に注目し、前後の内容と合わせながら心情を読み取っていくことが大切です。

例 誠は友人の武とつまらないことでケンカをして、①何度も謝ろうとしたが、どうしてもできなかった。今日こそは自分から謝ろうと思い、武の家に行ったが、いざとなると、②なかなか玄関のベルを押せないでいた。その時武が後ろからやって来て、③何事もなかったかのような明るい声で「よう、ひさしぶり！」と誠に声をかけた。

①謝りたいと思いながら素直になれない誠の気持ち。
②武に謝る決心がついたはずだったが、勇気が出ない誠の気持ち。
③ケンカしたことにこだわっていない武の明るい気持ち。

参考 心情と出来事

心情を読み取るには、文中に必ず書かれている、原因となる出来事をおさえます。同じ行動でも原因の違いによって読み取れる心情は違います。

例 少女は友達の無事を知って、泣きくずれた。
→「無事」という良い知らせを聞いたので、ほっとして涙が流れた。喜びの心情がわかる。

例 人々は悪魔の死を知って、泣きくずれた。
→自分たちを苦しめていた悪魔がいなくなったので、喜びの感情が高まって涙が出てきた。

例題

◆次の文章を読んで、あとの問いに答えましょう。

（ツヨシの家で飼っている犬のワンが寿命を迎えようとしています。学校でもそのことが気になって仕方なかったツヨシが、家に帰ってきました。）

台所にはパパとママがいた。ママはワンの背中を優しくさすって、パパは、そんなママの肩にそっと手を置いていた。

「ねえ、パパ。会社休んだの？」

「ああ……ワンが天国に旅立つところ、ちゃんと見送ってやらないと……ワンって、ほら、寂しがりの甘えん坊だったからな」

メガネの奥のパパの目はもう真っ赤になっている。

「ツヨシも背中をさすってあげて。ワン、がんばってるんだから」

ママの声も涙交じりだった。

（重松清「くちぶえ番長」）

問 ――線「メガネの奥のパパの目はもう真っ赤になっている」とありますが、ここからパパのどのような気持ちがわかりますか。次から選び、記号で答えましょう。

ア もしかするとワンの命が助かるかもしれないと期待する気持ち。
イ ワンが寿命を迎えようとしていることが悲しくて仕方ない気持ち。
ウ 泣いているところを息子のツヨシに見られて気まずい気持ち。
エ 間もなく亡くなるワンが天国に行けるのかどうか心配する気持ち。

例題の答え

イ

考え方

「目が赤くなる」とは、涙を流したことを表しています。パパもママも、ワンが間もなく寿命を迎え、天国に旅立つことを理解しています。自分たちにはどうしようもないことではありますが、ただひたすら悲しいと感じ、せめて旅立つ瞬間を見送ってあげようと考えている様子を読み取りましょう。

2 人物の表情、態度から心情をとらえる

人物の心情は、その表情や態度からも読み取ることができます。特に表情は心情をよく表すものなので、注意しましょう。

①表情から読み取る

例 母親は満面の笑みを浮かべて、公園でキャッチボールをする子供たちを見ていた。

→元気な子供たちを見てうれしく思う母親の心情。

例 友達の真理は、高子のことについて言いながら、眉をひそめた。

→高子に対して不満を持っている真理の心情。

②態度から読み取る

例 正夫は川で大きな魚をつかまえて、①得意げにみんなに見せました。

「どうだ、すごいだろう。僕がつかまえたんだ！」

しかし正夫ははしっこにいる二つ年下の和樹が②しょんぼりしているのに気づきました。和樹はまだ一匹も魚をつかまえることができなかったのです。

正夫は③ためらいながらも、和樹にむかって、

「和樹！　これはお前にやるよ！　大切に持って帰れよ！」と言いました。

①正夫の自慢げで、喜びにあふれた心情。

②和樹のがっかりしている心情。

③正夫が和樹に魚をあげるかどうか迷っている心情。

参考 その他の感情表現

うれしい

例 目を細める

ほほえむ

顔をほころばせる

目を輝かす

悲しい

例 さめざめと泣く

目をふせる

顔がくもる

しょんぼりする

p.306・p.310

例題

◆次の文章を読んで、あとの問いに答えましょう。

（体の弱い妹を持つ「センちゃん」は、友達に誘われても遊びに行けないでいます。）

「今日も海なの？　たまにはこの辺で遊ぼうよ」

誘いにきた子に言ってみる。みんなは既に、浮き輪やシュノーケルやシャベルの入ったミニバケツなんかをそれぞれ持っている。

「だって暑いもん。ねえ、いいじゃん。チエちゃんは留守番で。センちゃん、行こうよ」

友達の誘いを断る時、チエミは隣でじっと私の顔を見上げている。その切実な視線は、悲しくて怖い。

「……ごめん、絶対怒られるし。行かない」

「そお？」

首を傾げて玄関を出ていくみんなを、チエミはどこか誇らしげな顔で見送っている。ただ私は、チエミを邪魔だなあと思ってしまわないように、強く強く意識している。

（豊島ミホ「夜の朝顔」）

問　――線からわかる「チエちゃん」の気持ちを次から選び、記号で答えましょう。

ア　姉が自分の視線を悲しく怖いと感じていると知って自慢に思う気持ち。
イ　姉が友達の誘いより自分といることを選んでくれてうれしい気持ち。
ウ　姉が誘いに乗るかどうか迷ったことを感じ取りおそろしく思う気持ち。
エ　姉と一緒に行けない自分が邪魔だと思われていないか心配する気持ち。

例題の答え

イ

考え方

「誇らしい」は人に自慢したいと思うプラスの心情です。よって、マイナスの心情である**ウ**と**エ**は不適当です。自分を置き去りにしようと提案した姉の友達が姉に断られて玄関を出ていくのを見ている場面なので、「お姉ちゃんは私の方を取ったもんね」という得意げな気持ちになっていることがわかります。

第2編 読む
第1章 文章を読み取るために
第2章 いろいろな文章を読む
第3章 詩・短歌・俳句を読む
第4章 古典を読む
中学入試にフォーカス2

5 人物の心情をとらえる ④ ★★★

物語における情景の描写は、単に風景や場面だけを表しているのではなく、その風景や場面に相対している人物の心情を表していることがあります。このような形で、間接的に表された心情はつかみにくく、読み取りには注意が必要です。風景や場面の描写というと、何となく読み過ごしてしまいがちですが、描写されている風景や場面をイメージしながら、人物の心情と重ね合わせて考えてみましょう。

例 草原に寝ころがって見た空はとても明るく、透明に近い青にそまっていた。

→希望を持ち、さわやかな心情。

例 鉛色の空が広がり、冷たい風が吹き渡る原っぱに、僕は一人残された。

→不安で、さびしい心情。

周囲の情景がどのように描かれているかに注目し、人物が置かれた立場と関連づけながら読むと、心情がよく感じられます。

例（良平は工事現場でトロッコが土を運ぶのが面白いと思い、自分もトロッコを押してみたくなりました。良平は土工さんに頼んでいっしょに押すことを許されました。）

五、六町余り押し続けたら、線路はもう一度急勾配になった。そこには①両側

風景・場面
登場人物
心情
さびしい
反映
間接的に心情を表す
情景描写

情景描写と登場人物の心情との関係

参考 情景描写と心情描写

同じ場面であっても、人物の心情によって表現が異なります。

例 人物が川を眺めている場面で、岩にあたり、激しくくだける波の様子が描かれている。

→ 人物の力強さやあらあらしい気持ち。

例 人物が川を眺めている場面で、優しく流れる川の音の様子が描かれている。

→ 満ち足りた気持ちや優しい気持ち。

のみかん畑に、黄色い実がいくつも日を受けている。

「登り路の方がいい、いつまでも押させてくれるから」――良平はそんな事を考えながら、全身でトロッコを押すようにした。

みかん畑の間を登りつめると、急に線路は下りになった。しまのシャツを着ている男は、良平に「やい、乗れ」と云った。良平は直に飛び乗った。トロッコは三人が乗り移ると同時に、みかん畑の匂をあおりながら、ひたすべりに線路を走り出した。「押すよりも乗る方がずっといい」――良平は羽織に風をはらませながら、当り前の事を考えた。「行きに押す所が多ければ、帰りに又乗る所が多い」――そうもまた考えたりした。

竹藪のある所へ来ると、トロッコは静かに走るのを止めた。三人は又前のように、重いトロッコを押し始めた。竹藪はいつか雑木林になった。爪先上りの所所には、赤さびの線路も見えない程、落葉のたまっている場所もあった。その路をやっと登り切ったら、今度は高い崖の向うに、②広広と薄ら寒い海が開けた。と同時に良平の頭には、余り遠く来過ぎた事が、急にはっきりと感じられた。

（芥川龍之介「トロッコ」）

①良平の明るい気持ちが表現されています。良平は土工さんたちといっしょにトロッコを押せることをうれしく感じています。

②良平の不安な気持ちを表現しています。あとに続く部分に「余り遠く来過ぎた」とあり、良平のとまどいや不安がわかります。

参考 高度な心情描写

人物の心情が描かれている部分より前の箇所で情景が描かれることがあります。その場合は、場面全体の様子を表すことで、人物の気持ちを暗に示すはたらきをします。

例 はじめに、よく晴れた日の様子が描かれる。
↓
おだやかで明るい世界がはじまることを予想させる。

情景から人物の心情をとらえるためには、どの情景がどんな心情と対応しているかを知っておく必要があります。たとえば、雨雲の多い空やトンネルの中などの暗い情景は、マイナスの心情と対応しています。こうした対応を知るためには、情景と心情を意識しながら、いろいろな物語を読んでみるとよいでしょう。

例題

❶次の文章を読んで、あとの問いに答えましょう。

「アッくん」前を向いたまま、声をかけた。「なんで海に行きたいんだよ」

「なんとなく……」

「だって、おまえ、海なんかべつに好きじゃないだろ」

「でも……わかんないけど……なんとなく……」

「明日入院するから？」

少年の声が、かすかに震えた。アツシの返事がなかったので、ハンドルを強く握りしめた。胸がつっかえて、どきどきする。胸の中には、まだ訊きたいことが残っている。

目の手術をするから？　手術に失敗するかもしれないから？　もしも失敗したら目がどうなるのか、アッくん、知ってるの――？

道は上り坂になった。二人乗りで漕ぐのはもう無理だ。少年は胸をつっかえさせたまま、自転車から降りた。


（重松清「おとうと」）

問　――線「道は上り坂になった」とありますが、ここから「少年」のどのような気持ちがわかりますか。次から選び、記号で答えましょう。

例題の答え

❶ア

考え方

「上り坂」は、少年が弟のアツシの手術についてどうなるのかよくわからず、不安に思う気持ちに押しつぶされそうになっている様子と重ねられています。

ア アッシの目の手術がうまくいくかどうかがわからず、とても心配な気持ち。
イ 手術前なのにアッシが急に海に行きたいと言ったのを不思議に思う気持ち。
ウ もうこれ以上アッシのわがままにはつきあいきれないと腹を立てる気持ち。
エ アッシが何もかも自分に任せてくるのがいやで、投げ出したくなる気持ち。

〔四条畷学園中―改〕

❷ 次の文章を読んで、あとの問いに答えましょう。

（「私」が美しいつつじの花を道しるべに見立てて楽しんでいると、弟の進が自転車で来て、花をふみつぶしてしまった。「私」は泣いて怒った。）

やがて、彼は道に散らばったつつじの花をひろい集めて、自転車のかごに入れた。つぶれた花も、無事だったものもおかまいなしにどんどんひろっている。自転車をそのままにして自分がちょこまか動きまわるため、全部の花をひろってしまうまでにはずいぶんと長い時間がかかった。

かごにぎっしりつめこまれた明るい色の花たちは、夕ぐれの光の中でくろぐろとして見える。私は、そのもっそりとした不気味なかたまりから目をそらした。それは、つつじでも道しるべでもなく、私のぜんぜん知らない不吉でいやなものだった。

（佐藤多佳子「五月の道しるべ」）

問 「私」の気持ちをつつじの花で表現している部分を、文中から十五字と十六字で二つ抜き出しましょう。

例題の答え

❷・もっそりとした不気味なかたまり
・ぜんぜん知らない不吉でいやなもの

考え方

つつじの花について表現している部分を探します。いずれも「私」の気持ちの悪い、不快な思いを反映した表現になっています。

6 場面の変化と人物の心情の移り変わりをとらえる ★★★

物語では、ある出来事が起こり、それによって人物にある心情が生まれます。さらに、その人物がその心情にしたがってある行動を起こし、その行動の結果によってまた別の心情を持ちます。また、他の登場人物が現れ、その人物に影響を与え、心情が変化することもあります。

このように、出来事の進展とともに人物の心情は移り変わっていきます。この変化をとらえることが、物語の主題をつかむうえでも大切です。

例（小学校四年生の壮太（ぼく）は、「山村留学センター」で雄大ら十三人の児童と共に集団生活をしています。ある日、みんなでトランプをして遊んでいたとき、雄大がずるをしたせいで、それを非難するところから雄大の悪口大会となってしまいました。たえかねた雄大は外へ飛び出してしまいました。）

せっかく勝てそうだったのに、あいつのせいで台無しだ。雄大って、いつもそうだ。みんなが盛り上がっているときに白けさせる名人。ほっときゃいい。

晩ごはんの時間が近くなっても、雄大は帰ってこなかった。部屋にもセンターの周りにも姿が見えない。冬間近の山は日暮れが早い。まだ五時半なのに、日はとっぷりと暮れていた。

センター長に報告したら、いつも笑っているセンター長から笑顔が消えた。「それで？」「それから？」と緊張した面持ちで質問を重ね、ぼくらから大まかな状況を聞き出すと、

Q&A 心情の変化をとらえるのって大事なの？

Q どうして人物の心情の変化を追いかけるのですか。

A p.330でも学習しますが、物語の主題をとらえるうえで、登場人物、特に主人公の心情の変化をとらえることが重要になるからです。

物語での心情の変化には主人公の心の面での成長が現れています。そのような主人公の成長の中にこそ、作者の最も強くうったえたいことが含まれているのです。ですから、場面ごとに主人公の心情が変化していく様子をとらえ、その成長の道筋をたどることが大切になります。

「まずいな。」
とつぶやいて立ち上がった。眉間には深いしわが寄っている。いわゆる仁王顔。こういうときのセンター長は、人が変わったみたいに迫力がある。
――もしかして、なにかとんでもないことがおこったのか？
さすがにぼくも不安になった。

【場面の変化】

〈場面①〉
時：雄大が飛び出した直後
他の人物の行動：雄大が外へ飛び出す。

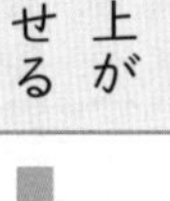

【壮太の心情の変化】
勝てそうだったのに台無しだ。みんなが盛り上がってるときに白けさせる名人。ほっときゃいい。
（怒り・あきれ）

時間経過

〈場面②〉
時：晩ごはんの時間近く。日が暮れた。
他の人物の行動：雄大はまだ帰ってこない。センター長の顔からいつもの笑顔が消えた。「まずいな。」とつぶやいて立ち上がった。

もしかして、なにかとんでもないことがおこったのか？
（不安）

例題

◆次の文章を読んで、あとの問いに答えましょう。

（和菓子屋「一斗庵」の長男である北斗は、長崎の名店「錦晶堂」に修業に行きますが、職人さんたちの仕事に圧倒され、半年も経たずに帰ってきました。文中の「カンミ」は北斗の祖母、典子は母、和志は父、風味は妹です。）

「若いころから、村山さんは、みんなよりも前のめりの姿勢で攪拌しとったらしいんやけど、長いことやっとるうちに、体が固まってしまったんよ。その体の形が、村山さんにとって、ボウルがすっぽり入るのに、ちょうどいい姿勢。攪拌作業をするための体に変わってしまった」

「うわあ」

もはや、それ以外の感想が出ない風味に、カンミも神妙に言った。

「村山さんはね、おじいちゃんが錦晶堂さんで修業しよったときの仲間やったんよ。熟練中の熟練さん。村山さんのカステラは特別よ」

「正直、おれ、やばいと思った。大変な世界に足を踏み入れたと思った。母さんが言ったように、大学に行っときゃよかったかなと、思った」

北斗の視線の先で、典子もまた、北斗を見つめていた。強いがやわらかな視線だ。典子の無言の視線に答えるように、北斗はきっぱり首をふった。

「でも、やっぱ、やめられんかった。逃げて帰ってきたくせに、風味からコンテストの話をきいたとき、頭で考えるよりも先に、返事をしとった。なんでかな」

北斗の言い方は、自分でも理解できないのか、自問自答するようだ。それに答えた声があった。

「そりゃ、納得(なっとく)してないからやろう」

和志だった。それまで黙(だま)っていた和志が、すっぱりそう言った。風味ははっと顔を上げる。

「納得せんまま、あきらめるんは難(むずか)しい」

風味の胸(むね)の中で、なにかがざわりと音をたてた。納得できないものが、自分の中にもある。

「北斗には、まだ、あきらめる資格(しかく)もないんやないか?」

続けて言った和志に、

「うん」

北斗はこくんとうなずいた。

「おれ、もう一度やるわ」

余計(よけい)なものが吹(ふ)っ切れたような、晴れ晴れとした顔になっている。

「長崎に帰ります。もう一度勉強させてください」

北斗はまっすぐな声で言って、勢(いきお)いよく頭を下げた。

（まはら三桃(みと)「風味◎(さんじゅうまる)」）

問 過去(かこ)から現在(げんざい)までの北斗の気持ちの変化としてふさわしいものを次から選び、記号で答えましょう。

ア 後悔(こうかい)→未練→やる気　**イ** 失望→反省→あきらめ

ウ 反省→納得→喜び　**エ** おそれ→不安→開き直り

例題の答え ア

考え方

北斗ははじめ、「大変な世界に足を踏み入れた」と、修業をはじめたことを後悔する気持ちを述(の)べています。次に、逃げて帰ってきたのに、風味からコンテストの話を聞いたとたんに参加の返事をしています。この場面からは、修業への未練の気持ちが読み取れます。最後に、父の言葉をきっかけにもう一度修業に取り組もうというやる気を出しています。

7 登場人物の性格をとらえる ★★

1 性格に関わる言葉

物語では登場人物がどのような性格の持ち主なのか、注目して読むようにしましょう。性格とは、その人物に表れやすい感情や気質を示します。性格を読み取ることによって、その人物をより深く理解することができます。次のような性格を表す言葉に注目するとよいでしょう。

物静か　明るい　がんこ　きちょうめん　素直
照れ屋　引っ込み思案　マイペース　笑い上戸
陽気　陰気　おだやか　人なつっこい　繊細
勇敢　小心　社交的　おとなしい　あわて者　など

2 人物の発言や行動・態度から読み取る

同じ出来事を体験しても人物によって反応は異なります。反応の違いから人物の性格にせまりましょう。

例 私は学校から帰る路上で、見知らぬ子が立ちつくしているのを見た。何だかひどくさみしそうだった。私はかわいそうに思えて、友だちのあや子に、声をかけてみようと言ったが、あや子は首を横にふった。

→「私」は人のことを放っておけない優しさがある子だとわかります。一方、あや子は慎重な性格で、他人と関わろうとしない子だとわかります。

参考 さまざまな観点から性格を読み取る

人物の性格は、その人の外見からも判断することができます。人物描写において、だらしない服装の人ときちんとした服装の人がいた場合、それぞれ、おおざっぱな性格やまじめな性格など、ある程度人物像を予想しながら読むことができます。

例題

◆**次の文章を読んで、あとの問いに答えましょう。**

（ハルさんは妻を亡くし、子どもの「ふうちゃん」と二人暮らしをしています。会社には勤めず、自宅で人形を作る仕事をしています。）

「自分に合わない場所にいるのは、大変？」

「ああ、どうだろうね。我慢することで、得られるものだってあるとは思う。けれど、自分らしくいられる場所があれば、そちらを選んだほうがいいんじゃないかな。一度きりの人生だからね。後悔のないようにしようと僕は思った」

ハルさんは、コップの底にたまった牛乳を軽く揺らしながら言った。

「世の中にはね、いろんな生き方があると思うんだ。その中で、僕は自分のやりたい道を選んだ。そのせいで、貧乏になろうと、ほかの人からどう思われようと、僕は満足なんだよ」

柄にもなく、父親らしい説教をしてしまったかな、とハルさんは人差し指でほおをかいた。

（藤野恵美「ハルさん」）

問 この文章から読み取れる「ハルさん」の性格はどのようなものですか。次から選び、記号で答えましょう。

ア 自分とは違った考え方も積極的に取り入れようとする、柔軟な性格。
イ 自分の思ったことを正直に言うのをはずかしく感じる、控えめな性格。
ウ 自分の人生さえよければ他の人は関係ないと思う、自己中心的な性格。
エ 自分自身で選んだ道に納得したうえで生きたいと願う、まじめな性格。

例題の答え

エ

考え方

「自分らしくいられる場所があれば、そちらを選んだほうがいいんじゃないかな」、「そのせいで、貧乏になろうと、ほかの人からどう思われようと、僕は満足なんだよ」という発言から、自分の人生をどう生きたいかをまじめに考え、納得して生きようとするハルさんの性格が読み取れます。

8 文章表現の工夫をとらえる ★★

物語では、心情や様子を表すためにさまざまな**表現技法**が用いられます。心情や様子をよく理解するために、表現技法の特徴をとらえ、その効果を正しく読み取ることが必要です。

①**比喩**…直喩と隠喩があります。「〜ような(だ)」を用いて直接たとえるのが直喩、それを用いずにたとえるのが隠喩です。

例 あの山はラクダのこぶのようだ。(直喩)

例 大山君は歩く辞書と言われている。(隠喩)

→ともに対象のイメージを強めます。二つ目は「辞書」にたとえることで、とても物知りであることがわかります。

②**擬人法**…人ではないものを人であるかのように表現する技法です。

例 静かに語りかけてくる公園の並木の声に耳を傾ける。

→イメージをわかりやすく伝え、対象を生き生きと表せます。

例 夜空の青白い星々が互いに光の強さを競っている。私は土手に寝そべったまま、その天空の海の下で、飛び込み競技の選手のように、その海に落下していくイメージにひたっていた。

→——線部＝直喩法。「ように」を用いて、海(夜空)に吸いこまれる気持ちを表現しています。

——線部＝隠喩法。見上げる夜空を、広く深い海にたとえて表現してい

参考 表現技法の効果

表現技法は、伝えたい内容をより印象的にするために用いられます。表現技法を使うことによって、感動がよりよく伝わったり、直接的にイメージが伝えられたりするので、作文や感想文を書くときにも積極的に取り入れるとよいでしょう。

ズームアップ 比喩 ⇒p.310

ます。

□部＝擬人法。夜空の星々を、人が光の強さを競っているように表現しています。

③倒置法…言葉の順序を逆にして、感動を強める技法。

例 二十年ぶりにやっと会えたよ、小学生のときの友達に。（本来の語順は「小学生のときの友達に、二十年ぶりにやっと会えたよ。」）

↓感動がこめられている部分を強調するために、その部分を先に言っています。

④省略…言葉を省いて、読者に想像させ、ゆだねる技法。気持ちを強調したり、余韻を残したりします。

例 長い坂をこえたと思ったら、また坂が……。

↓本来は「また坂があった」と言うべきところですが、読者が想像することによって、残念に思う気持ちを強く表現することができます。

⑤体言止め…文のおわりを体言（名詞）で止める技法。調子を強めたり、余韻を残したりします。

例 青い空の向こうには美しい虹。

↓文が「虹」という体言でおわっています。読む人の注意をその部分に集めることができます。

ことば 対句法

表現技法にはほかに、対句法もあります。対句法は、調子のよく似た言葉を並べて、リズム感を作り出し、調子を整えます。

例 空には雲、地には花。

「〜には…」という同じ形が並んでいます。

ズームアップ 倒置の文 p.173

例題

❶ 次の文章を読んで、あとの問いに答えましょう。

（「あたし」と友人の「りんさん」は、塾の帰りで他の友人たちといっしょにバスに乗っています。みんなは、だれかをりんさんの方へ押すという、からかいまじりの遊びをしています。）

稲妻が窓ガラスの中をキリキリと走った。

あたしは外をながめた。暗くなったガラスにりんさんのすがたがぼやけてうつっていた。窓の中で彼女はまっすぐに立っている。倒れないよう両足を広げて。

りんさんならぎりぎりまで倒れないだろうな。それでももちこたえられないときは、立った姿勢のままで倒れちゃうんだ。きっと、前に向かって。

水滴が、ちいさなヘビみたいにガラスの上をジグザグにすべっていく。

こちらを見ていたりんさんと窓の中で視線が合った。

ほんとうはあたしではなく、ガラスの向こうの何かを見ていただけなのかもしれない。でも、りんさんの目は静かにあたしを見透かしていた。するとあたしの心がちぢんでいく。<u>ソーダ水みたいにシャワシャワとかすかな音をたてて。</u>

（安東みきえ「夕暮れのマグノリア」）

問 ――線「ソーダ水みたいにシャワシャワとかすかな音をたてて」が表す「あたし」の様子として最も適切なものを次から選び、記号で答えましょう。

ア 窓の中のりんさんにじっと見られても、平然としている様子。

イ からかわれているりんさんを助けたいとあせっている様子。

例題の答え

❶ウ

考え方

「ソーダ水みたいにシャワシャワと」という表現で、炭酸が口の中ではじけるように、「あたし」の気持ちが落ち着かない様子が表現されています。また、「かすかな音」という表現からは、それほど大きく目立つ様子ではないということもわかります。

ウ　気持ちを見透かされているようで、落ち着かない様子。
エ　りんさんがからかわれるのを、いい気味だと思っている様子。

❷次の文章を読んで、あとの問いに答えましょう。

（中学生の雅之君は、元イラストレーターでホームレスのバンさんと親しくなり、絵を教わっていました。ある日台風が来て、橋の下に住むバンさんのことが心配になった雅之君は、河川敷に駆けつけました。）

橋の下には流木が積み重なっていた。凄まじい量だった。そこにあらゆるゴミや灌木、自転車などが引っかかり、無惨なオブジェ*となって空間の半分をふさいでいた。人影はどこにもなかった。風が吹く度に、その巨大な残存物はビューッと奇妙な音を立てた。生まれたくなかった怪物が、自身の姿を知って泣いているかのように。

（中略）

怪物の泣き声に引っ張られるかのように、ゴミ溜まりと化した橋の下に雅之君は入っていった。陽光がさえぎられる。そのとたん、冷たく暗い、濡れた空気の塊が雅之君を呑みこんだ。

（ドリアン助川「多摩川物語」）

＊オブジェ…ここでは物体で作られた芸術作品のようなもののこと。

(1)　直喩法が使われている文を二つ探し、はじめの五字ずつを抜き出しましょう。
(2)　隠喩法が使われている文を探し、はじめの五字を抜き出しましょう。
(3)　擬人法が使われている文を探し、はじめの五字を抜き出しましょう。

例題の答え

❷(1)生まれたく・怪物の泣き
(2)そこにあら
(3)そのとたん

考え方

(1)「生まれたくなかった怪物が、自身の姿を知って泣いているかのように」は直喩であるだけでなく、その前の文、「風が吹く度に、その巨大な残存物はビューッと奇妙な音を立てた」と倒置の関係になっています。

(2)積み重なった流木やゴミや灌木、自転車など、台風が去ったあとの巨大な残存物のことを「(無惨な)オブジェ」にたとえています。

(3)「空気の塊が雅之君を呑みこんだ」は、「空気の塊」を人のように表しているので擬人法です。

9 物語の主題をとらえる ★★★

主題とは、作者が物語を通じて最も伝えたい事柄です。主題は物語の中に言葉ではっきりと書かれているわけではないので、場面の変化にともなう主人公の心情の移り変わりを正しくとらえて、作者のメッセージを受け取ることが必要です。

①全体のあらすじをおさえる

・時、場所、登場人物などが変わるところや、場面がどのように展開したか、だいたいの流れをつかみます。特に山場をむかえるまでのいきさつをおさえ、だれが何をした話だと簡潔に言えるようになるとよいでしょう。

↓主人公を中心にした物語の大筋の流れを読み取ります。

②山場で描かれる出来事をとらえる

・山場とは、物語の中でいちばん盛り上がる場面のことで、クライマックスとも言われます。山場には、作者が伝えたい事柄が多くこめられているので、主題を理解する重要な手がかりとなります。

↓山場で起こった出来事と、主人公や登場人物とのかかわりに注目します。

③山場での主人公の心情をつかむ

・主人公の感情が表れている部分や行動や会話をヒントに、主人公の心情をつかみます。その際は、心情が生まれた理由をとらえると、主題をつかみやすくなります。

↓山場での心情が大きく変わる部分に注目して、なぜ、どのように変化したかを読み取ります。

Q&A 主題がつかめないときはどうすればいい？

Q 主題がつかめないときには、どうしたらいいでしょうか。

A 練習で読んだ物語について、「～が…する話」という形で主題を短くまとめる練習をしましょう。練習を重ねていくと、主題を理解するのに必要な感覚が身につきます。

第2編 読む
第1章 文章を読み取るために
第2章 いろいろな文章を読む
第3章 詩・短歌・俳句を読む
第4章 古典を読む
中学入試にフォーカス②

例（「私」は、前の学校で仲の良かった友だちに仲間外れにされた辛い過去を持っています。マンションで記憶をなくした幽霊の「レイさん」と出会った「私」は、ふとしたきっかけから辛い記憶を思い出してしまいます。）

「そっか」

レイさんが、私の背中をさすっている気配がする。冷たくもなく温かくもない。空気が動くような気配だけ。

「そんでか。そんで、あたしがこの部屋に来たとき、あんたは泣いてたんや。人に裏切られたんや。辛かったんや」

「……そうだよっ」

> 「泣いたらええやん」とレイさんが言った。
> 「辛いことがあったら、泣くしかないやん。あんた、生きてるから泣けるんやし」
> そうだ、泣いたらいい。泣くしかないんだ。
> 私は、泣き始めた。
> 最初はしくしくと声を出さずに。そのうちわあわあと、思いっきり声をあげて。

（安田夏菜「レイさんといた夏」）

→ □部が山場です。ここでの会話をきっかけに、「私」はそれまでおさえこんでいた辛いという感情を爆発させています。

主題 幽霊のレイさんが言うように、人が生きている中で辛いと感じたときは、自分の中にある素直な感情を表に出して、泣いてもいいのだということ。

Q&A 文章が長いときはどうすればいい？

Q 文章が長いと全体の内容をつかみにくいのですが、どうしたらいいでしょうか。

A 文章が長いとたくさんの内容があって、的をしぼりにくくなるので、大きな場面ごとに分けながら読むようにしましょう。出来事が大きく変わるたびに区切って読むようにして、それぞれの部分でどのような主題が考えられるか理解するようにしてください。特に、山場に関わる部分は重要です。

例題

❶ **次の文章を読んで、あとの問いに答えましょう。**

　鳥を飼ってしばらくして、わたしは修学旅行にゆかねばならなかった。短い旅行だったが、エサが心配だった。母に頼んだ。そして、鳥をよく知らない母は、＊鶸にその五日のあいだ、あまりにもエサをあたえすぎた。鶸は食べすぎて、ちいさな鳥籠のなかでじゅうぶんに飛びまわることができなかった。わたしがかえってきたときは、止まり木から墜ち、異様に腹を膨らませて、鳥籠の底に倒れて、死んでいた。

　昭和の戦争の時代に幼年を経験したわたしには、死は飢えのイメージにしかつながらなかった。食べすぎて死ぬことがありうるとかんがえることは、どうにか飢えた幼年をぬけだしたばかりの少年にとって、あまりにも＊唐突だった。わたしは母をなじったが、母は善意の人だった。飢えの時代を生きのびた人である母の善意が、一羽の小鳥を苦しませて死なせたのだ。

　一羽の鶸の死は、ようやく大人になりかけていたわたしから、＊無垢な感情をうばった。「ゆたかさ」の過剰も「善意」の過剰もまた、生きものを殺しうる。そのことに気づいた少年の日の苦痛を、いまもじぶんに負っているような気がする。

（長田弘「鳥」）

＊鶸…すずめのなかまの小鳥。　＊唐突…突然。　＊無垢…心がすなおでけがれがない様子。

問　この文章の主題として最も適切なものを次から選び、記号で答えましょう。

ア　生きもののことをよく知らない相手に世話を頼んではいけない。

イ　死と密接に関係する飢えは、どんなことがあっても避けるべきだ。

例題の答え

❶エ

考え方

❶幼年時代に戦争を経験した「わたし」は、飢えの経験から「ゆたかさ」や「善意」にあこがれのような気持ちを抱いていたと考えられます。そんな「わたし」の価値観を大きくゆるがしたのが、母の「善意」によって食べすぎた鶸が死んでしまうというショッキングな出来事でした。それまでの価値観をひっくり返されるような経験が、この文章の主題となっています。

ウ 幼年時代に飢えを経験すると、生きものの死に敏感になる。

エ ゆたかさや善意も、過剰にあたえられると生きものを殺しうる。

❷ 次の文章を読んで、あとの問いに答えましょう。

（目の病気でほとんど視力を失い、ふさぎこんでいた一輝に、顧問の大滝先生は自分の教え子で現役ブラインド＊サッカー選手の佐藤ナツオを紹介します。）

シャカシャカとボールを鳴らすこの競技は、サッカーなのかサッカーじゃないのか。

考えると、ますます分からなくなって、とりあえず、一輝は立ち上がった。頭の中でイメージしたナツオさんのフェイント技を、自分でもやってみた。うまくいかない。どうしても音がしてしまう。

最初、イラッとしたけれど、ボールに触れるよろこびが、深いところからこみ上げてきた。

あの技を覚えたい！　試行錯誤してでも、ものにしてやる。

大滝先生が、黙ってこっちを見ているのが分かる。思う壺ってやつだ。

（川端裕人「太陽ときみの声」）

＊ブラインド…目が見えないこと。

問 この文章の主題を説明した次の文の□に入る言葉を本文中から十一字で抜き出しましょう。

・サッカーができなくなってふさぎこんでいた一輝が、ブラインドサッカーと出会って□を再び感じ、気力を取り戻していく。

例題の答え

❷ボールに触れるよろこび

考え方

❷主題は、登場人物の言動を通じて語られることが多いということをおさえておきましょう。中でも、主人公の言動は主題との関連が深いと考えられます。一輝が気力を取り戻すきっかけとなったのは、ブラインドサッカーと出会い、ボールに触れることが楽しいと思えたことです。

練習問題

1 次の文章を読んで、あとの問いに答えましょう。

解答554〜555ページ

給食の時間がおわり、ぼくはテニスコートにむかった。しかし集まったのは一年生だけだった。ぼくは落胆するのと同時に自分の甘さに腹が立った。

いつものように二十四人で輪をつくったが、誰の顔も緊張で青ざめている。末永にいたっては、歯をくいしばりすぎて、こめかみとあごがぴくぴく動いていた。いまさらながら、ぼくは末永に悪いことをしたと反省した。【ア】

［A］こんな状況で、きのうはハメて悪かったと末永にあやまったら、どんな展開になるかわからない。武藤をはじめとするみんなからは、よけいなことを言いやがってとうらまれて、末永だって怒りのやり場にこまるだろう。

［B］、一番いいのは、このままふつうにグーパーじゃんけんをすることだった。うまく分かれてくれればいいが、偶然、グーかパーがひとりになる可能性だってある。ハメるつもりがないのに、末永がまたひとりになってしまったら、事態はこじれて収拾がつかなくなる。【イ】

こぶしを顔の横に持ってきたとき、ぼくの頭に父の姿がうかんだ。一緒にテニススクールに通っていたころ、父は試合で会心のショットを決めると、応援しているぼくたちにむかってポーズをとった。ぼくや母も、①同じポーズで父にこたえた。

「グーパー、じゃんけん」【ウ】

かけ声にあわせて手をふりおろしたぼくはチョキをだしていた。本当はVサ

1 ヒント

(1) Aの前は「末永に悪いことをしたと反省した」、あとは「こんな状況であやまったらどんな展開になるかわからない」という内容です。「悪いとは思っているけれど簡単にはあやまれない」という状況に注目しましょう。
また、Bの前は「あやまるわけにもいかない」という内容、あとは「一番いいのはこのままグーパーじゃんけんをすることだ」という内容です。

(2) 太二はこのあとの場面で、グーパーじゃんけんなのにチョキを出しています。父の姿を思いうかべた直後にチョキを出したのはなぜかを考えて本文を読み進めましょう。

インのつもりだったが、この状況ではどうしたってチョキにしか見えない。ぼく以外はパーが十五人でグーが八人。末永はパーで、武藤と久保はグーをだしていた。【エ】

ぼくが顔をあげると、むかいにいた久保と目があった。

②「太二、わかったよ。おれもチョキにするわ」

久保はそう言ってグーからチョキにかえると、とがらせた口から息を吐いた。

「なあ、武藤。グーパーはもうやめよう」

久保に言われて、武藤はくちびるを隠すように口をむすび、すばやくうなずいた。そして、武藤は握っていたこぶしから人差し指と中指を伸ばすと、ぼくにむかってその手を突きだした。

武藤からのVサインをうけて、ぼくは末永にVサインを送った。末永は自分の手のひらを見つめながらパーをチョキにかえて、輪のなかにさしだした。

「明日からのコート整備をどうするかは、放課後の練習のあとで決めよう。時間もないし、今日はチョキがブラシをかけるよ」

そう言って、ぼくが道具小屋にはいると、何人かの足音がつづいた。ふりかえると、久保と武藤と末永のあとにも四人がついてきて、ぼくは八本あるブラシを一本ずつ手わたした。

③コート整備をするあいだ、誰も口をきかなかった。ぼくの横には久保がいて、ブラシとブラシが離れないように歩幅をあわせて歩いていると、きのうからのわだかまりが消えていく気がした。

となりのコートでは武藤と末永が並び、長身の二人は大股でブラシを引いて

(3)久保は自分も同じようにグーからチョキに手をかえています。さらに、武藤に対して「グーパーはもうやめよう」とも言っています。これらは、太二に賛成した久保がやったことなので、ここからも太二の考えが読み取れます。

(4)誰も口をきいてはいませんが、いっしょにコート整備をする相手と歩幅をあわせている様子が読み取れます。これまでのわだかまりが解けている様子から適切なものを選びましょう。

いく。コートの端までくると、内側の武藤が歩幅を狭くしてきれいな弧を描き、直線にもどれば二人ともがまた大股になってブラシを引いていく。④ぼくたちはこれまでよりも強くなるだろう。チーム全体としても、もっともっとなれるはずだ。

（佐川光晴「大きくなる日」）

(1) A・Bに入る言葉を次から選び、記号で答えましょう。

ア たとえば　**イ** さて　**ウ** だから　**エ** あるいは　**オ** しかし

(2) ――線①「同じポーズ」とありますが、それはどのようなポーズですか。本文中から探し、四字で抜き出しましょう。

(3) ――線②「太二、わかったよ」とありますが、久保は太二がどういうつもりであるということがわかったのですか。適切なものを次から選び、記号で答えましょう。

ア 太二は、グーパーじゃんけんで青ざめた顔をしているみんなの緊張を少しでも和らげようとしているのだということ。

イ 太二はチョキを出すことで、自分一人だけがちがう状況を作り、一人で罪をつぐなおうとしているのだということ。

ウ 太二は一人だけチョキを出すことで、自分だけは末永の敵ではなく味方であることを示そうとしたのだということ。

エ 太二はチョキを出すことで、グーパーじゃんけんでコート整備をする人を決めることに反対意見を示したということ。

(5)末永をハメてコート整備をおしつけたことで、二十四人の一年生部員全員がコート整備の担当を決めるのに緊張しなくてはならないような状況になったところから、太二がチョキを出したことをきっかけに全員が結束を深める様子が描かれています。

(6)グーとパーが均等に分かれてほしい、と書かれていることから、この時点では太二はまだチョキを出すことを思いついていないとわかります。したがって、父の姿を思い出しているよりあとにこの段落がもどることはありません。

(4) ——線③「コート整備をするあいだ、誰も口をきかなかった」とありますが、この時の「みんな」の気持ちとして適切なものを次から選び、記号で答えましょう。

ア 怒り　**イ** 安心　**ウ** 興奮　**エ** 失望

(5) ——線④「ぼくたちはこれまでよりも強くなるだろう」とありますが、この時のぼくの気持ちを表すことわざとして適切なものを次から選び、記号で答えましょう。

ア 立つ鳥あとをにごさず　**イ** 雨ふって地かたまる

ウ 後悔先に立たず　**エ** 習うよりなれろ

(6) 本文からは次の一段落が抜かれています。もどす場所として適切なものを本文中の【ア】～【エ】から選び、記号で答えましょう。

みんなは青ざめた顔のまま、じゃんけんをしようとしていた。どうか、グーとパーが均等に分かれてほしい。

(7) この文章の主題として適切なものを次から選び、記号で答えましょう。

ア コート整備をめぐって行われる巧みなかけひき。

イ 何とかして末永をハメようとする部員全員の努力。

ウ 他の部員たちに対する「ぼく」の一方的な裏切り。

エ コート整備の一件から生まれた部員たちの結束。

〔京都産業大附中―改〕

(7) 主題を選ぶ問題ですから、文章全体に関係している内容で、作者が読者にどのようなメッセージを伝えたいのかを考えて選びましょう。さまざまな出来事が起こっていますが、最終的には部員たちが息を合わせてコート整備をしています。

3 随筆

1 筆者の興味・関心をとらえる ★★

随筆は、筆者が生活の中で体験したことを通して、感じたり考えたりしたことを自由に書いた文章です。まずは、筆者がどのようなことに興味・関心をもち話題として取り上げているかをつかむことが大切です。

①題名から考える…随筆の題名は話題について表したものである場合が多いので、筆者の興味・関心が何であるかをつかむことができます。

②書き出しの部分に注目する…随筆では書き出しの部分で話題が出されることが多くあります。書き出しの部分を注意して読み、話題をつかみましょう。

例題

◆次の文章を読んで、あとの問いに答えましょう。

（筆者は知っている子どものいない小学校の運動会に出かけました。途中から雨が降り出し、中止が検討される中、校長先生の独断でリレー競技だけが行われました。全員がずぶぬれになりましたが、最後には不思議な感動が生まれました。）

参考 随筆の分類

随筆は、自分自身の体験を感覚的に書いた、物語に近いものと、自然科学や歴史などについて自分が考えたことを理論的に説明する、論説文に近いものに分かれます。どちらであるかを判断し、前者は筆者の心情、後者は筆者の考えた結論をつかむことを目的として読み進めます。

　雨は運動会にはもちろん不都合である。

　だれだって雨は避けようと思う。しかし避けたから万事よかったかというと、そういったものでもない。不運にも雨に降られてしまった運動会が、晴天で支障のなかった運動会よりはるかに心に残るということがあるのである。その時のリレーにしても、ころばずに一番で走った子どもたちより、二度もころんで、ひきはなされて、それでも走った泥まみれの生徒の方が強い印象を残している。

　小さな体験から大げさなことをいうようだが、支障というものは避ければいいというものではないのだな、と思う。不都合は克服すればいいというものではない。不都合や支障が、どれだけ私たちを豊かにしたり深めてくれたりしているか分からないというようなことを思うのである。

（山田太一「いつもの雑踏　いつもの場所で」）

(1) 書き出しに注意して、筆者がどんなことに興味を感じているかを説明した次の文の□に当てはまる言葉を三字で探し、抜き出しましょう。

・□なことが起こったときの対応について。

(2) (1)の話題について、筆者はどのようなことが大切だと思っていますか。二十字と三十九字で探し、それぞれ最初と最後の五字ずつを書きましょう。

例題の答え

(1)不都合

(2)不都合は克～のではない
不都合や支～分からない

考え方

(1)書き出しの文から、運動会なのに雨が降るという不都合が起こったときのことが話題になっているとわかります。

(2)筆者は「運動会の途中で雨が降る」という不都合について、それを避けずにリレーをやったことで得られた感動を良いものだととらえています。本文の最後の部分に、不都合なことをどうとらえて対応すればよいかがまとめられています。

2 筆者独自の表現をとらえる ★★

随筆では、筆者独特の物事のとらえ方を味わうことができます。個性豊かな表現に注目して、筆者の感じたことを読み取るようにしましょう。

随筆には次のような特徴があります。

①ある出来事について、筆者独自の視点で書かれていること。

②その出来事に関する事柄について、筆者ならではの感情、感覚などが感じられること。

③比喩や擬態語・擬声語などのさまざまな技法を用いて、感じたことを印象的に伝える工夫をしていること。

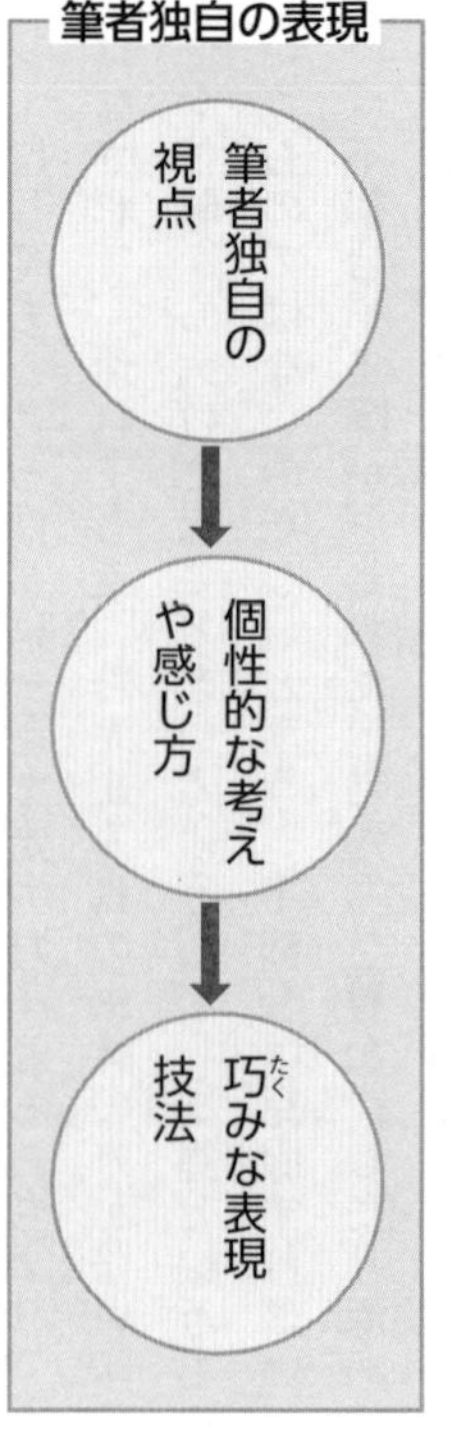

例 重い病気をわずらったあと、やっと病院から出られた日のことは今でも忘れられない。悪魔にとりつかれたような状況から解放されたと思うと、輝いている太陽を、手をのばしてつかみたくなるようで、実に喜ばしかった。

ことば 擬態語・擬声語

擬態語とは状態や身ぶりなどの様子をそれらしくたとえて表したもので、擬声語は実際に聞こえる音を言葉で表したものです。

例 擬態語…太陽がさんさんと輝く。

擬声語…遠くで鐘がカーンと鳴った。p.192

ズームアップ

比喩 p.310

例題

◆次の文章を読んで、あとの問いに答えましょう。

学生を田んぼに連れて行った際に、

「あの田んぼはお前だろう」

と私は言います。

すると、相手はぽかんとしています。何を言っているのだ、このじいさんは。でも、田んぼは私たち自身だ、という考えはおかしなものではありません。田んぼから米が出来る。その米を体内に入れて、体をつくっていく。米は体の一部になる。その米を作っている田んぼの土や水、そこに降り注いでいる日光も全部、私になっていくわけです。

もちろん海でも同じことです。魚を食べるということは、海を体内に取り入れていく、ということでしょう。

でも、こういうことを子どもに教える大人があまりいません。「あんたはあんた。田んぼは田んぼ。海は海」としか教えないでしょう。

（養老孟司『「自分」の壁』）

問 ——線「あの田んぼはお前だろう」とありますが、筆者はどのような意味で言っているのですか。説明した次の文の［A］・［B］にあてはまる適当な語句をそれぞれ本文中からAは十字、Bは六字で抜き出しましょう。

・米を食べることで田んぼを［A］ことになるため、田んぼは［B］と考えることが可能である、という意味。

例題の答え

A体内に取り入れていく

B私たち自身だ

考え方

田んぼや海の例で、筆者は「田んぼや海で取れるものを食べるということはそれらを自分の体内に取り入れるということだから、それはめぐりめぐって自分自身になる」という考え方を示しています。［ ］前後の言葉とのつながりに気をつけて解答となる言葉を抜き出しましょう。

随筆においては、筆者独自の思いを伝えるための、通常の文章とは違った特徴があります。

①一見関連がないような複数の具体的な事柄が書かれますが、それは筆者の意見をよりわかりやすく伝えるための工夫なので、それらの共通点について注意して読むとよいでしょう。

例 父は新しい家電製品を買っても「よくわからん」と言って使おうとしないのだが、孫と直接やりとりしたいがためにスマートフォンを使えるようになった。

大学で一人暮らしをするまで料理をしたことがなかった息子が、ふとしたきっかけで料理をはじめ、今ではプロ顔負けの腕前になっている。

自分で興味を持ち、取り組んでみれば、意外とできることは多いものだ。

> 父のスマートフォンの話と息子の料理の話という一見関係がなさそうなものを「興味を持って取り組めば多少の困難は乗り越えられる」という共通点でまとめています。

②ある事柄に対する筆者の感想が書かれている場合、一見事実をそのまま伝えているように見えても、筆者独自の見方、考え方をとおした表現になっていますので、それを意識しながら読み進めましょう。

例 旅行ではじめて訪れたいなかの土地で、曲がりくねった道を歩いていると、以前にもこんな風景に出くわしたことがあるような気がしてきた。

→旅先での風景を筆者独自の視点からとらえています。

第2編 読む
第1章 文章を読み取るために
第2章 いろいろな文章を読む
第3章 詩・短歌・俳句を読む
第4章 古典を読む
中学入試にフォーカス2

例題

◆次の文章を読んで、あとの問いに答えましょう。

僕の中にもともと小説を書く才能が多少あったとしても、油田や金鉱と同じで、もしそれが掘り起こされなければ、いつまでも地中深く眠りっぱなしになっていたはずです。「強い豊かな才能があれば、それは必ずいつか花開くものだ」と主張する人もいます。が、僕の実感からいえば――僕は自分の実感についていささかの自信を持っています――必ずしもそうとは限らないようです。その才能が地中の比較的浅いところに埋まっているものであれば、放っておいても自然に噴き出してくるという可能性は大きいでしょう。しかしもしそれがかなり深いところにあるものなら、そう簡単には見つけられません。それがどれほど豊かな優れた才能であったとしても、もし「よしここを掘ってみよう」と思い立って、実際にシャベルを持ってきて掘る人がいなければ、地中に埋まったまま永遠に見過ごされてしまうかもしれません。僕自身人生を振り返ってみて、つくづくそのように実感します。（村上春樹「職業としての小説家」）

問 ――線「油田や金鉱と同じ」とありますが、どのような点が同じだと言えるのですか。次から選び、記号で答えましょう。

ア いくら掘ってもなくならずに次々わき出してくる点。
イ わざわざ掘ろうとしなくても自然に噴き出してくる点。
ウ 掘り起こされなければ見過ごされてしまいやすい点。
エ 残りの量に気をつけて掘らなければならない点。

例題の答え

ウ

考え方

まずは――線に続く部分をおさえましょう。「もしそれが掘り起こされなければ、いつまでも地中深く眠りっぱなしになっていたはずです」とあります。また、最後から二文目に「実際にシャベルを持ってきて掘る人がいなければ、地中に埋まったまま永遠に見過ごされてしまうかもしれません」とあります。どちらも「掘る」という単語が使われており、「才能」と「油田や金鉱」との共通点を示しています。

3 随筆の主題をとらえる ★★★

1 随筆で扱われる主な題材

随筆では、筆者は自分自身の体験から得た考えや思いを書き表します。筆者がどのような考えや思いを得たかを理解して、主題へと迫りましょう。

随筆で描かれる体験には主に次のようなものがあります。

①日々の生活の中から生まれた日常的な体験。
②過去の人生で得られた特別な体験。
③読んだ本や行った場所などから得られた体験。
④周囲の自然から得られた体験。

例題

◆次の文章を読んで、あとの問いに答えましょう。

子供の頃、私は作文が苦手だった。

学校で原稿用紙を配られ、さあこれから「夏休みの思い出」について作文を書きなさいなどと言われると憂鬱になった。原稿用紙を前にした私は、まるで白い広野に向かって立ちすくんでいるときのような恐怖感を覚え、鉛筆を持つ手が動かなかった。

そんな私がいまは職業的なライターとして日常的に文章を書きつづけている。それには、文章の書き方において、ひとつの方法を身につけることができ

参考 随筆における時間

随筆では、①現在の場面②過去の場面(回想)③現在の場面というように、時間が大きく変わることがあります。①の場面で見聞きしたことでふと昔のことを思い出し、「そういえば……」というように②の場面で過去の経験を回想して、再び③の場面にもどってその経験から得た心情や教訓と、それをこれからどう扱っていこうかという気持ちが語られます。時間の変化に注意して読み進めましょう。

たことが大きかったような気がする。

私は、これまで、ノンフィクションと言われるものを多く書いてきた。しかし、私は、新聞社や出版社に勤めたこともなく、編集プロダクションのようなものにも属したことがない。だから、誰かに文章の書き方を教わったりしたことがない。すべてひとりで書き方を工夫してきたのだ。どうにか身につけることのできたその書き方とは、ひとことで言ってしまえば「できるだけ眼に見えるようにする」ということだった。頭の中にあるものを視覚化する。いや、実際には、頭の中にあると思っているだけで、視覚化するまでは本当の意味では頭の中にも存在していない場合が多い。眼に見えるものにしたとき、初めて存在していたということが確認できるだけなのだ。

（沢木耕太郎「銀河を渡る　全エッセイ」）

問　――線「子供の頃、私は作文が苦手だった」とありますが、そんな筆者が職業として文章を書く仕事に就けた理由を、筆者自身はどのように考えていますか。次から選び、記号で答えましょう。

ア　学校の作文課題に必死に取り組み、文を書く方法を編み出したから。
イ　新聞社や出版社に勤め、上司から書き方を徹底的に教わったから。
ウ　誰の手も借りず、ひたすら思いつく言葉を紙に書き続けたから。
エ　頭の中にあると感じるものを視覚化する練習をひたすら積んだから。

例題の答え　エ

考え方　本文の最後から六行目に「どうにか身につけることのできたその書き方とは、ひとことで言ってしまえば『できるだけ眼に見えるようにする』ということだった」と書かれています。また、それに続く部分で、「眼に見えるようにする」が「視覚化」と言い換えられていることにも注目しましょう。

2 随筆の主題をとらえる

ここまで勉強してきたように、①取り上げられている話題をつかみ、②ありきたりなものの見方にとらわれない筆者独自の表現に注目することで、その随筆で筆者が伝えようとしている中心的な事柄（＝主題）を読み取ることができます。

例題

◆次の文章を読んで、あとの問いに答えましょう。

（筆者は、南アフリカのケープタウンという街で、アフリカとの別れをおしむかのように、現地のいろいろな人たちと交流を持ちます。以下はそれに続く場面です。）

ひとしきりしゃべったあと、みんなに手を振ってそこを離れた。歩いていると、また涙が出てきた。アフリカの旅が終わると思うと、寂しくてしかたがなかった。これまであちこちを旅してきて、こんなことは初めてだった。

どういうわけか、ぼくはアフリカにいるあいだ、よく涙を流した。何か特別な理由があったからではない。この地に生きる人々や、大地から、スッと手がのびてきて、心のやわらかいところをなでられるような瞬間が何度となくあったのだ。

人々はぼくと目が合うと、旧友に向けるような微笑みを浮かべた。サバンナの草原は海のように雄大で、風が吹くと草原全体が生きもののように揺れた。そこを駆けていくキリンにはえもいわれぬ美しさがあった。子どもたちは上半身裸で、力いっぱい大地を走っていた。

参考 過去を思い出すきっかけ

随筆の最初の場面、現在の生活の中に、過去の経験を思い出すきっかけが出てくることがあります。この部分は単に筆者の日常生活を描いているのではなく、過去の経験を思い出すきっかけとなり、主題につながるものになります。「○○といえば」「そういえば……」という表現に注目して、きっかけを見逃さないようにしましょう。

すべてが独特の透明感に包まれていた。涙が誘われるのは、そこに郷愁のようなものがあったからじゃないだろうか。眼を細めても見えないほど、遠い過去からやってくる、人や大地の郷愁のようなものが……。

そして、それらに涙するたびに、ぼく自身がほんの少しずつ透明になれるような気がした。

いつか元の生活に戻り、自分の中に透明さのカケラも見いだせなくなったら、ぼくはまたアフリカに戻ってこようと思う。

問 この文章の主題として最も適切なものを次から選び、記号で答えましょう。

ア アフリカを旅していて感動することがいくつもあったおかげで涙を流せた。今後の生活で感動できることが減ってきたら、またアフリカに来たい。

イ アフリカでは、遠い過去とつながる人や大地への郷愁が独特の透明感として感じられた。元の生活で透明感が薄まったと感じたら、またアフリカに来たい。

ウ アフリカの人々のやさしさにふれて、泣いてしまうことが多くあった。元の生活ではこの感動は得られないので、できればこのままアフリカで暮らしたい。

エ アフリカでは、本当に理由がわからないまま涙を流す機会が多かった。このまま元の生活に戻ってもつまらないので、すぐまたアフリカに戻ってきたい。

例題の答え イ

考え方 アフリカの旅の思い出とそれについて筆者が感じたことを書いています。筆者はアフリカで見たさまざまな光景に、「独特の透明感」を見いだしています。それはにごりのない、そのものの姿であり、自分が失ってしまったものです。それらの中に、筆者はある種の郷愁(＝なつかしく思う気持ち)を感じているのです。アフリカの旅の経験によって、その「透明感」を取り戻すことができた筆者は、また透明さが失われたらアフリカに戻りたいと考えています。

練習問題

解答555〜556ページ

1 次の文章を読んで、あとの問いに答えましょう。

（「ぼく」は弟のミトと子雀捕りをしています。）

　子雀は声こそ細くて幼いが、体は小さくても親鳥と同じく、独り暮らしできる力をもう十分もっている。近づくと、あわやというところですっと飛び立ってしまう。くやしいったらないが、ぼくの負けだ。①こんなのをいくら追っかけたって、むだ。つかまえるこつは、発育の遅い子雀を探し出し、それを徹底的に追いまわすことだ。そのうち子雀は疲れて動けなくなる。作戦変更。

　数本の桜の木をあたった末、一度に数メートルしか飛べない子雀を見つけた。もう半分捕れたようなものだ。

　桜から桜へ、二人は子雀を追っかけた。子雀がふらつきながら、横の桜へ移ったとき、〈しめたっ〉と心の中で叫んだ。近くに木はない。一丁あがりだ。

　ぼくは落ち着いて桜の幹に手をかける。虫を狙うカメレオンのように、ゆっくり距離を縮めていく。子雀はまだ口許の黄色い、小さいくちばしを突き出し、*あらぬかなたを見つめている。その先は澄みわたった青空だ。でも怖い目つきは、雲へでも飛び移りそうな気配だ。

　ぼくは胸いっぱいに広がるよろこびで、思わず頬がほころびる。

　勝利のカイカンってやつだ。ちらっと下を見る。②射ぬくようなミトの真剣なまなざしが、ぼくの目にカチッとあたる。ぼくはそれにこたえて伏せ網をたぐり出し、最後の一突きの準備にかかった。子雀のまんまるい目が、少し小さく

ヒント

1

(1) ——線①を含む文に注目し、いくら追いかけてもむだな子雀とは、どのような子雀かを考えましょう。——線①をふくむ文のあとの、つかまえやすい子雀について書かれていることが手がかりになります。

(2) 「ミト」のまなざしを受け取った「ぼく」の様子から「ミト」の考えを類推しましょう。「ミト」も「ぼく」といっしょに子雀をつかまえようと追い回していたことに注目します。

なったように見えた。まぶたが下がってきたのだろうか。小鳥はどれも、目をつぶりだしたらもうおしまい。元気がなくなった証拠だ。子雀は疲れはて、飛び立つエネルギーがなくなったのだろうか。

ふいと浮かんだあわれみの心が、網の動きを乱し、*テグスが小枝にひっかかった。引っぱると、小枝がゆれた。それが合図になったかのように、子雀は全身の力を借りて、白い雲に向かって飛び立った。

子雀は数メートル水平に飛ぶと、力つきて下へさがったが、また力をもりかえして上昇した。こんなことを繰り返しながら、波を描いて石垣の際の土手の桜まで飛んでいった。あっけにとられてその姿を見ながらなぜか③きいっと心にくい入るものを感じていた。

「えらいやつよのう」

ミトが木の下から*感にたえぬようにいう。

「うん、やるなあ」

ぼくは木の股にまたがって、空を見る。桜の若葉が青空に美しい模様を彫りこんでいる。手がだるい。足から力もぬけている。〈逃がしてやるか〉そんな思いが、ふっと心をよぎる。ミトもそう思っているにちがいない。

④青葉の蔭から放心したように空の一点を見つめていた丸い目と、甘えっ子みたいな黄色いくちばしが頭の中にちらつくのを、火をたくお陽様に投げこんで、ぼくは猿のようにすばしっこく木を降りる。

（河合雅雄「小さな博物誌」）

＊あらぬかなた…別の方向。

⑶選択肢は、子雀の様子とそれを見た「ぼく」の気持ちからできています。子雀は、飛び立ったものの、途中で力つきて下へさがったりしながら逃げています。また、「ぼく」の気持ちを考えるとき、——線③を含む文に注目しましょう。「なぜか…感じていた」とあることから、それまでの「ぼく」とは異なる気持ちであると考えられます。

＊テグス…釣り糸。
＊感にたえぬ…感動して表に出さずにはいられない。

(1) ——線①を、文中のことばを使って具体的に説明しましょう。
(2) ——線②が「ぼく」にうったえていたことを具体的に説明しましょう。
(3) ——線③とは何か。最も適切なものを次の中から選んで、記号で答えましょう。
ア まだ余力がありながらも、飛び立つエネルギーがないように見せかける子雀の賢さに、度肝を抜かれる思い。
イ まんまるとした目のまぶたがさがり、目をつぶりだした子雀をあわれんで、早く保護してやろうという思い。
ウ 飛ぶ力がなくても、逃げ足が思っていた以上に素早い子雀を、もっと追いつめて捕らえてやろうという思い。
エ 何度も飛ぶことを繰り返し、人の手から逃れようとする子雀の姿に感動し、もう逃がしてやろうという思い。
(4) ——線④は、だれがどうしたことを表現しているか説明しましょう。

(4)「放心」とは、ぼんやりしている様子です。ここで思い出されているのは、第四～六段落の、疲れて追いつめられた子雀の様子です。そのとき「ぼく」は子雀捕りの成功をほぼ確信してよろこんでいました。また、ものを火に投げ込むとは燃やしてしまうことですが、ここではどういうことを意味するでしょうか。

ちょっと ブレイク

読むということ〜AIは本が読めない？

文章を読むとはどういうことをいうのでしょうか。読むことによって、私たちは本の内容、書かれていることを理解しようとします。しかし、実際には思うように読み取れないことも多いのではないでしょうか。

読めない理由のひとつとして、使われている言葉が難しいということがあります。文章を作り上げているパーツの意味がわからなければ、全体が理解できないのも当然です。それなら、ＡＩ（＝人工知能）ならどうでしょうか。ＡＩはあらゆる言葉の意味を瞬時に調べられるので、知らない言葉などないのと同じです。でも実際にＡＩに文章読解をさせてみると、うまくいかないのです。かつて東大の入学試験を解かせてみるという試みがありましたが、いくつかある試験科目の中で、国語の読解問題はなかなか得点の取れない分野だったようです。

言葉の知識について万能に思えるＡＩで、どうしてこういうことが起きるのでしょう。まず、物語を読むことを例に考えてみましょう。実際に本に書かれている内容というのは、物語を成り立たせているもののごく一部でしかありません。たとえば「おじいさんは山へ柴刈りに、おばあさんは川へ洗濯に行きました」という文があります。幼い子供が初めてこの一節を読んだら、いろいろと気になるところが出てくるでしょう。おじいさんはどれくらいの距離を歩いたのか。おばあさんは洗濯道具を持っていくのが大変ではなかったか。そんなことは、私たちにとっては当たり前で、あまり気にならないかもしれません。

つまり、読むということにおいて、私たちは実に多くのことを前もって当然のこととして理解しているのです。そのうえ、それらの知識を今は関係がないとして一旦置いて先に進むことができます。ＡＩがそういう器用なことをするためには、私たちが知らず知らずに物語の前提としているすべてが文字に表されて、情報として受け取れるものになっている必要があります。でも、物語の世界のすべてを文字として書き表すのはあまりにも大変です。

そこで作者はそういう前提となる知識を読者に委ねます。私たち読者は読むときに書き表されている以上のものを補っているのです。その意味では、読者は二人目の作者でもあると考えられます。読めないという場合、単に使われている言葉の意味がわからないだけだとは限りません。前提とされている知識が読者になくて読み取れないということもあるのです。

章末問題

解答556〜557ページ

1 次の文章を読んで、あとの問いに答えましょう。

（「私」は妹のチエミが毎夜歌う歌詞の意味がわからずにいましたが、星座をおりこんだ歌だとわかり、妹に言おうと思っていました。）

①その夜は眠くならなかった。チエミの歌が始まっても、寝たふりをしてからずばっと「星座でしょ！」と言い出すんだと思ったらずいぶんどきどきした。＊茜ちゃんににらまれたまま口を開いた時よりずっと、たくさんの汗が出た。

「星座！」

布団からがばりと身を起こしてチエミを指さす。チエミはちょっと布団の下の背中をびくつかせて、それから②うっとうしそうに頭を出した。毛布から顔の上半分だけ出してこちらを見る。後悔しかけた私の目を、チエミはじっとのぞき込んだ。

「……そりゃそうだけどさー、もしかしてねえちゃん、この歌知らないの？」

「は？」

チエミの作詞作曲だと思っていた私は、問いの意味を理解するまでに時間がかかった。誰かの、しかも有名な人の歌だったということらしい。

あっけにとられた私に、チエミが「宮沢賢治」と、ひと言放つ。

「そうなの？」

「そうだよ」

もしかして、ずっとなぞなぞ歌だと思って考えてたの、とチエミが言ったのにうなずくと、大声で笑われた。

「何、ずっと考えてたの。こんなの？　えー？」

ばかじゃん、とチエミは言った。でもそのまま、むくりと起き上がって手招きした。ちょっと来て、とすぐ隣にあるふすまを開ける。お父さんとお母さんの寝室の六畳間。ふたりともまだ居間に居るのか、姿はない。隅に布団が積んであって、真ん中にはぽっかりと闇が集まった空間があるだけだ。私たちふたりは何とはなしに背中を丸めて、こっそりと部屋に入った。

「見て」

チエミが囁く。指さした先、③天井の照明の右側に、小さな点が七つひかっていた。蛍光塗料のうっすらとしたひかり。デンキのあかりじゃない、そのひかりでできた七つの点がひしゃくのかたちを描いていることは、すぐにわかった。

「北斗七星？」

私が言うと、チエミが隣で小さくうなずいた。

「あたしぜんそく*だったじゃん。だから、夜の冷たい空気はよくないとか言って、星、見られなくて」

「うそ」

全然知らなかった。でも私は、チエミが小さい頃、お父さんとお母さんに守られるようにこっちの寝室で眠っていたのを憶えている。つまり、この星はチエミのために天井にくっつけられたのだ。お父さんかお母さんの手によって。

「あの歌も、お母さんがうたってくれたんだよ。ねえちゃん、ぐっすり寝てたから知らないんだろうけど」

暗闇に慣れてきたのか、横を見たらチエミがまぶしそうに偽物の星をあおぐのが見えた。私は「そっかあ」とだけつぶやいて膝を抱える。布団の中で、お母さんの歌を聞きながら、チエミはきっと今と同じまぶしそうな顔をしていたんだろう。

私が知らない顔は、まだいっぱいある。チエミにもカツラちゃん*にも、クラスの他のみんなにも、多分。うんざりしたり、さみしくなったりするのはまだ早いんだ。

そう思ったら久しぶりに、なんだか安心してしまって、早くもまぶたが下がりそうになった。

マンガみたいな星形に切り抜かれた蓄光チップ*のひかりが七つ、私とチエミを照らしている。

（豊島ミホ「だって星はめぐるから」）

＊茜ちゃんににらまれたまま～…「私」と茜ちゃんはある出来事のために対立したことがあった。
＊ぜんそく…発作的にせきが出て呼吸困難になる病気。
＊カツラちゃん…「私」のクラスメイト。
＊蓄光チップ…電気を消したときに光る素材。

(1) ――線①「その夜は眠くならなかった」について、その理由を四十字以内で答えましょう。

(2) ――線②「うっとうしそうに頭を出した」について、このときの「チエミ」の気持ちとして最も適切なものを次から選び、記号で答えましょう。

ア 姉に気づかれないようにこっそり歌っていたのに、寝たふりをして聞いていたことに驚いている。

イ 歌を歌って気持ちよく寝ようと思っていたのに、姉がその邪魔をしたので腹を立てている。

ウ だれにも教えるつもりはなかった歌なのに、姉がそれを無視して質問してくることに落胆している。

エ　だれでも知っているような歌詞なのに、姉が大げさにその話を持ち出したので面倒に思っている。

(3)　――線③「天井の照明の右側に、小さな点が七つひかっていた」について、「私」はそれからどのようなものを感じていますか。最も適切なものを次から選び、記号で答えましょう。

ア　からだが弱く外に出ることを禁じられていたチエミの外に出たいという強い願い。

イ　ぜんそくのチエミがいたためにひとりぼっちで寝ていた「私」の寂しさ。

ウ　ぜんそくのために星を見ることができなかったチエミを思いやる父や母の愛情。

エ　からだが弱く一人だけ夜空の星を見ることができなかったチエミの孤独感。

(4)　「私」の気持ちの変化として最も適切なものを次から選び、記号で答えましょう。

ア　緊張→驚き→安心　　イ　安心→緊張→感動

ウ　驚き→感動→緊張　　エ　迷い→安心→驚き

〔穎明館中―改〕

2　次の文章を読んで、あとの問いに答えましょう。

自分の色を消し自分のにおいを消してしまった透明人間は、他の透明人間と容易に交換が可能です。

個性的な人間というのはなかなか交換できません。

「あの人の近くに行くと、いい人はいい人なんだけどちょっとくさすぎて疲れるなあ」、とか、「あの人いい人なんだけど色が強すぎて、ちょっと近づいていては離れるっていうふうにしないとこっちまで染められちゃいそうだなあ」とか、においや色が強い人は言われてしまうこともありますが、やはり個性のある人というのは①そういうものなのです。余人をもって代えがたい、あのにおいが出せてあの色を持っている、ということにおいて代えがたいのです。アーティストとかを見ても、すごいにおい、すごい色を発している人が多いことに気づくでしょう。

もっとも、②交換可能なにおいや色というものもあります。部下に威張り散らす強烈なにおいを持った上司同士は交換可能だったりします。またこのタイプのくさい上司が来たよ、ここできっと同じような説教するに決まってる、と思っていると果たしてまた同じような説教をする、とかいったことはあります。これはあまり個性的なにおいとは言えないですが、本人だけが自分は個性的だと思っているのでタチが悪いということもあります。

いずれにしても、いい子であろうとする、周りと抵抗なく過ごしていい評価をもらおうとすることだけに一所懸命になって③自分を脱臭・脱色していくと、私たちはどこまでも交換可能な、自分らしさを見失う方向へ向かっていくことになるのです。

他の人から評価をもらいたいなら、自分をさらけ出し、自分のかけがえのなさで勝負すればいいのですが、私たちの多くは自信もないし、自分のかけがえのなさがどこにあるのかも分かっていませんから、自分を脱色・脱臭して、私は誰にでも合わせることができます、空気を読むことができます、自己主張も強くありません、私というのは大した人間ではありませんからどうぞよろしく、と［④］に出て評価を取ろうとする人が圧倒的に多くなってしまいました。

［⑤］、そういう人たちは、ある時自分が交換可能だということに気がついてしまいます。［⑥］困ってしまうのです。私のような人間はこの世の中にどこにでもいる。何かあればすぐ誰かと交換されてしまう。他の人は私が他の人と交換されても何も困らないと気づいて、愕然とするのです。

「交換可能」の反対語が、「かけがえのない」ということです。それは人と人とが交換可能でない、とも言えるし、人とお金が交換可能でない、つまり私の価値はお金ではないということでもあります。私はモノとも交換可能でない、私は単なる学歴でも会社の役職でもありません。私自身がかけがえのないものなのです。

その⑦「かけがえのなさ」がこの社会から失われつつあります。すべての人が、自分はいつか交換されてしまうんだろうな、とどこかで感じているような状況になっています。いつ交換されるか分からないという感覚のもっとも厳しい言い方が、「消耗品」であったり「使い捨て」であったり、ということでしょう。

（中略）

一人ひとりが、自分自身をかけがえのない人間だと思うことができなくなってしまい、「自己信頼」を失ってしまっている。そして社会の中に本来あるはずの「社会に対する信頼」も失われている。

しかし、自分も信頼できない、社会も信頼できない、そんな状態で人間は生きていけるのでしょうか？

その答えは、断じてNO（ノー）です。そんな状態では人間は生きていくことはできません。そんな社会では重大な問題が次から次へと起きてきます。

人の心が壊（こわ）れはじめたのか……、と思えるような事件がこのところ日本では次々と起こってきています。それらの事件の背後には、この「信頼の崩壊（ほうかい）」があるのです。

（上田紀行「かけがえのない人間」）

(1) ――線①「そういうもの」は何を指していますか。「□ないということ」と続くように、本文中から八字で書き抜きなさい。

(2) ――線②「交換可能なにおいや色」とはどういうものですか。

ア 個性とは言いがたく、自分だけが良かれと思っているもの

イ 良い個性と言えず、自分自身も変えたいと思っているもの

ウ 一定の役職についた者が、身につけなければいけないもの

エ 誰でも真似（まね）できるような、特徴（とくちょう）をもった強くてくさいもの

(3) ――線③「自分を脱臭・脱色していくと」どのような存在になりますか。たとえとして表現しているところを探し、「□になる」と続くように、本文中から四字で書き抜きなさい。

(4) ④ に入る、「へりくだった態度」という意味の言葉を漢字二字で答えなさい。

(5) ⑤・⑥ に入る言葉をそれぞれ答えなさい。

ア たとえば　イ そして　ウ つまり

エ しかし　オ だからこそ

(6) ――線⑦「『かけがえのなさ』が社会から失われつつある」のは何が原因ですか。本文中から五字で書き抜きなさい。

〔青山学院中〕

3 次の文章を読んで、あとの問いに答えましょう。

うちは四人きょうだいだが、怪我にも連鎖反応があるのか、末の妹も顔に小さな傷をしたことがあった。祖母が亡くなってすぐの法事の時だったと思う。幼い妹がお坊さんのお経をおかしがって笑ったりするので、キャラメルをあてがわれ、庭でひとりであそんでいた。

ちょうどこの日、庭師が入り、築山の松の木の手入れをしていたのだが、妹が*脚立に寄りかかったのか、庭師が上から植木ばさみを落としてしまい、妹の目じりをかすめたのである。

妹の泣き声で、親戚一同が総立ちになった。

「大変だ！　和子が目をやられたぞ！」

①仁王立ちになって叫ぶ父を突き飛ばすように、母が足袋はだしで飛び出し、妹を横抱きにすると、物もいわずに隣の外科医院に駆け込んだ。幸い傷は大したこともなく、今はあとかたもないが、大体において*一朝事ある場合、父は棒立ちでやや大袈裟に呼ばわるわけだが、母は考えたり迷ったりするより先に体の方が動いているところがあった。

こと体の動きにかけて、いつも母におくれをとっていた父だが、一回だけ②子供の為に駆け出してくれたことがある。

私は女学校は四国の高松県立第一高女だが、入学した直後、父の転勤で、一学期の終わりに東京の目黒高女の編入試験を受ける羽目になった。

試験日が盲腸手術の直後とぶつかってしまい、体操は免除して戴くようお願いしていた。

試験の朝早く、母は隣で寝ている父が、脂汗をかきひどくうなされているのに気づいて、揺り起こした。父は私の編入試験の夢を見ていた。あれほど頼んだのに、私が体操が免除にならず、走ってみなさいといわれている。父は飛び出して、

「この子は病み上がりだから、代わりに走らせてもらいたい」

と願い出て、編入試験を受ける他の女学生の中にただ一人まじって、スタートラインに立ったという。ピストルが鳴って走り出したのだが、足に根が生えたのかどう焦っても足が前に進まない。[ア]転[イ]倒しているところを母に起こされたというのである。

このことは、私がどうにか編入試験にパスした合格祝いの食卓で、母から聞かされた。

「お前が合格したのはお父さんのおかげよ」

お赤飯をよそいながら母が感動した面持ちでいうと、

「いいお父さんを持って邦子はしあわせだねえ」

祖母まで調子を合わせ、父に見えないように箸箱で私のお尻を突っついて、

「有難うございますはどうしたの」

小声で催促する。

夢の中で駆け出さなくてもいいから、その分拳骨や口叱言を減らして欲しいと思ったが、口に出していえば、それこそ拳骨が飛んでくる。③理屈に合わないはなしのような気もしたが、畳に手をつき、お櫃の脇に頭を下げた。笑い上戸の弟は福助頭をふるわせて笑いをこらえていた。


（向田邦子「父の詫び状」）


*脚立…はしご。

*一朝…いったん。ひとたび。

*面持ち…顔つき。

*お櫃…飯を入れる器。

(1) ——線①「仁王立ちになって叫ぶ父」とありますが、その様子を別の表現で表している部分を文中から十四字で抜き出しましょう。

(2) ——線②「子供の為に駆け出してくれたことがある」とありますが、これはどのようなことですか。最も適切なものを次から選び、記号で答えましょう。
ア「私」が編入試験の前に盲腸になったので、病院に運んだこと。

イ「私」の編入試験を心配するあまり、夢の中で私の代わりに走ろうとしたこと。

ウ「私」の編入試験で、体操を免除するように学校にお願いしたこと。

エ「私」が編入試験を受けられるように、四国から東京に転勤したこと。

(3) 本文中の「ア転イ倒」は、四字熟語です。ア・イに当てはまる漢字を、それぞれ書きましょう。

(4) ——線③「理屈に合わないはなし」とありますが、「私」は「何について」、「なぜ」このように感じたのですか。六十字以内で書きましょう。

〔晃華学園中—改〕

ここからスタート！

第2編

読む

第3章 詩・短歌・俳句を読む

学習することがら

1 詩

1 詩とは

入試重要度 ★★

詩とは、わきあがってきた感動を、表現効果を高めるために改行し、短い言葉で書き表したものです。次の三つの分類による詩の種類をおさえましょう。

①使われる言葉による分類

・口語詩…現代の言葉(口語)で書かれている詩。
・文語詩…昔の言葉(文語)で書かれている詩。

②形式による分類

・定型詩…七音・五音などの一定の音数のくり返しによってリズムを出す詩。
・自由詩…音数や行数にとらわれない詩。
・散文詩…改行しない普通の文章の形式の詩。

③内容による分類

・叙情詩…作者の感動や気持ちが中心となる詩。
・叙事詩…社会的・歴史的事件や英雄の功績を表現した詩。
・叙景詩…自然の景色の美しさを表現した詩。

例

積もった雪　金子みすゞ

上の雪
さむかろな。
つめたい月がさしていて。

下の雪
重かろな。
何百人ものせていて。

中の雪
さみしかろな。
空も地面もみえないで。

入試では 詩で問われやすいもの

詩の出題では、詩の種類を問われる場合が多いので、詩の用語・形式・内容上の違いをつかむ必要があります。現代の詩では、口語自由詩が多数を占めることを覚えておくとよいでしょう。上の例は口語定型詩で、——線部に作者の思いが表された叙情詩です。

ことば 詩の連

詩では、何行かをまとめて一行あきを設けて「連」をつくることがあります。一つの連は、感動や内容のまとまりで区切られます。上の例は三つの連でできています。

例題

◆次の詩を読んで、あとの問いに答えましょう。

素直な疑問符　　吉野　弘

小鳥に声をかけてみた
小鳥は不思議そうに首をかしげた。

わからないから
わからないと
素直にかしげた
あれは
自然な、首のひねり
てらわない美しい疑問符のかたち。

時に
風の如く
耳もとで鳴る
意味不明な訪れに
私もまた
素直にかしぐ、小鳥の首でありたい。

(1) この詩で使われている用語として適切なものを次から選び、記号で答えましょう。

ア 口語　**イ** 文語

(2) この詩の形式として最も適切なものを次から選び、記号で答えましょう。

ア 定型詩　**イ** 自由詩　**ウ** 散文詩

(3) この詩の内容上の種類として最も適切なものを次から選び、記号で答えましょう。

ア 叙情詩　**イ** 叙事詩　**ウ** 叙景詩

例題の答え

(1) ア
(2) イ
(3) ア

考え方

(1) この詩は現代の言葉で書かれているので口語詩です。

(2) この詩は各行の音数が一定でないので自由詩です。

(3) 最後の二行で、小鳥の様子を見たときに生まれた作者の思いを表現しています。この二行が詩の中心にあたるので、叙情詩です。

2 詩の表現技法 ★★★

詩では、作者が表そうとする内容をより印象的に伝えるために、さまざまな表現技法が用いられます。

①**比喩**…たとえの表現で、他のもののイメージを借りる技法。深い印象を与える効果があります。「…のような」を使う**直喩**と、「…のような」を使わない**隠喩**があります。

例 妹はわが家の太陽のようだ。（直喩）
妹はわが家の太陽だ。（隠喩）

②**擬人法**…人ではないものを人にたとえる技法。表された情景に親近感を与える効果があります。

例 空が泣いている。

③**倒置法**…言葉の順序を逆にする技法。感動を強めます。

例 さあ、やっと来たぞ、僕らの出番が。

④**くり返し（反復）法**…同じ言葉を重ねたり、似た意味の異なる言葉をくり返したりする方法。リズムで印象を強める働きをします。

例 紙風船　黒田三郎

落ちてきたら
今度は
もっと高く
もっともっと高く
何度でも
打ち上げよう
美しい
ねがいごとのように

——線部で反復法。□で倒置法。
〰〰線部で比喩（直喩）。

参考　押韻とラップ

詩歌で、同じ音、または似た音を詩の中で一定の箇所に使うことを「韻を踏む」あるいは「押韻」とよびます。同じ場所で同じ音、または似た音がくり返されることによってリズムが生まれます。

若者に親しまれているラップという音楽では、口ずさむ歌詞に押韻を用いることがルールとなっています。これも、押韻によって生まれるリズムやテンポを利用して、聞く人に独特の感情の高まりをもたらす効果があります。

例 明日のテストは一夜づけ
全然こりない先延ばしぐせ
一度は乗ってみたい大船
世の中真面目が勝つのが常
だからいいかげんに気づけ
そんなんじゃ合格はおあずけ

⑤**省略**…言葉を省略することによって印象を強め、深い余韻を与える技法。

例 私の心の中には深い喜びが——。

⑥**対句法**…調子のよく似た言葉を並べて、リズム感を出し、調子を整えます。

例 空には鳥、地には花。

⑦**呼びかけ**…対象となるものに呼びかけ、親しみの心を伝えます。

例 おーい、雲よ。

⑧**体言止め**…行の終わりを体言(名詞)で止める方法。印象を強め、余韻を与えます。

例 庭に咲いた美しい花。

例

しあわせ　高田敏子

歩きはじめたばかりの坊やは
歩くことで　しあわせ
歌を覚えたての子どもは
うたうことで　しあわせ
ミシンを習いたての娘は
ミシンをまわすだけでしあわせ
そんな身近なしあわせを
忘れがちなおとなたち
でも　こころの傷を
なおしてくれるのは
これら　小さな
小さな　しあわせ

□は体言止め、▒は対句。

参考　「しあわせ」鑑賞

上の詩はおとなと子どもを比べて、おとなになると自分の身の回りにある小さなしあわせに目が向かなくなってしまうことを指摘するとともに、力が弱くできることも少ない子どもの方が、おとなより小さなしあわせに気づく力が高いことを示しています。日々の生活で心がつかれがちなおとなに、「小さなしあわせに気づく喜び」を教えるような詩です。

例題

❶ 次の詩を読んで、あとの問いに答えましょう。

空をかついで　石垣りん

肩は
首の付け根から
なだらかにのびて
肩は
①地平線のように
つながって。
人はみんなで
空をかついで
きのうからきょうへと。

子どもよ
おまえのその肩に
おとなたちは
きょうからあしたを移しかえる。
この重たさを
この輝きと暗やみを
②あまりに小さいその肩に。
少しずつ。
少しずつ。

(1) ――線①「地平線のように」の部分に使われている表現技法として最も適切なものを次から選び、記号で答えましょう。

ア 体言止め　**イ** 対句法　**ウ** 直喩法　**エ** 擬人法

(2) ――線②「あまりに小さいその肩に」の後に省略されている言葉を、詩の中から五字で抜き出しましょう。

(3) 反復法が使われている二行を、詩の中から抜き出しましょう。

例題の答え

❶
(1) ウ
(2) 移しかえる
(3) 少しずつ。／少しずつ。

考え方

❶
(1)「ように」がついていることから、直喩法であることがわかります。
(2) 三行前の「きょうからあしたを移しかえる」の対句になっています。
(3) 最後の行とその一つ前の行で「少しずつ」という同じ言葉がくり返されています。

❷次の詩を読んで、あとの問いに答えましょう。

おかし　金子(かねこ)みすゞ

いたずらに一つかくした
弟のおかし。
たべるもんかと思ってて、
たべてしまった、
一つのおかし。①

かあさんが二つッていったら、
どうしよう。

おいてみて
とってみてまたおいてみて、
それでも弟が来ないから、
たべてしまった、
二つめのおかし。

にがいおかし、②
かなしいおかし。

(1) ——線①「一つのおかし」の部分に使われている表現技法として最も適切なものを次から選び、記号で答えましょう。
ア 体言止め　**イ** 呼びかけ　**ウ** 直喩法　**エ** 擬人法

(2) ——線②「にがいおかし、／かなしいおかし」の部分に使われている表現技法として最も適切なものを次から選び、記号で答えましょう。
ア 倒置法　**イ** 対句法　**ウ** 反復法　**エ** 省略法

例題の答え

❷ (1)ア (2)イ

考え方

❷ (1)「おかし」という体言(名詞)でおわっているので、体言止めです。
(2)「〇〇おかし」という形が共通していることで、独特(どくとく)のリズムが生まれています。

3 詩作品の紹介(しょうかい)と鑑賞(かんしょう)★

「雨ニモマケズ」

雨ニモマケズ
風ニモマケズ
雪ニモ夏ノ暑サニモマケヌ
丈夫(じょうぶ)ナカラダヲモチ
慾(よく)ハナク
決シテ瞋(いか)ラズ
イツモシヅ(ズ)カニワラツテヰ(イ)ル
一日ニ玄米(げんまい)四合ト
味噌(みそ)ト少シノ野菜ヲタベ
アラユルコトヲ
ジブンヲカンジヨ(ヨ)ウニ入レズニ
ヨクミキキシワカリ
ソシテワスレズ
野原ノ松ノ林ノ蔭(かげ)ノ
小サナ萱(かや)ブキノ小屋ニヰ(イ)テ
東ニ病気ノコドモアレバ
行ツ(ツ)テ看病(かんびょう)シテヤリ
西ニツカレタ母アレバ

竹

光る地面に竹が生え、
青竹が生え、
地下には竹の根が生え、
根がしだいにほそらみ、
根の先より繊毛(せんもう)が生え、
かすかにけぶる繊毛が生え、
かすかにふるえ。

かたき地面に竹が生え、
地上にするどく竹が生え、
まつ(っ)しぐらに竹が生え、
凍(こお)れる節節りんりんと、
青空のもとに竹が生え、
竹、竹、竹が生え。

鑑賞 竹がまっすぐにのびる姿(すがた)が、力強い言葉を使って表現(ひょうげん)されている。
萩原朔太郎(はぎわらさくたろう)（一八八六〜一九四二）群馬県生まれ。口語自由詩の確立(かくりつ)者と言われる。

音楽会の後

人人の心はかなり深くつかれて

汚れつ(っ)ちまつ(っ)た悲しみに……

汚れつ(っ)ちまつ(っ)た悲しみに
今日も小雪の降りかかる
汚れつ(っ)ちまつ(っ)た悲しみに
今日も風さへ(え)吹きすぎる

汚れつ(っ)ちまつ(っ)た悲しみは
たとへ(え)ば狐の革裘(かは(わ)ごろも)
汚れつ(っ)ちまつ(っ)た悲しみは
小雪のかかつ(っ)てちぢこまる

汚れつ(っ)ちまつ(っ)た悲しみは
なにのぞむなくねがふ(う)なく
汚れつ(っ)ちまつ(っ)た悲しみは
倦怠(けだい)のうちに死を夢む

汚れつ(っ)ちまつ(っ)た悲しみに
いたいたしくも怖気(おぢ(じ)け)づき
汚れつ(っ)ちまつ(っ)た悲しみに
なすところもなく日は暮れる……

行ツテソノ稲ノ束ヲ負ヒ
南ニ死ニサウナ人アレバ
行ツテコハガラナクテモイヽトイヒ
北ニケンクワヤソシヨウガアレバ
ツマラナイカラヤメロトイヒ
ヒデリノトキハナミダヲナガシ
サムサノナツハオロオロアルキ
ミンナニデクノボートヨバレ
ホメラレモセズ
クニモサレズ
サウイフモノニ
ワタシハナリタイ

鑑賞 人生に対する作者の考えや思いがよく表れている詩である。質素な生活や落ち着いた心のあり方から幸福が生まれるという考え方が胸によくしみてくる。
宮沢賢治(一八九六〜一九三三)岩手県生まれ。農学校の教師や技師になり、郷土の福祉に力を入れた。

濡れてでもゐるやうに
愉しいさざなみを打つてゐた
人人は音楽が語る言葉の微妙さ
について囁いてゐた
階段から芝生に
芝生の下萌えをふんで
もはや街灯のついた公園の方へ歩
いてゐた
美しい妹をもつひと
たのしい女の友をもつひと
妻をもつひと
それらはみな一様な疲れのうちに
ふしぎと生き生きした昂奮を抱い
て歩いてゐた
私もそれらの群のあとにつづいて
寂しい自分の靴音を感じながら
春近い公園の方をあるいてゐた

鑑賞 演奏会のあとの満ち足りた心を、人々の様子を描くことによって表している。
室生犀星(一八八九〜一九六二)石川県生まれ。人間や人生に対する愛と感動を詩にした。

鑑賞 具体的な内容を示さないことで、どんな悲しみも包み込むことができる表現となっている。くり返しにより「悲しみ」も降り積もるよう。
中原中也(一九〇七〜一九三七)山口県生まれ。代表作は「山羊の歌」。人生の悲しみ、つらさをうたった詩が多い。

雪

太郎を眠らせ、太郎の屋根に雪ふりつむ。
次郎を眠らせ、次郎の屋根に雪ふりつむ。

鑑賞 たった二行の詩から広大な世界を想像させる傑作である。雪が降る様子や、村の様子、あるいは家の中で眠る子らの様子などが、わずかな言葉から感じ取れる。
三好達治(一九〇〇〜一九六四)大阪府生まれ。萩原朔太郎と知り合い、「詩と詩論」創刊。叙情的な作風の詩を多く作った。

道程

僕の前に道はない
僕の後ろに道は出来る
ああ、自然よ
父よ
僕を一人立ちにさせた広大な父よ
僕から目を離さないで守る事をせよ
常に父の気魄を僕に充たせよ
この遠い道程のため
この遠い道程のため

鑑賞 強く大きい父なる自然に対する深い愛情から生まれた詩である。作者は自分のこれからの人生について、はげまし見守ってほしいと、大いなる自然に向かって語りかけている。

高村光太郎（一八八三～一九五六）東京都生まれ。彫刻家でもある。「道程」「智恵子抄」などに、強い意志と愛情ゆたかな詩を書いている。

しらなみ

ここにあるのは荒れはてた細ながい磯だ
うねりははるかな沖なかに湧いてよりあいながら寄せてくる
そしてここの渚に
さびしい声をあげ
秋の姿でたおれかかる
そのひびきは奥ぶかくせまつた山の根にかなしく反響する
がんじような汽車さえもためらいがちに
しぶきは窓がらすに霧のようにもまつわつてくる
ああ　越後のくに　親しらず市振の海岸
ひるがえる白浪のひまに旅の心はひえびえとしめりをおびてくるのだ

わたしと小鳥とすずと

わたしが両手をひろげても、
お空はちっともとべないが、
とべる小鳥はわたしのように、
地面をはやくは走れない。

わたしがからだをゆすっても、
きれいな音はでないけど、
あの鳴るすずはわたしのように
たくさんなうたは知らないよ。

すずと、小鳥と、それからわたし、
みんなちがって、みんないい。

鑑賞 それぞれの違いをユーモアを交え述べたあと、その違いをすべて受け入れる作者独特の目線が感じられる作品。

金子みすゞ（一九〇三～一九三〇）山口県生まれ。自然をいつくしみ、やさしいまなざしで見つめた。

秋の夜の会話

さむいね。
ああさむいね。
虫がないてるね。
ああ虫がないてるね。
もうすぐ土の中だね。
土の中はいやだね。
痩せたね。
君もずゐぶん痩せたね。
どこがこんなに切ないんだらうね。
腹だらうかね。
腹とつたら死ぬだらうね。
死にたかあないね。
さむいね。
ああ虫がないてるね。

鑑賞 冬眠をむかえようとしている二匹のかえるの会話。寒い季節が近づきつつあるときの、さびしく悲しい気持ちがよく表れている。
草野心平（一九〇三～一九八八）福島県生まれ。宮沢賢治らとともに雑誌を刊行する。かえるをテーマにした詩が多い。

鑑賞 旅先で見た海のさびしさを、比喩を用いて表現している。
中野重治（一九〇二～一九七九）福井県生まれ。「歌のわかれ」「村の家」を書いた小説家でもある。

鉄棒 (二)

僕は地平線に飛びつく
僅に指さきが引っかかった
僕は世界にぶら下った
筋肉だけが僕の頼みだ
僕は赤くなる　僕は収縮する
足が上ってゆく
おお　僕は何処へ行く
大きく世界が一回転して
僕が上になる
高くからの俯瞰
ああ　両肩に柔軟な雲

鑑賞 体操競技の動きを瞬間ごと分けて描き、選手の緊張感や高揚感を表現する。
村野四郎（一九〇一～一九七五）東京都生まれ。代表作は「体操詩集」。

ある日ある時
秋の空が青く美しいという
ただそれだけで
何かしらいいことがありそうな気のする
そんなときはないか
空高く噴き上げては
むなしく地に落ちる噴水の水も
わびしく梢をはなれる一枚の落葉さえ
何かしら喜びに踊っているように見える
そんなときが

鑑賞 ささやかなきっかけが、作者の気分を高め、特別ではなかったある日ある時を特別なものへと変える様子をとらえる。
黒田三郎（一九一九～一九八〇）広島県生まれ。生活の中でわき上がる気持ちをわかりやすい言葉でとらえる。

草に寝て……

六月の或る日曜日に
それは　花にへりどられた　高原の
林のなかの草地であつた　小鳥らの
たのしい唄をくりかへす　美しい
声が
まどろんだ耳のそばに　きこえて
ゐた

私たちは　山のあちらに
青く　光つてゐる空を
淡く　ながれてゆく雲を
ながめてゐた　言葉すくなく

——しあはせは　どこにある？
山のあちらの　あの青い空に　そ
して
その下の　ちひさな　見知らない
村に

私たちの　心は　あたゝかだつた

忘れもの

入道雲にのって
夏休みはいってしまった
「サヨナラ」のかわりに
素晴らしい夕立をふりまいて

けさ　空はまっさお
木々の葉の一枚一枚が
あたらしい光とあいさつをかわし
ている

だがキミ！　夏休みよ
もう一度　もどってこないかな
忘れものをとりにさ

迷子のセミ
さびしそうな麦わら帽子
それから　ぼくの耳に
くっついて離れない波の音

鑑賞　楽しい夏休みが終わってしまったときの子どもらしい思いを表現した詩。

空の川

この川のはじまりはどこ？
リュックかついでさがしに行った
道はけわしい谷間になった
谷間はやがて岩の壁となり
壁には霧が降りてきて
川のはじまりを見失う

その時ごらん！　霧が晴れ
尾根の上にかっきり深い青空
川のはじまりは空だった

この川のおわりはどこ？
そいつはわけもないことだ
堤防の道をぶらぶら行けば
テトラポットにかみつく波
白く散らばるかもめたち

川のはじまりは空
川のおわりは海
けれどもある日

山は　優しく　陽にてらされてゐ(い)た
希望と夢と　小鳥と花と　私たちの友だちだつ(っ)た

鑑賞　自然の中で優しい気持ちを感じている様子を表した詩。自然を愛し、人々を信じる気持ちがよく伝わる、落ち着いた詩である。
立原道造(一九一四〜一九三九)東京都生まれ。青春をうたい、優しい詩風である。建築家としても知られている。

高田敏子(一九一四〜一九八九)東京都生まれ。易しい表現で日常生活を詩にし、お母さん詩人などとよばれた。

シジミ

夜中に目をさました。
ゆうべ買つ(っ)たシジミたちが
台所のすみで
口をあけて生きていた。

「夜が明けたら
ドレモコレモ
ミンナクツ(ッ)テヤル」

鬼ババの笑いを
私は笑つ(っ)た。
それから先は
うつ(っ)すら口をあけて
寝るよりほかに私の夜はなかつ(っ)た。

鑑賞　生き物を料理して食べるというふだんの行いを、ユーモアと気味悪さとが同居したかたちで切り取る。
石垣りん(一九二〇〜二〇〇四)東京都生まれ。鋭い言葉で日常と人の本質を表す。

海から雲が噴き上がる
そのあざやかな雲の峰を
いまさかのぼる空の川

鑑賞　子どもらしい気持ちを表現した詩。初めて見る「川のはじまり」の場所の様子に新鮮な感動を覚えている。
阪田寛夫(一九二五〜二〇〇五)大阪府生まれ。児童文学作家としても有名。「土の器」で芥川賞を受賞。

1 練習問題

解答557ページ

次の詩を読んで、あとの問いに答えましょう。

富士山　草野心平

川面に春の光はまぶしくあふれ、そよ風が吹けば光りたちの鬼ごっこ
*葦の葉のささやき。
*よしきりは鳴く。よしきりの舌にも春のひかり。

土堤の下のうまごやしの原に。*
自分の顔は両掌のなかに。
ふりそそぐ春の光りにかえって物憂く。
眺めていた。

少女たちはうまごやしの花を摘んでは巧みな手さばきで花環をつくる。それをなわにして縄跳びをする。花環が円を描くとそのなかに富士がはいる。そのたびに富士は近づき。とおくにすわる。

耳には［A］。
頬には［B］。

1 ヒント

(1)詩を読むときには、作者がどのような場所や立場にいるかを考えながら読むようにしましょう。この詩では、作者はある特定の場所にいて、美しい春の風景を見ながら詩を作っているように書かれています。第二連の内容に着目して考えましょう。

(2)人でないものを人のようにたとえて表現する方法を擬人法といいます。一〜二行目に注目すると、春の光や風にゆれる葉の様子を擬人法を使って表しています。

＊葦…水辺に生える、竹に似た植物。
＊よしきり…ウグイス科の小鳥。
＊うまごやし…シロツメクサのこと。

(1) 作者はこのときどこにいますか。作者がいる場所を詩の中から五字以上、十字以内で探し、抜き出しましょう。

(2) ――線「富士は近づき。とおくにすわる」のように、人でないものを人であるかのように表している部分が他にもう二か所あります。その部分を詩の中から五字以上、十字以内で探し、抜き出しましょう。

(3) 作者が見ている情景として最も適切なものを、次から選び記号で答えましょう。

ア 富士山のすぐ近くの原っぱで少女たちが縄跳びをしている様子
イ 少女たちが作った花環の中に富士山が入って見える様子
ウ 春の日に湖の近くで少女たちが鬼ごっこをしている様子
エ 葦の葉が春の強い風に吹かれて激しくゆれている様子

(4) この詩は、言葉の最後を同じ音にそろえることでリズミカルにしめくくられています。詩の［A］と［B］に入る五字以内の言葉を詩の中から探し、それぞれひらがなで書きましょう。

〔お茶の水女子大附中―改〕

(3) 第三連の内容に着目しましょう。少女たちが花環を使って何をしているか、また、その花環の向こうに何が見えているかを読み取りましょう。

(4) ［A］はその直前に「耳には」とあるので、作者が聞こえているものが入ります。［B］はその直前に「頬には」とあるので、作者が頬の上に感じているものが入ります。

p.362

2 短歌

1 和歌と短歌／短歌とは ★★

和歌とは、中国の詩である漢詩に対して、日本で古くからうたわれてきた詩のことです。和歌は「大和歌（やまとうた）」ともよばれ、古くは短歌以外の形式もありましたが、平安（へいあん）時代以降（いこう）は短歌が多くつくられたため、和歌のことを短歌とよぶようになりました。

例 天（あま）の原ふりさけ見れば春日（かすが）なる三笠（みかさ）の山に出（い）でし月かも（和歌）　阿倍仲麻呂（あべのなかまろ）

（天を仰（あお）いで遠くを眺（なが）めたら月がのぼっている。あの月は奈良（なら）の春日の三笠山にのぼっていたのと同じ月なのだなあ。）

金色（こんじき）の小さき鳥のかたちして銀杏（いちやう）ちるなり夕陽（ゆふひ）の岡（をか）に（短歌）　与謝野晶子（よさのあきこ）

（金色の小さい鳥の形をして、銀杏が夕陽の岡に散っているよ。）

短歌には次のようなきまりがあります。

①**形式**…「五・七・五・七・七」の五句（ごく）、三十一音からできており、はじめの「五・七・五」を**上（かみ）の句**、「七・七」を**下（しも）の句**とよびます。

上の句			下の句	
みちのくの	母のいのちを	一目見ん	一目みんとぞ	ただにいそげる
初句（五音）	二句（七音）	三句（五音）	四句（七音）	結句（七音）

三十一音より音数が多い短歌を字余（あま）り、少ない短歌を字足らずといいます。

参考　短歌の音数

短歌の音数を考えるときには、拗音（ようおん）（小さい「や」「ゆ」「よ」の音）は上の字と合わせて一音として数えることに注意しましょう。

例 ちょうちょ
→「ちょ」で一音になるので、全体では三音になります。

②句切れ…短歌では意味やリズムが切れるところを句切れといい、そこに感動の中心があります。切れる場所によって、**初句切れ・二句切れ・三句切れ・四句切れ**となり、句切れのないものは、**句切れなし**となります。

例 海恋し／潮の遠鳴りかぞへては少女となりし父母の家　与謝野晶子
（海が恋しい。遠くに聞こえる波の音を数えながら幼いころを過ごしたあの家や父母が（なつかしく）思い出される。）→**初句切れ**

みづうみの氷は解けてなほ寒し／三日月の影波にうつろふ　島木赤彦
（湖の氷が解け（て春になったと思っ）たのにまだ寒い。三日月の光が（解けた湖面の）波に映っているよ）→**三句切れ**

例題

◆**次の短歌を読んで、あとの問いに答えましょう。**

A 白鳥は哀しからずや空の青海のあをにも染まずただよふ　若山牧水
B 向日葵は金の油を身に浴びてゆらりと高し日のちひささよ　前田夕暮
C 瓶にさす藤の花ぶさ花垂れて病の牀に春暮れんとす　正岡子規
D 楽章の絶えし刹那の明るさよふるさとは春の雪解なるべし　馬場あき子
E 「この味がいいね」と君が言ったから七月六日はサラダ記念日　俵　万智

(1) 字余りの短歌を二つ選び、記号で答えましょう。
(2) 色を表す言葉を直接使っている短歌を二つ選び、記号で答えましょう。
(3) 第三句に感動の中心がある短歌を一つ選び、記号で答えましょう。

例題の答え

(1) D・E
(2) A・B
(3) D

考え方

(1) DとEの短歌はそれぞれ第四句が八音になっています。
(2) Aの短歌は「白」と「青」「あを」を対比させ、Bの短歌は向日葵を「金」色と表して印象を強めています。
(3) Dの短歌の第三句には「明るさよ」とあり、ここで意味が切れている「三句切れ」の短歌です。ここに作者の感動の中心があります。

2 短歌の表現技法 ★★★

短歌ではさまざまな表現技法が使われます。それぞれの技法の効果を理解することで、作者が伝えようとしていることをより深く理解することができます。

①**枕詞**…ある特定の言葉の上につけて、言葉の調子を整える五音の言葉で、古い歌によく見られます。言葉そのものの意味はほとんどありません。

例 垂乳根の母が釣りたる青蚊帳をすがしといねつたるみたれども　長塚節
(母さんが釣ってくれた青蚊帳はたるんでいたけど、さわやかで気持ちがいいと思いながら寝ましたよ。)

→「垂乳根の」は「母」に係る枕詞。

例 あしびきの➡山など　しきしまの➡大和　しろたへの➡衣・袖など
ちはやぶる➡神など　あさつゆの➡命など　ひさかたの➡光・天・空など

②**倒置法・比喩・体言止め・反復法**…倒置法は言葉の順番を入れかえて表す表現、比喩はあるものを他の何かにたとえる表現、体言止めは文(句)のおわりを体言(名詞)で止める表現、反復法は同じ言葉をくり返す表現です。

例 やはらかに柳あをめる北上の岸辺目に見ゆ泣けとごとくに　石川啄木
(柔らかく新芽が青々と茂っている(故郷の)北上川の岸辺が目に浮かぶ。(なつかしさで)私に泣けと言うかのように。)

→倒置法＝言葉の順番を入れかえることで、印象を強める方法。

参考 くり返しの効果
短歌の技法には他に、同音のくり返しがあります。たとえば「ゆく秋の大和の国の薬師寺の～」短歌は、同じ「の」の音をくり返すことによって、リズムを生み出します。

ズームアップ
詩の表現技法 p.362

例 書くことは消すことなれば体力のありさ(そ)うな大きな消しゴム選ぶ　河野裕子
↓比喩＝消しゴムの消す能力を人間の体力にたとえたもの。

例 「この味がいいね」と君が言ったから七月六日はサラダ記念日　俵万智
↓体言止め＝最後の部分を名詞（体言）で終え、余韻を深める方法。

例 みちのくの母のいのちを一目見ん一目みんとぞただにいそげる　斎藤茂吉
（東北（山形）にいる母が臨終を迎えようとしているので、ただ一目だけでも会いたいという思いで、ひたすらに急いだ。）
↓反復法＝同じ言葉をくり返すことで、心情を強く伝える方法。

例題

◆次の短歌を読んで、あとの問いに答えましょう。

A 雪のうへ(え)に空がうつりてうす青しわが悲しみはしづ(ず)かにぞ燃ゆ　前田夕暮

B 春過ぎて夏来にけらししろたへ(え)の衣干すてふ(ちょう)天の香具山　持統天皇

C 五線紙にのりさ(そ)うだなと聞いてゐ(い)る遠い電話に弾むきみの声　小野茂樹

(1) Aの短歌において隠喩法が用いられているのは第何句ですか。

(2) Bの短歌には枕詞が使われています。枕詞と、それが係っている言葉を答えましょう。

(3) Cの短歌で使われている表現技法を次から選び、記号で答えましょう。

ア 枕詞　**イ** 直喩法　**ウ** 体言止め　**エ** 反復

例題の答え

(1) 第五句（結句）
(2) しろたへの・衣
(3) ウ

考え方

(1) 第五句（結句）には「(悲しみが) 燃ゆ」とあります。この部分に隠喩法が使われています。
(2) 枕詞は五音の言葉の中から探します。
(3) 短歌の最後に「声」という体言（名詞）が置かれているので、体言止めが使われています。

3 短歌・和歌作品の紹介と鑑賞 ★★

代表的な短歌・和歌を時代ごとに集めました。鑑賞文を参考に味わってみましょう。

時代	作品	作者	鑑賞
奈良時代	君待つと吾が恋ひをれば我が屋戸のすだれ動かし秋の風吹く	額田王	▼「わが君（天智天皇）をお待ちして恋しく思っていると、私の家のすだれが動いた。あなたが来たのかと思ったけれど、秋風がゆらしただけだった。」わずかな音にも心をときめかせながら人を待つ様子を表している。
奈良時代	夕されば小倉の山に鳴く鹿は今夜は鳴かずい寝にけらしも	舒明天皇	▼「いつも夕方になると鳴く鹿が今夜は鳴こうとしない。ようやく相手が見つかってもう寝てしまったようだな。」和歌ではしばしば、秋に雄鹿が妻を求めて鳴くと詠まれる。鹿への作者の思いやりが伝わってくる。
奈良時代	石ばしる垂水の上のさ蕨の萌え出づる春になりにけるかも	志貴皇子	▼「石の上を激しく流れ落ちる滝のほとりに生えるさわらびがもう芽を出す春になったことだなあ。」雪解けで水勢の増した滝と植物の発芽を描き、春の到来の喜びを詠んでいる。
奈良時代	田児の浦ゆうち出でて見れば真白にそ不尽の高嶺に雪は降りける	山部赤人	▼「田児の浦を通って広く見渡せるところに出ると、富士山の頂に雪が降り積もっていることだ。」広大な風景の中で雪をかぶった富士山の様子を美しく描いている。
平安時代	夏と秋と行きかふ空のかよひぢはかたへすずしき風やふくらん	凡河内躬恒	▼「行く夏と来る秋とがすれちがう空の通路の片側においては、今ごろはきっとすずしい風が吹いていることだろうなあ。」季節の移り変わりを人のすれ違う様子にたとえ、暑い夏が終わり、すずしい秋がやってくることの喜びを詠んでいる。

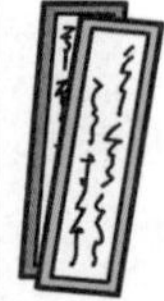

平安時代	鎌倉時代	江戸時代	明治時代
春日野の若菜つみにや白妙の 袖ふりはへて人のゆくらん 紀貫之	駒とめて袖打ちはらふかげもなし 佐野のわたりの雪の夕暮れ 藤原定家 闇晴れて心の空に澄む月は 西の山べやちかくなるらむ 西行	霞立つながき春日をこどもらと 手毬つきつつこの日暮らしつ 良寛 蟻と蟻うなづきあひて何か事 ありげに奔る西へ東へ 橘曙覧	くれなゐの二尺伸びたる薔薇の芽の 針やはらかに春雨の降る 正岡子規
▼「白い衣の袖を振りながら、若い女たちは春日野に若菜をつみに行くのだろう。春になったのだなあ。」春らしい明るい光景をさわやかに描いている。	▼「乗っている馬を止めて袖に積もった雪をはらえるような物陰すらない。佐野のあたりの雪の夕暮れ時である。」夕暮れ時の雪が降りしきる中、袖に積もった雪をはらうことすらできず馬上にいるわびしい心情が描かれている。 ▼「心を乱す迷いが消え去って、澄んだ心の空に見えている月は西の山の辺りまで近づいている（死して西の極楽浄土へ向かう日が近い）のだろうか。」自らの死期とともに、迷いが晴れ仏の道をきわめつつある自分を意識して詠んでいる。	▼「のどかな春のある日を、今日は子どもたちと一日中手毬をつきながら暮らしたことだ。」子供と遊ぶことを愛した作者らしい歌。 ▼「蟻と蟻が出会ってうなずき合い、何か事件でもあったかのように西へ東へと走っているよ。」ふと見かけた蟻の様子を蟻の立場に作者自身が寄り添うように、ほほえましく描いている。	▼「赤い薔薇の芽が二尺（約六〇センチ）伸びた。やわらかそうに生えているその芽に春の雨がやさしく降っている。」とても細やかな感覚がよく感じられる歌。

明治時代

ふるさとの訛なつかし
停車場の人ごみの中に
そを聴きにゆく
石川啄木

▼「故郷の言葉の訛が懐かしく思われて、それを聴くために上野駅に行ってみた。」離れた場所で故郷をしみじみと思う心が伝わる。

ふるさとの潮の遠音のわが胸に
ひびくをおぼゆ初夏の雲
与謝野晶子

▼「生まれ育った故郷の、遠く聞こえていた潮鳴りの音が、私の心によみがえって響くのを感じます、初夏の雲を見ると。」故郷の海の音と初夏の雲をイメージ上で美しく融合させた歌。

平成・昭和・大正時代

春の鳥な鳴きそ鳴きそあかあかと
外の面の草に日の入る夕
北原白秋

▼「春の鳥よ、鳴かないでおくれ。外に見える草原を赤く染める夕陽が沈むころはただでさえもの悲しいのだ。」色彩を効果的に使いながら、感傷的な思いをうたっている。

みちのくの母のいのちを一目見ん
一目みんとぞただにいそげる
斎藤茂吉

▼「故郷の東北地方(山形県)で死に臨んでいる母を一目だけでも見たいと思い、ただひたすらに急いでいる。」母親が死に近づいたときの子の必死な思いを素直にうたった歌。

幾山河越えさり行かば寂しさの
終てなむ国ぞ今日も旅ゆく
若山牧水

▼「いくつもの山や河を越えて行くと、寂しささえも感じないですむ国に着くのでしょうか。今日もまた旅を続けています。」青春らしい心をもって旅を続ける若者の心をうたった歌。

夕焼空焦げきはまれる下にして
氷らんとする湖の静けさ
島木赤彦

▼「夕焼けで真っ赤に輝いている空の下で、今まさに凍ろうとしている湖の静けさよ。」赤と青、動と静という対比から成り立っている歌。

平成・昭和・大正時代

葛の花踏みしだかれて、色あたらし。
この山道を行きし人あり
釈迢空

街をゆき子供の傍を通る時
蜜柑の香せり冬がまた来る
木下利玄

岡に来て両腕に白い帆を張れば
風はさかんな海賊のうた
斎藤史

竹群の空青青と音なくて
寂しき春の時間ぞ長き
宮柊二

夜半さめて見れば夜半さえしらじらと
桜散りおりとどまらざらん
馬場あき子

思い出の一つのようでそのままに
しておく麦わら帽子のへこみ
俵万智

▼「山道を歩いていたら、人に踏みにじられてまだ新しい赤紫色の葛の花を見つけた。この山道を先に行った人がいたのだなあ。」山道を歩いているうちに覚えた人恋しさがよく伝わってくる。

▼「街の中を歩いていて子どものそばを通った時に、子どもたちから蜜柑の香りがするのを感じた。冬がまた来たのだなあ。」冬のはじめらしい様子をうたった歌。日常の中の出来事を鋭く感じ取っている。

▼「岡にのぼって、まるで白い帆のように両腕を思いきりのばすと、吹いてくる風は海賊がうたう歌のようだなあ。」のびやかに広がるさわやかな気持ちを比喩を使って自由にうたっている。

▼「竹が群がっている上の空はただ静かに青々としている。寂しい気持ちを感じる春の時が長く感じられる。」自らが感じる孤独な時を春のひとときに重ね合わせてうたっている。

▼「夜中に目が覚めてしまって外を見ると、桜の花が散りつつあるのがわかった。惜しいと思うが、とめることはできないのだなあ。」春の夜に寂しさを覚えたときの気持ちを散る桜の花にたくしてうたっている。

▼「夏の日の思い出のひとつのように感じられて、麦わら帽子のへこみをそのままにしておいた。」楽しかった夏の日の思い出を大切にしようとする気持ちをかわいらしくうたっている。

練習問題

解答558ページ

1 次の和歌を読んで、あとの問いに答えましょう。

A （　　）の夜は　まだ宵ながら　明けぬるを　雲のいづこに　月宿るらむ
短い（　　）の夜は、まだ宵のうちと思っている間に明けたが、月は沈む間もなくて雲のどの辺りに宿っているのだろう。

B ひさかたの　光のどけき　（　　）の日に　しづ心なく　花の散るらむ
こんなにも日光がのどかに射している（　　）の日に、桜の花が落ち着かずに散るのはなぜだろう。

C 白露に　風の吹きしく　秋の野は　つらぬきとめぬ　（　　）ぞ散りける
白露を宿した草ぐさの葉に風が吹きつける秋の野は、まるで（　　）が散りこぼれているような美しさだなあ。

D 忍ぶれど　（　　）に出でにけり　わが恋は　物や思ふと　人の問ふまで
ついつい顔に出てしまった　何か悩みごとでもあるのかと、人がたずねるほどに

(1) A・Bの（　　）に入る最も適切な季節を、漢字一字でそれぞれ答えましょう。ただし、同じ季節は二度入りません。

(2) C・Dの（　　）に入る語を、次から一つずつ選び、記号で答えましょう。
ア 月　イ 風　ウ 玉　エ 世　オ 色

〔大阪女学院中―改〕

ヒント

1
(1) AとBの和歌には季節が想像できる内容がそれぞれあります。Aの「宵のうち」とは、日がしずんで間もないという意味です。つまり、夜が早く明けている季節です。Bは「光のどけき」「花の散るらむ」から考えましょう。
(2) それぞれの和歌の内容から考えます。Cは散らばってこぼれるものを考えましょう。Dは「～に出でにけり」と続くことから考えましょう。

2 次の短歌を読んで、あとの問いに答えましょう。

A かいかいと五月青野に鳴きいづる昼蛙こそあはれなりしか　斎藤茂吉

B なんでもない会話なんでもない笑顔なんでもないからふるさとが好き　俵万智

C 死はそこに抗ひがたく立つゆゑに生きてゐる一日一日はいづみ　上田三四二

D はたとせのむかしなれども水風呂に低く唱へる父といふ謎　小池光

(1) 字余りの歌を二つ選び、それぞれ記号で答えましょう。

(2) 体言止めが使われている歌を二つ選び、それぞれ記号で答えましょう。

(3) A～Dの短歌の説明として最も適切なものを次からそれぞれ選び、記号で答えましょう。

ア 暑い時節の父親の様子をうたった歌であるが、よく理解できない父の様子をおかしげに表現しているところが面白く思われる。

イ 小さな生物がひとりぼっちでいる様子を描きつつ、作者自身も孤独な気持ちを感じていることが読み取れる。

ウ 古めかしい言葉を一切使うことなく、自分の心の中にある思いを何気ない様子でうたっているという特色がある。

エ 生きることの厳しさを正面からとらえながら、それを生きていく原動力にするというたくましさが感じられる。

2

(1) 五・七・五・七・七という短歌の定型をきちんと覚えておきましょう。

(2) 表現技法を確認しておきましょう。体言（名詞）で終わる方法を体言止めといいます。

(3) 短歌の内容を確認するときは、言葉づかいやうたわれている季節、情景に注目することが大切です。

3 俳句

1 俳句とは ★★

俳句とは、五・七・五という短い音数の中に自然の様子や作者の感動をこめた、伝統的な定型詩です。

①**形式**…「五・七・五」の三句、十七音からできています。

例 菜の花や　月は東に　日は西に　与謝蕪村
五音（初句）　七音（二句）　五音（三句（結句））

（春の夕暮れ時、月が東に出たが、西にはまだ沈まない太陽がある。）

→音数が五・七・五より少なければ**字足らず**、多ければ**字余り**といいます。

②**季語**…季節を表す言葉を一句に一つ入れるのがきまりです。

③**切れ字**…「**や・ぞ・かな・けり**」などがあり、句切れの場所を示します。切れ字の直前の言葉に、作者の感動の中心があります。

▼俳句の歴史

室町時代に、和歌の上の句と下の句をそれぞれ別の人が作り、次々と続けていく**連歌**がはやりました。その後、はじめの五・七・五の部分だけを独立させて**俳諧**とよぶようになりました。江戸時代に**松尾芭蕉**が俳諧を芸術の域にまで高め、明治時代には**正岡子規**が「俳句」という名前をつけ、世に広めました。

参考 川柳の形式

俳句と同じ形式で「川柳」とよばれるものもあります。川柳は季語や切れ字などのきまりがなく、身近な題材をおもしろおかしく表現したものです。

例 本降りになって出て行く雨やどり

（雨やどりをしていた人が、止むまで待ちきれず、ひどく降り始めてから出て行く様子をからかっています）

芭蕉翁ぼちゃんといふ（う）と立ちどまり

（松尾芭蕉には、「古池や蛙飛びこむ水の音」という名句があるので、「芭蕉じいさんはぼちゃんという音が聞こえる

2 季語 ★★

俳句では、一つの俳句に一つの季語が使われるというきまりがあります。季語の表す季節をとらえて、その句で詠まれている季節の情景を感じ取れるようにしましょう。

例 雲雀より空にやすらふ峠かな　松尾芭蕉

（ひばりが飛ぶのよりも高い空の上にある峠で、私は一休みしていますよ。）

→季語は**雲雀**で、季節は**春**を表す。

※ひばりは春になると空高くさえずりながら飛ぶことから、春を告げる鳥として知られる。

▼代表的な季語

新年	春	夏	秋	冬
七草	桜	青葉	朝顔	落葉
なずな	梅	新緑	柿	枯野
福寿草	木の芽	鮎	菊	ねぎ
門松	蛙	蛍	赤とんぼ	千鳥
賀状	蝶	ホトトギス	こおろぎ	つる
初鶏	雪解け	五月雨	さんま	白鳥
初雀	遠足	うちわ	月見	師走
かるた	卒業	行水	送り火	大雪

たびに蛙が池に飛びこんだと思って立ち止まる」とユーモアをこめた句です）

参考 俳句で表される季節

俳句の季語が表す季節は昔の暦に基づいています。そのため、現代の季節の感覚とはずれている場合があるので注意しましょう。

例 七夕→秋の季語
すいか→秋の季語

新年	春	夏	秋	冬
正月	春風	夕立	月	白菜
初富士（はつふじ）	東風（こち）	滝（たき）	霧（きり）	北風
鏡餅（かがみもち）	陽炎（かげろう）	雷（かみなり）	鶴瓶（つるべ）落とし	三寒四温
初夢	風光る	虹（にじ）	枝豆（えだまめ）	霜（しも）
福笑い	山笑う	日傘（ひがさ）	案山子（かかし）	雪
羽子板（はごいた）	木の芽味噌（めみそ）	梅干し（うめぼし）	梨（なし）	オリオン
独楽（こま）	畑打（はたうち）	冷奴（ひややっこ）	南瓜（かぼちゃ）	山眠る（やまねむる）
福引	鶯（うぐいす）	ハンモック	稲（いね）	セーター
初詣（はつもうで）	雉（きじ）	ボート	椎茸（しいたけ）	コート
伊勢海老（いせえび）	雲雀（ひばり）	サーフィン	木の実	蒲団（ふとん）
初春	山鳥	風鈴（ふうりん）	天の川	マスク
初日（はつひ）	蛤（はまぐり）	金魚	終戦記念日	毛糸編む（けいとあむ）
数の子	浅蜊（あさり）	鰹（かつお）	茄子（なす）の馬	おでん
ごまめ	蜂（はち）	水母（くらげ）	蜩（ひぐらし）	こたつ
お屠蘇（とそ）	椿（つばき）	かたつむり	松虫	焚火（たきび）
初笑い	菫（すみれ）	パセリ	鈴虫（すずむし）	サッカー
お年玉	蒲公英（たんぽぽ）	麦の秋	鳳仙花（ほうせんか）	ラグビー

ことば　季語としての「花」

季語として「花」ということばを使うと、それは現代では「桜」を表すことになります。ほかの花のことを指す場合は「○○の花」というように、名前をそえて使います。桜という花が、日本人にとって、それだけ特別に思い入れのある花として受け入れられてきたことがわかります。

新年	春	夏	秋	冬
双六	若布	梅雨	十六夜	風邪
注連飾	潮干狩り	サングラス	稲妻	雑炊
雑煮	入学	水羊羹	芋	湯豆腐
成人の日	ヒヤシンス	蚊	相撲	ストーブ
十日えびす	春一番	蟬	すすき	水洟
元日	水温む	キャンプ	コスモス	日向ぼっこ

例題

◆次の俳句を読んで、あとの問いに答えましょう。

A　万緑の中や吾子の歯生え初むる　　中村草田男

B　名月をとってくれろと泣く子かな　　小林一茶

C　暮る日や庭の隅よりうめの影　　三浦樗良

D　門松やおもへ(え)ば一夜三十年　　松尾芭蕉

E　化けさうな(そ)傘かす寺の時雨かな　　与謝蕪村

問　A〜Eの俳句の季語と季節を答えましょう。

例題の答え

A万緑・夏　B名月・秋

Cうめ・春　D門松・新年

E時雨・冬

考え方

A万緑は夏の季語です。夏に辺り一面が緑におおわれる様子を指す言葉です。

B名月は秋の季語です。旧暦八月十五日の月のことを「中秋の名月」とよびます。

Cうめ(梅)は春の季語です。松や竹とともにめでたい花とされています。

D門松は新年の季語です。新年に玄関先に立てます。

E時雨は冬の季語です。冬のはじめの、降ったりやんだりする雨のことを指します。

3 俳句の表現技法 ★★★

①切れ字…句の切れ目や句末で使い、意味の切れるところや作者の感動の中心を示したり、句にリズムを与えたりする言葉。「や」「けり」「なり」「かな」などが多く使われます。ほかには「ぞ」「かし」「し」「せ」「よ」「らん」などもあります。

例 行春や鳥啼き魚の目は泪　松尾芭蕉　→切れ字「や」
（美しい春が去ってしまうので、鳥は泣いているように啼き、魚も涙を光らせているようだ。）

例 つく羽を犬がくはへて参りけり　小林一茶　→切れ字「けり」
（羽つきをしているときに飛んだ羽を犬がくわえてきてくれたよ。）

例 春の海終日のたりのたりかな　与謝蕪村　→切れ字「かな」
（春の海は波が一日中ゆったりと寄せたり返したりしているよ。）

②句切れ…リズムや意味の切れ目のこと。**初句切れ・二句切れ・句切れなし**などに分かれます。切れ字があるところは、必ず句切れになります。

例 さみだれや／大河を前に家二軒　与謝蕪村　→初句切れ
（五月雨が降り続き、勢いをました川の前に家が二軒建っているよ。）

例 やけ土のほかりほかりや／蚤さはぐ　小林一茶　→二句切れ
（土が日にやけてほかほかと暖かいので、蚤たちが騒いでいるよ。）

参考 自由律俳句

俳句の「五・七・五」の音数や、季語、切れ字などの形式にとらわれずに作られた俳句を「自由律俳句」といいます。

例 まっすぐな道でさみしい　（種田山頭火）
咳をしても一人　（尾崎放哉）

いずれの俳句もきわめて短い言葉で心情を表現しています。

ズームアップ
切れ字 p.375
短歌の句切れ p.384

例 梅一輪一輪ほどのあたたかさ　服部嵐雪　→句切れなし
（梅が一輪咲いただけでまだ寒いが、ほんの少し暖かい気がする。）

例題

◆次の文章を読んで、あとの問いに答えましょう。

A　流れ行く大根の葉の早さかな　高浜虚子
B　赤い椿白い椿と落ちにけり　河東碧梧桐
C　己が影を踏みもどる児よ夕蜻蛉　富田木歩
D　草の戸も住替る代ぞひなの家　松尾芭蕉
E　五月雨や上野の山も見あきたり　正岡子規

(1)　A～Eの俳句に使われている切れ字を抜き出しましょう。
(2)　A～Eの俳句から初句切れのものを一つ、二句切れのものを二つ選びましょう。
(3)　Bの俳句の説明として最も適切なものを選びましょう。
ア　大きなものが次々と落ちてゆく様子を、手に取るように細かく表現している。
イ　散る花を描くことによって、季節が終わりを迎えつつあることを表している。
ウ　対照的な色彩を効果的に使い、花が見せる豊かさをよく表現している。
エ　かよわい生き物が命を落とす様子をうたい、深い悲しみを表している。

例題の答え

(1) Aかな　Bけり　Cよ　Dぞ　Eや
(2) 初句切れ…E　二句切れ…C・D
(3) ウ

考え方

(1) 現代の俳句では「や・かな・けり」などが切れ字として使われます。
(2) 初句・二句の最後に切れ字が使われている俳句を探します。
(3) 赤と白という色の対比を使って、花の色の豊かさ、美しさを表現しています。

4 俳句作品の紹介と鑑賞 ★★

代表的な俳人たちの作品を集めました。鑑賞文を参考にして、味わってみましょう。

※句の中の赤で示した言葉は季語。

俳句	季節	鑑賞
父母の しきりに恋し 雉子の声 松尾芭蕉	春	▼「山の中を歩いているときじの鳴き声が聞こえてきた。その声を聞くうちに父母のことが恋しく思われた。」自然との交感が感じられる句。
葱白く 洗ひたてたる 寒さかな 芭蕉	冬	▼「水で洗われてまっ白になったねぎの色が、寒々しい季節の中でいっそう寒さを感じさせる。」身近なものを素材にした句。
道のべの 木槿は馬に 喰はれけり 芭蕉	秋	▼「道ばたに咲くむくげの花を馬が食べている。どこにでも見られる花なのに、今日はみょうに心がひかれた。」馬の様子におかしみが感じられる句。
春雨や 蜂の巣つたふ 屋根の漏 芭蕉	春	▼「静かに春雨が降っている日にその様子を見ると、雨は軒の蜂の巣をつたって、屋根からしずくになって落ちている。」静かな春の日の情景。
おもしろうて やがてかなしき 鵜舟かな 芭蕉	夏	▼「う飼をする舟に乗って楽しい思いをしたが、おわったあとには少し悲しくも感じられた。」二面性を見事に表現した句。
閑かさや 岩にしみ入る 蟬の声 芭蕉	夏	▼「あまりに静かな世界にいるので、せみの声が岩にしみ入るように、静けさが私の心にしみわたっていく。」「おくのほそ道」の中の一句。
荒海や 佐渡に横たふ 天の川 芭蕉	秋	▼「目の前には荒々しい海が広がっている。その向こうには佐渡の島が見え、空には天の川が光っている。」広大な世界が感じられる句。
此道や 行人なしに 秋の暮 芭蕉	秋	▼「ひとりで細い道を歩いていると、この道をたどる人もいないのだと感じた。秋のおわりのことである。」さびしい気持ちが伝わる句。
旅に病んで 夢は枯野を かけ廻る 芭蕉	冬	▼「旅の途中で病気になってしまったが、夢の中では私はまだ枯野をかけめぐっているのであった。」芭蕉の最後の一句。

句	季節	鑑賞
春の海 終日のたりのたりかな　与謝蕪村	春	▼「春の海は一日中のたりのたりと波が穏やかだなあ。」冬の荒れ模様とは打って変わってのどかな海を眺めて、春の訪れを喜んでいる。
牡丹散て打かさなりぬ 二三片　蕪村	夏	▼「ぼたんの大きな花が散るようになり、黒い土の上でおり重なっている。そしてまた次のひとひらが重なっていった。」色彩感にあふれた句。
夕立や草葉をつかむ 村雀　蕪村	夏	▼「夏の日に夕立が降り出した。見るとすずめたちは草むらにいて、その足でしっかり草の葉につかまっていた。」すずめに対する愛情が感じられる句。
温泉の底に我足見ゆる 今朝の秋　蕪村	秋	▼「秋になった日の朝、温泉のすき通った湯の底に自分の足が見えていた。」日常の中の飾らない様子をうたった句。
菜の花や月は東に 日は西に　蕪村	春	▼「菜の花が一面に咲いている畑にいて、見上げると東の空には月がのぼり、西の空には太陽が沈みかけているのが見えた。」雄大な景色をうたった句。

句	季節	鑑賞
鮎くれて よらで過ぎゆく 夜半の門　蕪村	夏	▼「釣りに行って来た友達が夜半に家の門までやって来たが、あゆをくれただけで寄らずに帰って行った。」落ち着いた静かな様子を表した句。
我と来て遊べや親の ない雀　小林一茶	春	▼「親のないすずめたちよ。私も母を亡くしてさびしくしている。どうか私のところに来て、いっしょに遊んでおくれ。」小さな生き物に自分のつらい経験を重ねて愛情を表した句。
痩蛙 まけるな一茶 これにあり　一茶	春	▼「けんかをしているかえるたちを見て、やせている方に向かって、負けるなと応援する声をかけた。」弱い生き物に対する愛情を表した句。
雀の子 そこのけそこのけ 御馬が通る　一茶	春	▼「すずめの子がいるところを馬が通ろうとしたので、どいてどいてと声をかけた。」生き物に対する親しみの気持ちを表した句。
蟻の道 雲の峰より つづきけん　一茶	夏	▼「ありが通ってゆく長々とした行列は、峰のようにそそり立つ入道雲から続いていたのだろう。」蟻と入道雲、小と大の対照がおもしろい。

句	季節	解説
青梅に 手をかけて寝(ね)る 蛙(かわず)かな　一茶	春	▼「寝ているかえるを見たら、かたわらにころがっている青梅に手をかけていた。」かわいらしいかえるの姿(すがた)をうたった句。
名月を とつ(っ)てくれろと 泣く子かな　一茶	秋	▼「秋の空には明るい月が美しくかがやいていた。子どもはその月を取ってほしいとせがんだ。」幼(おさな)い子どもの愛らしい様子が伝わる句。
赤蜻蛉(あかとんぼ) 筑波(つくば)に雲も なかりけり　正岡(まさおか)子規(しき)	秋	▼「秋の日に赤とんぼが飛んでいた。見わたすと、雲ひとつない天気で、遠くには筑波山が見えた。」さわやかな気持ちを味わえる句。
柿(かき)くへ(え)ば 鐘(かね)が鳴るなり 法隆寺(ほうりゅうじ)　子規	秋	▼「茶店で柿を食べて楽しんでいたら、法隆寺の鐘が鳴るのが聞こえた。」秋ののどかな一日を楽しむ様子がわかる句。
いくたびも 雪の深さを 尋(たず)ねけり　子規	冬	▼「病気で寝(ね)たきりであるために、雪がどれくらい積もったかと何度も尋ねた。」つらい境遇(きょうぐう)で外の様子が気になる気持ちが伝わる句。

句	季節	解説
仏壇(ぶつだん)の 菓子(かし)うつくしき 冬至(とうじ)かな　子規	冬	▼「冬至になった日に仏壇を見ると、きれいな菓子が供(そな)えてあった。」きれいな菓子を見たうれしさと、春に向かう喜びが感じられる句。
薪(まき)をわる いもうと一人 冬籠(ごもり)　子規	冬	▼「妹はまきを割(わ)る仕事を一人で毎日こなしている。まるでひとりきりで冬籠(ごも)りをしているようで、かわいそうに思う。」妹への愛情を描(えが)いた句。
遠足の おくれ走りて つながりし　高浜(たかはま)虚子(きょし)	春	▼「しだいに遅(おく)れてしまった子らが、急いで走って来て、何事もなかったかのように遠足の列につながった。」愛らしい子らの句。
夏の蝶(ちょう) 日かげ日なたと 飛びにけり　虚子	夏	▼「夏の日に、ひらひらと飛ぶちょうは日かげのところと日なたのところを行ったり来たりしていた。」夏らしい情景を切り取った句。
桐一葉(きりひとは) 日当(あた)りながら 落ちにけり　虚子	秋	▼「秋のおだやかな日に、きりの一葉がおだやかに照らす日をうけながら、はらりと落ちて行った。」静かな秋のひと時をうたった句。

句	季節	解説
外にも出よ　触るるばかりに　春の月　中村汀女	春	▼「明るい春の夜に外に出てみたら、触れるほどに大きい月が出ていて、外に出るようにと声をかけた。」明るい季節が来た喜びが感じられる句。
靴紐を　結ぶ間も来る　雪つぶて　汀女	冬	▼「雪合戦をしている間に靴ひもを結んでいたのに、そんな自分に向けて雪の玉が飛んできた。」楽しい時間が想像される句。
校塔に　鳩多き日や　卒業す　中村草田男	春	▼「校舎の塔には、多くのはとが集まっていた。このような日に私は卒業するのだなあ。」にぎやかに集まったはとが卒業を祝福している句。
少年の　見遣るは少女　鳥雲に　草田男	春	▼「少年は何を見つめているのかと思ったら、ひとりの少女の姿であった。その向こうでは鳥が高く飛んでいた。」本来は「鳥雲に入る」で省略を使った句。
葡萄食ふ(う)　一語一語の　如くにて　草田男	秋	▼皮や種を取りながらぶどうを一粒食べる様子を、一語一語言葉を確かめ味わいながら読み書きすることにたとえた句。

句	季節	解説
まさをなる(お)　空よりしだれ　ざくらかな　富安風生	春	▼「すみわたる青い空からあふれ落ちるようにしだれざくらが豊かに咲いていた。」青と桜色の対比が美しい句。
夏草に　汽罐車の車輪　来て止る　山口誓子	夏	▼「夏の野に草が生えているところへと、機関車が走ってきてちょうど止まった。」機関車の力強さが夏らしい句。
匙なめて　童たのしも　夏氷　誓子	夏	▼「暑い夏の日に、子どもがおいしそうなかき氷を食べて、満足そうにさじをなめているよ。」夏らしい情景を楽しめる句。
鳥わたる　こきこきこきと　罐切れば　秋元不死男	秋	▼「音をたてながら缶切りで缶詰を開けていたら、渡り鳥たちが空をわたっていくのを見た。」人間の生活と自然を結びつけてうたった句。
凩や　海に夕日を　吹き落す　夏目漱石	冬	▼「冬は日が短くて、もう太陽が海に沈みそうだ。きっと木枯らし(冬に吹く強い北風)が吹き落としたのだろう。」冬の凩の強さを表した句。

1 練習問題

解答558ページ

1 次のA〜Eの俳句の内容に合うものを、あとからそれぞれ選び、記号で答えましょう。

A 冬の水一枝の影も欺かず　中村草田男
B 鳥羽殿へ五六騎いそぐ野分かな　与謝蕪村
C 噴水や東風の強さに立ちなおり　中村汀女
D 雪解けて村いっぱいの子どもかな　小林一茶
E 匙なめて童たのしも夏氷　山口誓子

ア 目の前の子どもは、自分の前にそびえ立つ山をどこから攻略しようかと思案顔。小休止もいいけど、早くしないと山がなくなっちゃうよ。
イ 風雲急を告げる中、武者はスピードに命を懸ける。吹き荒れている風よりも速く伝えようとひたすら急ぐのである。
ウ 張りつめた空気の中で、目の前にある水面はまるで鏡のようだ。そこに映った姿もまた細部にいたるまで輪郭がはっきりしている。
エ ふだん人間の目には見えないものがまるで時が止まったかのように、一瞬だけ別の物の形を借りてその姿を見せた。
オ 長い間、屋内で辛抱しつづけていたが、よくやく外で遊べる喜びをみんなでわかちあっている様子。

〔慶應義塾中―改〕

ヒント

1 俳句の内容をよくとらえて考えましょう。Aでは「欺かず」の意味を、Bでは「野分(台風)」のときであることを、Cでは「立ちなおり」の意味を、Dでは「雪解けて」という季節であることを、Eでは季節や「氷」「匙」という言葉から想像をふくらませて考えましょう。

2 次の俳句とそれに関する文章を読んで、あとの問いに答えましょう。

A 閑さや岩にしみ入る蟬の声
B 古池や蛙飛こむ水のおと

まず「古池や」と打ち出してから、「蛙飛こむ水のおと」をおいた。だからといってこの句は「古池に蛙が飛びこんで水の音がした」というのではない。やはり「蛙が水に飛びこむ音を聞いて古池の面影が心に浮かんだ」といっているのである。

「閑さや」の句を「閑さの中で岩にしみ入るような声で蟬が鳴いている」と解するのは古池の句を「古池に蛙が飛びこんで水の音がした」と訳すのと同じだろう。

（長谷川櫂「古池に蛙は飛びこんだか」）

(1) AとBの俳句はともに何句切れですか。

(2) AとBの俳句の季語をそれぞれ抜き出しましょう。

(3) ——線「『閑さの中で岩にしみ入るような声で蟬が鳴いている』と解する」について、筆者は本来はどのように解するべきだと言っていますか。簡単に答えましょう。

2
(1)句切れは意味が大きく分かれるところや、切れ字があるところです。AとBの俳句ではいずれにも切れ字があるので、そこが句切れとなります。
(2)季語について確認しましょう。季語をすべて覚えておくわけにはいかないので、与えられた俳句において、季節感を一番表していると思われる語句を探すようにしましょう。
(3)直前にある「やはり」から始まる部分には、Bの俳句をどのように解すべきかについて具体的に表しています。この部分を参考にして、同じ方法でAの俳句を読み取りましょう。

章末問題

解答 558〜559ページ

1 次の詩を読んで、あとの問いに答えましょう。

準備(じゅんび)　高階杞一(たかしなきいち)

待っているのではない
①準備をしているのだ
飛び立っていくための

見ているのではない
測(はか)ろうとしているのだ
風の向きや速さを

初めての位置
初めての高さを
②こどもたちよ
おそれてはいけない
この世のどんなものもみな
「初めて」から出発するのだから

落ちることにより
初めてほんとうの高さがわかる
うかぶことにより
初めて
雲の悲しみがわかる

(1) ――線①「準備をしているのだ／飛び立っていくための」に用いられている表現技法(ひょうげんぎほう)として最も適切(てきせつ)なものを次から選び、記号で答えましょう。

ア 倒置法(とうちほう)　**イ** 擬人法(ぎじんほう)　**ウ** 対句(ついく)
エ 直喩(ちょくゆ)　**オ** 体言止め

(2) この詩の第二連で表されている「風の向きや速さ」を測ろうとする行いを、作者は何とよんでいますか。詩の中から一語で抜(ぬ)き出しましょう。

(3) ――線②「こどもたちよ／おそれてはいけない」とありますが、どうすることをおそれてはいけないと言っているのですか。「こと」に続くかたちで、詩の中の言葉を使って、五字以内で答えましょう。

(4) この詩の第四連で、作者はどういうことを伝えようとしていますか。最も適切なものを次から選び、記号で答えましょう。

ア 人生で困難に直面したときは、自力で乗りこえていかなければならないということ。

イ 人生では、失敗することのほうが成功することよりも多いものだということ。

ウ 実際に自分で体験することで、はじめて世の中のことが実感できるということ。

エ 世の中にはさまざまな不公平があり、そのために苦労するものだということ。

オ 世の中は、さまざまな人々がお互いに助け合って生きているということ。

(5) この詩は、どういう人にむけて書かれていますか。最も適切なものを次から選び、記号で答えましょう。

ア 新しくこの世に生まれてくる人

イ 幸福感で満たされている人

ウ いそがしく活動している人

エ 新しい世界に飛びこもうとする人

オ のんびりと暮らしている人

〔聖心学園中—改〕

---

2 次のA～Fの作品にはすべて「海」が登場します。これらを読んで、あとの問いに答えましょう。

A

空の石盤に
鷗がＡＢＣを書く

海は灰色の牧場です
白波は綿羊の群であらう

船が散歩する
煙草を吸ひながら

船が散歩する
口笛を吹きながら

（堀口大學「海の風景」）

B

大海の磯もとどろに寄する波
われてくだけてさけて散るかも

源実朝

C

東海の小島の磯の白砂に
われ泣きぬれて
蟹とたはむる

石川啄木

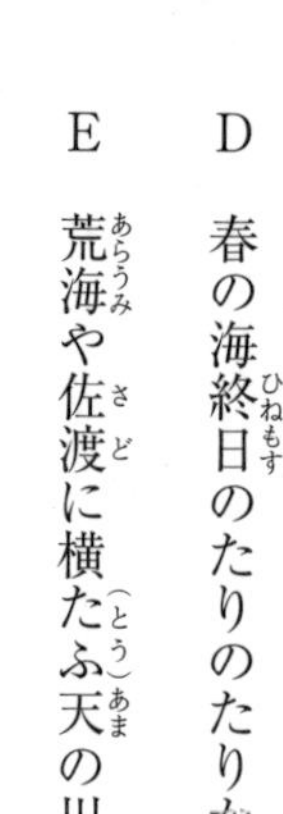

D　春の海終日のたりのたりかな　与謝蕪村

E　荒海や佐渡に横たふ天の川　松尾芭蕉

F　夕立が始まる海のはづれかな　小林一茶

(1)　Aの詩の表現についての説明として適切なものを次から二つ選び、記号で答えましょう。

ア　最も代表的な表現技法である「直喩」が、一か所にだけ見られる。

イ　「隠喩」が多用されることにより、読者に情景を想像させている。

ウ　「対句」が第二連だけに使われ、言葉のリズムを生んでいる。

エ　詩の後半に、語順をかえて強調する「反復法」が使われている。

オ　第三連と第四連に「擬人法」を使い、イメージを深めている。

カ　規則的な言葉の使い方をする、いわゆる「定型詩」である。

(2)　Aの詩で描かれている海の風景を説明したものとして、最も適切なものを次から選び、記号で答えましょう。

ア　カモメが複雑な飛び方をしたり白波が立っていたりなど、大自然の荒々しさを描いている。

イ　石盤の空や牧場の海など灰色の風景を描くことにより、作者のしずんだ心情を表している。

ウ　汽笛を鳴らしながら進む蒸気船を登場させることによって、ほのぼのとした印象を与えている。

エ　海には存在しない風物が詩の中にちりばめられており、現実ばなれした情景をつくり出している。

(3)　B・Cのような三十一音からなる形式の作品を何といいますか。漢字二字で答えましょう。

(4)　C～Fから擬態語を一つ探し、抜き出しましょう。

(5)　D～Fの作品には「季語」がよみこまれていますが、よまれていない季節が一つあります。その季節を漢字で答えましょう。

〔東京都市大付中―改〕

ここから
スタート！

第2編

読む

第4章 古典を読む

学習することがら

1 古典

1 古典とは

入試重要度★★

1 古文とは

古い時代から、価値を認められ長い間読みつがれてきた作品を「古典」といいます。日本では、飛鳥・奈良時代から江戸時代ごろまでに書かれたものを指します。

古典は昔の言葉（古語）で書かれており、そのような文を「古文」といいます。

①古文の表記の特徴

・歴史的かなづかい…現代のかなづかいのルールとは異なるものがあります。

・古語…現代では使われなくなったり、現代とは違う意味の言葉。

②古典文学の移り変わり

紙に記され現代まで伝わった古典ですが、それらが作られた当初は紙が貴重品であり、また文字を学ぶことができたのは限られた貴族階級の人たちだったので、文学を生み出し楽しむのもそれらの人々に限られました。その後、庶民の間でも文字が読み書きされるようになり、文学が楽しまれるようになりました。

▼**飛鳥・奈良時代**…渡来人や遣隋使・遣唐使によって中国大陸の文化がもたらされた時代。それまで口伝えだったものの記録が中心で、漢字で記録されています。

・神話や歴史書…『**古事記**』・『**日本書紀**』

参考 古文の文末表現

古文の文章の文末には、よく「～ける」「～けり」や「～たる」「～たり」という言葉が見られます。これは、今の「～でした」「～です」「～だった」「～だ」と同じ使われ方です。

多くの場合、特に過去のことを言う場合には「けり」「ける」が使われます。

・和歌集…『万葉集』
※漢字の読みだけを借りてかなのように使った万葉仮名などで当時の和歌を記録。

▼平安時代…漢詩文が男性の教養であった時代。遣唐使が廃止されたのちは、日本独自の文化(国風文化)が盛んになりました。
・物語…『竹取物語』・『伊勢物語』・『源氏物語』(紫式部)
・日記・随筆…『土佐日記』(紀貫之)・『枕草子』(清少納言)
・説話集…『今昔物語集』　・和歌集…『古今和歌集』

▼鎌倉・南北朝・室町時代…政治の中心が貴族から武士に移った時代。それに伴って好まれる文学も変わっていきました。また物語も、戦を語ったものや庶民の話に移っていきました。
・軍記物語…『平家物語』・『太平記』
・おとぎ話…『御伽草子』〈一寸法師などの話〉
・説話集…『宇治拾遺物語』・『十訓抄』
・随筆…『方丈記』(鴨長明)・『徒然草』(兼好法師)
・和歌集…『新古今和歌集』・『小倉百人一首』

▼江戸時代…文学が町人の間に広まった時代。印刷の技術によって大量の本が世に出ました。
・紀行文…『おくのほそ道』(松尾芭蕉)
・小説…『醒睡笑』・『日本永代蔵』・『東海道中膝栗毛』
・戯曲…『国性爺合戦』〈浄瑠璃〉・『東海道四谷怪談』〈歌舞伎〉

参考 主な古語

あはれなり…しみじみと趣深い。
いと…たいへん。すごく。
いみじ…すばらしい。大変だ。
うつくし…かわいらしい。
おはす…いらっしゃる。
おぼゆ…思われる。
かたし…難しい。
きこゆ…申し上げる。
げに…本当に。
さらなり…言うまでもない。
たがふ…違う。
つとめて…早朝。
にはかに…急に。
ののしる…大声で騒ぐ。
はづかし…立派だ。
ひねもす…一日じゅう。
まうづ…お参りする。
めでたし…すばらしい。
をかし…趣がある。

2 歴史的かなづかい ★★★

古文のかなづかいを「歴史的かなづかい」といいます。歴史的かなづかいは、次のようなルールで現代かなづかいに読みかえます。現代かなづかいに直すと、それだけで意味がわかる言葉もあります。

①語頭以外の「は・ひ・ふ・へ・ほ」→「わ・い・う・え・お」

例 あらはす → あらわす　　つひに → ついに
とふ → とう（問う）　　まへ → まえ（前）
とほく → とおく（遠く）

②「む」→「ん」

例 やむごとなく → やんごとなく
かむなづき → かんなづき（神無月）

③「くわ」「ぐわ」→「か」「が」

例 くわじ → かじ（火事）
えいぐわ → えいが（栄華）

④「ア段＋う（ふ）」→「オ段＋う」

例 まうす → もうす（申す）

⑤「イ段＋う（ふ）」→「イ段＋ゅう」

例 うつくしう → うつくしゅう（美しゅう）

参考 古典のリズム

古典の物語は、かなづかいが現代と違うだけでなく、昔の言葉づかい（文語体）で書かれています。

このような古典は、何度も声に出して音読することで、言葉の響きやリズムを体得することができ、楽しく覚えることができます。

雑学ハカセ いろは歌

現代のかなを言うときは、「あいうえお……」と「五十音順」に並べます。

昔、かなを並べて言うときは、「いろは歌」を使いました。「いろはにほへとちりぬるを……」と、七五調で、「色は匂へど散りぬるを（＝花の色は美しく映えるけれども散ってしまうものなのに）……」と意味のある言葉になっています。

⑥「エ段＋う（ふ）」→「イ段＋ょう」

例 せうそく → しょうそく（消息）

⑦「ゐ・ゑ・を」→「い・え・お」

例 ひきゐる → ひきいる（率いる）

すゑ → すえ（末）

をとこ → おとこ（男）

⑧「ぢ・づ」→「じ・ず」

例 すぢ → すじ（筋）

まづ → まず

※「ちぢむ」「つづく」など、現代でも「ぢ」「づ」を使う場合は例外。

例題

❶ 次の言葉を、現代かなづかいに直して書きましょう。

(1) おほふ　(2) いづれ

(3) くれなゐ　(4) をがむ

(5) ゑあはせ　(6) くわかく

❷ 次の――線の言葉を、現代かなづかいに直して書きましょう。

(1) さやうの所にてこそ……

(2) 今一度本国へ迎(むか)へんとおぼしめさば、この矢はづさせたまふな。

(3) これやわが求むる山ならむと思ひて……

例題の答え

❶ (1)おおう (2)いずれ (3)くれない (4)おがむ (5)えあわせ (6)かかく

❷ (1)さようの (2)たもう（たまう） (3)山ならん

考え方

❶ 上段(じょうだん)に示(しめ)されたルールのどれを使えばよいかを考えます。

(1)は①、(2)は⑧、(3)は⑦、(4)は⑦、(5)は①・⑦、(6)は③。「過客(かかく)」とは「来客」または「旅人」のことです。

❷ 文中では言葉の形が変わっていることがありますが、もとの形に直すと意味がわかりやすくなります。

3 古文の紹介と鑑賞 ★★

代表的な古文の作品の、はじめの部分を紹介します。

1 竹取物語（物語）

今は昔、竹取の翁といふものありけり。野山にまじりて竹を取りつつ、よろづのことに使ひけり。名をば、さぬきのみやつことなむいひける。その竹の中に、もと光る竹なむ一筋ありける。あやしがりて、寄りて見るに、筒の中光りたり。それを見れば、三寸ばかりなる人、いとうつくしうてゐたり。

現代語訳

今ではもう昔のことだが、「竹取の翁（おじいさん）」という人がいたそうだ。野山に入って竹を取りながら、いろいろなことに使っていた。その名を、「讃岐の造」といった。

（ある日のこと、）その竹の中に、根元が光る竹が一本あった。（竹取の翁が）不思議に思って、近寄ってみると、筒の中が光っている。それを見ると、三寸（約九センチメートル）ほどの人が、たいそうかわいらしい姿で座っている。

参考 竹取物語

『竹取物語』は、昔話「かぐや姫」のもととなった物語です。『竹取物語』は、現在、日本に伝わっている中で最も古い物語で、今から約千百年も昔に書かれたといわれています。

作者はわかっていませんが、それまで平安時代の人々の間で語り伝えられていた伝説などをもとに、知識や教養のある貴族が作り変えた作品だと考えられています。

のちに紫式部の著した『源氏物語』の中で「物語の出で来はじめの祖」とされ、フィクションとしての物語の最初の作品と位置づけられていたことが知られています。

内容

かぐや姫と名付けられた娘は成長すると、五人の貴公子から求婚されますが、無理難題を出して退け、帝からの求婚にも応じませんでした。かぐや姫は実は月の住人だったのです。やがて天人の迎えが来て、かぐや姫は月へ帰るのでした。

2 平家物語（軍記物語）

祇園精舎の鐘の声、諸行無常の響きあり。沙羅双樹の花の色、盛者必衰の理をあらはす。おごれる人も久しからず、ただ春の夜の夢のごとし。たけき者もつひには滅びぬ、ひとへに風の前の塵に同じ。

現代語訳

祇園精舎に鳴る鐘の音は、すべてのものは常に移り変わっていくものという真理を、その音の中にこめている。また沙羅双樹の花の色は、勢いの盛んな者も必ず衰えるということを表している。おごり高ぶった者は、けっしてその力は長く続くことはなく、まさに、短くてはかない春の夜の夢のようだ。勇ましい者も、最後には滅んでしまう、それはまったく風の前に吹き飛ばされる塵のようだ。

内容

平清盛は太政大臣の位にまで上りつめ、子息たちも高い官職につき、一族は権勢を極めました。しかし、平家打倒の動きが広がり、清盛が熱病に倒れると、一気に追い落とされていきます。最後は源氏によって、壇の浦で打ち滅ぼされます。

参考 平家物語

『平家物語』は、鎌倉時代に作られた軍記物語です。平家一門が栄え、その後、源氏と平氏との合戦となり、平家が滅ぼされたことが、十二巻にわたって書かれています。

また、この物語は琵琶法師によって音声として語りつがれました。それは、琵琶を使った弾き語りで、語りようは人によってさまざまであったようです。

口で語る文学なので、擬声語や擬態語などがふんだんに盛り込まれ、人物の描写なども多いので、臨場感あふれる作品になっています。特に、戦のシーンの語りは大迫力です。

3 枕草子（随筆）

春は、あけぼの。やうやう白くなりゆく山ぎはは、少し明かりて、紫だちたる雲の、細くたなびきたる。

夏は、夜。月のころは、さらなり。闇もなほ、蛍の多く飛びちがひたる。また、ただ一つ二つなど、ほのかにうち光りて行くも、をかし。雨など降るも、をかし。

秋は、夕暮れ。夕日のさして、山の端いと近うなりたるに、烏のねどころへ行くとて、三つ四つ、二つ三つなど、飛びいそぐさへ、あはれなり。まいて、雁などのつらねたるが、いと小さく見ゆるは、いとをかし。日入り果てて、風のおと、虫のねなど、はた言ふべきにあらず。

現代語訳

春は、明け方（がよい）。だんだん白くなっていく山頂あたりの空が、少し明るくなって、紫がかった雲が、細くたなびいている（のはよい）。

夏は、夜（がよい）。月のころは、なおさらである。（新月の）闇であっても、蛍が多く飛び交う（のは見事である）。また、（蛍が）一つ二つだけ、ほのかに光って飛ぶのも、趣がある。雨などが降るのも、風情がある。

秋は、夕暮れ（がよい）。夕日がさして、山の稜線がとても近くなったところに、烏が寝どころへ行くというので、三つ四つ、二つ三つなどと、飛び急ぐのさえ、

参考 清少納言について

『枕草子』は、平安時代に書かれた随筆です。一条天皇の中宮（妃）である定子に女房として仕えた清少納言が、宮仕えの中での体験や感想を感じたままに記しています。

清少納言は、学者・歌人の家柄の出で、当時は主に男性のものであった漢文の知識も深かったそうです。宮中では歌によ る男性貴族とのやりとりなどもあり、定子にもその才能を愛されました。

また、清少納言は、教養豊かな主人の定子を敬愛しており、『枕草子』のなかにもその人柄のすばらしさを慕う気持ちが表れています。

しみじみと心打たれる。まして、雁などの列になったのが、とても小さく見えるのは、とても趣がある。日がすっかり落ちてしまってからも、風の音、虫の音など、もはや言うまでもない。

内容 作者が見聞きしたことや、自然・風物・人物についての感想を巧みに書きとめています。

4 徒然草(随筆)

つれづれなるままに、日暮らし、硯に向かひて、心にうつりゆくよしなしごとを、そこはかとなく書きつくれば、あやしうこそものぐるほしけれ。

現代語訳 特に用事がなく手持ちぶさたにしている中で、一日中、硯に向かって、心に起こってくるさまざまなとりとめのないことを、なんとなく書きつけていると、異様なくらいに狂おしい気持ちになってくる。

内容 見聞きした話や筆者の考えたことなどさまざまな話題に、仏教の無常観(世の中のすべては常に移り変わるもので、はかないという考え方)がにじみ出ています。

参考 徒然草の筆者とは

『徒然草』は、鎌倉時代に書かれた随筆です。

筆者の兼好法師は、出家する前の名前を卜部兼好といい、そのときは身分のないまま鎌倉幕府の重臣に仕えていました。吉田兼好という名前も有名ですが、実はそのよび名は誤りであるということが、近年わかってきました。

兼好とは別の卜部氏である京都・吉田神社の神官が、勝手に自分の家の系図に、兼好の名前を書き入れてしまったのです。兼好の死後百年余りのことです。

これは、兼好法師と親類だと言えば家の格が上がると思われるほど、当時から『徒然草』の評価が高かったことを示しています。

4 漢文・漢詩 ★★

1 漢文・漢詩とは

中国の古典は、すべて漢字で書かれており、古くから日本に伝わりました。このような文章を「漢文」、詩を「漢詩」といいます。

2 書き下し文

漢文や漢詩を日本語として読むために、読み方が工夫されるようになりました。漢文や漢詩の漢字をそのまま利用して、記号(訓点)を使って読む順を変え、かなを補ってできた漢字かなまじりの文を書き下し文といいます。

3 漢文・漢詩のさまざま

▼漢文

論語

子曰はく、「学びて思はざればすなはち罔し。思ひて学ばざればすなはち殆し。」と。

現代語訳

先生が言われたことには、「書物を読み学んでも自分で考えることをしなければ物事をはっきり理解できない。(それとは逆に、)いくら考えても読書をして学ばなければ独断に陥る危険がある。」と。

参考 「論語」という書物

『論語』は、古代中国の思想家である孔子と、その弟子たちの言ったことや行ったことを記録した書物(言行録)です。

『論語』は、文献の残る最も古い時代に日本に伝わったとされ、日本人の生き方や考え方に大きな影響を与えました。

「子曰はく」という書き出しが特徴的で、先生である孔子に敬意をこめて「いわく」を敬語で「のたまわく」と読む場合もあります。現代語でいえば、「言う」を「おっしゃる」としたということです。

雑学ハカセ 書き下し文

書き下し文の文体は古文の文体にも影響を与えました。書き下し文のような調子の文体を「漢文訓読体」といいます。

論語

子曰はく、「故きを温めて新しきを知る、もつて師と為るべし。」と。

現代語訳

先生が言われたことには、「古い歴史をよく研究して、その中から今も生かせる新しい意味を知るならば、人の師(先生)となれるだろう。」と。

※ここでいう「子」は孔子(先生)のことで、『論語』は弟子たちがその言動を記録したものであることから、このような表現になっています。

▼漢詩

黄鶴楼にて孟浩然の広陵に之くを送る

故人西の方　黄鶴楼を辞し
煙花三月　揚州に下る
孤帆の遠影　碧空につき
ただ見る　長江の天際に流るるを

現代語訳

親しい友人が西のほうにある黄鶴楼を去り
花の咲き煙る三月に揚州へと下っていった
一そうだけの船の姿も遠くなって青空に消えていき
ただ見えるのは長江が天との境まで流れていく様子ばかりだ

参考　鑑賞と作者

上の漢詩「黄鶴楼にて孟浩然の広陵に之くを送る」は、中国、唐の時代の代表的な詩人である李白の詩です。

遠く旅立つ友人の孟浩然を見送った際の詩で、惜別の思いがあふれています。

見送られる孟浩然も有名な詩人で、親しい付き合いがあったことがうかがわれます。

李白の詩は、スケールの大きいものが多く、のちに「詩仙」とよばれました。上の詩のような絶句(四行詩)を得意としました。

また、李白は酒好きとしても知られ、お酒にまつわる詩やエピソードも豊富です。

5 伝統芸能 ★

日本には古くから伝わるさまざまな芸能があります。ここではそのうちのいくつかを紹介します。

①能

平安時代から鎌倉時代ごろに行われた「猿楽」「田楽」とよばれた寺社の祭事から発展し、一部が芸能として舞台で演じられるようになったもの。室町時代に、観阿弥・世阿弥の親子が完成させました。謡い(合唱)に合わせて舞い、能面を用いるのが特徴です。

②狂言

猿楽から能以外の要素が発展したもので、猿楽の内容としてはこちらが主。滑稽な内容を主とするせりふ劇です。もともとは能の合間に演じられていました。簡単な小道具を使う程度で、舞台に大きなしかけは用いません。演者のせりふとしぐさで、場面や状況を表現します。

▲能の演技

▲柿を食べている

▲鳥のふりをしている

参考 講談と落語

上記の芸能のほかに、話芸があります。代表的なのは講談と落語です。

・講談

物語をおもしろおかしく読む芸です。小道具は釈台(机)と張り扇で、パパン、パン、パン、パン!と机をたたいてリズムを作りながら話します。「講釈師見てきたような嘘をつき」というように、目の前で見てきたように語るのが特徴です。

・落語

登場人物の何人かを落語家一人が演じ分けることで話を進めていく芸です。

小道具には扇子やてぬぐいを使い、そばをすする様子など、身振り手振りで表現します。

最後に「オチ」(下げともいう)がつくのが特徴です。

③歌舞伎

江戸時代に盛んになった演劇で、人形浄瑠璃と競い合うようにして発展しました。同じ物語をそれぞれの様式で演じるものもあり、同じ作者が歌舞伎の本も人形浄瑠璃の本も書いている場合もあります。

役者が顔に隈取(化粧)を施し、物語の山場で見得を切るのが特徴的です。隈取の模様は、登場人物の人格を表しています。

④人形浄瑠璃

牛若丸と浄瑠璃姫の恋物語を語る「浄瑠璃節」から発展し、江戸時代に盛んに上演されました。三味線の演奏に合わせて、人形を操ることで演じます。

はじめは一体の人形を一人で操っていましたが、現代では三人の操り手がおり、それぞれ首と右手、左手、足を担当します。

人形浄瑠璃の小屋のほとんどがなくなってしまい、今は文楽座のみとなったので、「文楽」ともよばれます。

▲歌舞伎の見得

▲隈取

▲人形浄瑠璃、人形の操作

雑学ハカセ　芸能と印刷

日本の印刷技術は、江戸時代に大きく発達しました。

当時の印刷は木版で、版木を手彫りすることで、文字でも絵でも印刷することができました。

江戸時代には、高品質な多色刷りが行われ、美人や歌舞伎役者を描いた錦絵が出版されました。今でいう、ブロマイドです。

能や狂言などでも、能面の図や、上演の様子を描いた絵はありますが、ブロマイドはありません。

錦絵はカラフルで、値段が安かったこともあり、庶民の間で流行しました。

練習問題

1 次の古文を読んで、あとの問いに答えましょう。

解答559ページ

今は昔、竹取の翁①といふものありけり。野山にまじりて竹を取りつつ、よろづのことに使ひけり②。名をば、讃岐の造となむいひける。

その竹の中に、もと光る竹なむ一筋ありける。あやしがりて③、寄りて見るに、筒の中光りたり。それを見れば、三寸ばかりなる人、いとうつくしうて④ゐたり。

(1) この物語の名前は何といいますか。次から選び、記号で答えましょう。

ア『源氏物語』　イ『竹取物語』　ウ『平家物語』　エ『宇治拾遺物語』

(2) この物語は、今も親しまれている昔話のもとになっています。その昔話は何といいますか。

(3) この物語はいつの時代に書かれたものですか。次から選び、記号で答えましょう。

ア 平安時代　イ 鎌倉時代　ウ 室町時代　エ 江戸時代

(4) ——線①「翁」とは、どういう意味ですか。

(5) ——線②「使ひけり」を現代かなづかいに直して、すべてひらがなで書きましょう。

(6) ——線③「あやしがりて」の意味として最も適切なものを次から選び、記号で答えましょう。

ヒント

1

(1) 物語の内容とタイトルをよく見比べてみましょう。

(2) 竹の中から生まれた、という状況が特徴的です。

(3) 現存する中では、日本最古の物語といわれています。

(4) 「翁」の対義語は「媼」です。

(5) 語頭以外の「は・ひ・ふ・へ・ほ」は、「わ・い・う・え・お」に直します。

(6) 竹の根元が光っている、という状況を想像しましょう。

(7) 「うつくし」は現代語とは意味が違うので注意しましょう。

p.404

ア おそろしく思って　イ 不思議に思って
ウ おもしろく思って　エ 悲しく思って

(7) ――線④にある「いと〜」という言い方は、古文でよく使われます。この場合の――線部分は、どのような意味になりますか。

2 次の漢文を読んで、あとの問いに答えましょう。

A 子曰はく、「学びて思はざればすなはち①罔し。思ひて学ばざればすなはち殆し。」と。

B 子曰はく、「②故きを温めて新しきを知る、もつて師と為るべし。」と。

(1) この二つの文は、何という書物に書かれたものですか。次から選び、記号で答えましょう。
ア『三国志』　イ『西遊記』　ウ『魏志倭人伝』　エ『論語』

(2) 「子」とはだれのことですか。次から選び、記号で答えましょう。
ア 孔子　イ 孟子　ウ 司馬遷　エ 孫子

(3) ――線①「罔し」の意味として最も適切なものを次から選び、記号で答えましょう。
ア 暗い　イ はっきりしない　ウ 生活する　エ すばらしい

(4) ――線②を表した四字熟語を答えましょう。

2
(1) 「子曰はく」という書き出しが特徴的な、古代中国の思想家と弟子たちの言行録です。
(3) 「思ふ」は「考える」ことです。自分で考えずに暗記をするだけだとどうなるでしょうか。
(4) 「故」「温」「新」「知」の四文字が用いられた熟語です。

p.408〜p.409

古文の暦(こよみ)と時刻(じこく)について

【十二か月】

古文の世界でも、一年は十二か月です。一月、二月というようにも書かれますが、次のような名前でよばれることもあります。

一月	睦月(むつき)	二月	如月(きさらぎ)	三月	弥生(やよい)
四月	卯月(うづき)	五月	皐月(さつき)	六月	水無月(みなづき)
七月	文月(ふづき)	八月	葉月(はづき)	九月	長月(ながつき)
十月	神無月(かんなづき)	十一月	霜月(しもつき)	十二月	師走(しわす)

古文の時代には、今使っている暦(こよみ)とは別の暦に従(したが)っており(いわゆる旧暦(きゅうれき))、一か月は三十日または二十九日でした。

お正月から春とされていたので、現代でもお正月のころを「新春」「初春」といったりするのです。旧暦では、春は一月～三月、夏は四月～六月、秋は七月～九月、冬は十月～十二月となります。

旧暦では、豆まき行事をする節分の日が大晦日(おおみそか)、翌日(よくじつ)の立春がお正月のはじまりでした。

【日にち】

日にちは、十日までは現代(げんだい)とほぼ同じですが、十日を過(す)ぎると、読み方が違(ちが)ってきます。

一日	ついたち
二日	ふつか
三日	みか・みっか
四日	よか・よっか
五日	いつか
六日	むゆか・むいか
七日	なぬか・なのか
八日	ようか
九日	ここのか
十日	とおか
十一日	とおかあまりひとひ
十二日	とおかあまりふつか
十三日	とおかあまりみっか
十四日	とおかあまりよっか
十五日	もち・とおかあまりいつか・なかのいつか
…	
二十日	はつか

二十一日　はつかあまりひとひ

二十五日　はつかあまりいつか・すえのいつか

…

三十日　みそか・つごもり

十五日を「もち」とよぶのは、十五日目の月、つまり満月を「望月（もちづき）」というからです。満月の中でも、特に八月十五日の月を「中秋の名月」として重視（じゅうし）し、月見の宴（うたげ）が行われました。月を詠（よ）んだ和歌も多く残されています。

毎月の三十日は「みそか」「つごもり」ですが、年の終わり（十二月）の三十日は、特に「大みそか」「大つごもり」といいます。「おおみそか」という言葉は、現代でも使われていますね。

「二十」は、「廿」と書かれていることもあります。読み方は「にじゅう」で、「十」が横に並（なら）んだ形です。今はあまり使いませんが、「廿日市市（はつかいちし）」など、地名には残っています。

ちなみに、三十は「卅」となります。

また、一けたの場合は、「初」をつけて「初一日」などと書いてあったりします。はっきりさせるための工夫です。

【時刻（じこく）】現代でいう二時間を一まとまりとし、一日を十二等分して表しました。

子（ね）　午前零時（れいじ）の前後一時間ずつ
丑（うし）　午前二時の前後一時間ずつ
寅（とら）　午前四時の前後一時間ずつ
卯（う）　午前六時の前後一時間ずつ
辰（たつ）　午前八時の前後一時間ずつ
巳（み）　午前十時の前後一時間ずつ
午（うま）　午前十二時の前後一時間ずつ
未（ひつじ）　午後二時（十四時）の前後一時間ずつ
申（さる）　午後四時（十六時）の前後一時間ずつ
酉（とり）　午後六時（十八時）の前後一時間ずつ
戌（いぬ）　午後八時（二十時）の前後一時間ずつ
亥（い）　午後十時（二十二時）の前後一時間ずつ

「午」が昼の十二時前後を指すので、それより前を「午前」、後を「午後」というのです。

「四六時中」という言葉がありますが、かつては「二六時中」といいました。一日中、いつもいつも、という意味です。二×六＝十二時から、四×六＝二十四時間の時代に変わったので、変化に応（おう）じて言葉も変わったのです。

章末問題

解答560ページ

1 次の古文を読んで、あとの問いに答えましょう。

月日は百代の①過客にして、②行きかふ年もまた旅人なり。③舟の上に生涯を浮かべ、④馬の口とらへて老いを迎ふる者は、日々旅にして⑤旅をすみかとす。

現代語訳 月日は永遠の旅人のようなものであり、（そういう意味では）来ては去る年もまた旅人である。舟の上で生涯を過ごす者、馬のくちをつかまえて老齢を迎える者は、毎日が旅であり、旅そのものを住む所としている。

(1) この作品は『おくのほそ道』ですが、作者はだれですか。次から選び、記号で答えましょう。

ア 兼好法師　**イ** 紫式部
ウ 松尾芭蕉　**エ** 清少納言

(2) この作品はいつの時代に書かれたものですか。次から選び、記号で答えましょう。

ア 平安時代　**イ** 鎌倉時代
ウ 室町時代　**エ** 江戸時代

(3) ――線①「過客」と同じような意味で使われている言葉を、文中から二字で抜き出しましょう。

(4) ――線②「行きかふ」を現代かなづかいに直してすべてひらがなで書きましょう。

(5) ――線③「舟の上に生涯を浮かべ」る者として最も適切なものを次から選び、記号で答えましょう。

ア 馬子　**イ** 老人　**ウ** 船頭　**エ** 旅人

(6) ――線④「馬の口とらへて老いを迎ふる者」として最も適切なものを次から選び、記号で答えましょう。

ア 馬子　**イ** 老人　**ウ** 船頭　**エ** 旅人

(7) ――線⑤「旅をすみかとす」の意味として最も適切なものを次から選び、記号で答えましょう。

ア 旅館に住んでいる。
イ 旅をすることこそが仕事だ。
ウ 旅をするのが生きがいだ。
エ 一生ずっと旅をしているようなものだ。

2 次の漢詩を読んで、あとの問いに答えましょう。

春暁（しゅんぎょう）　孟浩然（もうこうねん）

①春眠（しゅんみん）　暁（あかつき）を覚えず
②処処（しょしょ）　啼鳥（ていちょう）を聞く
夜来　風雨の声
花落つること　③知る多少

現代語訳
春の眠（ねむ）りは心地よく、朝になったのにも気づかず、あちこちから鳥の鳴き声が聞こえるまで寝（ね）てしまう。夜からずっとしている風雨の音で、花がどれほど落ちてしまったかが知れるというものだ。

(1) この作品の題名「春暁」の意味として最も適切なものを次から選び、記号で答えましょう。
ア 春の眠（ねむ）り　イ 春の朝
ウ 春のあらし　エ 春の鳥

(2) ――線①「春眠　暁を覚えず」は有名で、よく引用される言葉ですが、どのようなことを表していますか。最も適切なものを次から選び、記号で答えましょう。
ア 春は夜が短く、また寝心地がよいのでなかなか目が覚めないこと。
イ 春になると、あちこちから鳥の鳴き声が聞こえること。
ウ 春はあらしが多く、せっかく花が咲（さ）いてもすぐに散ってしまうこと。
エ 春の夜は激（はげ）しい風雨の音で、眠りが浅くなること。

(3) ――線②「処処」はどのような意味ですか。現代語訳の中から抜き出しましょう。

(4) ――線③「知る」とは、何を知るのですか。最も適切なものを次から選び、記号で答えましょう。
ア 朝が来たこと。
イ 鳥が鳴いていること。
ウ 風雨が激しいこと。
エ 花がたくさん落ちたこと。

(5) ――線③「知る」とは、何から知るのですか。最も適切なものを次から選び、記号で答えましょう。
ア 外の明るさ。　イ 鳥の鳴き声。
ウ 激しい風雨の音。　エ 家族からの知らせ。

1 まぎらわしい選択肢問題の識別

選択肢問題に取り組むときには、

◆必ず選択肢の内容を本文と照らし合わせて正しいかどうかを判定する

◆すべての選択肢を一通り読んでから答えを決定する

ということを忘れずに行っておきましょう。特に、誤りを含む選択肢のどこが本文と合わないのかをきちんと確かめるようにしましょう。「よいと思うものがいきなり見つかったので、ほかの選択肢をきちんと見ないまま答えを出してしまった」ということがないように、丁寧に問題を解く必要があります。

差がつく

まぎらわしい選択肢には、一見正しそうに見えても、本文中では触れられていなかったり、部分的に誤りが含まれていたりします。選択肢の文章を切り分けて、それぞれを本文の内容と丁寧に照らし合わせるようにしましょう。

実戦問題

1 次の文章を読んで、下の問いに答えましょう。

〔同志社国際中―改〕

一定の時間内で能力を発揮することが重要なのは、①私たちが生きている社会の特徴を反映しています。会社勤めならば、何時までに会社に行くのかが決まっています。人と会って仕事の話をするときでも、いつ、どこで会うのか、どれくらいの時間をかけるのか、といったことが重要になります。イベントであれ、新製品であれ、いいアイデアが浮かんだらできるだけ早く実行に移す。

問(1) ――線①「私たちが生きている社会の特徴」とありますが、どのような特徴ですか。最も適切なものを次から選び、記号で答えましょう。

ア 時間をかけてでも、出来栄えの良い品物を作り出そうとする特徴。

イ 一定の時間内に決められた仕事をこなすことが求められるという特徴。

ウ 自分の得意な分野で力を発揮していくことが期待されているという特徴。

そのためにも、一定の時間内に仕事をこなしていくことが求められます。

工場でものをつくる場合も、どれくらいの時間をかけて、何をどれだけつくるのかを決めておくことが大切になります。つくるのに必要な材料が、どれほどいるのかも、何時間で何個つくるかによって決まってきます。できるだけ短時間で製品をつくれれば、一日当たりの生産量は増えます。それだけコスト*も安くなります。

店でものを売る場合にも、時間は重要です。どれくらいの時間で、どれくらいの商品が売れるのか。それによって仕入れの時間も量も決まります。開店、閉店の時間も、お客さんの来そうな時間にあわせなければなりません。開店前にどれだけの準備をしておくのか。限られた一定の時間内で仕事をする必要があります。

このように、いろいろな人が協力しあって、むだのないように仕事をするためには、どれくらいの時間で何ができるのかが重要になります。短い時間内に集中して問題に答える。それは社会のしくみと関係しています。時間で試験を区切るのも、社会に慣れるための訓練の一環といっていいでしょう。

昔のように、農業が中心の時代や、狩猟や漁をしてい

エ 出来上がったものの質より、出来上がるまでの時間が重視されるという特徴。

ヒント

——線①よりあとの部分で述べられている「社会の特徴」の内容と合うものを選びましょう。いくつか具体例が挙げられていますが、その共通点は何かを考えることが大切です。

問(2) ——線②「短時間に同一の知的能力をどれだけ発揮するのかは、今ほど重要ではなかった」とありますが、それはなぜですか。その理由として最も適切なものを次から選び、記号で答えましょう。

ア 一時間、一分刻みの時間ではなく、当時はもっと大きな時間の中で生活していたから。

イ 短い時間内に集中して問題に取り組む姿勢が、当時は必要とされていたから。

ウ 当時は一人で複数の仕事を抱えていたので、短時間で仕事をおえられなかったから。

エ 当時は時計がなかったので、時間の感覚をみんなが共有していなかったから。

た時代には、今の社会のような意味での時間の制約は少なかったといえるでしょう。農業の場合であれば、どんなときに種をまくのか。田植えは、草取りはいつごろか。収穫はどんなころがいいのかなど、一時間、一分刻みの仕事ではなく、季節の移り変わりといった、もっと大きな時間の流れの中で、仕事をしていたでしょう。

漁業の場合はどうでしょう。日の出・日の入り、潮の満ち干など、魚をとるのに都合がよい時間は、今の会社勤めのサラリーマンが、何時何分に人と会う、工場で何時に操業を開始する、というように決められるものではありません。ビジネスの世界の機械的・人工的な「時計の時間」よりも、日の出・日の入り、潮の満ち干などの「自然の時間」のほうが、作物を作ったり猟や漁をするうえで大事だったのです。こうした時代には、②<u>短時間に同一の知的能力をどれだけ発揮するのかは、今ほど重要ではなかったのではないでしょうか</u>。

現代でも、問題によっては短時間で答えの出ないものがあります。一、二時間で能力を発揮するのではなく、何年もかけて、じっくり考えて答えを出していくしかない仕事は、実はいくらでもあります。二一世紀の日本の教育をどんなふうにすればよいのか、といった教育研究

ヒント

短時間に同一の知的能力を発揮することが今ほど重要でないということは、今と昔では、知的能力の発揮の仕方が違っているということです。――線②の直前にある「こうした時代には」に注目して、今と昔の「知的能力の発揮の仕方の違い」を本文と照らし合わせて確かめましょう。

問(3) 本文の内容として最も適切なものを次から選び、記号で答えましょう。

ア 昔の人は、生活するうえで時間をまったく気にすることなく暮らしていた。

イ 田植えや草取りは天候に左右されるので、できるだけ短時間でおわらせる必要があった。

ウ 試験の時間に慣れると、能力を短時間で発揮できるようになる。

エ 短時間で多くの正解を出すのではなく、じっくり考えて答えを出すべき問題もある。

者の仕事だって、一日、一週間、あるいは一カ月くらいで答えの出るものではありません（しかも、これが正解というものもないのです）。

試験の時間に慣れすぎると、人の能力は短時間で発揮されるものだという見方をするようになるかもしれません。短時間にどれだけ正解を出せるか。それが人の能力だと見てしまうのです。しかし、こういう時間を超える、じっくりと答えていく問題もあることは覚えておいてください。

（苅谷剛彦「学校って何だろう」）

＊コスト＝費用。

ヒント

本文の内容として最も適切なものを選ぶ問題です。選択肢に含まれる言葉から、本文のどのあたりの内容と照らし合わせればよいかを考えましょう。ただ単に同じ言葉が使われている、というだけでは正解とはいえません。本文での使われ方やつながりと本当に合っているかどうか、一つ一つ丁寧に確かめましょう。

解答

(1) イ

ア「時間をかけてでも」、**ウ**「自分の得意な分野で」、**エ**「質より……時間が重視される」がそれぞれ誤っています。

(2) ア

イ「当時は必要とされていた」、**ウ**「当時は一人で複数の仕事を抱えていた」、**エ**「時間の感覚をみんなが共有していなかった」がそれぞれ誤っています。

(3) エ

ア「時間をまったく気にすることなく」、**イ**「できるだけ短時間で終わらせる必要があった」、**ウ**「能力を短時間で発揮できるようになる」がそれぞれ誤っています。

2 空欄補充問題

空欄補充問題に取り組むときには、
◆空欄の前後を読んでから、当てはまる言葉の手がかりを探す
◆解答を空欄に入れ、つなげて読んで確認する
ということを忘れずに行っておきましょう。空欄の部分だけを読んだときには良さそうだと思っても、前後の文とつなげて読むと当てはまらないという場合もあります。確認の作業はしっかりやっておきましょう。

差がつく 空欄の前後の言葉は大きなヒントになります。必ず空欄を含む一文全体をとらえるようにしましょう。

実戦問題

❶ 次の文章を読んで、下の問いに答えましょう。

〔大阪桐蔭中―改〕

古典は［A］するものではなく、暗記するものだと三浦雅士さんがどこかで書かれていました。例えば、「ひさかたの光のどけき春の日に静心なく花の散るらむ」という古歌があります。中学生はまずそれを暗記させられます。「光のどけき」とはどういうことか、「静心なく」とはどういうことか、そんなことはとりあえずどうでもよろしい。まず暗記する。そして、ずいぶん年が経った後に、ある春の日にふとその古歌が自らの実感として口

問(1) ［A］・［B］に入る言葉として最も適切なものを次から選び、記号で答えましょう。

［A］ **ア** 想像　**イ** 理解　**ウ** 学習　**エ** 復習

［B］
ア 師から部屋に呼び付けられる
イ 故郷から妻子を呼び寄せる
ウ 蜜蜂が花弁を探り当てる
エ 磁石が鉄粉を引き付ける

から洩れ出ることがある。その瞬間に歌と感覚のあいだに回路が繋がる。「静心なく花の散る」とは「ああ、このことだったのか」と実感される。

（中略）

私たちはまず言葉を覚えます。意味がよくわからない。何を指すのかもわからない。それでいいんです。言葉を裏打ちする身体実感がないというその欠落感をずっと維持できているからこそ、ある日その「容れ物」にジャストフィットする「中身」に出会うことができる。文字と読み方だけ知っていて、意味が分からない言葉というのは、［B］ように、「その空虚を充填*する意味」を引き寄せます。欠落感をいつも感じているからこそ、その欠落感を埋める方向に感覚が深化してゆく。そして、ある日、自分の身体実感を言葉にしようとしたときに、三十一文字が口を衝いて出て、古歌に託された心象と自分のそれが重なり合う。そういう経験だと思います。

（内田樹「街場の教育論」）

＊充填＝すき間や割れ目に物を詰めて埋めること。

ヒント

「［A］するものではなく、暗記するもの」という表現から、「暗記」と対照的に書かれている内容に注目しましょう。［B］を含む文の最後にある「引き寄せる」に注目します。「言葉と意味」が、「ある時、自然に繋がる」という表現になるように空欄を埋めましょう。

解答

A…**イ**

「意味はとりあえずどうでもいいから暗記する」ことと対応しているのは、（中略）直前の「『ああ、このことだったのか』と実感される」の部分です。この内容を言い表している選択肢は、**イ**の「理解」です。

B…**エ**

本文では、古歌で表現された内容がある日ふと実感されることが例に挙げられています。自分から積極的に実感しようとするわけではなく、いつの間にか自然に「ジャストフィット」が起こるということから、意図的に行動を起こしている**ア**〜**ウ**は答えになりません。

3 記述問題 ①

記述問題に取り組むときには、

◆「どんなところですか」→「〜ところ。」というように、設問の問い方と解答の文末表現を合わせる

◆誤字・脱字や、字の書き間違いをしていないかどうか確認する

◆「私の希望は海外に行きたいです」「父が野球に連れて行ってくれると言われた」のような、主語と述語が対応しない文（ねじれ文）にならないように確かめるということを忘れずに行っておきましょう。

差がつく
設問で要求されている内容がきちんと書けているかどうかを確かめるために、解答したあとに上の三つのポイントをおさえたかを必ず見直しましょう。

実戦問題

1 次の文章を読んで、下の問いに答えましょう。

〔聖心学園中―改〕

学校教育のなかで、①ディベート形式の討論が近年流行っている。立場を二つに分けて、お互いの主張を言い合う。相手の弱点をつき、追い込む。論理性は大切にするが、相手の気持ちをくみ取ることは基本的にはしない。揚げ足取りもよく見られる。国会の質問と答弁でも、相手の質問の意図をわざと取り違えたり、曖昧にぼかして答弁するケースが多くみられる。これは意図的に焦点を

問(1) ――線①「ディベート形式の討論」とありますが、何をすることによってどのような力を養おうとする討論のことですか。文中の語句を使って、五十字以内で答えましょう。

ヒント
「何」にあたる内容と、「どのような力」にあたる内容をそれぞれ本文から探します。ディベート形式の討論で行うことは二〜三行目にまとめられています。また、それ

ぼかしているケースだ。

ディベートで論理力を養う、という趣旨は理解できないわけではない。しかし、論理性のみを最上の価値とするのでは、コミュニケーション力養成のトレーニングとしては限界がある。論理には抜け道が多くある。論理力の低い者同士では、単なる＊水掛け論になりやすい。論理的な能力を駆使して、論点をごまかし、相手を言い負かすことは、習熟してみればさほど難しいことではない。

裁判のように勝ち負けが重要な場合には、②こうした能力が重要視される。相手の論理のミスをつき、相手が本当に言いたいこととは別の弱点を攻め立てる。そして議論を有利に運ぶ。こうした技術は、たしかに社会のある場面で求められることはある。しかし、私が思うには、ふつうの社会人の場合、仕事の大半はこのようなディベート能力で行うものではない。相手の言い間違いをうまく利用したり、論理をうまくすり替えて議論を有利に運んだりすることは、仕事の場面ではさして意味がない。相手をやりこめたり、騙してするような仕事のやり方では、あとでトラブルが起きる。

本当に求められている能力は、相手の言いたいことを的確につかむ能力である。要約力と言ってもいい。出来

によって「養おう」としているものは、第二段落にまとめられています。

問(2) ——線②「こうした能力」とありますが、どのような能力のことですか。「意図的」「有利」という文中の語句を使って、五十字以内で答えましょう。

ヒント

指示語の問題です。——線②を含む一文を読んでからヒントを探すと、「こうした能力」は「勝ち負けが重要な場合に重要視される」ものであることがわかります。勝つためにどのような能力が必要になるかを意識して、——線②の直前部分を読み直してみましょう。また、「論点をごまかす」ということに関して、第一段落の最後に「意図的に」という言葉があることもふまえて解答を作りましょう。

得れば、相手がすべて言葉で表現し切れていない事柄までも、想像力や推測力でつかみ取り、「おっしゃりたいのは……ということではないでしょうか」と提案する力が欲しい。自分の言いたいことをしっかりと受け止めてくれたと感じることで、議論は一つ基礎が踏み固められ、次へ進む。相手の穴をつつき合う議論とは、方向性がまるで逆の姿勢である。

　お互いに相手の言いたいことをしっかりとつかみ合い、よりよいアイディアを出していく。これがクリエイティブな対話というものだ。相手を言い負かすだけの議論は、一見華々しいようでも生産的ではない。

　お互いの利益をひたすらぶつけ合い、つり合いを測って妥協点を見いだす、というやり方が有効なケースもたしかにある。それは先ほど述べた裁判や、利益がぶつかり合う状況である。しかし、まず③基礎としてつけるべきコミュニケーション力は、そのような殺伐たる、闘い続ける討論の力ではない。お互いに意味をしっかりつかみ合い、同じチーム、パートナーとして、トラブルに向き合う。言葉を交わし合い、行き詰まりを共有しながら、新しい意味が生まれるのを待つ。それも、ただ待つのではない。言葉の端々をきっかけにして、脳の中のすべて

問(3) ——線③「基礎としてつけるべきコミュニケーション力」とありますが、どのような力のことですか。文中の語句を使って、六十字以内で答えましょう。

ヒント

——線③よりあとの部分で述べられている内容に注目し、筆者が「身につけるべき」ととらえている内容を解答に入れて文をまとめましょう。「お互いに意味をしっかりつかみ合うこと」「言葉を交わし合い、行き詰まりを共有すること」「新しい意味を模索すること」が、筆者の重要視している内容です。「新しい意味を模索する」とは「よりよいアイディアを出す」に通じます。また、文章末の「要約力や再生力」にも注目しましょう。

の情報をフル稼働させ、新しい意味を模索するのである。

相手の言いたいことを捉える努力をせずに、あら探しをする。そんな悪癖だけを身につけることになる危険性を、ディベートの授業に感じることが私は多い。アメリカ合衆国では、利益をぶつけ合いバランスをとることが歴史的に重要な意味を持った。しかし、日本でそれをそのまま踏襲する必要はない。コミュニケーションの基本は、あくまでもお互いの言いたいことをしっかりとつかみ合うことにある。そうした要約力や再生力を身につけることこそが、まず肝要である。

（齋藤孝「コミュニケーション力」）

＊水掛け論＝両者が互いに自分の主張をゆずらないため、いつまでも議論が続くこと。

＊踏襲＝それまでのやり方を変えることなく、そのまま受け継ぐこと。

＊肝要＝非常に大切なこと。

解答

(1) 例 立場を二つに分けて、お互いの主張を言い合い、相手を追い込むことによって、論理力を養おうとする討論。（49字）

(2) 例 論理的な能力を駆使して、意図的に問題の焦点をぼかし、議論を有利に運んで相手を言い負かすための能力。（49字）

(3) 例 お互いに相手の言いたいことを捉える努力をして言葉を交わし合い、行き詰まりを共有しながら、よりよいアイディアを出す力。（58字）

② 次の文章を読んで、下の問いに答えましょう。

〔近畿大附中―改〕

「おい、末永。早く来いよ」

ぼくがみんなの輪にはいりかけたときに武藤がどなって、ふりかえると末永が昇降口から出てきたところだった。長髪を、トレードマークのヘアーバンドでまとめた末永が、長い手足をふって一気に迫ってくる。

「太二、パーな」

武藤は小声で言うと、そっぽをむいた。いままで一度もなかったことだが、みんながなにをしようとしているのかはわかった。やめたほうがいいよ、ということばが口から出かかったときに末永が到着した。

「悪い悪い。給食のあと、腹が痛くなってさ」とおくれた言いわけをする末永を尻目に、「グーパー、じゃん」とみんなが声をだした。

「あっ」

自分だけがグーだとわかり、末永がしゃがみこんだ。①うなだれた顔にかかった髪のすきまから、とがらせた口が見えた。

「すげえ偶然だな。おい、末永。手伝ってやりたいのは山々だけど、よけいなことをしたら先輩たちに怒られる

問(1) ――線①「うなだれた顔にかかった髪のすきまから、とがらせた口が見えた」とありますが、これは末永のどのような気持ちの表れですか。五十字以内で答えましょう。

ヒント
末永の気持ちがよく表れている表現としては「うなだれた顔」と「とがらせた口」の二つがあり、それぞれどのような気持ちの表れなのかを考えます。また、傍線部の直前で起きたことが末永の気持ちの理由になっていることから、その事情も簡単に解答に盛りこみましょう。

からよ」

武藤は早口で言うと、さあ行こうぜというように右腕をふった。ぼくは残って末永と一緒にブラシをかけようかと思ったが、久保に肩をたたかれて、みんなにまざって小走りで校舎にもどった。

たまたま末永がおくれたのにかこつけて、②武藤がワナをしかけたのだ。もしも末永と同時に到着していたら、ぼくもグーをだしていたかもしれない。ぎりぎりセーフと安堵するのと同時に、末永がキャプテンの中田さんか顧問の浅井先生にこのことを訴えたらたいへんだと不安がよぎった。

中田さんはふだんはおだやかだが、一度怒ると簡単には相手を許さなかった。夏休みの練習で、数人の二年生が日かげでサボっていたときには、自分もやるからと二年生全員で二百回素振りをした。あらかじめ注意されていたのに、末永ひとりをハメたことがばれたら、どんな罰を与えられるかわからない。

こんなことなら武藤の言いなりになるんじゃなかったと、ぼくは後悔していた。でも、聞こえなかったふりをしてグーをだしていたとしても、自分だけいい子になりやがってと、みんなの反感を買っていただろう。

問(2) ――線②「武藤がワナをしかけた」とありますが、どのような「ワナ」ですか。五十字以内で答えましょう。

ヒント

「ワナ」なので、相手に気づかれないようにしながら、自分に有利な状況を作ろうとしていることがわかります。また、「ワナ」をしかけられたのは末永です。「武藤が最終的に実現しようとしたこと」「そのために行った、末永をだますことと関係のある内容」をそれぞれまとめて解答に盛りこみましょう。

久保が武藤についたのも、ぼくにはショックだった。久保は小学校一年生からの友だちで、超がつくほどまじめなやつだ。そのぶんかけひきがへたで、肝心なところで相手に裏をつかれる。グーパーじゃんけんでもよく負けて、三回に二回はコート整備をしていた。だから、というわけでもないが、ぼくは久保ならこういうときは絶対にとめるだろうとおもっていた。

武藤と末永はプレースタイルがよく似ていた。二人とも百七十五センチをこえる長身で、威力のあるサーブ&ボレーを武器にしている。ツボにはまると手がつけられないが、ベースラインでの打ち合いをやや苦手にしていて、自分のイージーミスから崩れることが多いところまでそっくりだった。

ただし、武藤が練習熱心なのに対して、末永はすぐに手をぬこうとする。筋トレのときに、末永がまじめにやらなかったせいで、スクワットや腕立て伏せの回数を増やされたことも一度や二度ではなかった。だから、武藤が中心になってハメたのはたしかに行きすぎだが、③末永にまったく非がないわけではなかった。

そうはいっても、ひとりで四面のコートにブラシをかけるのはたいへんだ。末永の性格からすると、途中で投

問(3) ――線③「末永にまったく非がないわけではなかった」とありますが、末永の「非」とはどのようなことですか。五十字以内で具体的に答えましょう。

ヒント

「非」とは「悪いところ」という意味です。この場面では末永は被害者のはずですが、そんな末永にも「悪いところ」があったということです。――線③と同じ段落を中心に、「末永の悪いところ」を意識して読みましょう。ここ以外でも、文章のはじめのほうに「おくれた言いわけをする末永」とあります。

げださないともかぎらない。それをきっかけに末永が退部したら、後味の悪いことになってしまう。

　昼休みのおわり近くに、四階の教室の窓からグラウンドに目をやると、末永はまだブラシをかけていた。かなりがんばったようで、残りは半面だったが、そこで昼休みの終了を知らせるチャイムが鳴りだした。両手にブラシを持った末永は前かがみになって最後の力をふりしぼり、コートの端にたどり着くなり地面にひざをついた。

　末永は放課後の練習にはいつもどおり参加したので、ぼくは胸をなでおろした。今回は大ごとにならずにすんだが、昼休みのグーパーじゃんけんがあるかぎり、こうした問題はくりかえされるのだとおもうと気が重かった。なにより、武藤の言いなりになってしまった自分が情けなかった。練習にも集中できず、ぼくはどうすればいいのかを考えながら家までの道のりを歩いた。

（佐川光晴「大きくなる日」）

解答

(1) 例 自分一人がコート整備をやることになって落胆する気持ちと、そのことについて不満だと思う気持ち。（46字）

(2) 例 グーパーじゃんけんで出す手を事前に決めておいて、末永一人にコート整備をおしつけるというワナ。（46字）

(3) 例 練習にまじめに取り組まないせいで、みんなが行う筋トレの回数を何度も増やされる原因になったこと。（47字）

4 記述問題 ②

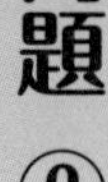

理由を問う記述問題に取り組むときには、

◆「から」「ため」「ので」「だから」「なぜなら」など、理由を示す表現に注目する

◆「なぜですか」→「〜から」のように、文末を設問で問われている形と合わせる

ということを忘れずに行っておきましょう。

また、いきなり傍線部から離れたところで理由を探すのではなく、まずは傍線部に近い部分から理由となる表現を探すことも大切です。

差がつく

傍線部の理由を問う問題では、自分の解答と傍線部が「原因と結果」の関係になっているかどうかを確認すれば、正しく解答できているかを確かめることができます。

実戦問題

❶ 次の文章を読んで、下の問いに答えましょう。

〔甲陽学院中―改〕

小学校の〈読み方〉の力では、一冊の本を読み通すことはできない。かりに文字をひろって読んだとしても、それは短文の連続であって、本ではない。*センテンスごとに意味をとるセンテンス・リーディングでは、二百ページの本を読むことができない。いくら努力しても、三、四十ページくらい。息切れして先へ進めない。ちょっとひと休みと、座右に置く、それがその本との縁の切れ目となって、*あたら名著も〈ツンドク本〉としてチリがつも

問(1) ——線①「本は最後まで読み通さなくてはいけない」とありますが、その理由を筆者はどのように考えていますか。本文中の語句を使って、三十字以内で答えましょう。

ヒント

——線①と同じ段落の中から、理由にあたる部分を探しましょう。「本を最後まで読み通すとどのようなよいことがあるか」とも言いかえられます。

る。かつての古本屋には、こうして討死した本がにぎやかに並んでいたものである。気の小さい人は、三、四冊読みさしの本をこしらえると、自分の才能を疑う。知的なことには向いていないのだと勝手にきめつけて、本との別れをする。少しにぶいような人が、たび重なる失敗にもめげず、読むことを続けていくと、やがて開眼。本とはこんなにおもしろいものかという発見をするのである。ウサギはカメに負ける。読書好きになったカメがリードする。

①本は最後まで読み通さなくてはいけない。途中で投げ出すなんて、意志が弱いのである。わからなくても、おもしろくなかろうが、二百ページくらいの本を読み通せないでどうする。心を鬼にしても最後のページまで攻め立てよ。読み終えたときの達成感はほかでは得られない。そしてこれはいい本だった、と思う。さらに、この著者はえらい、と思う。本を出した出版社も良心的である。などとすべてがバラ色に見えるのである。それは読書家のこと。ふつうの人間にとって本を読み切るのはたいへんな荒業である。しようと思ってできることではない。②最後まで読み切った本がないまま一生を終わる人は決して例外的ではない。

問(2) ――線②「最後まで読み切った本がないまま一生を終わる人は決して例外的ではない」とありますが、それはなぜですか。文中の語句を使って、五十字以内で答えましょう。

ヒント
「例外的ではない」ということは、「ありふれている、よくあることである」という意味になります。「本を最後まで読み切れない」ということがふつうの人間にとって「例外的ではない」、つまりよくあることだということは、「本を最後まで読み切る」という作業に難しい点があるということになります。どのような点が困難なのかを意識して本文から理由を探しましょう。

本はくりかえし読め、はっきり、そういう人は少ないが、良い本や難しい本は一度ではわからないことがある。一度でわからなくてもあきらめずに再挑戦してみようという考え方もある。読書百遍、意おのずから通ず、ということばがある。いくら難解な文章でも、繰り返し読んでいれば、だれに教わることがなくても、自然に意味がわかるようになる、ということを言ったものである。この百遍というのは文字通りの百遍、九十九回目の次ということではない。多いということの誇張である。わからない本でも何度も読んでいれば、本当に、わかるようになるのか。本当にわからない本でも、百遍読み返したら、わかるようになるのか。ためした人はなかっただろうが、わかる、のではなく、わかったような気がするのである。自分の意味を読み込むから、わかったような錯覚をいだく。読み返すたびに、読者のもち込む意味が増える。そうして、ついには、自分のもち込んだ意味ばかりのようになる。それをおのずからわかったと思い込む。対象の本を自己化しているのである。自分の意味をまるでもち込めないような本は、百遍はおろか、一度の通読もできない。はじめのところで投げ出してしまう。とにかく、何度も読めるのは、どこかおもしろい

問(3) ——線③「一種の自己表現」について、本を読むことが「自己表現」となるのはなぜですか。八十字以内で答えましょう。

ヒント 「一種の自己表現」自体は、直前の「わからないところを、自分の理解、自分の意味で補充する」の言い換えになっています。「わからない」部分を読むことが「自己表現」になるためには、その部分を自分の言葉で言い換えていくことが必要になります。最後の段落全体の内容をしっかり読み込んで答えましょう。

からである。なにがおもしろいか、といっては自分の考えを出すことほどおもしろいことはない。わからないところを、自分の理解、自分の意味で補充するのである。③<u>一種の自己表現</u>である。隅から隅まで、わかり切ったことの書かれているような本では、こういう読者の参入はあり得ないから、たいへんつまらない。

（外山滋比古「乱読の*セレンディピティ」）

*センテンス＝文。
*あたら＝もったいないことに。
*セレンディピティ＝予想外のことを発見すること。

解答

(1) 例 本を読み通せば他では得られない達成感を得ることができるから。（30字）

(2) 例 ふつうの人間にとって本を読み切るのはたいへんな荒業であり、しようと思ってできることではないから。（48字）

(3) 例 難解な文章をくり返し読むときに、自分の意味をもち込んでわからないところを自分の理解、自分の意味で補充することで、対象の本を自己化することになるから。（74字）

❷ 次の文章を読んで、下の問いに答えましょう。

〔立命館中―改〕

「さあ、行くぞ」

朝起きると、父の突然のドライブ宣言が出た。ドライブ宣言は、とても久しぶりに聞いた。家を建てる時は毎週末、このセリフが父の口から放たれたのだが、こっちに越してきてからの父は、近所を散策して古墳や土器を探すことにはまっていて、休みの日の家族でのドライブは、ほとんどしなくなっていた。

古い城が建っていたこの一帯には、古墳が多く、土器もよく見つかるのだ。だから父の興味の中心は、遠い場所ではなくて、遠い昔の人々が土の中に残したものになってしまったのだった。最初のころは私たちも父の古墳探しにつき合うことがあったが、最近は、自分だけの方が行きたいところにずんずん行けるとわかったのか、①父一人で出かけることの方が多かった。

しかし今日は、なぜか突然の「さあ、行くぞ」、つまり家族全員で出かけるぞ、である。

姉が冷静に、どこに行くの?と父に訊くと、海だよ、と答えた。

「海!?」

姉と同時に同じ言葉が出た。

問(1) ――線①「父一人で出かけることの方が多かった」とありますが、それはなぜですか。五十字以内で答えましょう。

ヒント

父一人で出かけることと家族とともに出かけることの間に、どのような違いがあるのかを考えましょう。まずは――線①を一文全体でとらえることが大切です。父が、家族と出かけるより一人で出かける方がよいと思う理由を探しながら読みましょう。

「実はこの間、糸島半島の先に一人で行ってきたんやけど、ものすごくきれいな海やったから、おまえたちにも見せてやらんといかんな、と思って。海水浴できる場所も、ちゃんとある」

「わーい。水着、水着〜。浮きぶくろ〜」

「やっぱり夏は、なんといっても、海やろう」

はしゃぎまわる私たちに母が、「水着の用意ができたら、こっち手伝って」と台所から声をかけた。大急ぎで弁当を作っていたのだ。

「まったく、お父さんの気まぐれには困ったもんやね」

母はぶつぶつ言いながらも、うれしそうだった。チャボを飼わせてもらったかわりに、父の気まぐれドライブにもつき合おうってことなのかどうかはわからないが、②おにぎりを握る母は、自然に鼻歌をうたっている。

母の機嫌のよさは、家全体の機嫌のよさになる。私と姉は、よろこんで弁当作りを手伝った。

おにぎりを握りながら、ふと思い立って、ねえ、咲子ちゃんも呼んでいい？　と母に提案した。

「咲子ちゃん、ってことは、三恵子ちゃんとゆうこちゃんもって、ことね？」

おにぎりにぐるりと海苔を巻きながら、母が言った。

「よかよ」

問(2)　——線②「おにぎりを握る母は、自然に鼻歌をうたっている」とありますが、それはなぜですか。五十字以内で答えましょう。

ヒント

お母さんの発言だけにとらわれないようにしましょう。「鼻歌をうたっている」から、お母さんがどちらかというとよい気分になっていることが読み取れます。「母はぶつぶつ言いながらも、うれしそうだった」という描写にも注目して、お母さんがなぜよい気分になったのかを読み取りましょう。

「わあ、よかと!? 三恵子ちゃんたちも誘って」姉が高い声で叫んだ。

「けど、そんなことになったら、もう一台車出さんといかんくなるなあ。川島さんちも急に海に行こうなんて、大丈夫かいな」

横から会話を聞いていた父がそう言うと、川島さんがもしダメでも、ママ号があるわよ、と母は拳を握り、ポパイみたいに力こぶをつくるマネをした。

「免許取り立てのママ号は、おそろしか～」

「なん言いよると。優秀な成績で卒業した優良ドライバーやけん、大丈夫たい」

「じゃあじゃあ、咲子ちゃんたち、呼びにいってよかと?」

「まずは電話して咲子ちゃんのお母さんに聞いてみるけん、ちょっと待って」

お母さんは咲子ちゃんの家にかけた電話を切りながら、親指とひとさし指でOKの印のマルを作った。

「やったー!」

姉と同時に声が出た。

「ただし、咲子ちゃんのお母さんは、用事があって今日は一緒に行けんそうやけん、やっぱりママ号の出動にな

問(3) ——線③「浮かない顔をしていた」とありますが、三恵子ちゃんが「浮かない顔をしていた」のはなぜですか。六十字以内で具体的に答えましょう。

ヒント

「浮かない顔」は、心配ごとやいやなことがあって、楽しい気分になれないときの表情です。三恵子ちゃん自身が、「せっかく海に行っても一緒に遊べんかもしれん」と発言しています。その理由も合わせて説明しましょう。

るたい」

「わーい」

姉と二人で、ゴムまりのように跳ねながら坂道を下りていくと、家の前で三恵子ちゃんが夕子ちゃんをだっこして③浮かない顔をしていた。

「今日は、お母さんもおばあちゃんも出かけるけん、私がゆうこちゃんの面倒をみるように言われとうと。だから、せっかく海に行っても一緒に遊べんかもしれん」

「ゆうこちゃんなら、とっこちゃんと遊んでもらうけん、大丈夫やない？」

「え、そうなの……」

「こういう小さい子は、一人に一人、大人がちゃんとついとらんと、目を離したスキにあっという間に海に入ったりして、えらいことになるって、お母さんが……」

「大人なら、お父さんもおるし」

「かなちゃん、お父さんは……」

姉が私にだけ聞こえるように、かすれた声で言った。姉が言いたいことはすぐに察知した。父は、前に別のところで海水浴をしたとき、どんどん遠くまで泳いでいって、一人で楽しんでいたことがある。子どものことをずっと気にかけて行動するなんて、きっとできない……。


（東直子「いとの森の家」）

解答

(1) 例 古墳探しをする時に、家族と一緒に行くより自分一人で行った方が好きなところに行けると気づいたから。（48字）

(2) 例 急に弁当を作ることになっていそがしいが、家族みんなで出かけることになったのがうれしかったから。（47字）

(3) 例 お母さんやおばあちゃんからゆうこちゃんの面倒をみるように言われ、せっかく海に行っても一緒に遊べないかもしれないから。（58字）

5 記述問題 ③

文章内容を要約する記述問題に取り組むときには、
◆文章を意味段落に分け、各意味段落の要点をつかむ
◆話題と結論を必ず入れ、解答の字数によっては結論の根拠も入れる
の二点を忘れずに行っておきましょう。
文章の一部のみに目を向けるのではなく、はじめからおわりまでを通してどのようなことが主張されているかをつかむことが大切です。

差がつく
要約の問題を解くときには、それまでに出した答えを点検しながら、文章全体で述べられていることを再確認しましょう。

実戦問題

❶ 次の文章を読んで、下の問いに答えましょう。

〔同志社女子中―改〕

Ⅰ人気グループであるSMAPのヒット曲「世界に一つだけの花」に、次のような歌詞がある。「ナンバー1にならなくてもいい。もともと特別なオンリー1。」この歌詞に対しては、大きく二つの意見がある。一つは、この歌詞のとおり、オンリー1が大切という意見である。世の中は競争社会である。しかし、何もナンバー1にだけ価値があるわけではない。私たち一人ひとりは特別な個性ある存在なのだから、それで良いのではないか。これは、

問(1) この文章の話題をまとめた次の文の□にあてはまる言葉を三十字以内で抜き出しましょう。

生物が生きていくうえでは□ということ。

ヒント
文章全体でどのような話が展開されているかを考えましょう。文章の前の方で、読者に対して問いかけている表現には、しっかり注意をしておく必要があります。

もっともな意見である。

②一方、別の意見もある。オンリー1で良いと満足していては、努力する意味がなくなってしまう。世の中が競争社会だとすれば、やはりナンバー1を目指さなければ意味がないのではないか。これも、なっ得できる意見である。オンリー1で良いのか、それともナンバー1を目指すべきなのか。あなたは、どちらの考えに賛同されるだろうか？　じつは、生物たちの世界は、この問いかけに対して、明確な答えを持っているのである。じつは、生物の世界では、ナンバー1しか生きられないというのが鉄則である。これが「ガウゼの法則」と呼ばれるものである。

③旧ソビエトの生態学者ゲオルギー・ガウゼは、ゾウリムシとヒメゾウリムシという二種類のゾウリムシを一つの水そうでいっしょに飼う実験を行った。すると、水やエサが十分にあるにもかかわらず、最終的に一種類だけが生き残り、もう一種類のゾウリムシは、くちくされて、ほろんでしまったのである。二種類のゾウリムシは、エサや生存場所をうばい合い、どちらかがほろぶまで激しくきそい合う。そのため、共存することができないのである。ナンバー1しか生きられない。これが自然界の厳しいおきてである。

問(2) この文章で述べられていることを、百三十字以内でまとめましょう。ただし、筆者がどのような問いかけをし、それにどう答えているかを明らかにしてまとめること。

ヒント

話題と主張をそれぞれまとめ、設問で指定された型に入れて仕上げましょう。段落ごとに「何の話をしているのか」について、次のように短い題名(小見出し)をつけておくと、文章全体の構造がわかりやすくなります。

①オンリー1が大切だという意見

②ナンバー1を目指すべきであるという意見

③ゲオルギー・ガウゼの実験
（生物界ではナンバー1しか生きられない）

④ガウゼが行った実験の続き
（「共存」の例）

[4]競争社会とは言っても、人間社会の競争はずいぶんとゆるやかなので、ナンバー2やナンバー3であっても、銀メダルや銅メダルでたたえられる。しかし、厳しくきそい合う自然界でナンバー2はあり得ない。ナンバー2はほろびゆく存在なのである。やはり、オンリー1ではダメなのか。そう考えるのはまだ早い。じつは話はそんなに単純ではないのだ。自然界を見回せば、多種多様な生き物が共存して暮らしている。ナンバー1しか生きられないはずの自然界で、どのようにして多くの生物が存在しているのだろうか？　じつは、ガウゼが行った実験には、続きがある。今度はゾウリムシの種類を変えて、ゾウリムシとミドリゾウリムシで実験をしてみた。すると、おどろくことに二種類のゾウリムシは一つの水そうの中で共存をしたのである。

[5]どうして、最初の実験ではゾウリムシは共存できなかったのに、この実験では二種類のゾウリムシが共存しえたのだろうか。じつは、ゾウリムシとミドリゾウリムシとは、すむ場所とエサが異なるのである。ゾウリムシは、水そうの上の方にいて、ういている大腸菌をエサにしている。これに対して、ミドリゾウリムシは水そうの底の方にいて、酵母菌をエサにしている。つまり、同じ水そ

---

[5]二種類のゾウリムシが共存できた理由
（「すみ分け」）

[6]「ずらす」という生物の戦略

[7]生物はすべてナンバー1で、なおかつオンリー1である

[8]ナンバー1になれるオンリー1な居場所を探す

[9]場所や時間をずらすことによってナンバー1になれるようにする例
（生物たちのオンリー1な居場所の探し方）

[10]はん囲をせばめてナンバー1になりやすくする例
（人間のオンリー1な居場所の探し方①）

[11]もっとはん囲をせばめてナンバー1になりやすくするにはどのような方法があるか
（人間のオンリー1な居場所の探し方②）

うの中でも、すんでいる世界が異なれば、きそい合うこともなく共存することが可能なのである。これが「すみ分け」と呼ばれるものである。

6 そうだとすれば、他の生物と激しく競争しあって、自分の居場所を確保するよりも、他の生物と争わないように、ずらしながら、居場所を探した方が良い。この「ずらす」ということが生物にとっては、重要な戦略になるのである。

7 ナンバー1しか生きられない。これがゆるがすことのできない自然界の鉄則である。しかし、自然界にはさまざまな生物がいる。つまり、それぞれの生物がそれぞれの居場所でナンバー1なのである。すべての生物がナンバー1になれる場所を持っているのだ。このナンバー1になれる場所が、その生物のオンリー1なのである。ナンバー1であることが大事なのか？　オンリー1であることが大事なのか？　自然界が出した答えはもうわかるだろう。すべての生物はナンバー1である。そして、すべての生物がオンリー1なのである。もっともぼう頭にしょうかいしたSMAPの「世界に一つだけの花」の舞台は、「花屋の店先に並んだいろんな花」である。人間が世話をしてくれる花屋の花であるなら、ナンバー1でな

---

12 まともにきそい合うよりも、条件をずらしてナンバー1になれる場所を探すべき（主張）

【話題】1・2
生物が生きていくうえで必要なこと
ナンバー1か、オンリー1か

【具体例】3〜6
ガウゼの実験と、その結果わかったこと

【主張】7〜12
自然界では、ナンバー1でなければ生きていけない
↓
すべての生物がナンバー1である
↓
どうすればナンバー1になりやすいのか？
↓
ナンバー1になれるオンリー1の居場所を探す

くとも、オンリー1であればそれでいい。

8しかし、自然界であれば、ナンバー1になれる場所を見いださなければ生存することはできない。オンリー1とは、自分が見いだした自分の居場所のことなのである。そして、どこかの場所で、すべての生物はナンバー1である。そして、ナンバー1を勝ち取った生物たちが、この自然界をうめつくしているのである。すべての生物は少しずつ居場所をずらして、ナンバー1になれる場所を見いだしている。ずらし方は、さまざまである。

9ゾウリムシの例のように、水そうの上の方と、水そうの底の方というように、場所をずらすという方法もある。もちろん、同じ場所にさまざまな生物が共存してすむこともある。たとえば、アフリカのサバンナではシマウマは草原の草を食べて、キリンは高い木の葉を食べている。このように同じ場所でもエサをずらすという方法もある。あるいは、昼に活動するものと夜に活動するものというように、時間をずらすという方法もある。

(中略)

10たとえば、高校野球で日本一の栄かんにかがやくのは大変である。都道府県で優勝することは全国優勝に比べれば易しいが、それでも大変なことだ。市町村で優勝と言えば、もう少し易しくなる。さらに町内で優勝するとなれば、ライバルはかなり少なくなるだろう。このようにはん囲(い)をせばめていけば、ナンバー1になりやすくなる。

11 さらに野球でまともに勝負するのではなく、打率(だりつ)やベースランニングの速さできそったり、キャッチボールの正確さをほこったり、少し勝負の内容をずらせば、ナンバー1になりやすい。

12 スポーツはできなくても、プロ野球の選手の名前をだれよりも言えるというナンバー1もいるかも知れない。このように、条件(じょうけん)を小さく細かくしぼりこんでいけば、ナンバー1になれるチャンスが生まれてくるのである。そして、まともにきそい合うことを考えるよりも、条件をずらしながら、ナンバー1になれる場所を探した方が良い。

(稲垣栄洋(いながきひでひろ)「植物はなぜ動かないのか　弱くて強い植物のはなし」)

解答

(1) オンリー1で良いのか、それともナンバー1を目指すべきなのか(29字)

(2) 例 生物が生きていくうえでオンリー1で良いのか、それともナンバー1を目指すべきなのかという問いかけに対して、すべての生物は少しずつ居場所をずらし、自分がナンバー1になれるオンリー1の場所を見いだして生きているので、人もそうすべきだと答えている。(120字)

6 長文問題読解のコツ

長文問題を解いていくときには、

◆話題や筆者の結論を意識しながら文章を読み、要点をつかむ

◆設問をよく読んで「どのような内容を」「どのような形で」答えるのかをおさえ、関係が深いと考えられる内容を意識して本文を読み直す

ということを丁寧に行いましょう。一、二度読んだだけのあいまいな記憶にたよらず、必ず本文にもどって確認しながら解くことが大切です。そのためにも、文中に印をつけながら読むようにしましょう。

差がつく

答えが傍線部や空欄から離れたところにある場合もありますが、まずは近いところからヒントや答えを探して読み直すのが鉄則です。

実戦問題

❶ 次の文章を読んで、下の問いに答えましょう。

〔関西大北陽中―改〕

第一章でみたように、新しい学力観においては、学ぶ意欲自体が評価される。積極的に問題解決に向かう姿勢をみせることが求められる。しかし、このことから、従来の伝統的な学力を身につけ、試験に臨んできた者たちが意欲に欠けていたと考えるのは妥当でない。

自分の関心や好奇心に従って問題を考え、レポートにした人間だけが意欲があるとするのはフェアではない。

問(1) ――線①「微分積分の公式、気体の状態方程式や運動方程式、古文の動詞の活用形といった知識」とありますが、これらに興味や好奇心をもってもらうために必要なこととして、筆者はどのようなことを挙げていますか。十字前後で答えましょう。

ヒント

――線①で挙げられている知識はどれも、ふつうはなかなか面白いとは思えない内容のものです。自分から「面

体系的な知識内容を毎日地道にトレーニングして身につけてきた者の持つ、いわば「耐える学力」は当然評価されていいものである。

（中略）プロフェッショナルな仕事をしていくためには、まずその仕事に必要な知識を記憶する必要がある。マニュアルを記憶し、技として活用していく力は、伝統的な学力に近い。その上で、現実の問題に柔軟に対処していく問題解決能力が求められるのである。ここでも、二兎を捕まえることが必要になるのだ。

新しい学力では学ぶ意欲を基本に据えるため、個人の興味や好奇心が重要視されることが多い。確かに、個人の興味や好奇心から出発する学習は理想的ではある。しかし、①微分積分の公式、気体の状態方程式や運動方程式、古文の動詞の活用形といった知識に、一体どれだけの小中高生が興味や好奇心を「自然に」持つであろうか。

試験と評価という強制力があるからこそ、苦手な科目や気の進まない科目の勉強も「しなくてはならない」と思ってする。やがて勉強をしているうちに「ああそうだったのか！」という学びの喜びが起きて、自ら学ぶ意欲がわいてくるのがむしろ普通なのではないか。一定の強制力がなければ、面白く思えたはずの勉強を面白く思わないまま終わるという、きわめてもったいない事態が

白い」とは思えないような内容を面白いと感じるようになる過程が書かれている箇所を近くから探しましょう。

問(2) ——線②「学ぶ意欲は二つのルートで形成される」とありますが、筆者は二つのルートに関してどのような考え方を持っていますか。最も適切なものを次から選び、記号で答えましょう。

ア「面白い！」から意欲につながるルートの方が大切である。

イ「できた！」が先行してから意欲につながるルートの方が大切である。

ウ 学習がうまく進むのであれば、どちらのルートを取ってもよい。

エ どちらのルートにも弱点があるので、新たなルートを考える必要がある。

ヒント

二つのルートをそれぞれ説明した後で、筆者が二つに対して評価をしている部分を探しましょう。「一つは」「もう一つの意欲へのルートは」という並列の目印が説明している部分のポイントです。それらの評価はもう少しあとに述べられています。

起こりうるのである。

②学ぶ意欲は二つのルートで形成されると思われる。一つは、何らかの理由で学習の初期段階からその内容に興味・関心があり、自分から学びたいと思うルートである。歴史ドラマを見て歴史に興味を持つ、惑星の図鑑を見て天体に興味を持つといったことがそれである。この意欲を親や教師が上手く誘導し、上手にテキストを選び、励ましてあげれば、子どもたちは自然と正しく学んでいく。これが「面白い！」から意欲につながるルートである。

もう一つの意欲へのルートは、「できた！」が先行してから意欲がわくルートである。はじめは上手くいかなくても、頑張って練習問題を解いているうちに、簡単な応用問題が解けるようになる。二次方程式のグラフに最初から興味・関心を持ち、面白いと思う生徒は少ない。しかし、二次方程式のグラフを正確に描き、関数の最大値などが求められるようになると「できた！」と思うようになる。できることが喜びになり、次の学習に対する意欲が生まれてくる。

「今はあまり面白いとは思わないが、頑張って地道に記憶し、練習すればきっとできるようになる」という思いで勉強するのは、まさに学ぶ意欲である。③問題解決型の学習ばかりが学習ではない。伝統的な学力を身につける

問(3) ――線③「問題解決型の学習」とありますが、これを言い換えた表現になるように、「～学習」につなげる言葉として最も適切なものを、これよりあとの文中から十四字で抜き出しましょう。

ヒント ――線②の「学ぶ意欲」で始まる段落から、四つの段落を通して「二つのルート」を説明し対比しています。「問題解決型の学習」がどちらのルートであるかを考え、字数の合う言葉を見つけましょう。

問(4) ――線④「日本人が最も得意とする武器」とありますが、どのようなことですか。六十字以内で答えましょう。

ことも、意欲の持続なくしてできることではないのである。

「面白い!」からどんどん学びできるようになるのと、「できた!」から面白さがわかるというルートはどちらでも構わない。教師のやり方によって前者をとる人もいれば、後者をとる人もいるだろう。面白いと思うことを優先させる前者ばかりがよいとは限らないのである。

日本で伝統的に行なわれてきた「型」の教育は、後者のルートである。「型」とは、武道を中心にいわれることが多いが、勉強にも存在する。一言でいえば、初心者が一人前になるための教育プログラムである。例えば、剣道の素振りや、国語の素読、数学の計算練習などである。型をやるときに、面白いか面白くないかはあまり関係がない。しっかりと型を反復練習することで、一通りの基本的動作が自動的にできるようになる。できるようになることが増えるにしたがって、面白さも増えてくる。達人たちの経験値が凝縮したものが型である。その型をひたすら自分の身体で反復的にトレーニングし、技として活用できるようにする。

こうした学習方法は「個性的」でもなければ「主体的」でもないように思える。しかし、型を地道に何千何万回とトレーニングすることで、しっかりとした技が身につく。そうして習熟すること自体が喜びとなり、習熟する

ヒント

日本人がどのようなことを得意としてきたのかについて、本文から探します。すると、四行前に「日本が得意としてきた『型の学習』」とあるので、「型の学習」についてまとめましょう。一つ前の段落の「しっかりと型を……技として活用できるようにする。」も参考になります。

問(5) ——線⑤「解凍しなければ食べられない」とありますが、どういうことですか。四十字以内で答えましょう。

ヒント

筆者は、教科書の内容を「冷凍食品(=そのままでは食べられないもの)」にたとえています。では、それを「解凍」することはどのようなことになるのでしょうか。同じ段落の末尾にある「感動による解凍作業」に注目しましょう。

ことへの意欲が増してくる。日本が得意としてきた「型の学習」は、これからも堅持していきたい大切な学習方法である。新しい学力に夢中になり、アクティブ・ラーニングといった手法に気を取られ、型の学習がおろそかになると、④日本人が最も得意とする武器を自ら捨てることにもなりかねない。

学ぶ意欲の、「面白い！」という感動から出発する意欲と、「ようやくできるようになった！」という習熟の喜びから出発する意欲、この二つを両立させるためには、どんな指導をすればよいのだろうか。

何よりまず原点になるのは、親や教師が、様々な知識に対して「すごい！　すごすぎるよ○○！」と感動することだと私は考えている。そして、その感動を子どもたちに伝えていく。この「憧れに憧れる関係性」を作ることが、学習の出発点である。何かをすごいと思い、憧れるから学ぶ気になるのである。

化学なら、とにかくまず「すごい！　すごすぎるよ元素周期表！」とクラス全員で声に出す。そのあと、教師が周期表のすごさを説明する。生徒たちは、その話を理解した上で、もう一度「すごい！　すごすぎるよ元素周期表！」と言う。二度目に声に出したときには、生徒の声に、周期表は本当にすごいものだという感動にあふれている

問(6) 本文の内容に合うものとして最も適切なものを次から選び、記号で答えましょう。

ア 「できた！」を先行させて意欲を持たせるためには、親や教師の上手な誘導が必要である。

イ 伝統的な学力を身につけるためには、意欲を排除して強制力を発揮しなければならない。

ウ 型を習得するには、面白いか面白くないかを意識せず、ひたすら反復するのが大切である。

エ 自分の意見を持たず与えられた型やメソッドを実践するだけになるのは避けるべきである。

ヒント

一つ一つの選択肢について、本文のどの部分をもとに作られているかを考え、内容を照らし合わせて正しいかどうかを判断しましょう。**ア**は――線④以降、**イ**・**ウ**は――線③と④の間、**エ**は最終段落の内容と対応しています。「似たような表現があるかどうか」ではなく、「説明されている内容が同じかどうか」に注意しましょう。

ようにする。これは教師の説明能力にかかっている。

教科書は冷凍食品のようなものである。⑤解凍しなければ食べられない。これを解凍するのが教師や親の感動である。教科書は、本来「すごい！」知識だけで構成されている。ただそのすごさが伝わりづらい記述スタイルになっている。感動による解凍作業が必要なのだ。

子どもは、教師や親が解凍した食品に感動する。感動があれば、覚えようという気が起きてくる。

その上で、「あれこれ考えないでまずやってみよう。やっていればできるようになるから」と子どもたちを誘導する。実際にやってみると、確かに問題が解けるようになる。あるいは、確かに知識を身につけられている実感がある。そこに至ってようやく子どもは自分の習熟に自信を持ち、それが次の学びへの意欲となるのである。

あれこれ議論したり自分の意見を言うことはできなくても、素直に効果的な型やメソッドを実践することで、技量や学力は上がっていく。このような素直な学習者の態度を主体的でないと批判するのは的外れである。社会生活では求められる知識や技能がある。それらを素直に身につけていく学習者を、単純に「受け身であって主体的ではない」と評価するのは妥当ではない。

（齋藤孝「アイディアを10倍生む考える力」）

解答

(1) 例 試験と評価という強制力（11字）

(2) ウ

(3) 面白いと思うことを優先させる

(4) 例 型を地道に何回もトレーニングすることで、技として身につけ、習熟すること自体に喜びを感じるようになり意欲を増していくこと。（60字）

(5) 例 教科書の知識は、教師や親による感動がなければ学ぶ気になれないということ。（36字）

(6) ウ

② 次の文章を読んで、下の問いに答えましょう。

〔近畿大附中―改〕

①満場一致で決まるはずだった。自信はあった。発表したときのみんなの反応はばっちりだったし、担任の本宮先生も、いいぞ、というふうに大きくうなずいていたし、書記をつとめる川原くんは、きみの発表した案をひときわ大きく黒板に書いてくれた。

〈信号は　渡る前にも　右左〉

交通安全の標語だった。来週から始まる秋の全国交通安全週間に向けて、全校でクラスごとに標語とポスターをつくる。五年三組の標語は、きみの考えた案で決まり――のはずだった。

ライバルはいない。他の案はどれもつまらない。〈雨の日は　傘を差すから　危ないよ〉だの〈気をつけようガードレールの　ない道路〉だの〈行き帰り　まっすぐ前見て　歩こうよ〉だの……。

標語の上手い下手なんて、ほんとうはきみにもよくわからない。みんなにもわからない。だから、おそらく、きみが勝つ。和泉文彦――「ブンちゃん」が考えた標語だからというだけで、みんなの頭には、それが一番なんだ、というのが刻み込まれる。五年三組はそういうクラスで、きみは、そんな五年三組の、間違いなくヒーローだった。

問(1) ――線①「満場一致で決まるはずだった」とありますが、「きみ」がそのように考えていたのはなぜですか。その理由を説明した次の文の［　］にあてはまる言葉を、文中から五字以内で抜き出しましょう。

自分は五年三組のヒーローで、［　］などいないと思っていたから。

ヒント

「満場一致」ということは、誰からも反対意見が出ないということです。［　］の直後に「などいない」が続いていることに注目して、クラスのヒーローに対して反対意見を出すことができるような人物を何とよぶかを意識して探しましょう。

ブンちゃん――次は、きみの話だ。

「他に意見はありませんか？」

司会の細田くんが、教卓から教室を見まわして言った。

「決まりだろ、もう」

すかさず三好くんが言った。「ブンちゃんのでいいじゃん。サイコーだもん」とつづけ、きみをちらりと見て、へへっと笑う。

「だめだよ」きみは怒った顔で言った。「②ちゃんと投票して、多数決で決めようぜ」

はっきりと「勝ち」がわかったほうが気分がいい。負けるはずがない。勉強でもスポーツでも、五年三組の男子できみにかなう子は誰もいない。

「じゃあ、投票にする？」

細田くんは、自信なさげにきみを見て言った。学級委員のくせに、困ったときにはいつもきみを見る。一学期の学級委員はきみだった。「委員を務めるのは一年に一度だけ」という決まりさえなかったら、二学期もきみが委員に選ばれていたはずだった。

「さんせーい！」

きみが手を挙げて応えると、③細田くんはほっとした顔になり、ようやく学級委員の威厳を取り戻して「じゃあ、投

問(2) ――線②「ちゃんと投票して、多数決で決めようぜ」と言ったときの「きみ」は、どのような気持ちですか。五十字以内で答えましょう。

ヒント

この発言をしたときの「怒った顔」は、本気で怒っているのではなく、わざと作った表情であることをおさえておきましょう。もうほぼ決まりだと思われるのにわざわざ投票・多数決をしようと言うからには、そうしたほうがよい理由があるはずです。

票にします」と言った。そこまでは筋書きどおりだった。

でも、黒板に向いた細田くんの視線を引き戻すように、教室の後ろから声が聞こえた。

「意見、言っていいですか？」

耳慣れない男子の声だった。あいつだ、とすぐにわかった。二学期から入ってきた転校生——五年三組の一員になってまだ十日足らずの、中西くんだ。

予想外のことに細田くんは言葉に詰まり、救いを求めるようにきみを見た。

出端をくじかれたきみはムッとして、でもそれを顔には出さずに、いーんじゃない？　と目で応えた。その視線を、中西くんに向けて滑らせる。おとなしい奴だと思っていた。前の学校は、市役所の近くの城山小学校だった。二丁目に建ったばかりのマンションに引っ越してきた。知っているのはそれだけだ。

中西くんは席についたまま、黒板を指差して「和泉くんの提案した標語、いいけど、ちょっと間違っていると思います」と言った。「直したほうが、ずっとよくなるから」

教室は一瞬静まり返った。男子の何人かがきみを振り向き、女子の何人かは怪訝そうに顔を見合わせた。

中西くんは落ち着いた口調で、きみの標語の間違いを

問(3)　——線③「学級委員の威厳を取り戻して」とありますが、それはなぜですか。理由として最も適切なものを、次から選び、記号で答えましょう。

ア　クラスの誰もはっきり意見を言わないので、自分がしっかりしなければと思ったから。

イ　特に意見が出ず、このままブンちゃんの案で決まりだろうと考えたから。

ウ　自分の思い通りに進めようとするブンちゃんに反発する気持ちが出てきたから。

エ　ブンちゃんが「さんせーい！」と言ってくれたのでほっとしたから。

ヒント

細田くんは、学級委員でありながら、困ったときにはブンちゃんの方を見て助けを求めています。自信なさげだった様子から「威厳を取り戻す」にはどんなことがあったのかということを考え、直前の場面で起こっている出来事や細田くんの様子に注目して選択肢と照らし合わせましょう。

説明した。このままでは意味が通らない、渡るのは横断歩道や交差点なんだから「信号を渡る」という言い方はおかしい、「渡る前」というのなら「信号」ではなくて「横断歩道」や「交差点」に替えたほうがいい……。

④教室がざわついた。男子は困惑顔できみと中西くんを交互に見るだけだったが、女子は小声でしゃべりながら、そうだよね、とうなずいている子が多かった。きみはあわてて本宮先生の顔を盗み見た。先生は腕組みをして、ふむふむ、と中西くんの意見に納得している様子だった。

「だめだよ、変だよ、それ」

きみは声を張り上げる。「絶対だめだよ、そんなの、そっちのほうがおかしいって」と一息につづけ、そこから先はとっさに考えたことを口にした。

「『交差点』なんて言っても、一年生や二年生だと意味わかんないよ。難しい言葉使ってカッコつけても、意味がわからなかったら標語にならないから、だからオレ、わざと『信号』にしたんだよ」

中西くんをにらみつけた。でも、中西くんはきみには目を向けず、細田くんに「もっといい直し方があります」と言った。

冷静な中西くんの口調や表情に吸い寄せられたみたいに、細田くんは「発表してください」と応え、川原く

問(4) ――線④「教室がざわついた」とありますが、ここからクラスのみんなのどのような気持ちが読み取れますか。五十字以内で答えましょう。

ヒント

ざわついている、ということは気持ちが一つにまとまってはいないということです。クラスに存在する二つの気持ちをそれぞれ説明して解答に盛りこみましょう。

んもチョークを持って黒板に向かった。

〈信号は　青になっても　右左〉

黒板の字は、途中から——「青になっても」の一言に、川原くんが、あ、そっか、とうなずいたのを境に大きくなった。

教室のざわめきも、どっちつかずで大きく揺れ動いていたのが、しだいに⑤一つの声の束にまとまっていった。うなずくしぐさがあちこちで交わされる。三好くんが、ブンちゃんどうする？　と心配そうにこっちを見ていた。それがうっとうしくて、よけい悔しくて、きみはそっぽを向いて椅子に座り直し、窓の外を見つめた。

（重松清「きみの友だち」）

問(5)　——線⑤「一つの声の束にまとまっていった」とありますが、具体的にどのような意見になったということですか。三十五字以内で答えましょう。

ヒント

——線⑤に続く部分「うなずくしぐさがあちこちで交わされる」や、さらにその後で、三好くんが心配そうにブンちゃんを見ていることから、ブンちゃんが思っていた筋書きとは異なってきていることがわかります。

解答

(1)ライバル（4字）

(2)例　負けるはずがないという自信があるので、正式な手順をふまえて勝ったとみんなにわからせたい気持ち。（47字）

(3)エ

(4)例　ブンちゃんの標語は良いと思うが中西くんの言うことも正しいと思えて、どちらがいいかまよう気持ち。（47字）

(5)例　ブンちゃんの標語を、中西くんの言うように直すのが良いという意見。（32字）

第3編 書く・話す・聞く

ここからスタート！

第3編

書く・話す・聞く

第1章 書く

学習することがら

1 書き方の基本

1 書きはじめる前に

入試重要度 

(1) 書く内容と形式を決める…自分が書きたい内容によって、どのような種類の文章を書くのかを決めます。

生活文…自分のまわりの出来事を話題にして書く文章
読書感想文…本を読んで感じたことを中心に書く文章
意見文…ある事柄(ことがら)に対する自分の意見を書く文章
記録文…観察したり見学したりしたことについての記録を書く文章

その他、**日記**や**手紙**、**電子メール**など、目的に応(おう)じてさまざまな文章があります。自分が書こうとしている文章が、どのような種類のものになるのかをまず考えてみましょう。

例 夏休みの朝顔の観察について、観察の方法や結果などを書きたい。↓記録文
近所の川にごみが捨(す)てられていることを話題にして、どのようにして解決(かいけつ)していけばよいかを文章にしたい。↓意見文
引(ひ)っ越(こ)した友達に、今のクラスの様子を伝えたい。↓手紙・電子メール
自分が読んで感動した本について、感想をまとめておきたい。↓読書感想文

Q&A 文章の種類は?

Q 自分の生活の中での出来事を観察して書いた文章も、生活文になるのでしょうか。

A 自分のまわりに起こった出来事を話題にして書く文章を生活文といいますが、観察や見学などをして記録したものを文章にする場合は記録文になります。ただし、記録文の場合は、目的や日時、場所などをきちんと書き、観察や見学から得(え)られた結果も書くことが重要です。

(2) 書く対象を決める…書く題材と主題を決めます。

・何について書くのか（**題材**）、自分が最も伝えたいことは何か（**主題**）を考えます。

例 生活文

題材…近所の公園のごみ問題

主題…家の近くの公園にごみが捨てられていることが多かった。そこで、週に一度みんなでごみ拾いをするようにしたら、ごみを捨てる人が減ったので、よかったと思った。

例 記録文

題材…かまぼこ工場の見学

主題…かまぼこがどのように作られているのかに興味を持ち、かまぼこ工場に見学に行った。かまぼこの原料や製法について聞き、製造しているところを見学することもできた。自分が思っていたよりも、多くの種類のかまぼこが製造されていることにとてもおどろいた。

(3) 構想をふくらませる…(2)で書く方向性が決まったら、書く内容をふくらませます。

・まず、思いついたことをメモや図表に書き出してみるとよいでしょう。

例 読書感想文の構想メモ

> 自分だったらどうする？
> ↓
> つらくて逃げ出してしまったかもしれない
>
> いちばん心に残ったことは？
> ↓
> メロスと親友が、お互いに相手を信じる気持ちに感動した。
>
> 読みおえてどう考えるか？
> ↓
> 自分も友達を信じて大切にしたい。

参考 主題について

そもそもここで学習する文章は、思いや出来事を相手に伝えるためのものです。ですから、相手に何を伝えたいか（日記の場合は自分に何を書き残したいか）ということがなければはじまりません。相手に伝えたいこと、それがすなわち**主題**です。書きはじめてからも、書いていることが主題から離れてしまっていないか確認しながら書きましょう。

参考 書くための注意

正しい文章を書くためには、次の点にも注意しましょう。

・言葉の呼応を正しく書く。（もし～ば／おそらく～だろう など）

・接続詞を適切に用いる。

ズームアップ 読書感想文 p.472

(4) 伝える工夫をする…効果的な表現を使って文章を書きます。

・正しい文章を書くための注意…主語・述語の関係や文と文のつながりなどが間違っていると、読んでいる人に文章の意味が伝わらなくなります。

・わかりやすい文章を書くための注意…簡単な言葉で、一文があまり長くならないように注意しましょう。主題と関係のないことは、なるべく書かないようにします。

▼表現を強める方法

・**倒置法**…言葉の順序を逆にして意味を強める表現方法

例 今日のことを、私は覚えている、いつまでも。

・**体言止め**…文の終わりを体言(名詞)で止める表現方法

例 それは、止まってしまったままの時計。

・**比喩**…何かにたとえる表現方法

例 まるで太陽のような明るい笑顔だった。

・**対句法**…対応する二つ以上の言葉を並べて使う表現方法

例 空には月が、海には船が見えた。

・**反復法**…くり返して意味を強める表現方法

例 妹は、泣きながら何度も何度も振り返った。

・**擬人法**…比喩の一種で、人ではないものを人にたとえる表現方法

例 水はためらいながらゆっくりと床の上を流れていった。

参考 構想のふくらませ方

左図のように主題から枝が広がるようにアイディアを書いていくと、それらの関連性を整理することができます。この方法をマインドマップと言います。

・主題の中心となるキーワードを中央に書き、そこから思いついた言葉を連ねます。

・どの枝をどの方向へ伸ばすのも自由です。何でも書き出してみることが大切です。

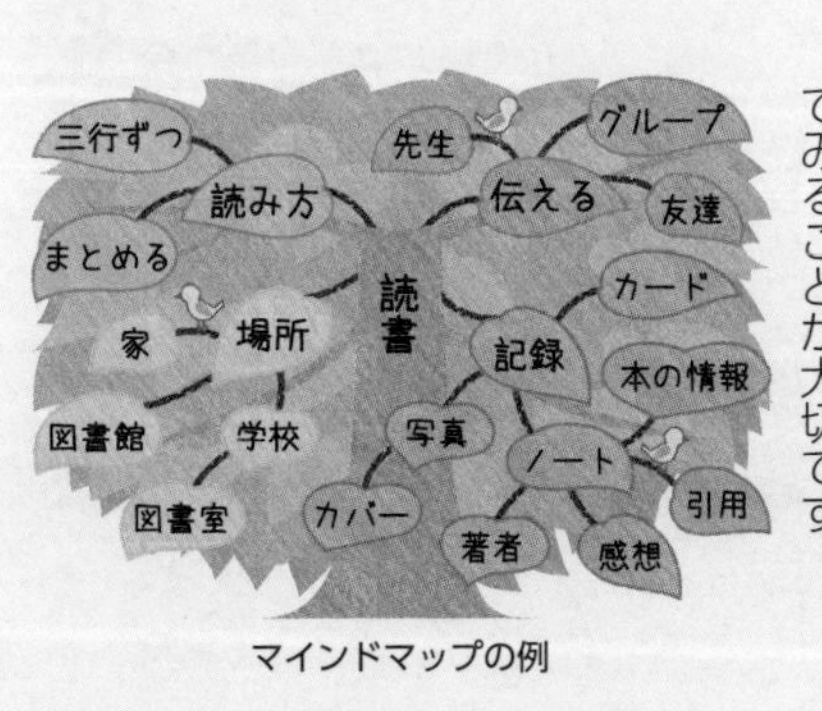

マインドマップの例

2 符号の使い方 ★

符号には次のようなものがあります。

符号	名前	使い方
。	句点・まる	文のおわり。呼びかけなど一語文でも用いる。
、	読点・てん	意味の切れ目や読み間違えやすいところ。
・	中点・中黒	同じ種類の言葉を並べるとき。
（　）	かっこ	ことわり書きをするとき。
「　」	かぎ	会話や、他の文の引用や、言葉の強調のとき。
『　』	二重かぎ	かぎの中にさらにかぎを使うときや、書名など。
——	棒線・ダッシュ	言いかえるときや、間をおくとき。
……	点線・リーダー	続く文を省くときや、会話で無言のとき。

※読点を打つ場所に明確なきまりはありませんが、点を打つ場所によって文や語句の意味が変わることがあるので、注意しましょう。

Q&A 符号の注意点は？

Q 原稿用紙に書くときに、符号で注意しなくてはいけないことは何ですか。

A 句点（。）や読点（、）などの符号は、原稿用紙のいちばん上のますには書きません。符号は文字と同じように一字分のますに入れますが、句点（。）のすぐあとにかぎかっこの終わり（」）がくる場合には、いっしょに一ますに入れます。また、「！」と「？」の次のますには文字を書かずに空けておきましょう。

▼原稿用紙で符号を使うときには、次のようなことに注意しましょう。

先週の日曜日、私は母と弟といっしょに遊園地に行きました。
私はジェットコースターに乗りたかったのですが、弟がまだ小さくて乗れないためジェットコースターはあきらめて観らん車に乗りました。弟は、
「おねえちゃん、あそこの屋根に『パンダ』って書いてあるよ。」
と、はじめて乗る観らん車からの景色に大喜びでした。

読点や句点などの符号には、一ます使います。

かぎの中にかぎを使うときには、二重かぎを使います。

会話文のはじまりのかぎ(「)は改行して一ます目に書きます。

句点(。)とおわりのかぎ(」)は同じますに入れます。

Q&A「・」これって何?

Q 中点・中黒(・)はどのような使い方をすればよいのですか。代わりに読点(、)を使ってはいけないのですか。

A 中点・中黒(・)は「春・夏・秋・冬」のように同じ種類の言葉を並(なら)べるときに使います。読点(、)を使って「春、夏、秋、冬」のように書いても間違いではありませんが、他の部分に読点がある場合、どこで意味が切れているのかよくわからなくなる場合があるので、文章全体を見ながら使い分けるようにするとよいでしょう。

3 原稿用紙の使い方 ★

(1) 原稿用紙の使い方のきまり

①題名は一行目の上のほうに、学年・氏名などは二行目の下のほうに書く。

②句読点やおわりのかぎ(」)が行の一ます目に来てしまうときは、前の行のいちばん下のますに文字といっしょに入れる。

③文章の書き出しや段落のはじめは、一ます目を空けて書く。

④会話文は、通常改行してかぎ(「　」)をつけて書く。

(2) 原稿用紙の使い方の例

書き出しや段落のはじめは一ます空けます。

題名は三、四ます目から書きます。

学年・組、名字、名前の間と、名前の下は一ますずつ空けます。

私の家

五年二組　坂本　めぐみ

　私の家は、大きな川のそばに建っています。

　私がまだ小さいころ、川があふれて家が水びたしになったことがありました。

　そのとき小さかった私は、

「家の中にプールができた。」

と言って、喜んでいたそうです。

句点が次の行の一ます目に来ないよう、文字といっしょに入れます。

Q&A 数字はどう書くの？

Q 数字は算用数字と漢数字どちらでもよいですか。

A 縦書きの原稿用紙の場合は、漢数字を使うほうがよいでしょう。ただし、本の名前などで、もともと算用数字を使っている場合は、漢数字に直さずそのまま書きましょう。

(3) 文章を原稿用紙に書く

・次の文章を原稿用紙に書くとどのようになるか、見てみましょう。

（題名）動物園　（学年・組）五年三組　（氏名）山田広人
ぼくは先週の日曜日、両親といっしょに動物園に行きました。パンダの赤ちゃんがいると聞いて、楽しみにしていたのですが、動物園の人に、「ごめんね。まだ赤ちゃんは小さくてお客さんに見せていないんだよ。」と言われました。

　　　動物園
　　　　　　　　　　五年三組　山田　広人

　ぼくは先週の日曜日、両親といっしょに動
物園に行きました。
　パンダの赤ちゃんがいると聞いて、楽しみ
にしていたのですが、動物園の人に、
「ごめんね。まだ赤ちゃんは小さくてお客さ
んに見せていないんだよ。」
と言われました。

Q&A 「　」の文の二行目は？

Q 会話文の二行目以降は一ます下げるのですか。下げていないものもあるようです。

A 会話文の二行目以降は一ます下げる書き方と、下げずにそのまま書く書き方の二種類があります。ただし、同じ文章の中で下げたり下げなかったりするのはよくありません。必ずどちらかに統一して書くようにしましょう。また、特に指示がある場合は、それにしたがって書くようにしましょう。

4 推敲の仕方 ★

文章を書きおえたら、主題がよくわかるように書けているか、また誤字や脱字がないか、「て・に・を・は」が間違っていないかなどを見直し、よりよい文章にします。このことを推敲といいます。

(1) 推敲で注意する事柄

①書き間違いはないか

・誤字、脱字、当て字はないか。
・句読点などの符号は正しく使われているか。

②相手や目的を意識した表現になっているか

・言葉づかいが間違っていないか。
・文体はそろっているか(常体・敬体)。

③文章全体の構成や展開が明確になっているか

・段落の改行が正しくできているか。
・余計なことは書かれていないか。

(2) 原稿の直し方

①言葉をつけ加えるときは、一文字のときは〈を、二文字以上のときはふきだし(⌒)を用い、右側に書き加える。
②行をかえたいときは、「 の印を入れる。
③言葉をとりかえるときは、＝線を引いて消し、右側に書き加える。

ことば 常体と敬体

・常体…文末が「だ」「である」などになり、敬語を用いない文体のことをいいます。
例 あれは母の車だ。
・敬体…文末に「です」「ます」などを用い、ていねいな表現で書かれた文体のことをいいます。
例 お元気ですか。私は元気です。

雑学ハカセ 推敲

「推敲」とは、『唐詩紀事』という中国の古典にのっている話(故事)をもとにした言葉です。このような言葉を故事成語といいます。 ➡p.150

(3) 推敲の例

推敲前の文章

　私は昨日、お手伝いをしなかったことで母にしかられました。おつかいに行く約束して（→を）いたのに、友達と遊ぶのに夢中になっていて、すっかり忘れてしまった（→いました）。
これからは絶体（→対）に忘れないようにしようと思います。

「～に行く約束をしていた」の「を」が抜けています。

段落のはじまりは一ます空けます。

「絶対」と「絶体」は書き間違えやすいので注意しましょう。

敬体で書かれている文章の中に常体がまざっています。

推敲後の文章

　私は昨日、お手伝いをしなかったことで母にしかられました。おつかいに行く約束をしていたのに、友達と遊ぶのに夢中になっていて、すっかり忘れてしまいました。
　これからは絶対に忘れないようにしようと思います。

Q&A　文章を書くときには?

Q　文章を書くときに、特に気をつけなければならないことは何ですか。

A　上の例の「絶対」と「絶体」の使い間違いのように、「機械」と「機会」、「感心」と「関心」のような同音異義語や同訓異字を間違えることがよくあるので、注意しましょう。
また、常体と敬体をまぜて書いてしまうこともよくあります。その他、「私の夢は医者になります。」のように、主語と述語がかみ合わないねじれ文もうっかり書いてしまいがちですので、注意が必要です。

2 いろいろな文章を書く

1 日記・生活文を書く ★

(1) 生活文を書く順序

①**取材をする**…書く事柄についての材料を集めます。目と耳と心をよく働かせて、毎日の暮らしや、社会や自然の出来事を見ていくことが大切です。

②**主題を決める**…題材を決めたあとは、読み手に何をいちばん伝えたいのか、文章の主題を考えます。書き手のものの見方や考え方が読む人の心を動かすものであることが望ましいでしょう。

③**構成**(文章の組み立て)**を考える**…何を中心にして書くか、どのような事柄を選びだして、どのような順序で書くかということを考えます。左ページのような「構成表」を作って、頭で考えたことを整理するとよいでしょう。

④**記述する**…「構成表」などをもとに、文章を肉づけしていきます。

⑤**推敲する**…書いた文章を見直して、よりよいものになるよう、訂正案を考えます。

⑥**清書する**…⑤で考えた訂正案をきちんと盛りこんで完成させます。

※清書がおわった文章は、ゆっくり音読してみましょう。文章全体の流れの見直しになります。

ことば 清書

「清書」とは、下書きした原稿などをきれいに書き直すことをいいます。誤字・脱字などがないかを確認し、ていねいに書きます。

Q&A 推敲って必要？

Q 推敲と清書は必ずしなくてはいけませんか。

A 人に伝えたいことを、まとまりのある文章として下書きせずに書ける人はほとんどいません。文体が混ざってしまったり、誤字や脱字があったりすると、読みにくい文章になってしまいます。また、書き直すことによって欠点が見つかり、よりよい文章にな

〈構成表の例〉

題名	おかしかったこと
文体	常体
書きたいこと	体育の時間にけがをして、保健の先生に家まで送っていただいた。父も母も留守なので、先生がいてくださった。帰ってきた父が、自分の家をよその家と間違えたことがおかしかった。
はじめ	1体育の時間にけがをしてしまい、両親に連絡が入った。 2両親に代わって、保健の先生が病院に連れて行ってくれた。
なか	3先生に家まで送っていただいた。 4ぐっすりとねた。 5目が覚めたら、まだ先生がおられたので、びっくりした。 6帰ってきた父が先生を見て、よその家と間違えた。 7先生と父があわててあいさつをしていた。
おわり	8先生が帰られてからのこと。

りますので、下書きをして推敲し、清書をするようにしましょう。

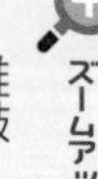
ズームアップ 推敲 ↓p.466

参考 文章の型

文章を組み立てるときには、上の構成表にあるように、「はじめ」「なか」「おわり」（「序論」「本論」「結論」ともいいます）の三つに分ける三段型と、「起」「承」「転」「結」の四つに分ける四段型があります。四段型の「起」は「はじめ」（序論）にあたり、「承」と「転」は「なか」（本論）、「結」は「おわり」（結論）にあたります。「承」では一つの考え方や意見、事柄を述べて、「転」でまた別の考えや意見、事柄について述べる、という書き方になります。

(2)引きしまった文章の工夫

文章には、読んで引きしまった感じのする文章と、だらだらした感じのする文章があります。引きしまった文章にするためには、次のような工夫ができます。

①一文の長さを短くする…長い文は意味がはっきりしないことが多く、そのうえ、文をだらけさせます。長い文があるときは、文を分けて短くするようにします。

悪い例

よい天気なので、早く学校へ行ったら、もう友達も来て遊んでいたので、僕も一緒に遊んだ。

良い例

よい天気なので、早く学校へ行った。すると、もう友達も来て遊んでいた。そこで、僕も一緒に遊んだ。

②現在形を入れる…過ぎ去った事柄を書くときでも、今、目の前で行われているように、文末を現在形にして書きます。

例 赤ちゃんが泣き出した。そっと、おしりのところへ手をやると、いつのまにか、おしっこをしている。僕は、大声でお母さんを呼んだ。

③体言止めにする…文末を「あります」「です」「である」などの表現にせず、ときには体言止めにすると効果的です。

例 赤・青・黄のネオン。まさに色がおどっている。道路を走る自動車の光の帯。歩道にあふれる人の波。東京の夜は騒々しい。

参考 簡潔に書くコツ

一文が長くだらだらした感じにならないようにするためには、形容詞のような、修飾する言葉を使いすぎないことも重要です。また、意味を強調する副詞も、使いすぎるとくどく大げさな印象を与えてしまうことがあります。「〜して、」「〜だが、」のような形も、一文を長くすることにつながるので、注意しましょう。

例
× 私は、母から赤いすてきなくつをもらって、とてもとてもうれしくて、毎日毎日そのくつをはいていた。

↓

○ 私は、母から赤いすてきなくつをもらった。とてもうれしくて、私は毎日そのくつをはいていた。

④会話を入れる…説明の言葉ばかりで文を続けると、文章がかたくなり、読み手に想像を広げさせることが難しくなります。そこで、その場面、その時にやりとりされた会話を入れると、雰囲気のよくわかる生き生きとした文章になります。

例 夜店では、人形売りのおじさんが大声を出して客に呼びかけています。

「買った、買った。今日のお買い得品五百円。五百円だよ。」

「高いなあ、もう少し負けてくれんかね。」

子どもをつれた一人のおじさんが、人形を手にしながら言いました。

「その人形は、デパートなら千円はするよ。今日は、損を覚悟の大サービス。さあ、買った、買った。」

(3)日記の書き方

①月日・曜日・天候などをはじめに書きます。

②その日の出来事を思い浮かべ、心に強く残っているものを題材にします。

③日記は「心の成長記録」といわれます。思ったこと、感じたことを自分なりの文章でありのままに書きます。

④決まりきったことは省き、一日に一つのことだけをくわしく書くのもよいでしょう。

ズームアップ 体言止め p.461

ことば 「地の文」とは?

「 」などでくくった会話文以外の文を「地の文」とよびます。この「地」は「地面」「大地」という意味ではなく、「基本となるもの」「基本を構成する部分」という意味からくるものです。

参考 生活文を書くヒント

生活文を書くときは、まず、材料を見つけます。「目と耳と心」だけでなく、実際に触った感覚、鼻で嗅いだ感覚、舌で味わった感覚も働かせて、全身を使って生活文の材料となる事柄を集めましょう。

2 読書感想文を書く（「物語」を読んだ場合）★

(1) 読書感想文の書き方

①本を読んだあとの全体的な印象や感動をはっきりさせます。

②①の印象や感動がどうして生じたのか、その根拠や理由を明らかにします。

③感動したことがいろいろとある場合には、段落ごとにそれを書き、あらすじをふり返りながらまとめていきます。

④作中人物になりきって、自分ならどうするか、主人公の立場に賛成か反対か、また感心したことや疑問に思ったことを書きます。

⑤感動的な場面やその表現を思い出して書き、それについて自分の感じたことを書きます。

⑥物語全体を通して作者が伝えようとしていることを考え、それについて自分の考えたことを書きます。

(2) 読書感想文を書く順序

①**書く前の準備をする**…全体から主題（作者が読者にいちばん伝えたいこと）を読み取ります。同時に、感動した部分や表現、感想などをメモしていきます。集めたメモを見ながら何を中心に書くかを決めます。

②**文章の組み立て（構成）を考える**…生活文と同じように、書きたいことを考え、「はじめ」・「なか」・「おわり」にそれぞれどのようなことを書くかを決めて、**構成表**を作ります。

参考 読書感想文の注意点

読書感想文は、本を読んで自分が感じたり考えたりしたことを書く文章です。本の内容をまとめたり、解説したりするだけにならないように注意しましょう。自分の考えを述べるために、あらすじを書く必要があることもありますが、感想文のほとんどがあらすじになることのないよう気をつけましょう。

ズームアップ

主題 ➡p.460・p.468
構成 ➡p.468
構成表 ➡p.469

〈構成表の内容〉

はじめ	作品の紹介や出会ったきっかけ　など
なか	感動した場面や主題に対する感想・自分の考えの変化　など
おわり	全体のまとめ・読んだ本から得たもの　など

(3) 読書感想文を書くときの注意点

①**自分の感想を中心に書く**…文章のほとんどが、本のあらすじや内容の解説になってしまうことは望ましくありません。自分がどのように感じたり、思ったりしたかをくわしく書くようにしましょう。

②**読み手のことを考えて書く**…「〜と感じました。〜と思いました。」と、ただ自分が感じたことや思ったことだけを並べて書いても、本当に伝えたいことは読んでいる人に伝わりません。なぜそう思うのか、どの部分を読んでそのように感じたのかがわかるように書きましょう。

③**構成を考えて書く**…感動した場面が複数あった場合は、段落ごとに場面を簡単に説明し、自分の感動や印象、意見などを書くようにするとよいでしょう。また、書く前に全体を「はじめ」・「なか」・「おわり」に分けて構成を考え、論理的に書くことも大切です。

④**全体を見直す**…書いたあとは全体を見直し、自分の伝えたいことがわかりやすく書けているか、言い足りないところはないか、などを確認しましょう。

Q&A 読書感想文はどう書けばいいの?

Q 読書感想文は、本を読んで自分の思ったことを自由に書けばよいのですか。

A 感想文であっても、なぜそう思ったのかという根拠をきちんと書かないと、読み手に理解してもらえません。また、感じたことを思ったままに書いただけでは読みにくい文章になってしまいます。生活文と同じように、文章全体の組み立て(構成)を考えることが必要です。下書きや推敲、清書も必ずするようにしましょう。

(4) 読書感想文の例

『走れメロス』を読んで

六年一組 山田太郎

『走れメロス』は、太宰治の作品として有名です。邪知暴虐の王を殺そうとして捕らえられたメロスは、妹の婚礼のために親友のセリヌンティウスを身代わりにします。そして、お互いを信じ合う二人の友情によって、王は人間の信実というものをはじめて知るのです。

『走れメロス』を読んで一番感動したのは、メロスとセリヌンティウスが、一度は相手を

① 「あらすじ」の紹介(しょうかい)

Q&A 本の選び方

Q 読書感想文を書くのに、どのような本を読めばいいですか。

A 一般的(いっぱんてき)に、物語や小説といったジャンルの作品が読みやすく、読書感想文を書きやすいです。何を読めばいいか困(こま)った時は、学校の図書室や、近くの図書館に行き、先生や司書の方におすすめを聞いてみるのもいいでしょう。

参考 読書感想文を書きおえたら

読書感想文を書きおわったら、次のような点に気をつけて、必ず推敲しましょう。

・あらすじはわかりやすいか。
・あらすじと感動したところ、その感想を分けて書いているか。
・自分の考えはわかりやすいか。感動したところと関係

②

疑いながらも、お互いを信じる気持ちを持ち続けたところです。ぼくだったら、メロスのように死ぬために走り続けるなんて絶対にできないと思います。

③

　この二人のように、ぼくにも親友と呼べる友だちが何人かいます。『走れメロス』のように生と死の間でゆれるようなことはなかなかないけれど、この二人のように大変なことが起きた時には、相手のことを信じて大切にしたいと思います。

②感動したところとその感想
③まとめと自分の考え

があるように書けているか。

Q&A うまくまとまらないときは

Q 読書感想文をうまくまとめられないときは、どうしたらいいですか。

A 感動したところとその感想をどのようにまとめるか考えましょう。一回読んでうまくまとまらないときは、二回、三回と同じ本を読んでみるといいでしょう。何回も読むことで、自分が感動したところにはどんなことが書かれているかを、より深く感じ取ることができます。そこで感じたことを、整理しながらまとめてみましょう。

3 意見文を書く ★

(1) 意見文の書き方

①まず、ある題材に対する自分の意見をはっきりとわかりやすく書きます。

②次に、自分の意見の根拠になりそうな出来事や、調べてわかったことを集めて書きます。

③あらかじめ予想される反論と、それに対する自分の考えもまとめます。

(2) 意見文を書く順序

①**主題を決める**…題材を自分で決めて書く場合と、指示された題材にしたがって書く場合があります。自分で決める場合は、何について書くか簡単な文にして書きとめておくとよいでしょう。決められた題材がある場合は必ずそれにしたがって書きましょう。

②**取材をする**…題材が決まったら、それにもとづいて書く材料を集めます。材料となる資料が指示されている場合は、その資料をていねいに読み、何について書かれている資料かを考えます。

③**文章の組み立て(構成)を考える**…書く材料が集まったら、文章の組み立てを考えます。「はじめ」・「なか」・「おわり」の三段階に分けて考えてみましょう。それぞれ何を書くか簡単にまとめて、構成表を作ってみるのもよいでしょう。

ズームアップ

主題 p.460・p.468

入試では 意見文を書く際の注意

入試では、意見文を書かせる問題がよく出題されます。もととなる資料(図・グラフなど)が提示され、それについての意見を指定された字数で書くことが求められます。

資料を正しく読み取ることはもちろんですが、その読み取った情報をもとに考えたことを自分の意見としてはっきりと示さなければいけません。単なる読み取った資料の報告にならないように注意しましょう。

ズームアップ

構成 p.468

構成表 p.469

〈構成表の内容〉

はじめ	なか	おわり
題材の論点など、文章の話題を示す事柄	題材に関する自分の意見や考え 予想される反対意見とそれへの対応	自分の考え(結論)や感じたことなどのまとめ

(3) 意見文を書くときの注意点

① 「事実」と「意見(感想)」のどちらを書いているのかわかるように書きます。

・体験などの事実にあたる部分は「〜だ。」「〜である。」「〜た。」のような形になります。

例 公園のゴミ箱からゴミがあふれているのを見た。

・自分の考えたことや思ったこと(意見・感想)の部分は、「〜と思う。」「〜だろう。」などのような形になります。

例 何でもゴミとして捨ててしまうのは、問題ではないだろうか。

② 資料について書く場合は、何の資料を読んだ(見た)のかを書くようにします。

例 「毎日の読書時間についての男女別グラフ」を見て。

(4) 意見文の例

①

言葉づかいをていねいにすること。これはとても大切なことだ。ていねいな言葉を使わなければ、言った本人に悪気がなくても、相手はいやな気持ちになることがあると私は考える。

②

例えば、学校で先生に体育で使う道具の置き場所を聞くときに、まるで家族に話しかけるように「どこにあるのか教えて」と言う人がいる。このとき、先生はどのように感じるだろうか。

①問題点と意見の提示　②具体例

参考 文章の組み立て

文章の組み立て方は、はじめに話題を示して理由や説明を述べて最後にまとめや自分の考えなどの結論を述べる方法（尾括型）と、最初に結論を述べてそのあとに理由や説明を述べる方法（頭括型）、また理由や説明の前後に意見を述べる方法（双括型）があります。どれがよいかは主題の内容にもよりますので、書きやすい方法を選ぶとよいでしょう。

p.265

入試では 字数について

入試で書く意見文は、字数が指定されていることが多いです。指定された字数の八割は書くようにしましょう。たとえば「四百字以内」のときは、三百二十字以上書きます。

③意見のまとめ

③

ふだん、私たちは同じ年代の人と話すことが多い。でも、これからは様々な年代の人と話す機会も増えるだろう。初対面の人と話すこともあるだろう。そんなとき、ていねいな言葉を使って話すことができれば、老若男女どんな人とでもスムーズに会話ができ、相手も好印象を持ってくれると思う。だから私は、これからもていねいな言葉づかいを心がけて、適切なコミュニケーションがとれるように努力していきたい。

参考 事実と意見

同じことを書いているようでも、事実と意見では大きく違います。たとえば、次の二文を比べてみましょう。

① 食後は必ず歯をみがくようにしている。

② 食後は必ず歯をみがくようにしたほうがよい。

①は自分の習慣を述べている「事実」の文であるのに対し、②は自分の考えを述べている「意見」です。文末の「〜している」と「〜したほうがよい」に着目すると、事実なのか意見なのかが見分けられます。

ズームアップ 原稿用紙の使い方 p.464

4 記録文・報告文を書く ★

1 記録文

(1)観察・実験記録の書き方

①なぜ調べようと考えたのかを書きます。(動機)

②観察・実験で何を調べ、何を知りたいのかを書きます。(目的)

③観察・実験のやり方を書きます。(方法)

④調べた結果得られた情報(日時・数・分量・大きさなど)を正確に書きます。ものが変化するときは特に念入りに見ます。わかりやすく伝えるためにスケッチ・図表・写真などを入れるとよいでしょう。(結果)

⑤結果やわかったことをまとめます。(結果)

⑥目的が果たせたかどうかを考えます。解決されたこと(成果)や解決できなかったこと(課題)、感想や反省も書きます。(考察・まとめ)

(2)見学記録の書き方

①日時・場所・目的を書きます。

②見た順序にしたがって、気づいたことや感じたことを書きます。

③見学した場所のイラストや写真、パンフレットなどの資料を入れます。

(3)会議記録の書き方

①日時・場所・議長(司会者)・書記(記録者)・出席者・議題(テーマ)を書きます。

雑学ハカセ

夏休みの自由研究などで見学できる工場にはさまざまなものがあります。例としていくつか挙げます。

・印刷工場

本などの印刷されているものが作られる様子を見学することができます。国立印刷局ではお札が作られる現場を見ることができます。

・お菓子工場

お菓子が作られる様子を見学することができます。お菓子作りが体験できたり、お菓子の味見ができたりする工場もあります。

これらの場所を訪れて、書くための材料を集め、記録文・報告文を書いてみましょう。

②発言者の名前と発言の内容を書きます。
③採決の方法と内容を記録します。結果があればそれも書きます。

2 報告文

(1)報告文の書き方

①何を調べ、何を知りたいのかを書きます。
②なぜそれを知りたいと考えたのかを書きます。
③実際に調べます。
図書館の本などを使って調べた場合には、その本の情報を最後の「参考文献」に記載する必要があります。

・調べる方法
1 図書館や博物館を利用する方法
2 インターネットで検索する方法
3 アンケート法・インタビュー法

④調べてわかったことを整理し、結論として自分の伝えたいことを簡潔にまとめます。

(2)報告文を書くときの注意点

①調査の資料はていねいに集めましょう。かたよった情報ばかりになったり、まちがった情報をそのまま使ったりしないように注意します。
②事実と意見をしっかり書き分けましょう。
③参考にした資料は必ず参考文献として記述しましょう。

参考 参考文献のこと

あなたが調査したことが客観的に正しいかどうかを、他の人が確かめられるようにして、あなたの文章の信頼性を高めるために、参考文献を書く必要があります。

参考文献として必要な項目には、次のようなものがあります。

・著者名(本を書いた人の名前)
・書籍名(本のタイトル)または記事や論文のタイトル
・発行年月日(出版年だけの場合もあります。)
・発行所(出版社だけでなく、個人や都道府県、市町村が発行している場合もあります。)
・インターネット上の情報の場合は、URL(その情報の住所)とその取得日時

(3) 報告文の例

テーマ **日本人とカレーについて**

6年2組 鈴木花子

(1)調べた理由

私たち日本人は子どものころからカレーが大好きで、給食でも家庭でもよくカレーを食べる。そこで、日本人とカレーの関係をいろいろな面から調べてみたいと考えた。

(2)調べたこと

①都道府県別カレー屋店舗数（表）

……

②カレー粉生産量（グラフ）

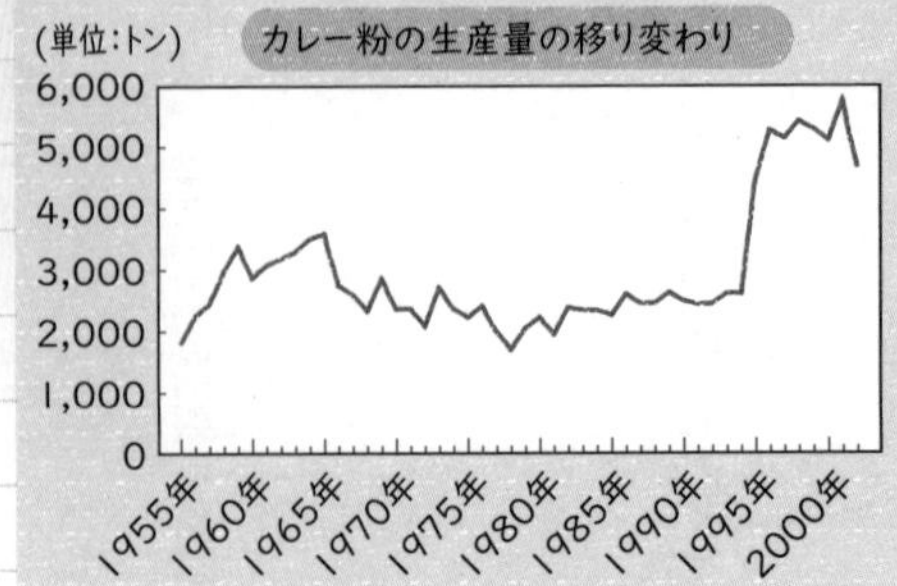

（出典：全日本カレー工業協同組合ホームページ）

・カレー粉の生産量は1950年代後半に増えたが、その後、2,000トン台に落ち着き、長く横ばいだった。1994年になって大きく増えた。

雑学ハカセ インターネットの情報に対する注意

インターネットは便利ですが、誰でもウェブサイトを作って自由に自分の考えていることを書けるので、正しくない情報が書かれていることもあります。インターネットを参考にする場合は、そのウェブサイトを作っている人は誰なのかがきちんと書かれているかを確認するようにしましょう。

信頼できる情報を公開しているウェブサイトとして、政府などの公の機関が作っているものがあります。小学生向けのページも用意されていることが多いので、一度見てみるとよいでしょう。

(3)まとめ

都道府県別カレー屋店舗数では、東京や大阪といった大都市ではない都道府県が上位を占めていることに驚いた。この結果から、日本全国でカレー屋さんが数多くあることがわかり、やはりカレーは国民食になっているといえるのではないだろうか。

また、カレー粉生産量の移り変わりを見てみると、一時生産量が減ったのは、即席カレーやレトルトカレーが開発されたからではないかと考えられる。しかし、今ではカレー味の味付け用として使われることも多いため、生産量が回復したのだと思う。

このように、カレーは私たちにとってとても身近な食べ物である。次は図書館でカレーの歴史（どのように日本に伝わってきたか）や、新しいカレーのレシピがわかる本を借りて、調べてみたい。

雑学ハカセ　調査を助けてくれる人

図書館には、司書の人など、図書に関する専門の知識を持った人がいます。図書館の中に「レファレンス」のコーナーがあるのを見たことがないでしょうか。このコーナーでは、調べたい事柄に関する本を紹介してもらったり、どんな本を読んだらよいかアドバイスをもらったりすることができます。調査をするときに困ったことがあれば、ぜひ活用してみてください。

5 手紙を書く ★

(1)手紙の書き方

手紙は、長い間を経て、書く順序や形式、決まり文句などが慣習となっています。ただし、普通は自然な言葉を使い、親しみがわくことを第一にします。

(2)手紙の形式

①前　文

㋐書き出しの言葉(頭語)

決まった言葉で書き出します。(p.486)

親しい間柄では省略することもあります。

㋑時候のあいさつ(左ページ)

㋒先方の様子をたずねる

②本　文(用件)

手紙の中心になる部分。相手に用件が伝わるように、わかりやすく書きます。

③末　文

㋓終わりのあいさつ

㋔結びの言葉(結語)

頭語に対応した言葉を入れます。

④後付け

㋕日付

例

㋐拝啓・前略・拝復
㋑新緑の候・若葉の候
㋒みなさん、お元気ですか。
②さて、……(用件を書く)
㋓みなさまにもよろしくお伝えください。
㋔敬具・さようなら
㋕九月一日
㋖山田一郎
㋗中田幸子様

雑学ハカセ　「手紙」の由来

人に送る文書のことを「手紙」というようになったのは、明治時代のことです。それより前は、「文」が一般的でした。また、「手紙」には、「手元において雑用に使う紙」という意味もあります。

ことば　「追伸」とは

「追伸」は、本文のあとに書き加える文の頭につける言葉ですが、その書き加える文そのもののことも指します。「追伸」は「なおなお書き」ともよばれます。「尚々(なおなお)」で書きはじめることからそういわれるようになったようです。

㋖差出人の名
㋗相手の名(「様」などの敬称を付ける)
⑤追伸(付け足す文)

▼時候のあいさつ

季節に応じて、時候のあいさつも変わります。
・月ごとの基本的なあいさつ

一月	厳寒の候・寒い日が続きますが　など
二月	晩冬の候・まだ底冷えする毎日ですが　など
三月	早春の候・日に日に春めいてきましたが　など
四月	陽春の候・桜も満開となりましたが　など
五月	新緑の候・緑が美しい季節になりましたが　など
六月	長雨の候・うっとうしい梅雨空が続きますが　など
七月	盛夏の候・毎日暑いですが　など
八月	晩夏の候・残暑厳しき折　など
九月	初秋の候・さわやかな季節を迎え　など
十月	紅葉の候・秋も深くなってきましたが　など
十一月	晩秋の候・落ち葉舞う季節となりましたが　など
十二月	初冬の候・今年も残り少なくなりましたが　など

※親しい間柄では、「あけましておめでとうございます。楽しいお正月を過ごしていますか。」「あじさいが美しい季節になりましたね。」などの、気さくなあいさつを書きます。

参考　時候のあいさつと季節

時候のあいさつは、旧暦(明治五年まで使われていた暦)にあわせたものになっていますので、違和感があるかもしれません。たとえば、「真夏」といえば、現在は八月の印象ですが、時候のあいさつでは七月に使います。八月の中ごろには「晩夏」や「残暑」という言葉を使います。九月に暑くてたまらなくても、手紙では「初秋の候」のようなあいさつを使います。

雑学ハカセ　「候」という言葉

「候」は、一年を七十二に分けた一区切りの単位を意味する漢字です。手紙の「厳寒の候」などの「候」は、「このような季節になってきましたが」といった意味で理解しましょう。

▼「書き出しの言葉（頭語）」と「結びの言葉（結語）」

「拝啓」のような「書き出しの言葉（頭語）」と「敬具」のような「結びの言葉（結語）」にも決まった組み合わせがあります。

〈代表的な頭語と結語の組み合わせ〉

手紙の種類	書き出しの言葉（頭語）	結びの言葉（結語）
一般的な手紙	拝啓　拝呈　一筆啓上 （一筆申し上げます）	敬具　敬白　拝具 （かしこ）
ていねいな手紙	謹啓　謹呈　恭啓 （謹んで申し上げます）	謹白　謹言 （かしこ）
前文を省略	前略 （前略ごめんください）	草々 （かしこ）

※（　）内のものは主に女性が使います。

(3)手紙を書くときの注意点

①文字は、ていねいに、正しく書きます。
②用件は、要点を落とさず、わかりやすく書きます。
③敬語は、正しく使います。
④相手に対して、敬う気持ちや親しみをもって書きます。

ことば　前略

「前略」は、前文を略するという意味ですので、時候のあいさつなどは書きません。すぐに本文に入ります。ていねいに書く必要がある手紙の場合には、失礼になることがあります。目上の人に出す手紙などには、「拝啓」のような頭語を使って、時候のあいさつなど前文をきちんと書くようにしたほうがよいでしょう。

参考　はがきで書く手紙

はがきを書くときは、前文は省略して「前略」と書きはじめることが多いです。後付けも省略されることが多くあります。

(4)手紙の例

拝啓　若葉の美しいこのごろとなりましたが、みなさまにおかれましては、お変わりなくお過ごしのことと思います。こちらも家族一同、元気に暮らしておりますので、ご安心ください。

さて、先日はたくさんのジュースをお送りいただきまして、ありがとうございました。家族一同、いただいたおいしいジュースを味わうことで、これからますます暑くなる季節を元気に乗り切ることができそうです。毎年のことながら、おじさん、おばさんのお心遣いを大変うれしく思いました。

また夏休みには、そちらに遊びに行かせてもらうと思いますので、それまでどうか体調などくずされませんように、みなさまのご健康をお祈り申し上げます。

まずはとりあえずお礼まで。

敬具

五月二十日

佐藤　明

佐藤　道夫　様

追伸　六月に入りましたら、父が一度お電話差し上げるとのこと、よろしくお願いします。

参考　敬語の注意

目上の人に出す手紙などでは敬語が必要となりますが、むやみに尊敬語(そんけいご)や謙譲語(けんじょうご)を使うことで、間違(まちが)ってしまい、かえって失礼になることがあります。

例「言う」

→○「おっしゃる」

×「おっしゃられる」

※「言う」の尊敬語の「おっしゃる」に尊敬の「れる」をつけているので、尊敬の意味が増しているように思えるかもしれませんが、これは「二重敬語」とよばれるもので、間違った使い方です。

6 電子メールを書く ★

「電子メール」は「Eメール」ともいいます。インターネットを使って、文書をやりとりする仕組みです。

(1)電子メールの構成と書き方

電子メールは、「宛先」と「件名」、そして「本文」から成り立っています。

①**宛先**…電子メールを送る相手のメールアドレス

②**件名**…電子メールのタイトル

③**本文**…相手の名前と伝えたい内容(用件)

相手のメールアドレスを入力します

宛　先	○○○○@○○○○○○○
件　名	×××××××××

メールのタイトルを書きます

○○○様
…………
………

本文を書きます

雑学ハカセ　インターネット

インターネットを使って電子メールを送ったり、ウェブサイトを見たりすることは、今では普通のことになっていますが、インターネットが日本で一般の人に使われるようになったのは、ほんの二十年ほど前のことです。

もともとインターネットはアメリカで軍事研究の目的でつくられ、それがさまざまな学術的な研究機関で使われるようになり、やがて今のように一般の人が気軽に使えるようになりました。

一般の人が使えるようになったといっても、はじめは、電話回線を使っていたので、今のように電子メールで大量の画像を速く送るといったことはできず、ウェブサイトも文字と写真などの簡単なものがほとんどでした。

(2)電子メールを書くときの注意点

①件名は、ひと目で内容がわかるように、短く簡単な一文にします。

例 ○「来週の遠足の持ち物について」
×「来週の遠足に持ってくるものについて、先生から連絡がありました。気をつけてください。」

②最低限のあいさつをした直後に要点を簡潔にまとめた用件を本文に書きます。

・手紙の場合には、頭語、時候のあいさつなどの前文を入れることが必要となりますが、電子メールの場合は、そうしたものをあまり長く入れないほうがよいとされています。（ただし、改まった場合や目上の人に送る場合など、簡単に前文を入れたほうがよいときもあります。）

③メール全体を読み返して、おかしなところがあれば直します。

・他の作文と同じで、電子メールも推敲が必要です。すぐに用件に入り、簡潔にまとめるということは、書いてすぐに送るということではありません。特に電子メールの場合は、入力の間違いで、手書きよりも誤字・脱字が多くなりがちなので、注意しましょう。

④宛先のメールアドレスが間違っていないか、確認します。

・複数の人に同時に送る場合は特に注意しましょう。自分は相手の人たちを知っていても、相手の人たちはお互いを知らない場合、そうしたメールアドレスを、宛先やCCの欄に入力してしまうと、人のメールアドレスを本人に無断で他人に知らせてしまうことになります。

参考 「CC」と「BCC」の役割

電子メールには、「宛先」と「件名」を書く欄以外に、「CC」や「BCC」という欄があります。これは電子メールで本来の宛先以外の人にもメールを送る場合に使います。

たとえば、遠足の連絡で先生に電子メールを送る場合に、同じグループの人たちにも「先生にこんなメールを送っておきましたよ」と知らせるために、CCを使います。

CCに入れたメールアドレスは、宛先の人にも、CCの他の人にも見える状態になります。BCCは、メールを受け取った人に、他の人のメールアドレスを知らせない場合に使います。

(3)電子メールを受け取ったときの注意点

①差出人の確認

・知らない人からの電子メールはすぐに開けず、まずは家の人や先生に相談しましょう。

②内容の確認

・差出人が知っている人でも、書いている内容におかしなことがあれば、すぐに返信しないようにしましょう。知人のふりをしてメールを送ってくる人もいますので、注意が必要です。

・メールに添付(てんぷ)ファイルがついていたり、インターネットの知らないウェブサイトへのリンク先がついていたりする場合は、安全なものとわかるまで絶対(ぜったい)にクリックしないようにします。万が一、危険(きけん)な添付ファイルやインターネットのウェブサイトを開いてしまった場合は、すぐに家の人や先生に相談しましょう。

③速(すみ)やかな返信

・知っている人からの安全なメールとわかったら、なるべく早く返信しましょう。

・受け取ったメールをきちんと読んで、それに対する返事を書きます。この場合も、すぐに用件に入り、簡潔に書いて、読み直したあとに送るようにします。

雑学ハカセ 「CC」と「BCC」の意味

「CC」は「シーシー」、「BCC」は「ビーシーシー」と発音し、それぞれ「Carbon copy(カーボン・コピー)」、「Blind carbon copy(ブラインド・カーボン・コピー)」の略(りゃく)です。「カーボン・コピー」とは、本来、書類などを複写(ふくしゃ)することです。「ブラインド・カーボン・コピー」の「ブラインド」は隠(かく)して見えなくするという意味です。

ことば 添付ファイル

電子メールには「添付ファイル」をつけることができます。写真や、自分が書いた文書のデータを相手に送ることができます。ただし、データのサイズが大きすぎるものは、添付ファイルにしないようにしましょう。

(4) 電子メールの例

規定のフォント 12 B I U S ※		
⑤ 差出人：	山田かおり	添付ファイル1個 105KB
① 宛先：	田中美里、〇〇〇〇〇〇co.jp	遠足のしおり.pdf 105KB
件名：	来週の遠足について	

② 6年3組のみなさん

こんばんは。
来週の遠足に持ってくるものについて、先生から連絡がありました。
次のものを準備してください。

③ 【持ち物】
・おべんとう、お茶
・おやつ（多くなりすぎないように）
・遠足のしおり（添付ファイルを見てください。）
・ぼうし
・ごみぶくろ

④ 当日はわすれ物のないように、気をつけましょう。
よろしくお願いします。

山田かおり

①件名は、ひと目でわかる簡単な文や語句にする。
②最低限のあいさつのあと、メールの目的を書く。
③具体的な事柄を簡潔に書く。
④簡単におわりのあいさつを入れる。
⑤宛先のメールアドレスが間違っていないか、最後に確認する。
※添付ファイルとは、電子メールにそえられた、画像などのこと。

ことば ウイルス

「ウイルス」は、もともとは病原体のことですが、コンピューターに入りこんで、害をおよぼすプログラムのことも「ウイルス」といいます。「コンピューター・ウイルス」ともいいます。ウイルスのついた添付ファイルをうっかり開けてしまうと、コンピューターがこわれたり、名前や住所などの個人情報（こじんじょうほう）を他人に読み取られてしまったりすることがありますので、十分注意しましょう。

練習問題

解答560ページ

1 次の文章を読んで、あとの問いに答えましょう。

> 小学校のときから、僕はサボテンを集めている。僕がサボテンを集めたきっかけは、駅前のサボテン屋の前を通ったら、サボテンが真っ赤に花を咲かせていたところから、僕も、あんなにきれいな花を咲かせてみたいなと思ってサボテンを集めだした。今は二十三種類集まった。だが、冬になると、いちいち温室を作ってやる。自分で作るのだからあまり暖かくない。去年の冬は、一種類死んだ。去年の春は、一種類花を咲かせた。それも、真っ赤な、きれいな花を咲かせた。

ある子どものこんな作文にであいました。この子はたいへんなサボテン好きです。しかし作文のほうは苦手らしく、どうもおかしいというところや、言葉の合わないところがあります。

いちばんの問題は「だが」です。「いちいち温室を作ってやる。」のあとにおくと、筋が通るという友達もいましたが、本人はそのように直したくないらしいのです。では、ほんとうは何を言いたかったのでしょうか。そこを考えてみてください。それから、「きっかけは……集めだした。」もおかしいといえます。また、「死んだ」は「枯れた」がよいという意見の友達と、このままでよいという意見の友達と、両方あったそうです。きみたちはどう思いますか。

ヒント

1

(1) 「だが」という接続語は、前の内容と逆の内容があとにくる場合や、前の内容から期待できない内容があとにくる場合に使います。「二十三種類集まった。」のは「僕」にとってはうれしいことであるはずなのに、「だが、」と言っているということは、何か困ったことが起こっていると想像できます。「冬になると、いちいち温室を作ってやる。」につなげておかしくなく、十字以内におさまるように言葉を考えてみましょう。

(2) 主語(主部)は「僕がサボテンを集めたきっかけは」です。これに対応する述語(述部)の形にします。

p.460

(1) 次の文中の（　　）にあてはまる十字以内の言葉を答えましょう。
「だが」のところは、その前後に言葉を補って、「今は二十三種類も集まって、うれしい。だが、（　　　　　　）。冬になると、いちいち温室を作ってやる。」というふうにすると、本人の書きたかったことがよくわかります。

(2) 次の文中の（　　）にあてはまる言葉を答えましょう。
「僕がサボテンを集めたきっかけは」をそのままいかせば、「咲かせてみたいなと思ってサボテンを集めだした。」という文末の言い方がおかしいことになります。ここは、「咲かせてみたいなと、（　　　　　　）。」と直すべきです。〔開成中〕

2 次の①～⑥のメモをもとに、「牛乳工場見学」の記録をまとめようと思います。そのとき、①～⑥の内容で必要のないものを二つ選び、また、そのかわりに必要な内容をあとからそれぞれ一つずつ選び、記号で答えましょう。

① 見学日時　② その日の天候
③ 見学の目的　④ 牛乳ができあがる工程
⑤ 工場全体の様子　⑥ 次の社会見学の予定

ア 牛乳工場に着くまでのバスの中の様子
イ 見学したあとの感想
ウ 工場で働く人たちの服装
エ 下校して、今日の見学内容を家族に話したこと

2 見学記録を書くときに必要なことを思い出しましょう。
①日時・場所
②見学の目的
③内容（見学した順序で書く）
④感想
※見学とは関係のないことは書かないようにします。

p.480

章末問題

解答561ページ

1 次の――線は「話し言葉」です。例にならって、意味合いを変えずに、ふさわしい「書き言葉」に直しましょう。

例 努力している人にはやっぱりかなわない。→やはり

私の祖母は年をとっているが、新聞なんかもめがねをかけずに読んでいる。

2 次の(1)、(2)の①〜⑤には**ア**〜**オ**のいずれかが入ります。意味が通るように順番を考え当てはめたとき、④に入るものとして最も適切なものを選び、それぞれ記号で答えましょう。〔国府台女子学院中〕

(1) 「敷居が高い」という慣用句は、本来①②③④⑤意味での誤用が多くみられる。

ア 身の丈に合わなすぎて
イ 面目の立たない事情があって
ウ その人の家に行きにくいという
エ その店に入りにくいという
オ 意味であるが最近では

(2) 近年の①②③④⑤と言われている。

ア 温室効果ガスが
イ 人間活動の拡大にともなって
ウ 地球が温暖化している
エ 排出されることで
オ 大量に大気中に

〔栄東中〕

3 例にならって、次の(1)、(2)について、それぞれの条件を満たした短文を一文で作りましょう。なお、ことばの順番を変えたり、活用(文の流れの中でことばの形を変化させること)させたりしてもかまいません。

例 「いきごむ」、「残念」ということばを使った主語・述語の整った文。

解答例 私は美しい風景を見ようといきごみ、全力で山頂まで登ったが、残念ながら空は厚い雲におおわれていた。

(1) 「共感」、「意欲的」ということばを使った主語・述語の整った文。

(2) 「しきりに」、「ほほえましい」ということばを使った主語・述語の整った文。〔聖セシリア女子中〕

4

「あたかも」という言葉を使って二十字以上三十字以内で短文を作りましょう。話が通じれば主語がなくてもかまいません。

（国府台女子学院中）

5

あなたは四月下旬のある日、初めて来日する外国人観光客を案内していました。その時、ある家の庭に、次のイラストに描かれたものが掲げられていました。それを見た外国人観光客から、「あれは何か」と質問されたあなたはどのように答えますか。四十字以上五十字以内でまとめましょう（句読点や符号も字数に含めます）。なお、解答は日本語で記すこと。

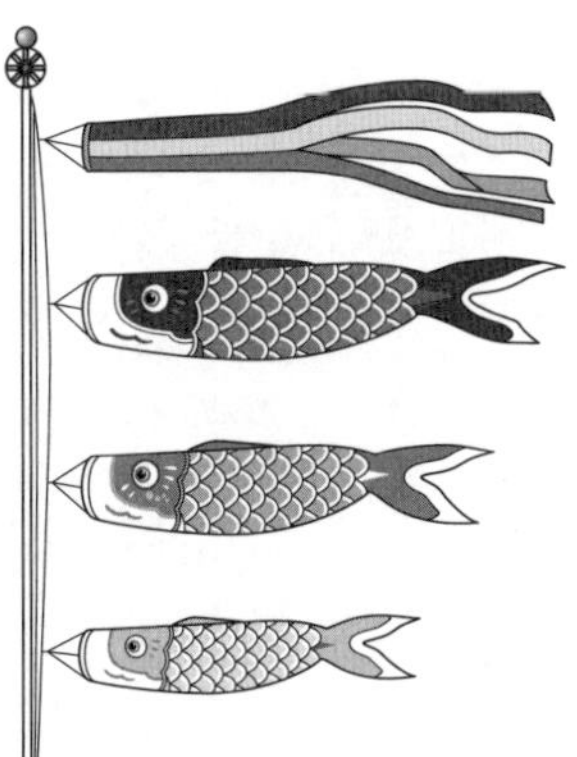

（日本大藤沢中）

6

『往復はがき』というのは、相手からの返事が必要なときに利用する、「往信用はがき」と「返信用はがき」が一緒になった便利な郵便はがきです。（図は次ページ）往復はがきを使うときは、往信のあて名面（①）と返信の文面（④）が外側になるように折って出します。返信時は、折り目の部分で切り離して、返信部分③（裏面は④になる）を送ります。②と③の間には「この折り目を内側にして折って差し出してください。」と書いてあります。

次の文章は、その『往復はがき』にまつわることで、ある人が新聞に投書したものです。これを読み、あとの問いに答えましょう。

> 「この折り目を内側にして折って差し出して」と印刷されている往復はがきで、今度の会合の出欠確認の案内を二十人に出した。そうしたら、五人が往信部分を切り取らずに返送してきた。一人は「切り取ってしまいました」とわざわざテープで止め直していた。まったく困ったものだ。（以下省略）

(1) なぜこのようなことが起きたのか、説明しましょう。

(2) このようなことが起こらないようにするにはどうすればいいか、あなたの考えを述べましょう。

①の裏面が②、③の裏面が④

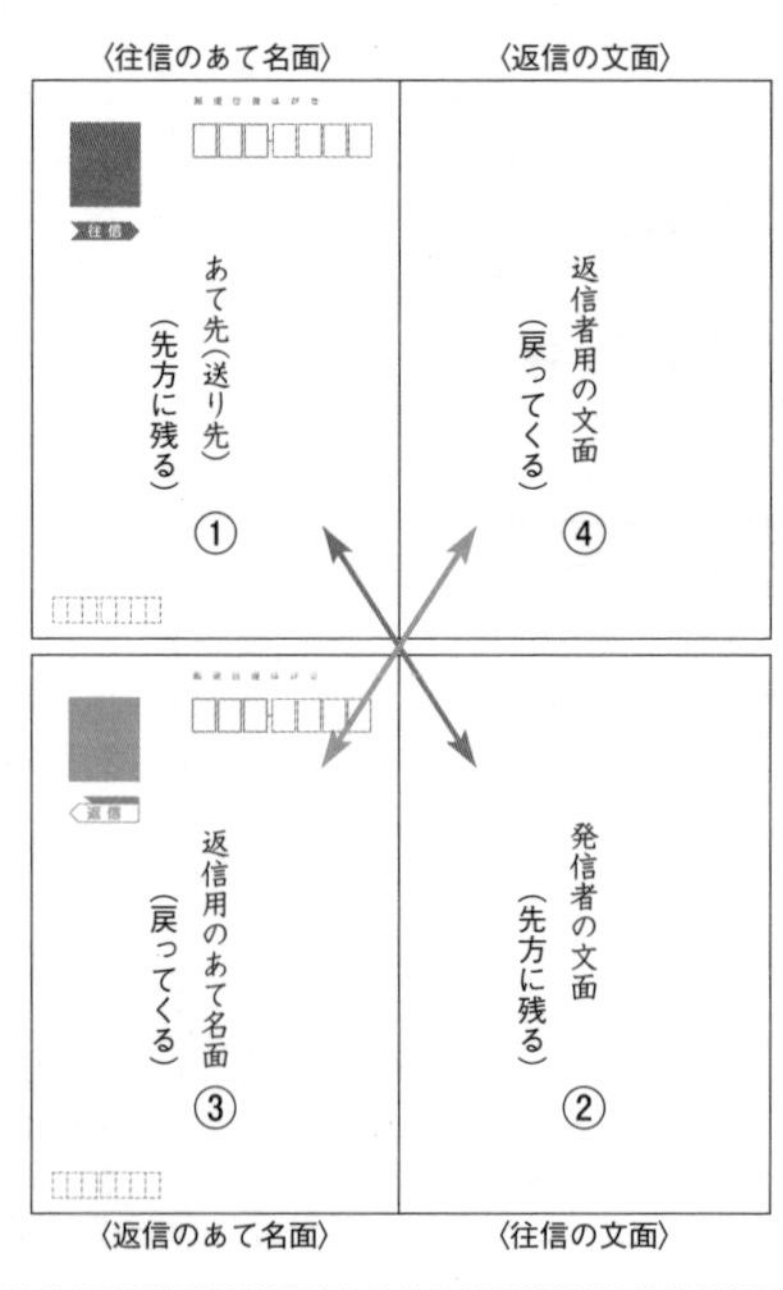

〔淑徳与野中〕

7 次の【語群】から四字熟語を一つ選び、【例文】を参考にして、四字熟語の意味をふまえながら、自分の将来について考えること・思うことを自由に書きましょう。

【例文】

付和雷同…これからは今まで以上に自分の意志で物事を決断していかなければならないと思います。だから、他人の意見に理由もなく賛同することのないようにしたいです。

切磋琢磨…中学校では今までより多くの友だちを作りたいです。そして、その友だちと協力し、励まし合いながら、勉強や部活動を頑張っていきたいです。

【語群】　言行一致　一意専心　七転八起

〔栄東中〕

8 次の文章中には、事実の文と意見の文が含まれています。意見の文は①から⑤のどれですか。

①最近、朝食を食べない中学生が多いと聞いた。②そこで、校内アンケートを取ってみたところ、我が校で朝食を毎日食べない人は、全体の六割であった。③その多くは、夜遅くまでゲームをしていて朝起きられないことが原因の一つであろう。④朝食を取らないと、体温が上がらず、脳に栄養が行き渡らずに、一日の身体のリズムを整えることもできない。⑤そのため、我が校では、この結果が出た後、「朝食をしっかり食べよう」というキャンペーンを始めることにした。

〔日本大第二中〕

ここからスタート！

第3編

書く・話す・聞く

第2章 話す・聞く

学習することがら

1 話すこと

1 正しい話し方

★入試重要度

話す目的…主に、次の三つがあります。
聞き手に①何かを知らせる、②説きふせる、③感動を与える。

1 話の形

①一対一の場合…対話、問答、応答や応対、相談、話し合い、対談など。
②一対多数の場合…報告、発表、声明、説明、解説、講演など。
③何人かで話す場合…討議・討論(ディスカッション・ディベート)、会議など。

2 状況に応じた正しい話し方

相手と時と場(機会)に応じて、ふさわしい話し方をします。
①一対一の場合…話題を豊かにし、楽しい話にします。
②一対多数の場合…普段の会話なら、話題について、話の内容を組み立てておきます。難しい言葉は使わず、耳で聞いて理解しやすい言葉でわかりやすく話し、できるだけ聞いている人を見て反応を確かめるようにします。
③何人かで話す場合…自分だけが話を独占するのではなく、ほかの人の話を聞き、話題から外れたりしないように話を展開します。

参考 話しているつもり

相手に自分の言いたいことが伝わるように、きちんと話しているつもりでも、相手はまったく別の意味で理解していることがあります。話の内容をどのように受け取るかは、人によってさまざまだからです。そのことを使った遊びに「伝言ゲーム」があります。

「伝言ゲーム」は、一列または円になって、先頭の人が言った言葉や文を、順に後ろの人に伝えていくゲームです。単純なゲームですが、意外と難しく、最後の人には、先頭の人の言ったこととまったく違うことが伝わっていることがよくあります。

3 会議で話し合う

(1)会議の順序

①開会の言葉…議長を決めたあと、事前に定足数(会議が成立するための最低限度の出席者数)を確かめ、開会を宣言します。

②議事…議題の説明(提案)。質疑応答。意見を述べ、討議します。

③採決…討議がじゅうぶんなされたときを見計らって、賛否を問い、決を採ります。

④閉会の言葉…議決事項を確認し、閉会を宣言します。

(2)会議に参加するために

①資料がある場合は、会議がはじまるまでに必ず目を通しておきます。

②議題に対する自分の意見をまとめておきます。

③発言する場合は、必ず議長に許可をもらってから発言します。勝手に発言することはやめましょう。また、なるべく簡潔に自分の意見を述べるようにします。

④人が話しているときは、途中で割りこんだりせず、最後までしっかり聞きます。人の意見に対して感情的な発言をしたり、自分と違う意見だからという理由で最後まで聞かずに遮ったりすることは控えましょう。

⑤議長や司会者になったときは、参加者とは違う心構えが必要です。

・参加者には公平に発言の機会を与えましょう。

・多数決がすべてではありません。少数意見にも耳を傾けましょう。

ことば 流会

出席者が「定足数」に満たない場合は、その会議は開かれません。それを「流会」といいます。

参考 会議で決定を出す

決を採るときは、多数決で決めることが多いのですが、挙手や起立で案ごとに賛成する人の数を数える方法や、紙に書いて投票する方法など、いろいろな方法があります。投票する場合も、自分の名前を書く「記名投票」と名前を書かない「無記名投票」があります。学校の会議などで投票をする場合は、無記名投票のことが多いようです。

・関係のない発言があった場合は注意し、議題に沿った討論になるように修正しましょう。
・自分の意見を発することはなるべく控えましょう。

4 器械を使って話す

(1)電話をかける

電話をかけるときには言葉づかいに注意し、次のように話しましょう。

①自分の名前を告げる
②相手を確かめる
③用件を述べる
④終わりにあいさつの言葉を述べる

例「○○小学校○年○組の山田と申します。」←①自分の名前を告げる
「田中さんのお宅でしょうか。」←②相手を確かめる
「○○さんはいますか。」
「学校から、明日の遠足には動きやすいくつをはいてくるようにという連絡がありましたのでお伝えします。」←③用件を述べる
「それでは失礼いたします。」←④終わりにあいさつの言葉を述べる

※友達の家にかけるときにも、言葉づかいには注意しましょう。電話に家族の人などが出たときには、だまって切ったりせずに、「○○さんはいらっしゃいますか。」のように言って、本人に代わってもらいます。

参考 電話のかけ方

携帯電話やスマートフォン(スマホ)を持つ人が多くなったため、電話には本人が出て当たり前、という感覚になっている人も多いかもしれません。しかし、そうでない場合も多くあります。

電話をかけて相手が出たらすぐに「ねえ、今日はどこに行く?」と言ったら、電話に出たのは相手の家族ではずかしい思いをした、というようなことになりかねません。家の電話(固定電話)でも携帯電話などでも、話を切り出す前に、必ず相手を確認するようにしましょう。また、相手を確かめる前に自分から名乗るようにしましょう。相手を不安がらせないための大切なマナーです。

(2) 電話を受ける

電話を受けて話すときには次のことに注意しましょう。

①名前を名乗る

②(場合によっては)相手を確かめる

※相手が先に「○○です。××さんのお宅ですか。」のように名乗っている場合は、確かめる必要はありません。

③用件をメモする

※相手が話していることすべてを書こうとしても無理があります。ポイントだけを簡潔に書くようにします。大事な情報(人の名前や場所・時間など)には特に注意します。

(3) マイクで話す

大きな会議で司会をするときや演説(えんぜつ)をするときには、マイクを使って話すことがあります。マイクを使うときには次のことに注意しましょう。

①ゆっくりと歯切れよく話す

※聞き取りやすいように、一語一語をはっきりと話しましょう。普段(ふだん)話すよりも少しゆっくり話すように心がけるとよいでしょう。

②マイクに近づきすぎない

※マイクに近づきすぎると、耳障(ざわ)りな音になることがあります。また、呼吸(こきゅう)の音がマイクを通して聞こえてしまうこともあります。

③大声を出しすぎない

※マイクで大きな声を出すと、声が割れて不快音(ふかいおん)になることがあります。また、聞いている人にとって、大きすぎる音は苦痛(くつう)ですので、適切(てきせつ)な大きさの声で話すようにしましょう。

ことば ハウリング

マイクを使って話しているときに「キーン」という音が出ることがあります。これを「ハウリング」といいます。マイクがスピーカーから出た音を拾ってしまうために起こる現象(げんしょう)です。ハウリングが起こると、聞いている人は非常(ひじょう)に苦痛を感じます。また、マイクの音を大きくすればするほど、ハウリングの音も大きくなります。

話している人の声が小さいからといってマイクの音を大きくすると、ハウリングが起こりやすくなりますので、マイクから離(はな)れすぎたり、あまりに小さい声で話したりしないようにしましょう。

2 聞くこと

1 正しい聞き方 ★

「聞く」と「聞こえる」とは違います。「聞く」というのは、人の話をよく理解するということです。

1 状況に応じた正しい聞き方

①一人の話を大勢で聞く場合

・話し手が述べている考え・意見をしっかりと聞き取りましょう。

・その意見はどのような理由・根拠によって述べられているのかを聞き取ります。

・要点をメモしながら内容をまとめます。

②話し合いの中で人の話を聞く場合

・いくつもの発言の、それぞれの関係を考えたり、比べたりして聞きます。

・自分の考えとの関係を確かめながら、また、自分の考えを深めながら聞きます。

③一人で一人の話を聞く場合

・ちゃんと相手の話を聞いていることを示すために、相手の顔を見て**相づちを**打ったり、うなずいたりして、表情豊かに聞きます。

2 聞くときの注意点

(1)一人の話を大勢で聞く…説明・講演など

参考　上手に会話を続けるコツ

「話し上手は聞き上手」という言葉を聞いたことがあるでしょうか。これは、話の上手な人というのは、他の人の話を聞くのも上手だということです。

話をするのが上手というと、演説がうまいとか、人をひきつける話し方をするとか、そういうことを思ってしまいがちです。しかし、実際の会話の中では、話し上手とされる人の発言は意外と少ないものです。

相手の話を上手に引き出したり、タイミングよく相づちを打ったりするので、会話がはずみ、「あの人と話をすると楽しいなあ」という印象が、「あの人は話が上手だ」という記憶として残るともいわれています。

・この場合は、会議や会話と違い、聞き手は「聞く」ことに集中することになります。自分の言いたいこと、話し手に尋ねたいことは、基本的にあとの質問のための時間まで口にすることはできません。
・疑問が浮かんだから、あるいは、反論したいから、といった理由で、むやみに話を途中で遮るようなことはやめましょう。

①話し手の考え・意見を聞く

・話の間は聞くことに集中しましょう。メモをとりながら聞くようにすると、話の途中で浮かんだ疑問などをあとで思い出すことができます。
・なるべく客観的な視点で聞くようにしましょう。自分の考えとの違いに気をとられたり、自分のほうが正しいという気持ちで聞いたりすると、相手の話の大事な部分を聞きのがすことがあります。

②話し手がなぜそのように話したのか、理由・根拠に注意して聞く

・話し手がなぜそのように主張するのか、理由は何か、話し手の話の中から注意して聞き取るようにします。正しい・間違っているという判断にこだわりすぎないようにしましょう。

③質問する（※質問する機会があれば）

・直接話し手に質問できない講演などもありますので、その場合は配られたアンケートなどに書くようにしましょう。

(2) 話し合いの中で聞く…会議・討論など

・複数の人と話をする場合は、それぞれの人が話し手であり聞き手でもあると

参考 相手の意見との接し方

人の話を聞く際に、自分の考えとの違いに腹を立てて話を遮ったり、話の途中で席を立ったりする人がいます。また、自分が正しいということを相手にわからせようとする人もいます。

自分の意見をしっかりもつということは重要なことですが、相手も自分の意見をもっているのだということを念頭に置き、相手の考えを大切にすることも非常に重要です。

また、自分とは違う考えに触れるということは、それまで自分の知らなかったものの見方に触れることでもあります。

人の話に流されず、かつ、公平な立場で人の話を聞き、自分の考えや意見をしっかりと持つようにしましょう。

いうことになります。

①人が話しているときは、なるべく聞くことに集中する

・人が話しているときは、その内容を頭で確認(かくにん)しながら、集中して聞きましょう。重要なことや、聞いただけでは覚えられないことなどはメモにとるのもよいでしょう。

・途中で話を遮って自分が話し出したり、むやみに反論したりしないようにしましょう。話し手の話が一段落(いちだんらく)したあと、発言したいことを司会に示(しめ)して許可(きょか)をもらったうえで、自分の話をはじめるとスムーズです。司会がいない場合も、話をした人や他の人に断(ことわ)ったうえで発言するようにしましょう。

②それぞれの発言の関係を考える

・会議や討論では複数の人が話すため、いろいろな考えを聞くことになります。そうした発言がどのように関係しているのかを考えます。賛成(さんせい)・反対、正しい・正しくないといった簡単(かんたん)な関係ではすまないこともよくありますので、人の話をじっくり聞き、自分の考えとも照らし合わせて考えるようにしましょう。

③自分の考えを深める

・話し合いでは自分も話し手の一人として参加しています。人の話を黙(だま)って聞くだけではなく、話し手としても積極的に参加し、それに対する周囲(しゅうい)の意見も聞いて、考えを深めるようにしましょう。

参考 司会や議長の立場

司会や議長は自分の意見をなるべく言わないようにすることが大切です。しかし、発言している人の言っていることがよくわからない場合は、代表してその人に質問することが必要です。

司会や議長は、なるべく多くの人に発言させる必要があります。会議の間ずっと黙っている人がいれば、その人に発言するよう促(うなが)したり、質問がないか聞いたりするようにしましょう。

p.499

(3)一人で一人の話を聞く…相談・対談など

・一対一で話す場合です。かしこまった相談や対談だけではなく、友達と一対一で話す場合なども含まれます。

①話している人の顔を見て聞く

・ちゃんと聞いているということを相手に伝える第一歩は「顔を見て聞く」ことです。真剣に聞いていますよ、ということを示したければ、まずは相手の顔を見て聞きましょう。

・顔を見るのが恥ずかしいからといって顔をそむけたりうつむいたりして聞くと、話をまじめに聞いていないという印象を与えてしまいます。

②相づちを打ちながら聞く

・相づちは、適切なタイミングや適切な言葉で打たないと、かえってきちんと聞いていないという印象を与えてしまうことになります。

・相手の話の切れ目で、「うん、うん、それで。」や「へえ、そうなんだ。」といった相づちを入れることは、話の続きを促し、また、きちんと聞いているという印象を相手に与えることにつながります。

③表情豊かに聞く

・相手の話に感動したら、素直にそれを表す言葉を、相手の顔を見ながら、感情をこめて言うようにしましょう。

・相づちを打ちながら聞いているときも、楽しければ笑顔で、悲しければ悲しい顔で、といったように、表情豊かに聞くことが大切です。

雑学ハカセ　相づちの由来

「相づち」は「相槌」と書きますが、もともとは鍛冶で、金属を打って鍛えるために、二人の職人が交互に槌を打ちかわすことをいいました。親方と弟子で打つ場合は、親方が打つ間にタイミングよく弟子が槌を入れることになります。呼吸を合わせて交互に入れないと、槌同士がぶつかったりして刀などがきちんとできません。

会話の相づちも話し手に調子を合わせて打たないと、逆に気まずくなり、話が弾まなくなりますので気をつけたいですね。

練習問題

解答562ページ

1 次の話は、話し手(兄)と、聞き手(弟)の対話がよく通じなかったために起こった失敗談です。話し手の立場から、(1)どこに失敗の原因があったと思いますか。本文から考えて十字以内で答えましょう(ただし、句読点も含みます)。また、(2)兄は弟にどのように言えば話が通じたでしょうか。会話体で書きましょう。

> 二日かかってやっと書き上げた、宿題の日本地図の上に弟がなんきん豆の皮を散らかしている。腹が立ったが、弟に悪気はないと思ったから、僕は、「おい、くずかごに捨ててきてくれ。」と、たのむように言った。弟は「うん。」と言って、地図をささげるようにして部屋を出た。弟はすぐもどって来た。しかし、手ぶらだ。僕が「地図は？」と聞くと、弟は、手伝いをしたときのほこらしげな顔で「捨てたよ。」と答えた。
>
> 〔芦屋学園中〕

2 次の各文は、上手な聞き方・話し方について述べたものです。(　)に入る言葉として最も適切なものをあとから選び、それぞれ記号で答えましょう。ただし、同じ言葉を二度使用してはいけません。

(1) 話の順序や(　)に注意して、(　)をまとめながら聞く。

(2) (　)と考え方、(　)と結果などの関係を考えながら聞く。

(3) 必要なときには、(　)をとったり、聞きただしたりしながら聞く。

ヒント

1 話すときには、「相手にわかるように話す」ということが大切です。親しい関係の場合、言わなくても伝わることはありますが、だからといって「言わなくてもわかるだろう」と思いこんで話すと、上のような失敗が起こります。

p.498

2 (1)〜(3)聞くときの大切なポイントを思い出しましょう。相手が何について話しているのか、なぜそのように話すのか、自分の理解は正しいかどうかに注意しながら聞くことが大事です。

p.502

(4) 場に合った（　）の選び方、（　）の大きさ、言葉づかいを考える。
(5) （　）を考えて、使う言葉に気をつける。

ア メモ　イ 原因　ウ 例　エ 要点　オ 組み立て
カ 声　キ 聞き手　ク 話題　ケ 時間

3 次の文章は、会議のときの議長の心得について述べたものです。①〜⑧に入る言葉として最も適切なものをあとから選び、それぞれ記号で答えましょう。ただし、同じ言葉を二度使用してはいけません。

できるだけ多くの人に①の機会を与え、同じ人ばかりを指名しない。

話し合いの②、方向、順序などを参加者にわからせ、話し合いを③を立てて運ぶ。もし話し合いがわき道にそれたら、すぐ④に引きもどす。

参加者のうち、大切な意見や、聞き取りにくかった意見は、議長が復唱して述べる。わかりにくい発言があったら、他の参加者に代わって発言者に⑤する。

議長自身に⑥があっても、はじめにそれを述べることは差し控え、どうしても言わなければならないときには、できるだけ最後に述べる。

議長は⑦に加わらない。ただし、賛否同数のときには、⑧の判断によって決定する。

ア 意見　イ 発言　ウ 質問　エ 表決　オ 議長
カ 多くの人　キ 参加者　ク 主題　ケ 本題　コ 筋道

(4)・(5)話し方の大切なポイントを思い出しましょう。一対一で話す場合と、報告などで話す場合、何人かで話す場合では、話し方を変えます。報告や会議などの場合は、前もって資料を用意し、どのような構成で話すかを考える必要があります。

p.498

3 会議や討論などの司会や議長の心得を思い出しましょう。議長は、会議を進めていくのが仕事です。自分の考えはとりあえずおいておいて、みんなの意見を聞き、それについてみんなに話し合ってもらう必要があります。また、会議の目的とは違う話になってしまったら、それをもとにもどすことも議長の仕事になります。

p.499

章末問題

解答563ページ

1 友達にインタビューをすることになりました。その際に注意すべき点をまとめた次の文章の①～④に入る適切な言葉をあとから選び、それぞれ記号で答えましょう。

　インタビューをするときは、まず、①の内容を考えることが大切です。その質問に対して答えてもらったら、②などをさらにくわしく聞きましょう。また、インタビューに答える人も、③ではなく、なるべくくわしく答えましょう。

　インタビューが終わったら、その内容をまとめて、みんなに④しましょう。

ア ひと言　**イ** 質問　**ウ** 理由
エ しょうかい　**オ** 回答　**カ** 長文

2 グループで、ある問題について話し合う場合の進め方になるように、番号を書きましょう。

（　）それぞれが自分の考えを発表する。

（　）それぞれの意見を、一つにまとめる。

（　）司会者を決める。

（　）司会者が、話し合いの内容をまとめる。

（　）おたがいの考えについて疑問に思ったことを質問したり、それに対して答えたりする。

3 次のスピーチ原稿を読んで、あとの問いに答えましょう。

> 　私は、クラスのスローガンに「あいさつは心の窓を開く音」を提案します。
> 　提案する理由は、二つあります。一つ目は、登校したときに、クラスの中であいさつをきちんとする人が少ないように思われるからです。二つ目は、あいさつをすることで、ふだんあまり仲良くない人とも話すきっかけになるからです。……
> 　このように、「あいさつは心の窓を開く音」は、クラスのスローガンにぴったりです。ぜひ、このスローガンをかかげて、明るいあいさつの声であふれるクラスをつくっていきましょう。

(1) このスピーチの特徴として適切なものを次から選び、記号で答えましょう。

ア はじめに呼びかけることで、聞き手の注意をひきつけている。
イ これから説明することの数を示すことで、わかりやすい構成にしている。
ウ 自分の思いは一切入れず、事実のみをはっきりと述べている。
エ 理由をあえて話さないことで、聞き手が考えるきっかけを与えている。

(2) あなたは、このスピーチ原稿を読む場合、どのようなことに気をつけて読みますか。声の強弱や話す速さ、間の取り方などについて書きましょう。

4 次の山田さんのインタビューを読んで、あとの問いに答えましょう。

山田　今日は、地域のボランティア活動を行っている加藤さんに、その活動内容について聞きたいと思います。よろしくお願いします。
加藤　よろしくお願いします。
山田　早速ですが、今はどのようなボランティア活動を行っているのですか。
加藤　毎週土曜日に、公園のごみを拾う活動をしています。多いときは十枚のごみ袋がいっぱいになるくらい、ごみが落ちているんですよ。
山田　そうなんですね。それだけたくさんのごみが公園に落ちているなんて、びっくりしました。活動に参加するために、何か必要なことはありますか。
加藤　活動の代表者である私に、事前に連絡をいただけると助かります。山田さんもボランティア活動に興味がありますか。
山田　はい。ぜひ一度参加してみたいと思います。

問 山田さんのインタビューの仕方として適切なものを次から選び、記号で答えましょう。
ア 最初に簡単な自己紹介をしている。
イ インタビューを行う理由を説明している。
ウ 相手の意図をとらえて、感想も述べている。
エ 相手の質問には答えず、インタビューを進めている。

1 条件作文

①条件の内容を確認する

◆テーマ（題目）について書く↓「〜について」「〜という題で」といったテーマについて書く。

◆課題文を読んで書く↓与えられた文章を読んで、それについて自分の考えを書く。

◆資料を見て書く↓グラフや表などの与えられた資料がどのようなことを表しているかを読み取って書く。

差がつく

条件作文を書くときには、何よりも与えられた条件を満たしていることが大切です。自分の意見を論理的に述べることや、きちんとした文章を書くことはもちろん重要ですが、与えられた条件を満たしていなければ、得点の対象にはなりません。

実戦問題

❶ あなたはこれから新しく作る小学校の教室の設計を任されました。教室を設計する際、どのような工夫をしますか。工夫したい点とその理由を、二つ説明しましょう。

※百二十字以内で書くこと。

※原稿用紙の使い方にしたがって書くこと。ただし、改段落をする場合は行をかえず、一マス空けること。

〔慶應義塾湘南藤沢中〕

ヒント

❶ テーマ（題目）について書く条件作文です。「新しく作る小学校の教室の設計」をする際に自分だったらどのような工夫をするか、について書きます。条件として、「工夫したい点とその理由を、二つ」とありますので、自分ならばどのように工夫するか、その理由は何か、を二つ必ず書きます。また、「百二十字以内」という字

❷ かつて日本では日清戦争で勝ち取った遼東半島を、ロシア・ドイツ・フランスからの要求により清に返還するという出来事がありました。当時の日本はそれを受け入れざるをえなかったので、「臥薪嘗胆」（大きな目的を達成するため苦労を重ねること）をスローガンにし、国力を高めていきました。

現在の日本は、国内外のさまざまな問題を抱えています。そこで、現在の日本が抱えている問題を一つ挙げ、その問題に対してあなたならどのようなスローガンを掲げて日本をまとめていくかを説明しましょう。

【注意点】

・問題、スローガン、どのようにまとめていくかをそれぞれ記入すること。

・スローガンには、「臥薪嘗胆」以外の四字熟語・ことわざ・慣用句のいずれかを使うこと。その際、それらを用いた短文でスローガンを作成しても構いません。

〔栄東中〕

❸ 慣用句の「目から鼻にぬける」は、「物わかりがいいこと」をいい、「目から耳にぬける」は「見ただけでなにも覚えていないこと」をいいます。では「目から口にぬける」という慣用句がもしあったとしたら、どのよ

数制限や、原稿用紙の使い方について、「改段落をする場合は、行をかえず、一マス空ける」とあることにも注意しましょう。

❷ テーマ（題目）について書く条件作文です。「現在の日本が抱えている問題」に対して自分なら「どのようなスローガンを掲げて日本をまとめていくか」について書きます。【注意点】にあるように、「問題」「スローガン」「どのようにまとめていくか」に分けて書くことに注意しましょう。「スローガン」とは、自分の主張を簡単に短い言葉で言い表したものです。また、「四字熟語・ことわざ・慣用句のいずれかを使うこと」も忘れないようにします。

❸ 「目から口にぬける」という言葉が慣用句として本当にあるということではないので注意しましょう。その言葉が慣用句だったとしたら、どのような意味になるかを自分で考えて書きます。理由は文末を「〜から。」「〜ので。」といった形にして書きましょう。

❹ 「これにあてはまること」とは、「自分とは異質な人たちとつきあうこと」で「自分という人間の欠点や長所」が見えたことを指しています。学校やクラブ活動といった自分のよく知っている環境から離れて、まった

うな意味を表すでしょうか。また、その理由もあわせて考えて答えましょう。

〔自修館中〕

4 次の文章を読んで、あとの問いに答えましょう。

人間には、生活の主になっている場のなかだけで物事をとらえ、考える傾向があります。そして、職場や学校といった一つの場に依存する率の高い人ほど、この「場の心理学」に影響されやすい。

こういう人は、うまくいっているときはいいけれど、何かトラブルが生じると＊脆い。その場で低い評価をくだされたとき、いじめやリストラにあったとき、世界じゅうからNOを突きつけられでもしたかのように、必要以上に重く受け止めてしまいがちです。しかも、それが動かしがたい運命であり、どこにも逃げ場がないように錯覚しかねない。

（中略）

一方、逆境に強い人はというと、単につきあいが広いというだけではなく、さまざまな生活環境、生活スタイル、価値観の人たちと触れ合ってきています。そのため、世の中には多種多様な人間がいて、いろいろな考え方や生き方があるということ、Aという場とBという場では

く知らない人たちの中に入り、その人たちと会話をすることで、自分自身について知らなかった部分を発見できたことがあれば、その経験をもとに書きましょう。その際に、自分の欠点ばかりを並べるのではなく、「長所」も書くことが重要です。

今までそういう経験がない、という人は、たとえばお店の人と話したときのことなど、小さな経験でも構いませんので、知らない人と話をして、自分について新たに気づいたことはないか考えてみましょう。

解答

1 例 コミュニケーションがとりやすく、居心地の良い場所にしたいので、天井を高くし、大きな窓をつけて、解放感のある教室にする。また、身体に負担がかからないようにするために、壁の色は薄い緑やベージュにし、木などの自然のものを使った建築にする。（116字）

2 例 （問題）プラスチックごみの増大で、環境や生態系がこわされているという問題。

（スローガン）千里の道も一歩から

（どのようにまとめていくか）一週間のごみの中で、ふつういちばん多いのはプラスチックごみである。

評価が違うことも多々あるのだということを肌で知っている。

だから、職場や学校で自分を否定されるようなことがあっても、その場にいるのは人間という集団のなかのごく一部に過ぎず、そこでの評価も絶対的なものではないのだと考えることができる。精神的ダメージを受けても、必要以上に自分を追いこまずにすむ。

多様な人間関係は物理的、精神的逃げ場や支えとなると同時に、視野を広げ、私たちを強くしてくれるものです。自分とは異質な人たちとつきあうことで、逆に自分という人間の欠点や長所もよく見えてきます。

（加賀乙彦「不幸な国の幸福論」）

＊リストラ…「リストラクチャリング」の英語を略した言葉で、環境の変化に伴い、企業が事業に合わせ人員整理をすること。

問 ――線「自分とは異質な人たちとつきあうことで、逆に自分という人間の欠点や長所もよく見えてきます」とありますが、自分自身のこれまでの経験でこれにあてはまることについて百一字以上百二十字以内で答えましょう。

〔公文国際学園中―改〕

プラスチックは軽くて使いやすいので、つい使ってしまう。しかし、ごみとなったプラスチックの量が減らない限り、埋め立てるにも限界がある。今、思い切って、食品などの包装を簡素にしたり、紙などに材質を変えたりしなければ、日本はプラスチックごみで埋め尽くされてしまうだろう。まず毎日の買い物で、プラスチック製品をできるだけ買わないことからスタートしたい。

③ 例 （意味）見たことを、よく考えもせずにすぐ人に話してしまうこと。
（理由）人にはいろいろな事情があるということを考えもせずに、あそこで誰それを見た、などと人に話してしまう様子が「目から口にぬける」という言葉に合っているように思ったから。

④ 例 父の仕事の都合で一年間イギリスの学校に通った時に、自分の考えを言葉にしないのは、わかってもらえて当然だという甘えでもあると気づいた。また、君は人の気持ちを思いやることができるとほめられ、思いがけない自分の長所を知ることができた。（114字）

1 日本の文学作品の年表

時代	成立年	作品名（作者）	作者や作品の紹介
奈良時代	七一二	古事記（太安万侶編）	現存する日本最古の歴史書。神話や伝説を多く含む。
	七二〇	日本書紀（舎人親王ほか編）	歴史書。約三〇巻から成る。年代順に漢文で書かれる。
	七六〇頃	万葉集（大伴家持ほか編）	現存する日本最古の和歌集。約四五〇〇首を収める。
平安時代	九〇〇頃	竹取物語（不明）	現存する日本最古の物語。物語の祖と評される。
		伊勢物語（不明）	歌人として名高かった在原業平をモデルとした歌物語。
	九〇五	古今和歌集（紀貫之ほか編）	天皇の命令で編まれた最初の和歌集。
	九三五	土佐日記（紀貫之）	ひらがなで書かれた旅日記。日本最古のかなの日記文学。
	一〇〇一頃	枕草子（清少納言）	宮仕えでの見聞や心情を記した随筆。
	一〇〇七頃	和泉式部日記（和泉式部）	作者自身の恋愛を物語調に書いた日記。
	一〇〇八頃	源氏物語（紫式部）	古典作品の代表的長編小説。主人公は光源氏という貴族。
	一〇六〇頃	更級日記（菅原孝標女）	作者自身の約四十年の人生を振り返って書かれた日記。
	一一一五頃	大鏡（不明）	藤原道長を中心とする藤原氏の光と影を描く歴史物語。
	一一二〇頃	今昔物語集（不明）	現存する最大の説話集。約一〇〇〇話から成る。

鎌倉時代	一一九〇頃	山家集（西行）	素朴ながらも深みのある歌が多く収められた個人の歌集。
	一二〇五	新古今和歌集（藤原定家ほか編）	後鳥羽上皇の命令で編まれた和歌集。
	一二一二	方丈記（鴨長明）	世の中の無常を述べた随筆。
	一二二一頃	宇治拾遺物語（不明）	今昔物語集と並ぶ代表的な説話集。
	一二四〇頃	平家物語（不明）	平家一門の興亡を語った軍記物語。
	一三三一	徒然草（兼好法師）	多種多様な事柄に対し見聞や持論を述べた随筆。
室町時代	一三七〇頃	太平記（不明）	南北朝の戦乱のありさまを伝える軍記物語。
	一四〇〇	風姿花伝（世阿弥）	能の演出や修行のあり方といった能楽論。
	一五九三	伊曾保物語（不明）	イソップ童話をローマ字で訳した寓話集。
江戸時代	一六八八	日本永代蔵（井原西鶴）	町人たちのありさまを描いた短編集。三〇話から成る。
	一六九四	おくのほそ道（松尾芭蕉）	東北・北陸から岐阜県大垣の旅を元にした俳諧紀行文作品。
	一七一五	国性爺合戦（近松門左衛門）	明と日本の混血児・和藤内が活躍する時代物浄瑠璃。
	一七七六	雨月物語（上田秋成）	中国の小説や日本の古典を素材とした怪談集。
	一八〇二	東海道中膝栗毛（十返舎一九）	弥次郎兵衛・喜多八の珍道中を描いた滑稽本。
	一八四二完結	南総里見八犬伝（滝沢馬琴）	完結まで二十八年かかった大作の読本。

明治時代	一八八七	浮雲（二葉亭四迷）	近代文学のさきがけといえる言文一致体の小説。
	一八九〇	舞姫（森鷗外）	作者自身のドイツ留学での体験をもとにした小説。
	一八九一	五重塔（幸田露伴）	二人の大工の対立を通し、人間のもつ芸術意欲を描いた小説。
	一八九五	たけくらべ（樋口一葉）	多感な年ごろの少年少女の交流を描いた小説。
	一八九七	金色夜叉（尾崎紅葉）	結婚を約束した男女の別離と、男の復讐心を描いた未完の小説。
	一九〇五	吾輩は猫である（夏目漱石）	猫を語り手にした、漱石の出世作となった長編小説。
	一九〇六	野菊の墓（伊藤左千夫）	お互いを思い合う男女を待つ、悲しい運命を描いた小説。
	一九〇六	坊っちゃん（夏目漱石）	四国の中学校教師になった青年が引き起こす騒動を描いた小説。
	一九一〇	一握の砂（石川啄木）	啄木の最初の歌集。一首三行書きが特徴的。
大正時代	一九一三	赤光（斎藤茂吉）	茂吉の最初の歌集。『万葉集』のような歌風。
	一九一三	清兵衛と瓢箪（志賀直哉）	瓢箪が好きな少年と、父や教師との対立を描いた小説。
	一九一六	高瀬舟（森鷗外）	知足の観念と安楽死の是非を問いかけた短編小説。
	一九一八	蜘蛛の糸（芥川龍之介）	人間のエゴイズムを描いた短編小説。
	一九二一	暗夜行路（志賀直哉）	苦悩する主人公の人間的成長を描いた小説。
	一九二四	注文の多い料理店（宮沢賢治）	作者の生前に出版された唯一の短編童話集。
	一九二六	伊豆の踊子（川端康成）	旅行中の青年と旅芸人の少女の淡い恋を描いた小説。

時代	年	作品（作者）	内容
昭和時代	一九二九	夜明け前（島崎藤村）	作者自身の父親をモデルとした長編小説。
	一九二九	蟹工船（小林多喜二）	過酷な環境で働く労働者が団結して雇い主と争うことを描いた小説。
	一九三五	雪国（川端康成）	温泉町を舞台に自由人と芸者の人間関係を描いた小説。
	一九三七	路傍の石（山本有三）	逆境を力強く生きぬく少年を描いた未完の長編小説。
	一九四〇	走れメロス（太宰治）	命をかけて友情を貫く青年を描いた短編小説。
	一九四二	山月記（中島敦）	虎になってしまった青年の人生を描いた小説。
	一九四三	細雪（谷崎潤一郎）	大阪船場の旧家の四姉妹の人生を描いた小説。
	一九五二	二十四の瞳（壺井栄）	先生と子どもたちの温かな関わりを描いた小説。
	一九五三	あすなろ物語（井上靖）	両親と離れて暮らす少年の成長を描いた小説。
	一九七七	ガラスのうさぎ（高木敏子）	戦時下での作者自身の体験を伝えるノンフィクション。
	一九七八	太陽の子（灰谷健次郎）	戦争が人々に与える傷を問いかける小説。
	一九八一	窓ぎわのトットちゃん（黒柳徹子）	作者自身の少女時代の体験をつづった自伝。
	一九八五	魔女の宅急便（角野栄子）	ひとり立ちの旅に出た魔女の成長物語。
平成時代	一九九六	バッテリー（あさのあつこ）	野球少年たちの友情と成長を描いた長編小説。
	二〇〇三	蹴りたい背中（綿矢りさ）	史上最年少の一九歳で芥川賞を受賞した小説。
	二〇〇七	ホームレス中学生（田村裕）	突然住む家がなくなったことからはじまる自伝。

2 六年間に習う漢字

▼小学校六年間で学ぶ漢字一〇二六字を、学年別・五十音順にまとめました。（ ）は中学校以上で習う読み、訓読みの――線は送りがなです。漢字の上に総画数を、下に部首を示しました。

1年（八〇字）

総画数	漢字	部首	音読み／訓読み	熟語
1	一	一	イチ・イツ　ひと・ひとつ	一回（いっかい）・同一（どういつ）
5	右	口	ウ・ユウ　みぎ	右折（うせつ）・左右（さゆう）
8	雨	雨	ウ　あめ・あま	雨天（うてん）・大雨（おおあめ）
4	円	冂	エン　まるい	円周（えんしゅう）・円満（えんまん）
4	王	王	オウ　―	大王（だいおう）・王位（おうい）
9	音	音	オン・（イン）　おと・ね	音楽（おんがく）・音色（ねいろ）
3	下	一	カ・ゲ　した・しも・（もと）・さげる・さがる・くだる・くだす・くださる・おろす・おりる	地下（ちか）・下水（げすい）
4	火	火	カ　ひ・（ほ）	火力（かりょく）・点火（てんか）
7	花	艹	カ　はな	開花（かいか）・草花（くさばな）
7	貝	貝	―　かい	貝類（かいるい）・貝柱（かいばしら）
8	学	子	ガク　まなぶ	学問（がくもん）・学者（がくしゃ）
6	気	气	キ・ケ　―	空気（くうき）・気配（けはい）
2	九	乙	キュウ・ク　ここの・ここのつ	九回（きゅうかい）・九日（ここのか）
6	休	亻	キュウ　やすむ・やすまる・やすめる	休日（きゅうじつ）・連休（れんきゅう）
5	玉	玉	ギョク　たま	宝玉（ほうぎょく）・水玉（みずたま）
8	金	金	キン・コン　かね・かな	金魚（きんぎょ）・金色（こんじき）
8	空	穴	クウ　そら・あく・あける・から	空気（くうき）・青空（あおぞら）
4	月	月	ゲツ・ガツ　つき	月給（げっきゅう）・月夜（つきよ）
4	犬	犬	ケン　いぬ	番犬（ばんけん）・子犬（こいぬ）
7	見	見	ケン　みる・みえる・みせる	見物（けんぶつ）・下見（したみ）
4	五	二	ゴ　いつ・いつつ	五感（ごかん）・五日（いつか）
3	口	口	コウ・ク　くち	口実（こうじつ）・口調（くちょう）
10	校	木	コウ　―	学校（がっこう）・校舎（こうしゃ）
5	左	工	サ　ひだり	左岸（さがん）・左前（ひだりまえ）
3	三	一	サン　み・みつ・みっつ	三角（さんかく）・三日（みっか）
3	山	山	サン　やま	山林（さんりん）・火山（かざん）
3	子	子	シ・ス　こ	子孫（しそん）・様子（ようす）
5	四	口	シ　よ・よつ・よっつ・よん	四角（しかく）・四回（よんかい）
6	糸	糸	シ　いと	製糸（せいし）・毛糸（けいと）
6	字	子	ジ　（あざ）	漢字（かんじ）・習字（しゅうじ）
6	耳	耳	（ジ）　みみ	耳目（じもく）・空耳（そらみみ）
2	七	一	シチ　なな・ななつ・なの	七月（しちがつ）・七草（ななくさ）
7	車	車	シャ　くるま	電車（でんしゃ）・歯車（はぐるま）
4	手	手	シュ　て・（た）	歌手（かしゅ）・手紙（てがみ）
2	十	十	ジュウ・ジッ　とお・と	十五夜（じゅうごや）・十日（とおか）
5	出	凵	シュツ・（スイ）　でる・だす	外出（がいしゅつ）・出現（しゅつげん）
3	女	女	ジョ・（ニョ）・（ニョウ）　おんな・（め）	女性（じょせい）・長女（ちょうじょ）
3	小	小	ショウ　ちいさい・こ・お	大小（だいしょう）・小型（こがた）
3	上	一	ジョウ・（ショウ）　うえ・うわ・かみ・あげる・あがる・のぼる・（のぼせる）・（のぼす）	上陸（じょうりく）・川上（かわかみ）
12	森	木	シン　もり	森林（しんりん）
2	人	人	ジン・ニン　ひと	人生（じんせい）・人情（にんじょう）
4	水	水	スイ　みず	水中（すいちゅう）・水道（すいどう）
5	正	止	セイ・ショウ　ただしい・ただす・まさ	正義（せいぎ）・正月（しょうがつ）
5	生	生	セイ・ショウ　いきる・いかす・いける・うまれる・うむ・（おう）・はえる・はやす・（き）・なま	生徒（せいと）・一生（いっしょう）
8	青	青	セイ・（ショウ）　あお・あおい	青年（せいねん）・緑青（ろくしょう）
3	夕	夕	（セキ）　ゆう	夕方（ゆうがた）・夕食（ゆうしょく）
5	石	石	セキ・シャク・（コク）　いし	石炭（せきたん）・磁石（じしゃく）
7	赤	赤	セキ・（シャク）　あか・あかい・あからむ・あからめる	赤道（せきどう）・赤飯（せきはん）
3	千	十	セン　ち	千頭（せんとう）・千草（ちぐさ）
3	川	川	（セン）　かわ	川岸（かわぎし）・河川（かせん）

総画数	漢字	部首	音読み／訓読み	熟語
6	先	儿	セン　さき	先生（せんせい）・祖先（そせん）
6	早	日	ソウ・（サッ）　はやい・はやまる・はやめる	早朝（そうちょう）・早速（さっそく）
9	草	艹	ソウ　くさ	海草（かいそう）・草木（くさき）
7	足	足	ソク　あし・たりる・たる・たす	遠足（えんそく）・足場（あしば）
7	村	木	ソン　むら	村長（そんちょう）・村人（むらびと）
3	大	大	ダイ・タイ　おお・おおきい・おおいに	大小（だいしょう）・大木（たいぼく）
7	男	田	ダン・ナン　おとこ	男子（だんし）・次男（じなん）
6	竹	竹	チク　たけ	竹林（ちくりん）・竹馬（たけうま）
4	中	丨	チュウ・ジュウ　なか	中央（ちゅうおう）・中心（ちゅうしん）
6	虫	虫	チュウ　むし	成虫（せいちゅう）・弱虫（よわむし）
7	町	田	チョウ　まち	町長（ちょうちょう）・下町（したまち）
4	天	大	テン　（あめ）・あま	天皇（てんのう）・天下り（あまくだり）
5	田	田	デン　た	水田（すいでん）・田畑（たはた）
3	土	土	ド・ト　つち	土木（どぼく）・土地（とち）
2	二	二	ニ　ふた・ふたつ	二番（にばん）・二世（にせい）
4	日	日	ニチ・ジツ　ひ・か	日曜（にちよう）・夕日（ゆうひ）
2	入	入	ニュウ　いる・いれる・はいる	入学（にゅうがく）・入選（にゅうせん）
6	年	干	ネン　とし	新年（しんねん）・年上（としうえ）
5	白	白	ハク・（ビャク）　しろ・しら・しろい	白紙（はくし）・黒白（こくびゃく）
2	八	八	ハチ　や・やつ・やっつ・よう	八時（はちじ）・八重歯（やえば）
6	百	白	ヒャク　―	百年（ひゃくねん）・百貨店（ひゃっかてん）
4	文	文	ブン・モン　（ふみ）	文明（ぶんめい）・注文（ちゅうもん）
4	木	木	ボク・モク　き・こ	木刀（ぼくとう）・木材（もくざい）
5	本	木	ホン　もと	見本（みほん）・大本（おおもと）
6	名	口	メイ・ミョウ　な	人名（じんめい）・大名（だいみょう）
5	目	目	モク・（ボク）　め・（ま）	目的（もくてき）・役目（やくめ）
5	立	立	リツ・（リュウ）　たつ・たてる	立案（りつあん）・立春（りっしゅん）
2	力	力	リョク・リキ　ちから	全力（ぜんりょく）・力作（りきさく）
8	林	木	リン　はやし	山林（さんりん）・林間（りんかん）
4	六	八	ロク　む・むつ・むっつ・むい	四六時中（しろくじちゅう）

2年（一六〇字）

総画数	漢字	部首	音読み／訓読み	熟語
4	引	弓	イン　ひく・ひける	引力（いんりょく）・引退（いんたい）
6	羽	羽	（ウ）　は・はね	羽毛（うもう）・羽根（はね）
12	雲	雨	ウン　くも	星雲（せいうん）・雨雲（あまぐも）
13	園	口	エン　（その）	公園（こうえん）・園芸（えんげい）
13	遠	辶	エン・（オン）　とおい	遠足（えんそく）・遠出（とおで）
7	何	亻	（カ）　なに・なん	何事（なにごと）・何人（なんにん）
9	科	禾	カ　―	科学（かがく）・教科（きょうか）
10	夏	夊	カ・（ゲ）　なつ	夏期（かき）・夏至（げし）
10	家	宀	カ・ケ　いえ・や	家族（かぞく）・家来（けらい）
14	歌	欠	カ　うた・うたう	歌手（かしゅ）・校歌（こうか）
8	画	田	ガ・カク　―	画家（がか）・区画（くかく）
6	回	口	カイ・（エ）　まわる・まわす	回想（かいそう）・回向（えこう）
6	会	𠆢	カイ・（エ）　あう	会議（かいぎ）・会得（えとく）
9	海	氵	カイ　うみ	海外（かいがい）・海面（かいめん）
12	絵	糸	カイ・エ　―	絵画（かいが）・絵本（えほん）
5	外	夕	ガイ・（ゲ）　そと・ほか・はずす・はずれる	外国（がいこく）・外科（げか）
7	角	角	カク　かど・つの	角度（かくど）・三角（さんかく）
13	楽	木	ガク・ラク　たのしい・たのしむ	音楽（おんがく）・楽園（らくえん）
9	活	氵	カツ　―	活動（かつどう）・生活（せいかつ）
12	間	門	カン・ケン　あいだ・ま	空間（くうかん）・人間（にんげん）
3	丸	丶	ガン　まる・まるい・まるめる	丸薬（がんやく）・丸顔（まるがお）
8	岩	山	ガン　いわ	岩石（がんせき）・岩山（いわやま）
18	顔	頁	ガン　かお	顔面（がんめん）・横顔（よこがお）
7	汽	氵	キ　―	汽車（きしゃ）・汽笛（きてき）
10	記	言	キ　しるす	記録（きろく）・日記（にっき）
10	帰	巾	キ　かえる・かえす	帰国（きこく）・帰省（きせい）

画数	漢字	部首	読み	用例
3	弓	弓	(キュウ) ゆみ	弓道(きゅうどう)・弓形(ゆみがた)
4	牛	牛	ギュウ うし	牛肉(ぎゅうにく)・乳牛(にゅうぎゅう)
11	魚	魚	ギョ うお・さかな	魚類(ぎょるい)・小魚(こざかな)
8	京	亠	キョウ・(ケイ) ―	京都(きょうと)・京浜(けいひん)
11	強	弓	キョウ・(ゴウ) つよい・つよまる・つよめる・(しいる)	勉強(べんきょう)・強引(ごういん)
11	教	攵	キョウ おしえる・おそわる	教育(きょういく)・教養(きょうよう)
7	近	辶	キン ちかい	近所(きんじょ)・接近(せっきん)
5	兄	儿	(ケイ)・キョウ あに	長兄(ちょうけい)・兄貴(あにき)
7	形	彡	ケイ・ギョウ かた・かたち	形式(けいしき)・形相(ぎょうそう)
9	計	言	ケイ はかる・はからう	計画(けいかく)・合計(ごうけい)
4	元	儿	ゲン・ガン もと	元気(げんき)・元来(がんらい)
7	言	言	ゲン・ゴン いう・こと	言語(げんご)・伝言(でんごん)
10	原	厂	ゲン はら	原因(げんいん)・野原(のはら)
4	戸	戸	コ と	戸数(こすう)・雨戸(あまど)
5	古	口	コ ふるい・ふるす	古風(こふう)・古代(こだい)
4	午	十	ゴ ―	午前(ごぜん)・正午(しょうご)
9	後	彳	ゴ・コウ のち・うしろ・あと・(おくれる)	午後(ごご)・後退(こうたい)
14	語	言	ゴ かたる・かたらう	母語(ぼご)・語句(ごく)
3	工	工	コウ・ク ―	工作(こうさく)・大工(だいく)
4	公	八	コウ (おおやけ)	公園(こうえん)・公平(こうへい)
5	広	广	コウ ひろい・ひろまる・ひろめる・ひろがる・ひろげる	広大(こうだい)・広場(ひろば)
6	交	亠	コウ まじわる・まじえる・まじる・まざる・まぜる・(かう)・(かわす)	交通(こうつう)・交流(こうりゅう)
6	光	儿	コウ ひかる・ひかり	光線(こうせん)・光景(こうけい)
6	考	耂	コウ かんがえる	思考(しこう)・考査(こうさ)
6	行	行	コウ・ギョウ・(アン) いく・ゆく・おこなう	通行(つうこう)・行政(ぎょうせい)
10	高	高	コウ たかい・たか・たかまる・たかめる	高低(こうてい)・円高(えんだか)
11	黄	黄	(コウ)・オウ き・(こ)	黄金(おうごん)・黄色(きいろ)
6	合	口	ゴウ・ガッ・カッ あう・あわす・あわせる	合格(ごうかく)・合戦(かっせん)
7	谷	谷	(コク) たに	谷間(たにま)・谷川(たにがわ)
8	国	囗	コク くに	国家(こっか)・島国(しまぐに)
11	黒	黒	コク くろ・くろい	黒板(こくばん)・暗黒(あんこく)
4	今	𠆢	コン・(キン) いま	今度(こんど)・古今(ここん)
3	才	手	サイ ―	才能(さいのう)・才知(さいち)
11	細	糸	サイ ほそい・ほそる・こまか・こまかい	細工(さいく)・細心(さいしん)
7	作	亻	サク・サ つくる	作物(さくもつ)・作業(さぎょう)
14	算	竹	サン ―	予算(よさん)・算数(さんすう)
4	止	止	シ とまる・とめる	禁止(きんし)・中止(ちゅうし)
5	市	巾	シ いち	市民(しみん)・朝市(あさいち)
5	矢	矢	(シ) や	矢印(やじるし)・弓矢(ゆみや)
8	姉	女	(シ) あね	姉妹(しまい)・長姉(ちょうし)
9	思	心	シ おもう	思案(しあん)・思想(しそう)
10	紙	糸	シ かみ	表紙(ひょうし)・厚紙(あつがみ)
6	寺	寸	ジ てら	寺院(じいん)・山寺(やまでら)
6	自	自	ジ・シ みずから	自由(じゆう)・自然(しぜん)
10	時	日	ジ とき	時刻(じこく)・時代(じだい)
9	室	宀	シツ (むろ)	教室(きょうしつ)・温室(おんしつ)
7	社	ネ	シャ やしろ	社会(しゃかい)・社運(しゃうん)
10	弱	弓	ジャク よわい・よわる・よわまる・よわめる	強弱(きょうじゃく)・気弱(きよわ)
9	首	首	シュ くび	首都(しゅと)・足首(あしくび)
9	秋	禾	シュウ あき	秋分(しゅうぶん)・秋風(あきかぜ)
11	週	辶	シュウ ―	週間(しゅうかん)・週末(しゅうまつ)
9	春	日	シュン はる	春分(しゅんぶん)・早春(そうしゅん)
10	書	曰	ショ かく	書写(しょしゃ)・書店(しょてん)
4	少	小	ショウ すくない・すこし	少数(しょうすう)・少女(しょうじょ)
12	場	土	ジョウ ば	会場(かいじょう)・場合(ばあい)
6	色	色	ショク・シキ いろ	原色(げんしょく)・色素(しきそ)
9	食	食	ショク・(ジキ) くう・(くらう)・たべる	食料(しょくりょう)・飲食(いんしょく)
4	心	心	シン こころ	心配(しんぱい)・心臓(しんぞう)
13	新	斤	シン あたらしい・あらた・にい	新聞(しんぶん)・新築(しんちく)
16	親	見	シン おや・したしい・したしむ	親友(しんゆう)・親子(おやこ)

画数	漢字	部首	読み	用例
7	図	囗	ズ・ト (はかる)	図工(ずこう)・図書(としょ)
13	数	攵	スウ・(ス) かず・かぞえる	数字(すうじ)・分数(ぶんすう)
6	西	西	セイ・サイ にし	西洋(せいよう)・東西(とうざい)
7	声	士	セイ・(ショウ) こえ・(こわ)	音声(おんせい)・歌声(うたごえ)
9	星	日	セイ・(ショウ) ほし	火星(かせい)・明星(みょうじょう)
12	晴	日	セイ はれる・はらす	晴天(せいてん)・晴雨(せいう)
4	切	刀	セツ・(サイ) きる・きれる	親切(しんせつ)・切実(せつじつ)
11	雪	雨	セツ ゆき	風雪(ふうせつ)・雪国(ゆきぐに)
11	船	舟	セン ふね・ふな	汽船(きせん)・船出(ふなで)
15	線	糸	セン —	直線(ちょくせん)・線路(せんろ)
9	前	刂	ゼン まえ	前後(ぜんご)・名前(なまえ)
11	組	糸	ソ くむ・くみ	組織(そしき)・組合(くみあい)
7	走	走	ソウ はしる	走力(そうりょく)・競走(きょうそう)
6	多	夕	タ おおい	多少(たしょう)・最多(さいた)
4	太	大	タイ・タ ふとい・ふとる	太陽(たいよう)・丸太(まるた)
7	体	亻	タイ・(テイ) からだ	体格(たいかく)・体裁(ていさい)
5	台	口	ダイ・タイ —	台地(だいち)・台風(たいふう)
6	地	土	チ・ジ —	山地(さんち)・地面(じめん)
6	池	氵	チ いけ	電池(でんち)・古池(ふるいけ)
8	知	矢	チ しる	知識(ちしき)・通知(つうち)

画数	漢字	部首	読み	用例
9	茶	艹	チャ・(サ) —	新茶(しんちゃ)・茶道(さどう)
9	昼	日	チュウ ひる	昼食(ちゅうしょく)・昼寝(ひるね)
8	長	長	チョウ ながい	成長(せいちょう)・長所(ちょうしょ)
11	鳥	鳥	チョウ とり	鳥類(ちょうるい)・小鳥(ことり)
12	朝	月	チョウ あさ	朝礼(ちょうれい)・朝晩(あさばん)
8	直	目	チョク・ジキ ただちに・なおす・なおる	直線(ちょくせん)・正直(しょうじき)
10	通	辶	ツウ・(ツ) とおる・とおす・かよう	交通(こうつう)・通信(つうしん)
7	弟	弓	(テイ)・ダイ・(デ) おとうと	子弟(してい)・兄弟(きょうだい)
8	店	广	テン みせ	商店(しょうてん)・夜店(よみせ)
9	点	灬	テン —	点火(てんか)・点検(てんけん)
13	電	雨	デン —	電気(でんき)・電流(でんりゅう)
2	刀	刀	トウ かたな	刀工(とうこう)・小刀(こがたな)
5	冬	冫	トウ ふゆ	冬眠(とうみん)・冬至(とうじ)
6	当	小	トウ あたる・あてる	当選(とうせん)・当日(とうじつ)
8	東	木	トウ ひがし	東洋(とうよう)・東側(ひがしがわ)
12	答	竹	トウ こたえる・こたえ	答案(とうあん)・応答(おうとう)
16	頭	頁	トウ・ズ・(ト) あたま・(かしら)	先頭(せんとう)・頭上(ずじょう)
6	同	口	ドウ おなじ	同情(どうじょう)・同様(どうよう)
12	道	辶	ドウ・(トウ) みち	道路(どうろ)・近道(ちかみち)
14	読	言	ドク・トク・トウ よむ	読書(どくしょ)・読本(とくほん)

画数	漢字	部首	読み	用例
4	内	入	ナイ・(ダイ) うち	内心(ないしん)・境内(けいだい)
9	南	十	ナン・(ナ) みなみ	南極(なんきょく)・南部(なんぶ)
6	肉	肉	ニク —	肉親(にくしん)・肉眼(にくがん)
10	馬	馬	バ うま・ま	馬車(ばしゃ)・馬術(ばじゅつ)
7	売	士	バイ うる・うれる	売店(ばいてん)・発売(はつばい)
12	買	貝	バイ かう	買収(ばいしゅう)・売買(ばいばい)
7	麦	麦	(バク) むぎ	麦芽(ばくが)・大麦(おおむぎ)
5	半	十	ハン なかば	半分(はんぶん)・半額(はんがく)
12	番	田	バン —	番号(ばんごう)・順番(じゅんばん)
4	父	父	フ ちち	父母(ふぼ)・父親(ちちおや)
9	風	風	フウ・(フ) かぜ・かざ	風景(ふうけい)・風上(かざかみ)
4	分	刀	ブン・フン・ブ わける・わかれる・わかる・わかつ	五分(ごふん/ごぶ)・分別(ふんべつ/ぶんべつ)
14	聞	耳	ブン・(モン) きく・きこえる	見聞(けんぶん)・新聞(しんぶん)
6	米	米	ベイ・マイ こめ	米作(べいさく)・新米(しんまい)
8	歩	止	ホ・(ブ)・(フ) あるく・あゆむ	散歩(さんぽ)・歩合(ぶあい)
5	母	母	ボ はは	母校(ぼこう)・母親(ははおや)
4	方	方	ホウ かた	方言(ほうげん)・味方(みかた)
5	北	匕	ホク きた	北極(ほっきょく)・北風(きたかぜ)
6	毎	母	マイ —	毎日(まいにち)・毎年(まいねん/まいとし)
8	妹	女	(マイ) いもうと	姉妹(しまい)・弟妹(ていまい)

総画数	漢字	部首	音読み	訓読み	熟語
3	万	一	マン・(バン)	―	万病(まんびょう)・万全(ばんぜん)
8	明	日	メイ・ミョウ	あかり・あかるい・あかるむ・あからむ・あきらか・あける・あく・あくる・あかす	発明(はつめい)・光明(こうみょう)
14	鳴	鳥	メイ	なく・なる・ならす	悲鳴(ひめい)・鳴動(めいどう)
4	毛	毛	モウ	け	毛布(もうふ)・毛糸(けいと)
8	門	門	モン	(かど)	専門(せんもん)・門出(かどで)
8	夜	夕	ヤ	よ・よる	夜間(やかん)・夜風(よかぜ)
11	野	里	ヤ	の	広野(こうや)・野原(のはら)
4	友	又	ユウ	とも	親友(しんゆう)・友好(ゆうこう)
5	用	用	ヨウ	もちいる	用意(ようい)・用紙(ようし)
18	曜	日	ヨウ	―	月曜(げつよう)・曜日(ようび)
7	来	木	ライ	くる・(きたる)・(きたす)	来客(らいきゃく)・来年(らいねん)
7	里	里	リ	さと	一里(いちり)・山里(やまざと)
11	理	王	リ	―	理想(りそう)・無理(むり)
13	話	言	ワ	はなす・はなし	電話(でんわ)・話術(わじゅつ)

3年（二〇〇字）

総画数	漢字	部首	音読み	訓読み	熟語
11	悪	心	アク・(オ)	わるい	悪人(あくにん)・悪夢(あくむ)
6	安	宀	アン	やすい	安全(あんぜん)・安物(やすもの)
13	暗	日	アン	くらい	明暗(めいあん)・暗記(あんき)
7	医	匚	イ	―	医師(いし)・医院(いいん)
8	委	女	イ	ゆだねる	委員(いいん)・委任(いにん)
13	意	心	イ	―	意志(いし)・意味(いみ)
8	育	肉	イク	そだつ・そだてる・はぐくむ	育児(いくじ)・育成(いくせい)
10	員	口	イン	―	議員(ぎいん)・社員(しゃいん)
10	院	阝	イン	―	院長(いんちょう)・病院(びょういん)
12	飲	食	イン	のむ	飲食(いんしょく)・飲酒(いんしゅ)
12	運	辶	ウン	はこぶ	運動(うんどう)・運営(うんえい)
8	泳	氵	エイ	およぐ	水泳(すいえい)・遠泳(えんえい)
14	駅	馬	エキ	―	駅長(えきちょう)・駅伝(えきでん)
5	央	大	オウ	―	中央(ちゅうおう)
15	横	木	オウ	よこ	横断(おうだん)・横道(よこみち)
9	屋	尸	オク	や	家屋(かおく)・屋根(やね)
12	温	氵	オン	あたたか・あたたかい・あたたまる・あたためる	温度(おんど)・温厚(おんこう)
4	化	匕	カ・(ケ)	ばける・ばかす	文化(ぶんか)・化身(けしん)
10	荷	艹	(カ)	に	入荷(にゅうか)・荷物(にもつ)
9	界	田	カイ	―	世界(せかい)・限界(げんかい)
12	開	門	カイ	ひらく・ひらける・あく・あける	開会(かいかい)・開放(かいほう)
12	階	阝	カイ	―	階段(かいだん)・階級(かいきゅう)
12	寒	宀	カン	さむい	寒帯(かんたい)・防寒(ぼうかん)
13	感	心	カン	―	感想(かんそう)・感情(かんじょう)
13	漢	氵	カン	―	漢字(かんじ)・漢方(かんぽう)
16	館	食	カン	やかた	館内(かんない)・会館(かいかん)
8	岸	山	ガン	きし	海岸(かいがん)・岸辺(きしべ)
10	起	走	キ	おきる・おこる・おこす	起用(きよう)・起立(きりつ)
12	期	月	キ・(ゴ)	―	期間(きかん)・最期(さいご)
9	客	宀	キャク・(カク)	―	客間(きゃくま)・旅客(りょかく)
7	究	穴	キュウ	(きわめる)	研究(けんきゅう)・究明(きゅうめい)
9	急	心	キュウ	いそぐ	急所(きゅうしょ)・至急(しきゅう)
9	級	糸	キュウ	―	級友(きゅうゆう)・進級(しんきゅう)
10	宮	宀	キュウ・(グウ)・(ク)	みや	宮中(きゅうちゅう)・宮司(ぐうじ)
11	球	王	キュウ	たま	地球(ちきゅう)・野球(やきゅう)
5	去	ム	キョ・コ	さる	去年(きょねん)・過去(かこ)
16	橋	木	キョウ	はし	鉄橋(てっきょう)・石橋(いしばし)

漢字	画数	部首	音読み	訓読み	用例
業	13	木	ギョウ・（ゴウ）	（わざ）	商業（しょうぎょう）・職業（しょくぎょう）
曲	6	曰	キョク	まがる・まげる	作曲（さっきょく）・曲芸（きょくげい）
局	7	尸	キョク	—	結局（けっきょく）・薬局（やっきょく）
銀	14	金	ギン	—	銀行（ぎんこう）・銀河（ぎんが）
区	4	匸	ク	—	区域（くいき）・学区（がっく）
苦	8	艹	ク	くるしい・くるしむ・くるしめる・にがい・にがる	苦労（くろう）・苦手（にがて）
具	8	八	グ	—	道具（どうぐ）・具体的（ぐたいてき）
君	7	口	クン	きみ	君主（くんしゅ）・君子（くんし）
係	9	亻	ケイ	かかる・かかり	関係（かんけい）・係争（けいそう）
軽	12	車	ケイ	かるい・（かろやか）	軽量（けいりょう）・手軽（てがる）
血	6	血	ケツ	ち	血液（けつえき）・鼻血（はなぢ）
決	7	氵	ケツ	きめる・きまる	決心（けっしん）・決勝（けっしょう）
研	9	石	ケン	（とぐ）	研究（けんきゅう）・研修（けんしゅう）
県	9	目	ケン	—	県庁（けんちょう）・県民（けんみん）
庫	10	广	コ・（ク）	—	金庫（きんこ）・文庫（ぶんこ）
湖	12	氵	コ	みずうみ	湖水（こすい）・湖岸（こがん）
向	6	口	コウ	むく・むける・むかう・むこう	向上（こうじょう）・方向（ほうこう）
幸	8	干	コウ	さいわい・（さち）・しあわせ	幸福（こうふく）・幸運（こううん）
港	12	氵	コウ	みなと	漁港（ぎょこう）・開港（かいこう）
号	5	口	ゴウ	—	号令（ごうれい）・信号（しんごう）

漢字	画数	部首	音読み	訓読み	用例
根	10	木	コン	ね	根本（こんぽん）・屋根（やね）
祭	11	示	サイ	まつる・まつり	祭典（さいてん）・祭日（さいじつ）
皿	5	皿	—	さら	灰皿（はいざら）・絵皿（えざら）
仕	5	亻	シ・（ジ）	つかえる	仕方（しかた）・給仕（きゅうじ）
死	6	歹	シ	しぬ	生死（せいし）・死後（しご）
使	8	亻	シ	つかう	使用（しよう）・使命（しめい）
始	8	女	シ	はじめる・はじまる	終始（しゅうし）・始発（しはつ）
指	9	扌	シ	ゆび・さす	指導（しどう）・指図（さしず）
歯	12	歯	シ	は	歯科（しか）・前歯（まえば）
詩	13	言	シ	—	詩集（ししゅう）・詩人（しじん）
次	6	欠	ジ・（シ）	つぐ・つぎ	次回（じかい）・次第（しだい）
事	8	亅	ジ・（ズ）	こと	事件（じけん）・仕事（しごと）
持	9	扌	ジ	もつ	持参（じさん）・支持（しじ）
式	6	弋	シキ	—	式場（しきじょう）・和式（わしき）
実	8	宀	ジツ	み・みのる	実力（じつりょく）・実行（じっこう）
写	5	冖	シャ	うつす・うつる	写生（しゃせい）・写実（しゃじつ）
者	8	耂	シャ	もの	医者（いしゃ）・若者（わかもの）
主	5	丶	シュ・（ス）	ぬし・おも	君主（くんしゅ）・地主（じぬし）
守	6	宀	シュ・ス	まもる・（もり）	守備（しゅび）・留守（るす）
取	8	又	シュ	とる	取材（しゅざい）・取捨（しゅしゃ）

漢字	画数	部首	音読み	訓読み	用例
酒	10	酉	シュ	さけ・さか	飲酒（いんしゅ）・酒屋（さかや）
受	8	又	ジュ	うける・うかる	受験（じゅけん）・受信（じゅしん）
州	6	川	シュウ	（す）	本州（ほんしゅう）・三角州（さんかくす）
拾	9	扌	（シュウ）・（ジュウ）	ひろう	拾得（しゅうとく）・収拾（しゅうしゅう）
終	11	糸	シュウ	おわる・おえる	終点（しゅうてん）・終結（しゅうけつ）
習	11	羽	シュウ	ならう	習慣（しゅうかん）・学習（がくしゅう）
集	12	隹	シュウ	あつまる・あつめる・（つどう）	集合（しゅうごう）・集金（しゅうきん）
住	7	亻	ジュウ	すむ・すまう	住居（じゅうきょ）・住民（じゅうみん）
重	9	里	ジュウ・チョウ	え・おもい・かさねる・かさなる	重量（じゅうりょう）・重宝（ちょうほう）
宿	11	宀	シュク	やど・やどる・やどす	宿題（しゅくだい）・宿屋（やどや）
所	8	戸	ショ	ところ	所有（しょゆう）・住所（じゅうしょ）
暑	12	日	ショ	あつい	残暑（ざんしょ）・暑中（しょちゅう）
助	7	力	ジョ	たすける・たすかる・（すけ）	助手（じょしゅ）・救助（きゅうじょ）
昭	9	日	ショウ	—	昭和（しょうわ）
消	10	氵	ショウ	きえる・けす	消防（しょうぼう）・消化（しょうか）
商	11	口	ショウ	（あきなう）	商人（しょうにん）・商売（しょうばい）
章	11	立	ショウ	—	文章（ぶんしょう）・腕章（わんしょう）
勝	12	力	ショウ	かつ・（まさる）	勝負（しょうぶ）・勝利（しょうり）
乗	9	ノ	ジョウ	のる・のせる	乗客（じょうきゃく）・乗車（じょうしゃ）
植	12	木	ショク	うえる・うわる	植林（しょくりん）・植物（しょくぶつ）

画数	漢字	部首	音読み	訓読み	用例
5	申	田	(シン)	もうす	申告(しんこく)・申請(しんせい)
7	身	身	シン	み	身体(しんたい)・身内(みうち)
9	神	ネ	シン・ジン	かみ・(かん)・(こう)	精神(せいしん)・神社(じんじゃ)
10	真	目	シン	ま	真理(しんり)・真空(しんくう)
11	深	氵	シン	ふかい・ふかまる・ふかめる	深刻(しんこく)・深夜(しんや)
11	進	辶	シン	すすむ・すすめる	進歩(しんぽ)・進行(しんこう)
5	世	一	セイ・セ	よ	世界(せかい)・世紀(せいき)
16	整	攵	セイ	ととのえる・ととのう	整理(せいり)・整列(せいれつ)
8	昔	日	(セキ)・(シャク)	むかし	昔日(せきじつ)・昔話(むかしばなし)
6	全	入	ゼン	まったく・すべて	全体(ぜんたい)・全快(ぜんかい)
9	相	目	ソウ・(ショウ)	あい	相談(そうだん)・相手(あいて)
9	送	辶	ソウ	おくる	放送(ほうそう)・郵送(ゆうそう)
13	想	心	ソウ・(ソ)	—	想像(そうぞう)・感想(かんそう)
10	息	心	ソク	いき	休息(きゅうそく)・消息(しょうそく)
10	速	辶	ソク	はやい・はやめる・はやまる・(すみやか)	速度(そくど)・急速(きゅうそく)
11	族	方	ゾク	—	民族(みんぞく)・家族(かぞく)
5	他	亻	タ	ほか	他人(たにん)・他方(たほう)
5	打	扌	ダ	うつ	打開(だかい)・投打(とうだ)
7	対	寸	タイ・(ツイ)	—	対策(たいさく)・一対(いっつい)
9	待	彳	タイ	まつ	待機(たいき)・招待(しょうたい)

画数	漢字	部首	音読み	訓読み	用例
5	代	亻	ダイ・タイ	かわる・かえる・よ・(しろ)	代表(だいひょう)・交代(こうたい)
11	第	⺮	ダイ	—	第一(だいいち)・次第(しだい)
18	題	頁	ダイ	—	主題(しゅだい)・問題(もんだい)
9	炭	火	タン	すみ	石炭(せきたん)・炭火(すみび)
12	短	矢	タン	みじかい	短所(たんしょ)・長短(ちょうたん)
15	談	言	ダン	—	会談(かいだん)・談話(だんわ)
12	着	羊	チャク・(ジャク)	きる・きせる・つく・つける	着席(ちゃくせき)・到着(とうちゃく)
8	注	氵	チュウ	そそぐ	注意(ちゅうい)・注文(ちゅうもん)
9	柱	木	チュウ	はしら	電柱(でんちゅう)・支柱(しちゅう)
2	丁	一	チョウ・(テイ)	—	包丁(ほうちょう)・丁寧(ていねい)
11	帳	巾	チョウ	—	帳面(ちょうめん)・手帳(てちょう)
15	調	言	チョウ	しらべる・(ととのう)・(ととのえる)	調節(ちょうせつ)・調査(ちょうさ)
9	追	辶	ツイ	おう	追加(ついか)・追放(ついほう)
8	定	宀	テイ・ジョウ	さだめる・さだまる・(さだか)	定期(ていき)・定規(じょうぎ)
10	庭	广	テイ	にわ	庭園(ていえん)・庭先(にわさき)
11	笛	⺮	テキ	ふえ	汽笛(きてき)・草笛(くさぶえ)
13	鉄	金	テツ	—	鉄器(てっき)・鉄道(てつどう)
11	転	車	テン	ころがる・ころげる・ころがす・ころぶ	転校(てんこう)・逆転(ぎゃくてん)
11	都	阝	ト・ツ	みやこ	都市(とし)・都合(つごう)
9	度	广	ド・(ト)・(タク)	(たび)	度量(どりょう)・支度(したく)

画数	漢字	部首	音読み	訓読み	用例
7	投	扌	トウ	なげる	投手(とうしゅ)・投書(とうしょ)
7	豆	豆	トウ・ズ	まめ	豆乳(とうにゅう)・大豆(だいず)
10	島	山	トウ	しま	半島(はんとう)・島国(しまぐに)
12	湯	氵	トウ	ゆ	熱湯(ねっとう)・湯気(ゆげ)
12	登	癶	トウ・ト	のぼる	登校(とうこう)・登山(とざん)
12	等	⺮	トウ	ひとしい	上等(じょうとう)・等分(とうぶん)
11	動	力	ドウ	うごく・うごかす	動作(どうさ)・運動(うんどう)
12	童	立	ドウ	(わらべ)	童話(どうわ)・童歌(わらべうた)
13	農	辰	ノウ	—	農家(のうか)・農業(のうぎょう)
8	波	氵	ハ	なみ	電波(でんぱ)・波風(なみかぜ)
10	配	酉	ハイ	くばる	配達(はいたつ)・支配(しはい)
10	倍	亻	バイ	—	倍額(ばいがく)・倍増(ばいぞう)
15	箱	⺮	—	はこ	筆箱(ふでばこ)・重箱(じゅうばこ)
9	畑	田	—	はた・はたけ	畑作(はたさく)・麦畑(むぎばたけ)
9	発	癶	ハツ・(ホツ)	—	発育(はついく)・発作(ほっさ)
4	反	又	ハン・(ホン)・(タン)	そる・そらす	反対(はんたい)・反物(たんもの)
7	坂	土	(ハン)	さか	急坂(きゅうはん)・坂道(さかみち)
8	板	木	ハン・バン	いた	鉄板(てっぱん)・黒板(こくばん)
5	皮	皮	ヒ	かわ	皮肉(ひにく)・毛皮(けがわ)
12	悲	心	ヒ	かなしい・かなしむ	悲運(ひうん)・悲報(ひほう)

総画数	漢字	部首	音読み／訓読み	熟語
9	美	羊	ビ　うつくしい	美術（びじゅつ）・美点（びてん）
14	鼻	鼻	（ビ）　はな	耳鼻科（じびか）・鼻血（はなぢ）
12	筆	⺮	ヒツ　ふで	筆記（ひっき）・筆先（ふでさき）
5	氷	水	ヒョウ　こおり・（ひ）	氷河（ひょうが）・氷雨（ひさめ）
8	表	衣	ヒョウ　おもて・あらわす・あらわれる	表面（ひょうめん）・裏表（うらおもて）
9	秒	禾	ビョウ　―	秒速（びょうそく）・秒針（びょうしん）
10	病	疒	ビョウ・（ヘイ）　（やむ）・やまい	病気（びょうき）・病院（びょういん）
9	品	口	ヒン　しな	商品（しょうひん）・品物（しなもの）
9	負	貝	フ　まける・まかす・おう	勝負（しょうぶ）・背負う（せおう）
11	部	阝	ブ　―	部分（ぶぶん）・部品（ぶひん）
8	服	月	フク　―	服用（ふくよう）・洋服（ようふく）
13	福	ネ	フク　―	福利（ふくり）・幸福（こうふく）
8	物	牛	ブツ・モツ　もの	動物（どうぶつ）・荷物（にもつ）
5	平	干	ヘイ・ビョウ　たいら・ひら	平和（へいわ）・平等（びょうどう）
7	返	辶	ヘン　かえす・かえる	返事（へんじ）・返信（へんしん）
10	勉	力	ベン　―	勉強（べんきょう）・勤勉（きんべん）
8	放	攵	ホウ　はなす・はなつ・はなれる・ほうる	放送（ほうそう）・解放（かいほう）
8	味	口	ミ　あじ・あじわう	味方（みかた）・味見（あじみ）
8	命	口	メイ・（ミョウ）　いのち	運命（うんめい）・寿命（じゅみょう）
9	面	面	メン　（おも）・（おもて）・（つら）	面接（めんせつ）・面影（おもかげ）

総画数	漢字	部首	音読み／訓読み	熟語
11	問	口	モン　とう・とい・とん	質問（しつもん）・問屋（とんや）
7	役	彳	ヤク・（エキ）　―	役人（やくにん）・現役（げんえき）
16	薬	⺾	ヤク　くすり	薬品（やくひん）・薬指（くすりゆび）
5	由	田	ユ・ユウ・（ユイ）　（よし）	由来（ゆらい）・理由（りゆう）
8	油	氵	ユ　あぶら	石油（せきゆ）・油絵（あぶらえ）
6	有	月	ユウ・（ウ）　ある	有名（ゆうめい）・有無（うむ）
12	遊	辶	ユウ・（ユ）　あそぶ	遊覧（ゆうらん）・遊具（ゆうぐ）
4	予	亅	ヨ　―	予定（よてい）・予防（よぼう）
6	羊	羊	ヨウ　ひつじ	羊毛（ようもう）・綿羊（めんよう）
9	洋	氵	ヨウ　―	海洋（かいよう）・洋画（ようが）
12	葉	⺾	ヨウ　は	葉脈（ようみゃく）・落葉（らくよう）
12	陽	阝	ヨウ　―	太陽（たいよう）・陽性（ようせい）
14	様	木	ヨウ　さま	様子（ようす）・様式（ようしき）
12	落	⺾	ラク　おちる・おとす	下落（げらく）・落選（らくせん）
10	流	氵	リュウ・（ル）　ながれる・ながす	水流（すいりゅう）・流転（るてん）
10	旅	方	リョ　たび	旅行（りょこう）・船旅（ふなたび）
6	両	一	リョウ　―	両親（りょうしん）・両側（りょうがわ）
14	緑	糸	リョク・（ロク）　みどり	緑地（りょくち）・緑青（ろくしょう）
5	礼	ネ	レイ・（ライ）　―	礼状（れいじょう）・礼儀（れいぎ）
6	列	刂	レツ　―	列車（れっしゃ）・配列（はいれつ）

総画数	漢字	部首	音読み／訓読み	熟語
14	練	糸	レン　ねる	練習（れんしゅう）・訓練（くんれん）
13	路	足	ロ　じ	通路（つうろ）・旅路（たびじ）
8	和	口	ワ・（オ）　（やわらぐ）・（やわらげる）・（なごむ）・（なごやか）	平和（へいわ）・和尚（おしょう）

4年（二〇二字）

総画数	漢字	部首	音読み／訓読み	熟語
13	愛	心	アイ　―	愛犬（あいけん）・愛情（あいじょう）
10	案	木	アン　―	案内（あんない）・図案（ずあん）
5	以	人	イ　―	以後（いご）・以前（いぜん）
6	衣	衣	イ　（ころも）	衣服（いふく）・衣料（いりょう）
7	位	亻	イ　くらい	位置（いち）・単位（たんい）
9	茨	⺾	―　いばら	茨城（いばらき）・野茨（のいばら）
6	印	卩	イン　しるし	印刷（いんさつ）・目印（めじるし）
8	英	⺾	エイ　―	英語（えいご）・英雄（えいゆう）
9	栄	木	エイ　さかえる・（はえ）・（はえる）	栄養（えいよう）・光栄（こうえい）
12	媛	女	（エン）　―	才媛（さいえん）・愛媛（えひめ）
13	塩	土	エン　しお	塩分（えんぶん）・食塩（しょくえん）
8	岡	山	―　おか	岡山（おかやま）・福岡（ふくおか）
15	億	亻	オク　―	一億（いちおく）

画数	漢字	部首	音読み	訓読み	用例
5	加	力	カ	くわえる・くわわる	加工（かこう）・追加（ついか）
8	果	木	カ	はたす・はてる・はて	果実（かじつ）・成果（せいか）
11	貨	貝	カ	—	貨車（かしゃ）・貨物（かもつ）
15	課	言	カ	—	課税（かぜい）・日課（にっか）
8	芽	艹	ガ	め	発芽（はつが）・新芽（しんめ）
12	賀	貝	ガ	—	年賀（ねんが）・賀正（がしょう）
7	改	攵	カイ	あらためる・あらたまる	改革（かいかく）・改良（かいりょう）
11	械	木	カイ	—	機械（きかい）・器械（きかい）
10	害	宀	ガイ	—	利害（りがい）・公害（こうがい）
12	街	行	ガイ・（カイ）	まち	街灯（がいとう）・街角（まちかど）
6	各	口	カク	（おのおの）	各自（かくじ）・各地（かくち）
12	覚	見	カク	おぼえる・さます・さめる	自覚（じかく）・覚悟（かくご）
15	潟	氵	—	かた	干潟（ひがた）・新潟（にいがた）
7	完	宀	カン	—	完成（かんせい）・完全（かんぜん）
8	官	宀	カン	—	官庁（かんちょう）・長官（ちょうかん）
14	管	⺮	カン	くだ	血管（けっかん）・管理（かんり）
14	関	門	カン	せき・かかわる	関係（かんけい）・関所（せきしょ）
18	観	見	カン	—	観光（かんこう）・参観（さんかん）
19	願	頁	ガン	ねがう	念願（ねんがん）・願書（がんしょ）
7	岐	山	（キ）	—	分岐（ぶんき）・多岐（たき）

画数	漢字	部首	音読み	訓読み	用例
7	希	巾	キ	—	希望（きぼう）・希少（きしょう）
8	季	子	キ	—	季節（きせつ）・四季（しき）
14	旗	方	キ	はた	国旗（こっき）・手旗（てばた）
15	器	口	キ	（うつわ）	器具（きぐ）・容器（ようき）
16	機	木	キ	（はた）	危機（きき）・機会（きかい）
20	議	言	ギ	—	議会（ぎかい）・議題（ぎだい）
7	求	水	キュウ	もとめる	要求（ようきゅう）・請求（せいきゅう）
8	泣	氵	（キュウ）	なく	感泣（かんきゅう）・号泣（ごうきゅう）
12	給	糸	キュウ	—	給食（きゅうしょく）・給料（きゅうりょう）
10	挙	手	キョ	あげる・あがる	挙手（きょしゅ）・選挙（せんきょ）
14	漁	氵	ギョ・リョウ	—	漁船（ぎょせん）・大漁（たいりょう）
6	共	八	キョウ	とも	共同（きょうどう）・公共（こうきょう）
8	協	十	キョウ	—	協会（きょうかい）・協議（きょうぎ）
19	鏡	金	キョウ	かがみ	望遠鏡（ぼうえんきょう）・鏡台（きょうだい）
20	競	立	キョウ・ケイ	（きそう）・（せる）	競走（きょうそう）・競馬（けいば）
12	極	木	キョク・（ゴク）	（きわめる）・（きわまる）・（きわみ）	北極（ほっきょく）・極楽（ごくらく）
14	熊	灬	—	くま	熊手（くまで）・白熊（しろくま）
10	訓	言	クン	—	訓練（くんれん）・教訓（きょうくん）
9	軍	車	グン	—	軍備（ぐんび）・大軍（たいぐん）
10	郡	阝	グン	—	郡部（ぐんぶ）・郡司（ぐんじ）

画数	漢字	部首	音読み	訓読み	用例
13	群	羊	グン	むれる・むれ・むら	群衆（ぐんしゅう）・群生（ぐんせい）
8	径	彳	ケイ	—	直径（ちょっけい）・半径（はんけい）
12	景	日	ケイ	—	光景（こうけい）・絶景（ぜっけい）
7	芸	艹	ゲイ	—	芸術（げいじゅつ）・学芸（がくげい）
4	欠	欠	ケツ	かける・かく	欠席（けっせき）・出欠（しゅっけつ）
12	結	糸	ケツ	むすぶ・（ゆう）・（ゆわえる）	結合（けつごう）・結果（けっか）
9	建	廴	ケン・（コン）	たてる・たつ	建設（けんせつ）・建立（こんりゅう）
11	健	亻	ケン	（すこやか）	健在（けんざい）・健全（けんぜん）
18	験	馬	ケン・（ゲン）	—	試験（しけん）・体験（たいけん）
8	固	口	コ	かためる・かたまる・かたい	固体（こたい）・固定（こてい）
5	功	力	コウ・（ク）	—	功績（こうせき）・功徳（くどく）
6	好	女	コウ	このむ・すく	好物（こうぶつ）・好評（こうひょう）
9	香	香	（コウ）・（キョウ）	か・かおり・かおる	線香（せんこう）・香川（かがわ）
10	候	亻	コウ	（そうろう）	気候（きこう）・候補（こうほ）
11	康	广	コウ	—	健康（けんこう）・小康（しょうこう）
7	佐	亻	サ	—	大佐（たいさ）・土佐（とさ）
10	差	工	サ	さす	差別（さべつ）・時差（じさ）
11	菜	艹	サイ	な	野菜（やさい）・菜食（さいしょく）
12	最	日	サイ	もっとも	最高（さいこう）・最近（さいきん）
11	埼	土	—	さい	埼玉（さいたま）

画数	漢字	部首	音読み・訓読み	用例
7	材	木	ザイ —	材木(ざいもく)・取材(しゅざい)
11	崎	山	— さき	長崎(ながさき)・宮崎(みやざき)
9	昨	日	サク —	昨夜(さくや)・昨年(さくねん)
5	札	木	サツ ふだ	表札(ひょうさつ)・名札(なふだ)
8	刷	刂	サツ する	印刷(いんさつ)・刷新(さっしん)
14	察	宀	サツ —	警察(けいさつ)・観察(かんさつ)
8	参	ム	サン まいる	参考(さんこう)・参加(さんか)
11	産	生	サン うむ・うまれる・(うぶ)	生産(せいさん)・出産(しゅっさん)
12	散	攵	サン ちる・ちらす・ちらかす・ちらかる	散歩(さんぽ)・解散(かいさん)
10	残	歹	ザン のこる・のこす	残念(ざんねん)・残額(ざんがく)
4	氏	氏	シ (うじ)	氏名(しめい)・氏神(うじがみ)
5	司	口	シ —	司会(しかい)・上司(じょうし)
13	試	言	シ こころみる・(ためす)	試合(しあい)・試験(しけん)
7	児	儿	ジ・(ニ) —	児童(じどう)・小児科(しょうにか)
8	治	氵	ジ・チ おさめる・おさまる・なおる・なおす	政治(せいじ)・自治(じち)
12	滋	氵	(ジ) —	滋賀(しが)・滋養(じよう)
13	辞	辛	ジ (やめる)	辞典(じてん)・辞表(じひょう)
11	鹿	鹿	— しか・か	子鹿(こじか)・鹿児島(かごしま)
5	失	大	シツ うしなう	失敗(しっぱい)・失望(しつぼう)
10	借	亻	シャク かりる	借用(しゃくよう)・借金(しゃっきん)

画数	漢字	部首	音読み・訓読み	用例
14	種	禾	シュ たね	種子(しゅし)・人種(じんしゅ)
8	周	口	シュウ まわり	周囲(しゅうい)・周辺(しゅうへん)
9	祝	ネ	シュク・(シュウ) いわう	祝日(しゅくじつ)・祝福(しゅくふく)
12	順	頁	ジュン —	順序(じゅんじょ)・順調(じゅんちょう)
7	初	刀	ショ はじめ・はじめて・はつ・(うい)・(そめる)	最初(さいしょ)・初雪(はつゆき)
8	松	木	ショウ まつ	松竹梅(しょうちくばい)・門松(かどまつ)
10	笑	⺮	(ショウ) わらう・(えむ)	談笑(だんしょう)・苦笑(くしょう)
11	唱	口	ショウ となえる	独唱(どくしょう)・合唱(がっしょう)
12	焼	火	(ショウ) やく・やける	燃焼(ねんしょう)・焼失(しょうしつ)
13	照	灬	ショウ てる・てらす・てれる	照明(しょうめい)・参照(さんしょう)
9	城	土	ジョウ しろ	城主(じょうしゅ)・根城(ねじろ)
15	縄	糸	(ジョウ) なわ	縄文時代(じょうもんじだい)・沖縄(おきなわ)
7	臣	臣	シン・ジン —	家臣(かしん)・大臣(だいじん)
9	信	亻	シン —	信念(しんねん)・信用(しんよう)
4	井	二	(セイ)・(ショウ) い	天井(てんじょう)・井戸(いど)
6	成	戈	セイ・(ジョウ) なる・なす	成功(せいこう)・成就(じょうじゅ)
9	省	目	セイ・ショウ (かえりみる)・はぶく	反省(はんせい)・省略(しょうりゃく)
11	清	氵	セイ・(ショウ) きよい・きよまる・きよめる	清書(せいしょ)・清潔(せいけつ)
14	静	青	セイ・(ジョウ) しず・しずか・しずまる・しずめる	安静(あんせい)・静脈(じょうみゃく)
10	席	巾	セキ —	出席(しゅっせき)・首席(しゅせき)

画数	漢字	部首	音読み・訓読み	用例
16	積	禾	セキ つむ・つもる	積雪(せきせつ)・積極的(せっきょくてき)
7	折	扌	セツ おる・おり・おれる	骨折(こっせつ)・左折(させつ)
13	節	⺮	セツ・(セチ) ふし	節約(せつやく)・節目(ふしめ)
14	説	言	セツ・(ゼイ) とく	説明(せつめい)・遊説(ゆうぜい)
9	浅	氵	(セン) あさい	浅海(せんかい)・遠浅(とおあさ)
13	戦	戈	セン (いくさ)・たたかう	戦争(せんそう)・敗戦(はいせん)
15	選	辶	セン えらぶ	選挙(せんきょ)・選出(せんしゅつ)
12	然	灬	ゼン・ネン —	当然(とうぜん)・天然(てんねん)
6	争	亅	ソウ あらそう	論争(ろんそう)・争議(そうぎ)
10	倉	人	ソウ くら	倉庫(そうこ)・米倉(こめぐら)
11	巣	⺍	(ソウ) す	卵巣(らんそう)・巣箱(すばこ)
7	束	木	ソク たば	約束(やくそく)・札束(さつたば)
11	側	亻	ソク がわ	側面(そくめん)・左側(ひだりがわ)
13	続	糸	ゾク つづく・つづける	続行(ぞっこう)・連続(れんぞく)
8	卒	十	ソツ —	卒業(そつぎょう)・新卒(しんそつ)
10	孫	子	ソン まご	子孫(しそん)・孫娘(まごむすめ)
10	帯	巾	タイ おびる・おび	地帯(ちたい)・連帯(れんたい)
12	隊	阝	タイ —	軍隊(ぐんたい)・隊員(たいいん)
12	達	辶	タツ —	達成(たっせい)・上達(じょうたつ)
9	単	⺍	タン —	単行本(たんこうぼん)・単調(たんちょう)

画数	漢字	部首	読み	用例
13	置	罒	チ　おく	配置（はいち）・安置（あんち）
6	仲	亻	（チュウ）　なか	仲裁（ちゅうさい）・仲間（なかま）
7	沖	氵	（チュウ）　おき	沖天（ちゅうてん）・沖合（おきあい）
6	兆	儿	チョウ　（きざす）・（きざし）	前兆（ぜんちょう）・吉兆（きっちょう）
7	低	亻	テイ　ひくい・ひくめる・ひくまる	低地（ていち）・低下（ていか）
8	底	广	テイ　そこ	底辺（ていへん）・海底（かいてい）
8	的	白	テキ　まと	目的（もくてき）・的中（てきちゅう）
8	典	八	テン　―	辞典（じてん）・式典（しきてん）
6	伝	亻	デン　つたわる・つたえる・つたう	伝記（でんき）・駅伝（えきでん）
10	徒	彳	ト　―	生徒（せいと）・徒歩（とほ）
7	努	力	ド　つとめる	努力（どりょく）
6	灯	火	トウ　（ひ）	灯台（とうだい）・消灯（しょうとう）
13	働	亻	ドウ　はたらく	労働（ろうどう）・実働（じつどう）
10	特	牛	トク　―	特別（とくべつ）・特技（とくぎ）
14	徳	彳	トク　―	人徳（じんとく）・道徳（どうとく）
9	栃	木	―　とち	栃木（とちぎ）・栃の実（とちのみ）
8	奈	大	ナ　―	奈良（なら）・奈落（ならく）
11	梨	木	―　なし	山梨（やまなし）・洋梨（ようなし）
15	熱	灬	ネツ　あつい	熱意（ねつい）・熱帯（ねったい）
8	念	心	ネン　―	記念（きねん）・念願（ねんがん）
11	敗	攵	ハイ　やぶれる	敗北（はいぼく）・勝敗（しょうはい）
10	梅	木	バイ　うめ	梅林（ばいりん）・紅梅（こうばい）
12	博	十	ハク・（バク）　―	博物館（はくぶつかん）・博学（はくがく）
7	阪	阝	（ハン）　―	阪神（はんしん）・京阪（けいはん）
12	飯	食	ハン　めし	夕飯（ゆうはん）・朝飯前（あさめしまえ）
9	飛	飛	ヒ　とぶ・とばす	飛行（ひこう）・飛来（ひらい）
5	必	心	ヒツ　かならず	必要（ひつよう）・必死（ひっし）
11	票	示	ヒョウ　―	投票（とうひょう）・伝票（でんぴょう）
15	標	木	ヒョウ　―	標準（ひょうじゅん）・目標（もくひょう）
4	不	一	フ・ブ　―	不便（ふべん）・不精（ぶしょう）
4	夫	大	フ・（フウ）　おっと	夫妻（ふさい）・工夫（くふう）
5	付	亻	フ　つける・つく	付近（ふきん）・付録（ふろく）
8	府	广	フ　―	府知事（ふちじ）・政府（せいふ）
8	阜	阜	フ　―	岐阜（ぎふ）
12	富	宀	フ・（フウ）　とむ・とみ	豊富（ほうふ）・富貴（ふうき）
11	副	刂	フク　―	副業（ふくぎょう）・副食（ふくしょく）
7	兵	八	ヘイ・ヒョウ　―	兵器（へいき）・兵庫（ひょうご）
7	別	刂	ベツ　わかれる	特別（とくべつ）・区別（くべつ）
5	辺	辶	ヘン　あたり・べ	周辺（しゅうへん）・海辺（うみべ）
9	変	夊	ヘン　かわる・かえる	変化（へんか）・変動（へんどう）
9	便	亻	ベン・ビン　たより	便利（べんり）・便乗（びんじょう）
5	包	勹	ホウ　つつむ	包囲（ほうい）・小包（こづつみ）
8	法	氵	ホウ・（ハッ）・（ホッ）　―	法律（ほうりつ）・法則（ほうそく）
11	望	月	ボウ・（モウ）　のぞむ	希望（きぼう）・本望（ほんもう）
8	牧	牛	ボク　（まき）	牧師（ぼくし）・牧場（まきば）
5	末	木	マツ・（バツ）　すえ	年末（ねんまつ）・結末（けつまつ）
12	満	氵	マン　みちる・みたす	満足（まんぞく）・満月（まんげつ）
5	未	木	ミ　―	未来（みらい）・未定（みてい）
5	民	氏	ミン　（たみ）	民家（みんか）・住民（じゅうみん）
12	無	灬	ム・ブ　ない	無効（むこう）・無事（ぶじ）
9	約	糸	ヤク　―	約束（やくそく）・規約（きやく）
9	勇	力	ユウ　いさむ	勇気（ゆうき）・武勇（ぶゆう）
9	要	襾	ヨウ　かなめ・（いる）	要求（ようきゅう）・必要（ひつよう）
15	養	食	ヨウ　やしなう	養分（ようぶん）・養成（ようせい）
10	浴	氵	ヨク　あびる・あびせる	浴場（よくじょう）・入浴（にゅうよく）
7	利	刂	リ　（きく）	利益（りえき）・利害（りがい）
11	陸	阝	リク　―	陸上（りくじょう）・着陸（ちゃくりく）
7	良	艮	リョウ　よい	良好（りょうこう）・良心（りょうしん）
10	料	斗	リョウ　―	料理（りょうり）・食料（しょくりょう）
12	量	里	リョウ　はかる	分量（ぶんりょう）・重量（じゅうりょう）

総画数	漢字	部首	音読み／訓読み	熟語
15	輪	車	リン　わ	車輪（しゃりん）・指輪（ゆびわ）
18	類	頁	ルイ　たぐい	種類（しゅるい）・人類（じんるい）
5	令	人	レイ　―	命令（めいれい）・辞令（じれい）
7	冷	冫	レイ　つめたい・ひえる・ひや・ひやす・ひやかす・さめる・さます	寒冷（かんれい）・冷静（れいせい）
8	例	亻	レイ　たとえる	実例（じつれい）・例外（れいがい）
10	連	辶	レン　つらなる・つらねる・つれる	連続（れんぞく）・関連（かんれん）
6	老	耂	ロウ　おいる・（ふける）	老人（ろうじん）・長老（ちょうろう）
7	労	力	ロウ　―	労作（ろうさく）・労力（ろうりょく）
16	録	金	ロク　―	録音（ろくおん）・目録（もくろく）

5年（一九三字）

総画数	漢字	部首	音読み／訓読み	熟語
5	圧	土	アツ　―	気圧（きあつ）・圧力（あつりょく）
7	囲	囗	イ　かこむ・かこう	周囲（しゅうい）・胸囲（きょうい）
11	移	禾	イ　うつる・うつす	移動（いどう）・移植（いしょく）
6	因	囗	イン　（よる）	原因（げんいん）・因果（いんが）
5	永	水	エイ　ながい	永久（えいきゅう）・永住（えいじゅう）
12	営	⺍	エイ　いとなむ	営業（えいぎょう）・経営（けいえい）
16	衛	行	エイ　―	衛生（えいせい）・防衛（ぼうえい）
8	易	日	エキ・イ　やさしい	貿易（ぼうえき）・容易（ようい）
10	益	皿	エキ・（ヤク）　―	利益（りえき）・損益（そんえき）
11	液	氵	エキ　―	液体（えきたい）・血液（けつえき）
14	演	氵	エン　―	講演（こうえん）・演出（えんしゅつ）
7	応	心	オウ　こたえる	応接（おうせつ）・応用（おうよう）
8	往	彳	オウ　―	往復（おうふく）・往来（おうらい）
10	桜	木	（オウ）　さくら	桜花（おうか）・夜桜（よざくら）
5	可	口	カ　―	可能（かのう）・可決（かけつ）
6	仮	亻	カ・（ケ）　かり	仮定（かてい）・仮病（けびょう）
8	価	亻	カ　（あたい）	価格（かかく）・定価（ていか）
8	河	氵	カ　かわ	河川（かせん）・運河（うんが）
12	過	辶	カ　すぎる・すごす・（あやまつ）・（あやまち）	通過（つうか）・過去（かこ）
7	快	忄	カイ　こころよい	快活（かいかつ）・快晴（かいせい）
13	解	角	カイ・（ゲ）　とく・とかす・とける	解決（かいけつ）・解熱（げねつ）
10	格	木	カク・（コウ）　―	性格（せいかく）・格子戸（こうしど）
15	確	石	カク　たしか・たしかめる	確実（かくじつ）・正確（せいかく）
18	額	頁	ガク　ひたい	金額（きんがく）・額面（がくめん）
5	刊	刂	カン　―	朝刊（ちょうかん）・刊行（かんこう）
13	幹	干	カン　みき	新幹線（しんかんせん）・幹事（かんじ）
14	慣	忄	カン　なれる・ならす	慣習（かんしゅう）・慣用句（かんようく）
11	眼	目	ガン・（ゲン）　（まなこ）	眼科（がんか）・眼光（がんこう）
9	紀	糸	キ　―	世紀（せいき）・紀行（きこう）
11	基	土	キ　（もと）・（もとい）	基地（きち）・基本（きほん）
11	寄	宀	キ　よる・よせる	寄付（きふ）・寄生（きせい）
11	規	見	キ　―	規律（きりつ）・規定（きてい）
12	喜	口	キ　よろこぶ	喜色（きしょく）・歓喜（かんき）
7	技	扌	ギ　（わざ）	技師（ぎし）・技術（ぎじゅつ）
13	義	羊	ギ　―	義務（ぎむ）・正義（せいぎ）
9	逆	辶	ギャク　さか・さからう	逆転（ぎゃくてん）・逆行（ぎゃっこう）
3	久	ノ	キュウ・（ク）　ひさしい	長久（ちょうきゅう）・久遠（くおん）
5	旧	日	キュウ　―	旧友（きゅうゆう）・新旧（しんきゅう）
11	救	攵	キュウ　すくう	救助（きゅうじょ）・救護（きゅうご）
8	居	尸	キョ　いる	同居（どうきょ）・居間（いま）
11	許	言	キョ　ゆるす	許可（きょか）・特許（とっきょ）
14	境	土	キョウ・（ケイ）　さかい	国境（こっきょう）・境内（けいだい）
7	均	土	キン　―	平均（へいきん）・均等（きんとう）
13	禁	示	キン　―	禁止（きんし）・禁句（きんく）
5	句	口	ク　―	俳句（はいく）・語句（ごく）
9	型	土	ケイ　かた	模型（もけい）・原型（げんけい）
11	経	糸	ケイ・（キョウ）　へる	経験（けいけん）・経典（きょうてん）

画数	漢字	部首	読み	用例
15	潔	氵	ケツ （いさぎよい）	清潔（せいけつ）・潔白（けっぱく）
6	件	亻	ケン ―	条件（じょうけん）・事件（じけん）
11	険	阝	ケン けわしい	保険（ほけん）・危険（きけん）
12	検	木	ケン ―	検査（けんさ）・検定（けんてい）
9	限	阝	ゲン かぎる	期限（きげん）・限定（げんてい）
11	現	王	ゲン あらわれる・あらわす	発現（はつげん）・現実（げんじつ）
12	減	氵	ゲン へる・へらす	減税（げんぜい）・減少（げんしょう）
9	故	攵	コ （ゆえ）	事故（じこ）・故人（こじん）
10	個	亻	コ ―	個人（こじん）・個性（こせい）
20	護	言	ゴ ―	保護（ほご）・看護（かんご）
8	効	力	コウ きく	効力（こうりょく）・効果（こうか）
9	厚	厂	（コウ） あつい	厚生（こうせい）・厚意（こうい）
10	耕	耒	コウ たがやす	耕地（こうち）・農耕（のうこう）
10	航	舟	コウ ―	航空（こうくう）・航海（こうかい）
13	鉱	金	コウ ―	鉱山（こうざん）・鉱石（こうせき）
14	構	木	コウ かまえる・かまう	構造（こうぞう）・機構（きこう）
16	興	臼	コウ・キョウ （おこる）・（おこす）	興奮（こうふん）・興味（きょうみ）
17	講	言	コウ ―	講堂（こうどう）・講義（こうぎ）
7	告	口	コク つげる	告別（こくべつ）・広告（こうこく）
11	混	氵	コン まじる・まざる・まぜる・こむ	混合（こんごう）・混乱（こんらん）
9	査	木	サ ―	調査（ちょうさ）・考査（こうさ）
6	再	冂	サイ・サ ふたたび	再度（さいど）・再建（さいけん）
7	災	火	サイ （わざわい）	災害（さいがい）・火災（かさい）
8	妻	女	サイ つま	妻子（さいし）・夫妻（ふさい）
11	採	扌	サイ とる	採点（さいてん）・採用（さいよう）
14	際	阝	サイ （きわ）	国際（こくさい）・窓際（まどぎわ）
6	在	土	ザイ ある	現在（げんざい）・在庫（ざいこ）
10	財	貝	ザイ・（サイ） ―	財産（ざいさん）・財政（ざいせい）
13	罪	罒	ザイ つみ	罪悪（ざいあく）・犯罪（はんざい）
10	殺	殳	サツ・（サイ）・（セツ） ころす	殺気（さっき）・必殺（ひっさつ）
14	雑	隹	ザツ・ゾウ ―	混雑（こんざつ）・雑木（ぞうき）
14	酸	酉	サン （すい）	酸素（さんそ）・酸味（さんみ）
15	賛	貝	サン ―	賛成（さんせい）・賛否（さんぴ）
3	士	士	シ ―	武士（ぶし）・代議士（だいぎし）
4	支	支	シ ささえる	支配（しはい）・支持（しじ）
5	史	口	シ ―	史実（しじつ）・史上（しじょう）
7	志	心	シ こころざす・こころざし	志願（しがん）・志望（しぼう）
8	枝	木	（シ） えだ	枝葉（しよう）・枝道（えだみち）
10	師	巾	シ ―	教師（きょうし）・師弟（してい）
13	資	貝	シ ―	資本（しほん）・資金（しきん）
13	飼	食	シ かう	飼育（しいく）・飼料（しりょう）
5	示	示	ジ・（シ） しめす	指示（しじ）・暗示（あんじ）
7	似	亻	（ジ） にる	類似（るいじ）・似顔絵（にがおえ）
19	識	言	シキ ―	知識（ちしき）・意識（いしき）
15	質	貝	シツ・（シチ）・（チ） ―	質問（しつもん）・質屋（しちや）
8	舎	舌	シャ ―	校舎（こうしゃ）・寄宿舎（きしゅくしゃ）
17	謝	言	シャ （あやまる）	感謝（かんしゃ）・謝礼（しゃれい）
11	授	扌	ジュ （さずける）・（さずかる）	授業（じゅぎょう）・教授（きょうじゅ）
10	修	亻	シュウ・（シュ） おさめる・おさまる	修学（しゅうがく）・修行（しゅぎょう）
8	述	辶	ジュツ のべる	述語（じゅつご）・口述（こうじゅつ）
11	術	行	ジュツ ―	芸術（げいじゅつ）・技術（ぎじゅつ）
13	準	氵	ジュン ―	準備（じゅんび）・標準（ひょうじゅん）
7	序	广	ジョ ―	順序（じゅんじょ）・序列（じょれつ）
8	招	扌	ショウ まねく	招待（しょうたい）・招集（しょうしゅう）
12	証	言	ショウ ―	証人（しょうにん）・証明（しょうめい）
12	象	豕	ショウ・ゾウ ―	対象（たいしょう）・気象（きしょう）
15	賞	貝	ショウ ―	賞状（しょうじょう）・賞品（しょうひん）
7	条	木	ジョウ ―	条約（じょうやく）・条件（じょうけん）
7	状	犬	ジョウ ―	状態（じょうたい）・状況（じょうきょう）
11	常	巾	ジョウ つね・（とこ）	常識（じょうしき）・日常（にちじょう）

画数	漢字	部首	読み	用例
11	情	忄	ジョウ・(セイ) なさけ	情景(じょうけい)・表情(ひょうじょう)
18	織	糸	(ショク)・シキ おる	織機(しょっき)・組織(そしき)
18	職	耳	ショク —	職業(しょくぎょう)・職人(しょくにん)
8	制	刂	セイ —	制定(せいてい)・制度(せいど)
8	性	忄	セイ・(ショウ) —	性質(せいしつ)・性分(しょうぶん)
9	政	攵	セイ・(ショウ) (まつりごと)	政策(せいさく)・政治(せいじ)
13	勢	力	セイ いきおい	姿勢(しせい)・勢力(せいりょく)
14	精	米	セイ・(ショウ) —	精神(せいしん)・精進(しょうじん)
14	製	衣	セイ —	製本(せいほん)・製造(せいぞう)
12	税	禾	ゼイ —	税関(ぜいかん)・税金(ぜいきん)
11	責	貝	セキ せめる	責任(せきにん)・責務(せきむ)
17	績	糸	セキ —	成績(せいせき)・実績(じっせき)
11	接	扌	セツ (つぐ)	直接(ちょくせつ)・接待(せったい)
11	設	言	セツ もうける	設計(せっけい)・設備(せつび)
12	絶	糸	ゼツ たえる・たやす・たつ	絶対(ぜったい)・絶望(ぜつぼう)
9	祖	ネ	ソ —	祖先(そせん)・祖父(そふ)
10	素	糸	ソ・(ス) —	質素(しっそ)・素性(すじょう)
14	総	糸	ソウ —	総合(そうごう)・総会(そうかい)
10	造	辶	ゾウ つくる	製造(せいぞう)・改造(かいぞう)
14	像	イ	ゾウ —	仏像(ぶつぞう)・映像(えいぞう)

画数	漢字	部首	読み	用例
14	増	土	ゾウ ます・ふえる・ふやす	増加(ぞうか)・増減(ぞうげん)
9	則	刂	ソク —	規則(きそく)・法則(ほうそく)
12	測	氵	ソク はかる	測量(そくりょう)・測定(そくてい)
12	属	尸	ゾク —	金属(きんぞく)・附属(ふぞく)
11	率	玄	(ソツ)・リツ ひきいる	引率(いんそつ)・比率(ひりつ)
13	損	扌	ソン (そこなう)・(そこねる)	損得(そんとく)・損害(そんがい)
12	貸	貝	(タイ) かす	賃貸(ちんたい)・貸家(かしや)
14	態	心	タイ —	態度(たいど)・悪態(あくたい)
6	団	囗	ダン・(トン) —	団体(だんたい)・布団(ふとん)
11	断	斤	ダン (たつ)・ことわる	判断(はんだん)・断水(だんすい)
16	築	竹	チク きずく	建築(けんちく)・築城(ちくじょう)
12	貯	貝	チョ —	貯金(ちょきん)・貯水(ちょすい)
11	張	弓	チョウ はる	出張(しゅっちょう)・主張(しゅちょう)
11	停	イ	テイ —	停車(ていしゃ)・停止(ていし)
12	提	扌	テイ (さげる)	提案(ていあん)・提出(ていしゅつ)
12	程	禾	テイ (ほど)	程度(ていど)・日程(にってい)
14	適	辶	テキ —	適当(てきとう)・適切(てきせつ)
12	統	糸	トウ (すべる)	統計(とうけい)・統一(とういつ)
11	堂	土	ドウ —	講堂(こうどう)・本堂(ほんどう)
14	銅	金	ドウ —	銅貨(どうか)・銅像(どうぞう)

画数	漢字	部首	読み	用例
15	導	寸	ドウ みちびく	指導(しどう)・導入(どうにゅう)
11	得	彳	トク える・(うる)	得意(とくい)・得点(とくてん)
8	毒	母	ドク —	毒薬(どくやく)・消毒(しょうどく)
9	独	犭	ドク ひとり	独立(どくりつ)・単独(たんどく)
6	任	イ	ニン まかせる・まかす	任命(にんめい)・任務(にんむ)
16	燃	火	ネン もえる・もやす・もす	燃料(ねんりょう)・燃焼(ねんしょう)
10	能	肉	ノウ —	能率(のうりつ)・能力(のうりょく)
10	破	石	ハ やぶる・やぶれる	破損(はそん)・破産(はさん)
5	犯	犭	ハン (おかす)	犯人(はんにん)・犯行(はんこう)
7	判	刂	ハン・バン —	判断(はんだん)・裁判(さいばん)
8	版	片	ハン —	版画(はんが)・出版(しゅっぱん)
4	比	比	ヒ くらべる	比率(ひりつ)・比重(ひじゅう)
8	肥	月	ヒ こえる・こえ・こやす・こやし	肥料(ひりょう)・追肥(ついひ)
8	非	非	ヒ —	非難(ひなん)・是非(ぜひ)
12	費	貝	ヒ (ついやす)・(ついえる)	費用(ひよう)・消費(しょうひ)
12	備	イ	ビ そなえる・そなわる	守備(しゅび)・備品(びひん)
12	評	言	ヒョウ —	評判(ひょうばん)・批評(ひひょう)
11	貧	貝	(ヒン)・ビン まずしい	貧困(ひんこん)・貧乏(びんぼう)
5	布	巾	フ ぬの	分布(ぶんぷ)・毛布(もうふ)
11	婦	女	フ —	婦人(ふじん)・主婦(しゅふ)

総画数	漢字	部首	音読み／訓読み	熟語
8	武	止	ブ・ム　―	武器(ぶき)・武者(むしゃ)
12	復	彳	フク　―	復習(ふくしゅう)・往復(おうふく)
14	複	ネ	フク　―	複雑(ふくざつ)・複眼(ふくがん)
4	仏	イ	ブツ　ほとけ	仏教(ぶっきょう)・大仏(だいぶつ)
10	粉	米	フン　こ・こな	花粉(かふん)・粉雪(こなゆき)
15	編	糸	ヘン　あむ	編成(へんせい)・編集(へんしゅう)
5	弁	廾	ベン　―	弁当(べんとう)・弁解(べんかい)
9	保	イ	ホ　たもつ	保護(ほご)・保険(ほけん)
13	墓	土	ボ　はか	墓地(ぼち)・墓前(ぼぜん)
12	報	土	ホウ　(むくいる)	報告(ほうこく)・報道(ほうどう)
13	豊	豆	ホウ　ゆたか	豊年(ほうねん)・豊作(ほうさく)
7	防	阝	ボウ　ふせぐ	防火(ぼうか)・防犯(ぼうはん)
12	貿	貝	ボウ　―	貿易(ぼうえき)
15	暴	日	ボウ・(バク)　(あばく)・あばれる	暴力(ぼうりょく)・暴露(ばくろ)
10	脈	月	ミャク　―	山脈(さんみゃく)・動脈(どうみゃく)
11	務	力	ム　つとめる・つとまる	公務(こうむ)・事務(じむ)
13	夢	夕	ム　ゆめ	夢想(むそう)・夢中(むちゅう)
9	迷	辶	(メイ)　まよう	迷信(めいしん)・迷路(めいろ)
14	綿	糸	メン　わた	綿花(めんか)・綿糸(めんし)
16	輸	車	ユ　―	輸入(ゆにゅう)・輸送(ゆそう)
7	余	人	ヨ　あまる・あます	余分(よぶん)・余生(よせい)
10	容	宀	ヨウ　―	変容(へんよう)・容積(ようせき)
11	略	田	リャク　―	省略(しょうりゃく)・戦略(せんりゃく)
10	留	田	リュウ・ル　とめる・とまる	留学(りゅうがく)・留守(るす)
14	領	頁	リョウ　―	領地(りょうち)・領収書(りょうしゅうしょ)
14	歴	止	レキ　―	歴史(れきし)・経歴(けいれき)

6年（一九一字）

総画数	漢字	部首	音読み／訓読み	熟語
9	胃	肉	イ　―	胃酸(いさん)・胃薬(いぐすり)
11	異	田	イ　こと	異義(いぎ)・異国(いこく)
15	遺	辶	イ・(ユイ)　―	遺族(いぞく)・遺言(ゆいごん)
11	域	土	イキ　―	区域(くいき)・地域(ちいき)
6	宇	宀	ウ　―	宇宙(うちゅう)
9	映	日	エイ　うつる・うつす・(はえる)	映画(えいが)・上映(じょうえい)
8	延	廴	エン　のびる・のべる・のばす	延長(えんちょう)・延期(えんき)
8	沿	氵	エン　そう	沿岸(えんがん)・沿線(えんせん)
10	恩	心	オン　―	恩師(おんし)・恩人(おんじん)
7	我	戈	(ガ)　われ・(わ)	自我(じが)・我流(がりゅう)
6	灰	火	(カイ)　はい	石灰(せっかい)・灰色(はいいろ)
8	拡	扌	カク　―	拡大(かくだい)・拡張(かくちょう)
9	革	革	カク　(かわ)	革命(かくめい)・改革(かいかく)
14	閣	門	カク　―	内閣(ないかく)・組閣(そかく)
12	割	刂	(カツ)　わる・わり・われる・(さく)	分割(ぶんかつ)・割合(わりあい)
10	株	木	―　かぶ	株主(かぶぬし)・株式(かぶしき)
3	干	干	カン　ほす・(ひる)	干潮(かんちょう)・干物(ひもの)
9	巻	卩	カン　まく・まき	上巻(じょうかん)・巻頭(かんとう)
9	看	目	カン　―	看護(かんご)・看病(かんびょう)
18	簡	竹	カン　―	簡単(かんたん)・簡素(かんそ)
6	危	卩	キ　あぶない・(あやうい)・(あやぶむ)	危害(きがい)・危険(きけん)
6	机	木	(キ)　つくえ	机上(きじょう)・机下(きか)
12	揮	扌	キ　―	発揮(はっき)・指揮(しき)
12	貴	貝	キ　(たっとい)・(とうとい)・(たっとぶ)・(とうとぶ)	貴重(きちょう)・高貴(こうき)
14	疑	疋	ギ　うたがう	疑問(ぎもん)・質疑(しつぎ)
6	吸	口	キュウ　すう	呼吸(こきゅう)・吸収(きゅうしゅう)
8	供	イ	キョウ・(ク)　そなえる・とも	提供(ていきょう)・供養(くよう)
10	胸	月	キョウ　むね・(むな)	胸中(きょうちゅう)・度胸(どきょう)
11	郷	阝	キョウ・(ゴウ)　―	郷土(きょうど)・故郷(こきょう)
12	勤	力	キン・(ゴン)　つとめる・つとまる	勤労(きんろう)・勤勉(きんべん)

画数	漢字	部首	音読み	訓読み	用例
12	筋	⺮	キン	すじ	筋肉(きんにく)・鉄筋(てっきん)
7	系	糸	ケイ	―	系統(けいとう)・系列(けいれつ)
12	敬	攵	ケイ	うやま｜う	敬意(けいい)・敬老(けいろう)
19	警	言	ケイ	―	警告(けいこく)・警察(けいさつ)
15	劇	刂	ゲキ	―	劇場(げきじょう)・劇薬(げきやく)
16	激	氵	ゲキ	はげ｜しい	感激(かんげき)・激流(げきりゅう)
5	穴	穴	(ケツ)	あな	穴居(けっきょ)・墓穴(ぼけつ)
8	券	刀	ケン	―	旅券(りょけん)・株券(かぶけん)
13	絹	糸	(ケン)	きぬ	正絹(しょうけん)・絹織物(きぬおりもの)
15	権	木	ケン・(ゴン)	―	権利(けんり)・権化(ごんげ)
16	憲	心	ケン	―	憲法(けんぽう)・憲章(けんしょう)
13	源	氵	ゲン	みなもと	資源(しげん)・起源(きげん)
17	厳	⺍	ゲン・(ゴン)	(おごそ｜か)・きび｜しい	厳守(げんしゅ)・厳格(げんかく)
3	己	己	コ・(キ)	(おのれ)	自己(じこ)・知己(ちき)
8	呼	口	コ	よ｜ぶ	呼吸(こきゅう)・呼応(こおう)
14	誤	言	ゴ	あやま｜る	誤答(ごとう)・誤解(ごかい)
6	后	口	コウ	―	皇后(こうごう)・皇太后(こうたいごう)
7	孝	子	コウ	―	親孝行(おやこうこう)・忠孝(ちゅうこう)
9	皇	白	コウ・オウ	―	皇位(こうい)・法皇(ほうおう)
9	紅	糸	コウ・(ク)	べに・(くれない)	紅顔(こうがん)・紅茶(こうちゃ)
10	降	阝	コウ	お｜りる・お｜ろす・ふ｜る	降雨(こうう)・降伏(こうふく)
16	鋼	金	コウ	(はがね)	鉄鋼(てっこう)・鋼鉄(こうてつ)
8	刻	刂	コク	きざ｜む	時刻(じこく)・彫刻(ちょうこく)
14	穀	禾	コク	―	穀物(こくもつ)・雑穀(ざっこく)
10	骨	骨	コツ	ほね	骨格(こっかく)・骨子(こっし)
7	困	囗	コン	こま｜る	困難(こんなん)・貧困(ひんこん)
9	砂	石	サ・(シャ)	すな	砂丘(さきゅう)・土砂(どしゃ)
10	座	广	ザ	(すわ｜る)	星座(せいざ)・座席(ざせき)
11	済	氵	サイ	す｜む・す｜ます	返済(へんさい)・救済(きゅうさい)
12	裁	衣	サイ	(た｜つ)・さば｜く	裁判(さいばん)・総裁(そうさい)
12	策	⺮	サク	―	方策(ほうさく)・政策(せいさく)
5	冊	冂	サツ・(サク)	―	別冊(べっさつ)・冊子(さっし)
10	蚕	虫	サン	かいこ	養蚕(ようさん)・蚕糸(さんし)
6	至	至	シ	いた｜る	至急(しきゅう)・必至(ひっし)
7	私	禾	シ	わたくし・わたし	私用(しよう)・私服(しふく)
9	姿	女	シ	すがた	姿勢(しせい)・容姿(ようし)
11	視	見	シ	―	視界(しかい)・視野(しや)
12	詞	言	シ	―	名詞(めいし)・動詞(どうし)
14	誌	言	シ	―	雑誌(ざっし)・日誌(にっし)
14	磁	石	ジ	―	磁石(じしゃく)・磁力(じりょく)
10	射	寸	シャ	い｜る	反射(はんしゃ)・注射(ちゅうしゃ)
11	捨	扌	シャ	す｜てる	取捨(しゅしゃ)・捨て身(すてみ)
4	尺	尸	シャク	―	尺度(しゃくど)・尺八(しゃくはち)
8	若	艹	(ジャク)・(ニャク)	わか｜い・(も｜しくは)	若年(じゃくねん)・若葉(わかば)
16	樹	木	ジュ	―	樹木(じゅもく)・果樹園(かじゅえん)
4	収	又	シュウ	おさ｜める・おさ｜まる	収入(しゅうにゅう)・収益(しゅうえき)
8	宗	宀	シュウ・(ソウ)	―	宗教(しゅうきょう)・宗家(そうけ)
12	就	尢	シュウ・(ジュ)	(つ｜く)・(つ｜ける)	就職(しゅうしょく)・成就(じょうじゅ)
12	衆	血	シュウ・(シュ)	―	民衆(みんしゅう)・群衆(ぐんしゅう)
10	従	彳	ジュウ・(ショウ)・(ジュ)	したが｜う・したが｜える	従順(じゅうじゅん)・従事(じゅうじ)
16	縦	糸	ジュウ	たて	操縦(そうじゅう)・縦笛(たてぶえ)
17	縮	糸	シュク	ちぢ｜む・ちぢ｜まる・ちぢ｜める・ちぢ｜れる・ちぢ｜らす	縮尺(しゅくしゃく)・圧縮(あっしゅく)
15	熟	灬	ジュク	(う｜れる)	熟語(じゅくご)・未熟(みじゅく)
10	純	糸	ジュン	―	単純(たんじゅん)・純真(じゅんしん)
5	処	几	ショ	―	処理(しょり)・処分(しょぶん)
13	署	罒	ショ	―	署名(しょめい)・署長(しょちょう)
15	諸	言	ショ	―	諸国(しょこく)・諸説(しょせつ)
10	除	阝	ジョ・(ジ)	のぞ｜く	除外(じょがい)・解除(かいじょ)
8	承	手	ショウ	(うけたまわ｜る)	承知(しょうち)・承認(しょうにん)
10	将	寸	ショウ	―	将軍(しょうぐん)・将来(しょうらい)

13	傷	亻	ショウ　きず・(いたむ)・(いためる)	傷害(しょうがい)・重傷(じゅうしょう)
14	障	阝	ショウ　(さわる)	障害(しょうがい)・故障(こしょう)
13	蒸	艹	ジョウ　(むす)・(むれる)・(むらす)	蒸気(じょうき)・蒸発(じょうはつ)
10	針	金	シン　はり	方針(ほうしん)・針路(しんろ)
4	仁	亻	ジン・(ニ)　―	仁愛(じんあい)・仁義(じんぎ)
8	垂	土	スイ　たれる・たらす	垂直(すいちょく)・垂線(すいせん)
11	推	扌	スイ　(おす)	推理(すいり)・推移(すいい)
3	寸	寸	スン　―	寸法(すんぽう)・寸暇(すんか)
11	盛	皿	(セイ)・(ジョウ)　もる・(さかる)・(さかん)	盛大(せいだい)・繁盛(はんじょう)
13	聖	耳	セイ　―	聖火(せいか)・聖書(せいしょ)
13	誠	言	セイ　(まこと)	誠意(せいい)・誠実(せいじつ)
6	舌	舌	(ゼツ)　した	毒舌(どくぜつ)・舌先(したさき)
9	宣	宀	セン　―	宣伝(せんでん)・宣言(せんげん)
9	専	寸	セン　(もっぱら)	専門(せんもん)・専念(せんねん)
9	泉	水	セン　いずみ	温泉(おんせん)・源泉(げんせん)
9	洗	氵	セン　あらう	洗顔(せんがん)・洗面(せんめん)
9	染	木	(セン)　そめる・そまる・(しみる)・(しみ)	伝染(でんせん)・染色(せんしょく)
14	銭	金	セン　(ぜに)	金銭(きんせん)・小銭(こぜに)
12	善	口	ゼン　よい	善意(ぜんい)・善悪(ぜんあく)
9	奏	大	ソウ　(かなでる)	合奏(がっそう)・独奏(どくそう)

11	窓	穴	ソウ　まど	車窓(しゃそう)・窓口(まどぐち)
12	創	刂	ソウ　つくる	創意(そうい)・創作(そうさく)
12	装	衣	ソウ・(ショウ)　(よそおう)	装置(そうち)・衣装(いしょう)
14	層	尸	ソウ　―	高層(こうそう)・地層(ちそう)
16	操	扌	ソウ　(みさお)・(あやつる)	操作(そうさ)・体操(たいそう)
15	蔵	艹	ゾウ　(くら)	貯蔵(ちょぞう)・蔵書(ぞうしょ)
19	臓	月	ゾウ　―	心臓(しんぞう)・内臓(ないぞう)
6	存	子	ソン・ゾン　―	存在(そんざい)・保存(ほぞん)
12	尊	寸	ソン　たっとい・とうとい・たっとぶ・とうとぶ	尊敬(そんけい)・尊重(そんちょう)
9	退	辶	タイ　しりぞく・しりぞける	進退(しんたい)・退院(たいいん)
6	宅	宀	タク　―	宅地(たくち)・自宅(じたく)
8	担	扌	タン　(かつぐ)・(になう)	担当(たんとう)・負担(ふたん)
11	探	扌	タン　(さぐる)・さがす	探検(たんけん)・探究(たんきゅう)
15	誕	言	タン　―	誕生(たんじょう)・生誕(せいたん)
9	段	殳	ダン　―	段落(だんらく)・階段(かいだん)
13	暖	日	ダン　あたたか・あたたかい・あたたまる・あたためる	暖流(だんりゅう)・温暖(おんだん)
10	値	亻	チ　ね・(あたい)	価値(かち)・値段(ねだん)
8	宙	宀	チュウ　―	宇宙(うちゅう)・宙返り(ちゅうがえり)
8	忠	心	チュウ　―	忠実(ちゅうじつ)・忠告(ちゅうこく)
11	著	艹	チョ　(あらわす)・(いちじるしい)	著者(ちょしゃ)・著名(ちょめい)

5	庁	广	チョウ　―	官庁(かんちょう)・県庁(けんちょう)
11	頂	頁	チョウ　いただく・いただき	頂点(ちょうてん)・山頂(さんちょう)
13	腸	月	チョウ　―	胃腸(いちょう)・小腸(しょうちょう)
15	潮	氵	チョウ　しお	満潮(まんちょう)・潮風(しおかぜ)
13	賃	貝	チン　―	賃金(ちんぎん)・運賃(うんちん)
12	痛	疒	ツウ　いたい・いたむ・いためる	痛感(つうかん)・苦痛(くつう)
15	敵	攵	テキ　(かたき)	敵意(てきい)・敵対(てきたい)
10	展	尸	テン　―	展開(てんかい)・発展(はってん)
10	討	言	トウ　(うつ)	討論(とうろん)・検討(けんとう)
10	党	儿	トウ　―	政党(せいとう)・与党(よとう)
16	糖	米	トウ　―	砂糖(さとう)・糖類(とうるい)
8	届	尸	―　とどける・とどく	届け出(とどけで)・欠席届(けっせきとどけ)
18	難	隹	ナン　(かたい)・むずかしい	困難(こんなん)・難問(なんもん)
8	乳	乚	ニュウ　ちち・(ち)	乳歯(にゅうし)・牛乳(ぎゅうにゅう)
14	認	言	(ニン)　みとめる	承認(しょうにん)・認可(にんか)
10	納	糸	ノウ・(ナッ)・(ナ)・(ナン)・(トウ)　おさめる・おさまる	納入(のうにゅう)・出納(すいとう)
11	脳	月	ノウ　―	大脳(だいのう)・頭脳(ずのう)
9	派	氵	ハ　―	立派(りっぱ)・派生(はせい)
8	拝	扌	ハイ　おがむ	拝見(はいけん)・拝啓(はいけい)
9	背	肉	ハイ　せ・せい・(そむく)・(そむける)	背景(はいけい)・背中(せなか)

画数	漢字	部首	読み	用例
9	肺	月	ハイ —	肺病(はいびょう)・肺臓(はいぞう)
10	俳	イ	ハイ —	俳句(はいく)・俳人(はいじん)
10	班	王	ハン —	班長(はんちょう)・一班(いっぱん)
12	晩	日	バン —	晩秋(ばんしゅう)・晩年(ばんねん)
7	否	口	ヒ (いな)	否決(ひけつ)・安否(あんぴ)
7	批	扌	ヒ —	批判(ひはん)・批評(ひひょう)
10	秘	禾	ヒ (ひめる)	秘密(ひみつ)・神秘的(しんぴてき)
10	俵	イ	ヒョウ たわら	土俵(どひょう)・米俵(こめだわら)
13	腹	月	フク はら	腹痛(ふくつう)・空腹(くうふく)
16	奮	大	フン ふるう	奮起(ふんき)・興奮(こうふん)
8	並	一	(ヘイ) なみ・ならべる・ならぶ・ならびに	並列(へいれつ)・並木道(なみきみち)
10	陛	阝	ヘイ —	陛下(へいか)
11	閉	門	ヘイ とじる・(とざす)・しめる・しまる	閉会(へいかい)・開閉(かいへい)
4	片	片	(ヘン) かた	破片(はへん)・片手(かたて)
12	補	ネ	ホ おぎなう	補欠(ほけつ)・補助(ほじょ)
14	暮	日	(ボ) くれる・くらす	暮色(ぼしょく)・歳暮(せいぼ)
8	宝	宀	ホウ たから	宝石(ほうせき)・財宝(ざいほう)
11	訪	言	ホウ (おとずれる)・たずねる	訪問(ほうもん)・来訪(らいほう)
3	亡	亠	ボウ・(モウ) (ない)	亡命(ぼうめい)・死亡(しぼう)
7	忘	心	(ボウ) わすれる	忘年会(ぼうねんかい)・忘却(ぼうきゃく)
12	棒	木	ボウ —	鉄棒(てつぼう)・相棒(あいぼう)
8	枚	木	マイ —	一枚(いちまい)・枚数(まいすう)
13	幕	巾	マク・バク —	開幕(かいまく)・幕府(ばくふ)
11	密	宀	ミツ —	密室(みっしつ)・親密(しんみつ)
13	盟	皿	メイ —	加盟(かめい)・同盟(どうめい)
14	模	木	モ・ボ —	模型(もけい)・規模(きぼ)
11	訳	言	ヤク わけ	訳文(やくぶん)・通訳(つうやく)
11	郵	阝	ユウ —	郵便(ゆうびん)・郵送(ゆうそう)
17	優	イ	ユウ (やさしい)・(すぐれる)	優勝(ゆうしょう)・優位(ゆうい)
13	預	頁	ヨ あずける・あずかる	預金(よきん)・預貯金(よちょきん)
5	幼	幺	ヨウ おさない	幼児(ようじ)・幼虫(ようちゅう)
11	欲	欠	ヨク (ほっする)・(ほしい)	欲望(よくぼう)・欲求(よっきゅう)
11	翌	羽	ヨク —	翌日(よくじつ)・翌朝(よくちょう)
7	乱	乚	ラン みだれる・みだす	乱用(らんよう)・反乱(はんらん)
7	卵	卩	(ラン) たまご	卵生(らんせい)・産卵(さんらん)
17	覧	見	ラン —	展覧会(てんらんかい)・回覧(かいらん)
13	裏	衣	(リ) うら	表裏(ひょうり)・裏口(うらぐち)
9	律	彳	リツ・(リチ) —	法律(ほうりつ)・規律(きりつ)
18	臨	臣	リン (のぞむ)	臨時(りんじ)・臨海(りんかい)
10	朗	月	ロウ (ほがらか)	朗読(ろうどく)・明朗(めいろう)
15	論	言	ロン —	論文(ろんぶん)・論理(ろんり)

解答編

第1編 言葉

第1章 文字

1 文字の知識

練習問題 23ページ

1

(1)ア (2)エ (3)イ
(4)オ (5)イ (6)ア
(7)ウ (8)カ (9)エ
(10)ア (11)オ (12)エ
(13)ア (14)ウ (15)エ
(16)カ (17)エ (18)ウ
(19)ア (20)イ

2

(1)(読み)永・(意味)氵
(2)(読み)寺・(意味)扌
(3)(読み)代・(意味)貝
(4)(読み)広・(意味)金
(5)(読み)黄・(意味)木
(6)(読み)次・(意味)女
(7)(読み)責・(意味)糸
(8)(読み)交・(意味)力
(9)(読み)射・(意味)言

3

(1)畑 (2)働

解説

1

(3)「末」は、木の上に線を引き、木のこずえの意味を表します。ここから派生して、「すえ」の意味を表すようになりました。

(8)「印」の左側は、手を表します。手で上から押さえつけることを表しており、ここから転じて、はんこを押さえつける意味、さらに「しるし」という意味になりました。ここでは音読みの「イン」を用い、「インド」を表記したものなので、仮借文字です。

(11)「令」は、集める意味と、人がひざまずいている様子を組み合わせており、人に言いつける、という意味に用います。そこから、人に命令する「長官」の意味が生じました。

2

(3)「代(タイ)」という音と、「お金・財宝」を表す「貝」から成っています。「資」「貨」「財」も、同じ意味を表す部分をもつ漢字です。

(9)「謝」は、「あやまる・ことわる」という意味の漢字です。「射(シャ)」で音を、「言」で意味を表します。

3

小学校で学習する国字には、他に「栃」があります。中学校では、「逑」「峠」「込」などの字も学習します。

ここに注意

指事文字と会意文字の違いを覚えましょう。また、形声文字の成り立ちを知っていると、その漢字の読み方や意味の見当がつきます。

2 漢字の読み

練習問題 40・41ページ

1

(1)そそ (2)した (3)は
(4)まか (5)やさ (6)そな
(7)の (8)あ (9)な
(10)すこ (11)たも (12)もと

2

(1)ハイ・くば(る)
(2)ネン・も(える・やす・す)

(3)ケツ・いさぎよ(い)
(4)タイ・しりぞ(く・ける)
(5)ヨク・あ(びる・びせる)
(6)シ・か(う)

3 (1)せいぎょ (2)ふきゅう
(3)かんるい (4)ほかく
(5)そな (6)つ

4 (1)アしゅうしょく
イじょうじゅ
(2)アのうぜい イすいとう

5 ア・カ(順不同)

6 (1)ウ (2)エ (3)イ (4)ア

7 (2)ちゅうや (4)こくびゃく
(5)ふうう (6)さんや
(8)さゆう (9)ぶっぴん

解説

1 (5)「優れる」の場合は「すぐ(れる)」と読みます。
(10)「健康」であることを、「健(すこ)やか」といいます。

2 (3)「清潔」「高潔」などの熟語に用いられます。訓読みでは「潔く認める」などと使われます。

3 (2)「不朽」は、「ほろびないでいつまでも残ること」という意味で、「不朽の名作」などと使います。
(3)「涙」の音読みが問われています。「落涙」などと使います。

4 (1)イ「成就」は「なしとげること」という意味です。
(2)イ「出納」は「出し入れすること」という意味です。

5 ア「口調」「口伝」「口説」では「ク」と読みます。カ「工夫」「工面」「大工」「細工」では「ク」と読みます。

6 (1)「元首」は「ゲンシュ」です。
(2)「静脈」は「ジョウミャク」です。
(3)「精進」は「懸命に努力すること」という意味です。

3 漢字の書き

練習問題 56・57ページ

1 (1)会報 (2)機会 (3)射
(4)説 (5)革新 (6)大勢
(7)報知 (8)公海 (9)伝統
(10)熱湯

2 (1)未来 (2)残す
(3)観光 (4)景品
(5)険しい (6)屋上
(7)予防 (8)折れる
(9)選挙 (10)改札

3 (1)ア積 イ績 ウ責
(2)ア則 イ測 ウ側

4 (1)ア感 イ慣
ウ間 エ巻
(2)ア正 イ照
ウ唱 エ商

5 (1)ア根 イ音 ウ値
(2)ア空 イ明 ウ開

6 ア災 イ済 ウ最 エ再
オ際 カ採 キ細 ク祭

解説

1 (1)「解法」「開放」「快方」「解放」「介抱」などの同音異義語があります。
(7)「放置」ではなく、「告げ知らせること」という意味の「報知」です。

2 (2)「残」を「浅」と間違えないようにしましょう。

5 (1)イ「音色」「弱音」や「音を上げる」の「音」は、「ね」と読みます。

6 「サイ」には、ほかに「歳」「裁」「才」「栽」「債」「催」などもあります。特にイ「救済」は「斎」と似(に)ています。

ここに注意
同音異字、同訓異字、同音異義語は、文の内容や前後の語句との関係から、適切(てきせつ)なものを選んでいきます。

4 漢字の部首・筆順・画数

練習問題 68ページ

1 (1)図 (2)熱 (3)祝 (4)病 (5)刻 (6)筋 (7)遺 (8)潔 (9)陽 (10)順

2 (1)3 (2)9 (3)3 (4)3

3 A コウ　B 音訓　C きへん　D 十四

解説

1 (2)「れんが(れっか)」は「灬」で、火や熱を表します。

(10)「おおがい」は「頁」で、頭部や先頭を表します。

2 (3)「帯」の上部は、「一」のあとに「丨」が三つ続きます。

3 (4)「女」は三画で書きます。

B漢字を調べるとき、音や訓の読み方がわかっていれば「音訓索引(さくいん)」、部首なら「部首索引」、総画数(そうかくすう)なら「総画索引」で調べることができます。

5 ローマ字

練習問題 78・79ページ

1 (1)①a・e　②u・i　③y・k　④a・e
(2)①i・o　②n・e　③y・a・e　④i・a

2 (1)kyôiku　(2)sin'ya　(3)tyasitu
(4)nikkityô　(5)kôkûki　(6)Sapporo-si

3 (1)ウ　(2)エ　(3)ア　(4)イ

4 (1)ha→wa，boosi→bôsi
(2)tiyawan→tyawan，ata→atta
(3)Panya→Pan'ya，he→e

5 ①ウ　②ア

6 コーヒーぢゃわんに，ふたつずつ

7 かもしか　の　なく　こえ　や，らいちょう　の　なきごえ　など　は，どうぶつえん　では　ちょっと　きく　こと　が　できない。

8 SUWE〔ULE〕〔UXE〕-DENN NO VA〔VULA〕〔VUXA〕IORI NISUTO GA RAINITI〔CHI〕SI〔SHI〕TA。

解説

2 (3)「ちゃ」は，「tya」，または「cha」と表します。
(5)「kôkûki」と，「のばす音(長音)」が2つあります。

3 (3)かたかなで表記すると，「トランペット」となります。

5 ②「質疑(しつぎ)」と「応答(おうとう)」に分けて考えましょう。

6 「コーヒーぢゃわん」です。「じゃ」は「ja」，「ぢゃ」は「dya」と表すこともできます。

8 「ウェ」は「WE」，「ヴァ」は「VA」と入力します。

章末問題　80〜84ページ

1 (1)ようじょう　(2)しょもう　(3)そうせい　(4)じちょう〔じじゅう〕　(5)せっそう

2 (1)こおう　(2)しゅしゃ　(3)じゅうだん　(4)ゆだ(ねる)　(5)つら(なる)

3 (1)まいご　(2)やおや　(3)けさ　(4)くだもの　(5)みやげ

4 (1)ウ　(2)エ　(3)ア　(4)イ　(5)ア　(6)ア

5 (1)割　(2)幕末　(3)棒　(4)功績　(5)奮　(6)拝　(7)輸送　(8)蒸発　(9)暴走　(10)綿密

6 (1)耕す　(2)発揮　(3)収拾　(4)格調　(5)謝辞　(6)敬う　(7)仕える

7 (1)清算　(2)参拝　(3)授与　(4)合致　(5)舞踏　(6)養護　(7)費(やして)　(8)侵(す)　(9)利(き)　(10)くどく　(11)しゅっか　(12)ざっきょ　(13)いとな(み)　(14)またた(く)　(15)とな(えても)

8 (1)エ　(2)ア　(3)イ　(4)エ

9 (1)便　(2)分　(3)放

10 ウ・カ(順不同)

11 (1)隹　(2)ア

12 (1)くにがまえ　(2)しんにょう(しんにゅう)

13 14(画)

14 たいか

15 (1)①暖　②温　(2)①暑　②厚　③熱

16 (1)そこう　(2)もっか　(3)じちょう

17 (1)納　(2)和

18 (1)ア　(2)ウ

19 (1)稼　(2)靴　(3)荷　(4)(例)花

解説

1 (1)「養生」は「健康に気を配ること」という意味です。

(2)「所望」は「望み願うこと」という意味です。

(3)「早世」は「早死にすること」という意味です。

(5)「節操」は「主義や主張などを固く守って変えないこと」という意味で、「節操を守る」などと使います。

2 (4)「委」の音読みは「イ」で、「委任」などの熟語があります。

3 特殊な読み方は、熟語全体につけられた読みです。

> **ここに注意**
> 「特殊な読み方」とは、熟字訓のことです。「土産」「八百屋」「眼鏡」など、代表的なものは覚えておきましょう。(→p.34)

4 (1)ウの「小児」は「ショウニ」と読みます。ほかの「児」は、すべて「ジ」と読みます。

(4)イの「外科」は「ゲカ」と読みます。

(5)アの「強情」は「ゴウジョウ」と読みます。

5 (4)「コウセキ」の「セキ」は、「責」や「積」と書いてはいけません。

(7)「ユソウ」の「輸」を、「輪」や「諭」

と間違えないようにしましょう。
(10)「細かくてくわしいこと」という意味の「綿密」です。

6 (1)活用する語は、原則として活用語尾を送ります。「耕さない」「耕します」「耕せば」となります。
(4)同音異義語の「拡張」を書かないようにしましょう。
(5)「お礼のことば」という意味の「謝辞」です。
(7)「その事務にあたる、役目として担当する」という意味の「司る」です。送りがなに注意しましょう。

7 (1)「セイサン」には「清算」「精算」「成算」「生産」などの同音異義語があります。ここは、「貸し借りを計算してかたをつける」という意味の「清算」です。
(3)「ジュヨ」の「ジュ」は、「受」ではありません。「授」の訓読みは「授ける」です。
(8)「オカす」には「犯す」「侵す」「冒す」の同訓異字があります。ここでは、「侵略する」という意味の「侵す」です。
(9)「きく」には、「聞く」「効く」「利く」などの同訓異字があります。ここでは、「うまくできる」という意味の「利く」です。

8 (1)**エ**の「向上心」を「高上心」と間違えないようにしましょう。
(4)「ゲネツ」は「下熱」ではなく、「解熱」です。

9 (1)「便」の音読みには「ベン」と「ビン」があります。

10 **ア**同音が続き「ちぢむ」になります。
ウ「十日」は、「とおか」と書きます。「とうか」ではありません。「八日」などと混同しないようにしましょう。
キ「手」と「作る」が結びつくので「てづくり」になります。

11 (1)部首は「隹(ふるとり)」です。
(2)「雑」の総画数は十四画です。

12 (1)「因・固・囲・団」という漢字ができるので、部首は「囗」です。
(2)「造・辺・運・迷」という漢字ができるので、部首は「辶」です。

13 ――線は「複(雑)」です。

14 「大家」は「タイカ」の他に、「おおや」とも読みます。文脈から判断しましょう。

15 (1)・(2)それぞれ同訓異字です。

16 (1)「素行」とは、「普段の行い」のことです。
(2)「目下」とは、「目の前、ただいま」の意味です。「目下」にはほかに「めした」の読みもあります。
(3)「自重」とは、「自らを重んじて卑下しないこと」「自らの行いを慎み、軽はずみな振る舞いをしないこと」という意味です。「ジジュウ」と読む場合は、「それ自体の重さ」を意味します。

17 (1)「出納」「納屋」「収納」です。
(2)「和服」「和尚」「日和」です。

18 (1)――線と**ア**は「構」が入ります。**イ**は「耕」、**ウ**は「講」、**エ**は「興」です。
(2)――線と**ウ**は「処」が入ります。**ア**は「所」、**イ**は「諸」、**エ**は「署」です。

19 1は「化(石)」、2は「可(能)」、3は「家(庭)」になります。
(1)「アキやイネなどに使われていることの部首」とあるので、部首は「禾(のぎへん)」になります。これに3の「家」を組み合わせて、「稼」になります。

(2)「動物のカワを表す」とあるので、部首は「革(かわへん)」になります。これに1の「化」を組み合わせて、「靴」になります。

(3)「この漢字には、この音記号の他に二つ足す必要があ」り、「一つは、『チャ』や『オちる』などに使われている部首、もう一つは『キュウ息』などに使われる」とあるので、「艹(くさかんむり)」と、「亻(にんべん)」を2の「可」に組み合わせて、「荷」になります。

(4)1の音記号は「化(カ)」なので、これに「艹(くさかんむり)」を組み合わせて、「花」になります。「貝(かい)」を組み合わせて、「貨」でもよいでしょう。

第2章 いろいろな言葉

1 言葉の種類

練習問題 90ページ

1 (1)速度 (2)読書 (3)理由 (4)飲食 (5)徒歩 (6)使用法(使用方法)

2 (1)イ・ウ (2)イ・イ (3)イ・ア (4)ア・ウ (5)イ・イ・ウ (6)ア・ア

3 (1)位(置) (2)情(報) (3)(収)集 (4)討(論) (5)(反)応 (6)部(門)

解説

1 (4)和語では「食べたり飲んだり」または「飲んだり食べたり」のどちらでもよいですが、漢語では「飲食」という言い方しかしません。

(6)「使う」「(その)やり方」と分けて考えましょう。

2 複合語の問題です。まず、単語に分けて、どの言葉が組み合わさっているのかを考えましょう。

(3)「宙」は音読みなので漢語です。

(5)「年末／大／セール」と分けられます。

3 (6)「営業セクション(営業部門)」などのほかに、「区切り・欄」という意味で「文章が二つのセクションに分かれている」「新聞のセクションを検討する」といった使い方もされます。

ここに注意

外来語は、説明的文章の中でよく使われます。注釈がないこともあるので、あいまいなままにせず、その都度辞書を引くなどして、使い方と一緒に意味を覚えておくようにしましょう。

2 熟語

練習問題 98・99ページ

1 (1)(市)場 (2)色(紙) (3)(風)車 (4)上(手)・下(手) (5)(年)月 (6)(生)物

2 (1)イ (2)ア (3)エ

3 (1)苦 (2)気 (3)工 (4)上

4 (1)無(責任) (2)非(凡) (3)不(景気) (4)無(記名)

(5)未(成年)　(6)否(認)
(7)未(練)　(8)不(良)

5 (1)言語　(2)迷子　(3)預金
(4)得失　(5)未知

6 (1)エ　(2)ウ　(3)イ　(4)ア

解説

1 (1)は「いちば／シジョウ」、(2)は「いろがみ／シキシ」、(3)は「かざぐるま／フウシャ」、(4)は「かみて／うわて／じょうず(しもて／したて／へた)」、(5)は「としつき／ネンゲツ」、(6)は「なまもの／セイブツ」となります。(4)の「じょうず」「へた」は熟字訓です。また、和語と漢語、訓読みと音読みという指示はないので、「逆手(さかて／ギャクて)」なども考えられます。

2 (1)**イ**のみ「前に動かす」という意味で使われています。
(2)**ア**のみ「もとめる」という意味で使われています。
(3)**エ**のみ「あやまる」という意味で使われています。

5 (4)「得失」は「利益と損失、損得」という意味です。

3 三字熟語・四字熟語

練習問題 108・109ページ

1 (1)中　(2)応　(3)心

2 (1)右往左往　(2)一長一短　(3)意気消沈　(4)急転直下

3 (1)一意(専心)　(2)(一日)千秋　(3)針小(棒大)　(4)(千変)万化　(5)(優柔)不断

4 (1)歩行者　(2)乗用車　(3)音楽家　(4)三日月　(5)共和国　(6)図書館　(7)早合点　(8)類義語　(9)未知数　(10)再放送

解説

2 (1)「南船北馬」は「いろいろなところを忙しく旅する」という意味の故事成語(中国の古い話をもとにできた言葉)です。似た意味の四字熟語に「東奔西走」があります。
(3)「意気投合」は「お互いの気持ちなどが一致する」という意味の四字熟語です。

4 (7)「早合点」は「人の話をよく聞かないで、わかったつもりになること」という意味です。

ここに注意

四字熟語は、漢字を覚えることはもちろんですが、読み方や意味、用例も必ずあわせて覚えるようにしましょう。意味を覚える際は、たとえば「千変万化」を「千に変わり、万に化する」などのように、和語(訓読み)にして読んでみるのもいいでしょう。

4 類義語・対義語

練習問題 116・117ページ

1 (1)エ　(2)イ　(3)ア

2 (1)ウ・オ　(2)ア・エ　(3)イ・エ　(4)ア・オ　(5)イ・ウ　(6)ウ・オ

3 (1)精(読)　(2)再(興)　(3)(質)疑　(4)(感)激

4 (1)ケ　(2)ソ　(3)イ　(4)ウ　(5)ス　(6)ア　(7)シ　(8)コ　(9)キ

5 (1)安全　(2)合成　(3)失敗

(4)自然　(5)相対

6　(1)支(出)　(2)解(任)
(3)勝(利)　(4)派(手)

解説

1　(1)「落成」は、建物が完成したときに使う言葉です。
(3)「需要と供給」という言い方をしますが、これは対義語です。ここでは類義語を選ぶ点に注意しましょう。

3　(1)ほかに「味読」という類義語もあります。
(2)ほかに「再建」という類義語もあります。

4　(8)ほかに「単純」という対義語もあります。

5　(5)「相対(的)」は、「ほかのものと比べて考えること」という意味です。たとえば、「絶対評価」は、その人がある基準を満たしたかどうかで評価する方法、「相対評価」は、他の人と比べてどうであったかを評価する方法です。

6　(2)「解任」は「任を解く」と読むことができます。

ここに注意
対義語や類義語は、文章読解の手がかりになることもあります。説明的文章でよく出てくる「主観・客観」「絶対・相対」「形式・内容」などは、意味もしっかり確認しておきましょう。

5 慣用句

練習問題　130・131ページ

1　(1)ウ　(2)イ

2　(1)あまる　(2)かるい
(3)たかい　(4)くくる

3　(1)イ・オ　(2)ア・エ
(3)ウ・エ

解説

1　語群の意味は次のとおりです。
(1)ア努力が無駄になること。
イ時期を外して役に立たないこと。
ウ他のことが気になって少しも落ち着かない様子。
エ経済的にたいそう苦しい様子。
オしんとして静かな様子。
(2)ア心にやましさを感じて悪く思う。
イ気遣いしなくてよい。
ウこちらに関心を向けさせる。
エ不愉快に感じる。
オ心配してやきもきする。

2　慣用句は決まった言い方ですが、(2)の「口が軽い」が「口の軽い」とも言えるように、変化した形で使われることもあります。

3　(1)（　）に入る漢字は次のとおりです。アは足、イは身、ウは手、エは実、オは身。
(2)アは目、イは顔、ウは気、エは目、オは鼻。
(3)アは板、イは目、ウは腹、エは腹、オは口。

ここに注意
体の一部を使った慣用句は特によく出題されるので、意味の違いをしっかり区別して覚えましょう。

6 ことわざ

練習問題　144・145ページ

1　(1)ウ　(2)ア　(3)イ　(4)エ

2　(1)×　(2)〇　(3)〇　(4)×

3　ア

4 (1)オ (2)ア

5 (1)ア (2)ウ (3)イ (4)オ

解説

1 ことわざは、たとえになっています。

(1)木登り上手の猿でも木から落ちるときがあるように、名人も失敗することはある。

(2)真珠を価値がわからない豚に与えるようなものだ。

(3)もともと丈夫な石橋をたたくというほどに、よく確かめる。

(4)どんぐりのようにどれも同じようで差が小さく、特に目立つものがない様子。

2 正しい使い方は、次のとおりです。

(1)気の強い姉が泣くなんて、まさに鬼の目にも涙だ。

(4)石の上にも三年というように、今はつらくとも練習を続ければ、将来はプロ選手にだってなれるよ。

3 いくら言っても効き目がない、という意味のアが適切です。

4 (1)は手ごたえがないこと、(2)は急いでいるときほど物事を確実に進めるべきだということを表すことわざです。

5 次の関係のことわざを選びます。

(1)平凡な親から優れた子が生まれる。↔平凡な親から優れた子は生まれない。

(2)世の中は不人情な人ばかりではない。↔人はみな疑ってかかるべきだ。

(3)あとのことはどうなってもかまわない。↔その場を立ち去るときは、後始末をしていくべきだ。

(4)何もしないでよい結果を得ることはできない。↔何もしていないのに思いがけずよいものが得られる。

ここに注意

意味を覚えるだけでなく、使い方にも目を向けてみましょう。

7 故事成語 154・155ページ

練習問題

1 (1)福 (2)虎(とら) (3)大海

2 (1)ウ (2)エ (3)オ (4)イ (5)ア

3 (1)オ (2)ア (3)イ (4)カ

4 (1)ウ (2)エ (3)イ

解説

1 (1)故事成語もたとえ話が多くあります。「転じる」は変わるという意味、「なす」はするという意味です。

(2)強者である虎の力を狐が借りています。

(3)蛙は狭い井戸の中のことしかわからず、外には海という広い世界があることを知りませんでした。由来も確認しておきましょう。

2 (2)カラスのような集団、というたとえ。敵方の軍勢をいったものです。

(3)昔、竹馬で遊んだ友達のこと。昔の中国の権力者がかつての友を表した言葉。

(5)「他山の石」を磨き石として、玉(=宝石)を磨くべしという詩からきた言葉。

3 次のような意味の故事成語を選びましょう。

(1)余計なことをすること。

(2)つじつまが合わないこと。

(3)前例にこだわってかたくなになること。

(4)いちばん優れた部分。

4 どのような由来があるかも確認しておきましょう。

(1)「頭角」は頭の先端のこと。見えはじめたことを表しています。

(2) 芝居で人が馬を演じる、その脚が見えてしまったということです。

(3)「雌雄」は、勝ち負けを意味します。

8 辞典の引き方

練習問題 160ページ

1 (1) ウ→エ→ア→オ→イ
(2) イ→オ→ア→エ→ウ
(3) イ→エ→ウ→ア→オ
(4) イ→エ→ア→ウ

2 ア 二三　イ 一八四
ウ 一　エ 一六四
オ 二〇一

解説

1 言葉をすべてひらがなに直して考えます。五十音順、清音・濁音・半濁音、普通の字と小さく書く字などに注意。

2 漢字の部首は、ア「イ」（にんべん）、イ「扌」（てへん）、ウ「一」（いち）、エ「忄」（りっしんべん）、オ「攵」（のぶん）です。

ここに注意
辞典の引き方を覚えるだけでなく、実際に使いこなせるようにしておきましょう。

章末問題 162〜166ページ

1 (1) イ　(2) ア

2 エ

3 (1) 未　(2) 無　(3) 非

4 エ

5 (1) A 異　B 同
(2) C 前　D 後
(3) E 右　F 左
(4) G 死　H 生

6 (1) 十　(2) 千　(3) 五
(4) 一　(5) 百

7 (1) (い)・危険　(2) (く)・人工
(3) (え)・禁止　(4) (あ)・片道
(5) (き)・差別

8 (1) 虫　(2) 帯　(3) 水

9 (1) イ　(2) エ　(3) オ
(4) カ　(5) ウ

10 ウ

11 (1) オ　(2) ケ　(3) イ
(4) エ　(5) キ

12 オ

13 (1) 千　(2) 鼻
(3) イ
(4) B 新　D 朗

14 (1) 有言実行　(2) 一心同体

15 足

16 ア

17 天下太平・問答無用・大同小異・因果応報（順不同）

18 (1) 目　(2) 歯

19 (1) A 2　B 3　C 3　D 1
(2) ⑤

解説

1 (1)は反対の意味の漢字の組み合わせ、(2)は上の漢字が下の漢字の説明になっている組み合わせです。

2 ア〜ウは二字＋一字、エは一字＋二字の組み合わせです。

3 打ち消しの漢字には、「不・無・未・

非」などがあります。「不・無」は多くの語につきますが、「未・非」のつく語は限られています。「未」は「いまだにしていないこと」、「非」は「そうではない」と否定する漢字です。

4 「一心不乱」は、一つのことに集中してほかのことが見えない状態を表します。**エ**は落ち着いている様子を表します。

5 四字熟語の漢字や読み方だけでなく、意味も確かめておきましょう。

(1)みんなが口をそろえて同じことを言うこと。

(2)前例がなく、今後もないだろうと思われること。

(3)右へ行ったり左へ行ったりと、どうしてよいかわからずうろうろすること。

(4)もうだめかと思われたところから、立て直すこと。

6 漢数字が使われている四字熟語は多いので、ほかの語と数を間違えないように、しっかりと覚えておきましょう。

7 類義語と間違えないように注意しましょう。語群のほかの語の対義語は次のとおりです。

㋒義務↔権利

㋔形式↔内容

㋕現実↔理想

㋘反対↔賛成

㋙病弱↔強健

8 漢字一字と指定がある場合は、ひらがなで書いたのでは正答になりません。漢字で正しく書けるようにしておきましょう。

9 体の一部を使った慣用句は、よく出題されます。体の部分ごとにまとめて覚えておきましょう。

10 「虻蜂とらず」は、「虻」も「蜂」もとれなかった、ということ。多くを得ようとしてどちらも失うという意味です。**イ**は反対の意味で、一度に二つの利益を得ることを表しています。

11 文脈から状況を判断して、ふさわしいことわざを選びます。(1)～(5)のことわざの意味は次のとおりです。

(1)物事の調和が取れないこと。

(2)せっかく完成させても、肝心なところが抜けていること。

(3)苦労して学問に励むこと。

(4)悪い行いやうわさは、すぐ世間に知れ渡ってしまうということ。

(5)一度起こってしまったことは、取り返しがつかないということ。

12 「問」の部首名は「もんがまえ」で、合っているのは**オ**です。

ア「梅雨」のときには「つゆ」と読みますが、「梅」単独で「つ」とは読みません。漢字辞典の音訓索引で調べるときには、音読みなら「バイ」、訓読みなら「うめ」です。

イ「近」の総画数は「七画」です。

ウ「部」の総画数は「十一画」です。

エ「利」の部首は「りっとう(刂)」です。

13 (1)「千里眼」は、千里(遠く)を見ることのできる眼という意味。

(2)「得意満面」は、自慢に思えてしかたがない顔つきをいいます。「鼻が高い」様子は、「鼻高々(に)」というようにも使います。

(3)**イ**は上の漢字が下の漢字の説明になっている組み合わせ、**ア・ウ・エ**は似た意味の漢字の組み合わせになっています。

(4)A「保守」は、変化を嫌い、伝統を守る立場。B「革新」は、よりよく変えていこうとする立場です。C「快活」D「明朗」は、どちらも性質が明るく元気な様子を表します。

14 ①～④の四字熟語は次のとおりです。
(1)①有為転変　②巧言令色
　③謹厳実直　④不易流行
(2)①一期一会　②以心伝心
　③呉越同舟　④表裏一体

15 「揚げ足を取る」以外にも「足がつく(発見のきっかけになること)」、「足を洗う(よくない仕事をやめること)」など、「足」を使った慣用句はたくさんあります。

16 「因果」は「(原)因」と「(結)果」という反対の意味の漢字を重ねた熟語です。同じ組み立てはアの「伸縮」です。イの「不足」は、上に否定の接頭語がついている熟語、ウの「減刑」は「刑を減らす」というように、動詞の下に目的語がくる熟語、エの「悲哀」は「かなしい」という同じような意味の漢字を重ねた熟語です。

17 設問文の「答えとなる四字熟語同士が重なっていることはなく、上から下、または左から右にしか読まない」という条件に注意して、四字熟語を抜き出します。誤った漢字(——線)を用いているものは次のとおりです。
・平音(穏)無事　・一世一大(代)
・千変万果(化)　・難功(攻)不落
・功(公)明正大　・不(付)和雷同
・心(針)小棒大　・異句(口)同音
・万物流展(転)

18 (1)「目がない」は「非常に好きである」、「目を奪われる」は「素晴らしさに注意を引きつけられる」という意味です。
(2)「歯が立たない」は「相手が強すぎてかなわない」、「歯が浮く」は「軽々しい言動に嫌な気持ちになる」という意味です。

19 (1)A～Dのことわざや慣用句、四字熟語は次のとおりです。
A・空いた口がふさがらない
・牛耳を執る
・老体に鞭打つ
・鶏口となるも牛後となるなかれ
・食指が動く
B・青菜に塩
・白眼視
・赤貧洗うがごとし
・青二才
・青息吐息
C・竹馬の友
・閑古鳥が鳴く
・馬脚を露す
・猿芝居
・生き馬の目を抜く
D・一日の長
・悪事千里を走る
・親の七光り
・三日天下
・百鬼夜行
(2)①～⑤のア・イの空欄に入る二字熟語は、次のとおりです。
①ア転機　イ機転
②ア人知　イ知人
③ア現実　イ実現
④ア所要　イ要所
⑤ア性根　イ根性

第3章 言葉のきまり

1 文の組み立て

練習問題　180・181ページ

1 (1)五　(2)六　(3)七

2 (1)主語…×　述語…起きました
(2)主語…手紙は
　述語…届くでしょう
(3)主語…ワールドカップは
　述語…開催されます
(4)主語…×　述語…会いたい
(5)主語…おもちゃが
　述語…壊れた

3 (1)描いた　(2)勝つと　(3)見入って
(4)気づきました　(5)わからない

4 (1)ウ　(2)④
(3)主語…気持ちも
　述語…あった
(4)私は　(5)譲ろうと

解説

1 各文を文節で分けると、次のようになります。
(1)私は／昨日、／集中して／作文を／書きました。
(2)今年の／夏は、／思って／いた／以上に／暑いです。
(3)運動場を／一生懸命／走って／みると、／とても／気持ちが／よかった。

2 (1)・(4)は「私は」などの主語が省略されています。

3 (2)「私は」「信じている」と、「弟が」「勝つ」と、主語・述語の組み合わせが二つある複文です。(3)「見入っていた」は「見入って／いた」と二つの文節に分かれることに注意しましょう。

4 (2)――線部④は修飾・被修飾の関係、それ以外はすべて補助の関係です。(3)主語は「何が(は)」の形以外もあることに注意しましょう。「あった」のは「何が」なのかを考えるとよいでしょう。

ここに注意
複文も重文も主語と述語の組み合わせが二つ以上ありますが、複文のほうはより複雑になっています。

2 言葉の種類と働き

練習問題　204〜207ページ

1 (1)イ　(2)エ　(3)エ
(4)ウ　(5)ウ

2 ①エ　②ケ　③キ
④コ　⑤ア　⑥ウ
⑦カ　⑧オ　⑨イ

3 (1)エ・キ　(2)オ・イ
(3)ア・ク　(4)イ・ア
(5)キ・コ

4 (1)降る　(2)おどろく
(3)飛ぶ　(4)広げる
(5)切れる

5 (1)オ　(2)ア　(3)ウ
(4)イ　(5)エ

6 (1)オ　(2)ウ　(3)エ
(4)イ　(5)ア

7 (1)ても　(2)まい
(3)ません　(4)ちがいない
(5)ください

8 (1)エ　(2)イ

解説

1 (1)イは接続詞もしくは接続助詞でほかは助動詞です。
(2)エは「名詞＋助動詞」で、ほかは形容動詞です。
(3)エは副詞もしくは接続詞で、ほかは感動詞です。
(4)ウは形容動詞の一部もしくは名詞で、ほかは形容詞です。
(5)ウは普通名詞で、ほかは固有名詞です。

2 ②活用する付属語です。
⑦「日」を修飾しています。
⑨文節のはじめにあるので自立語です。

3 (1)「のどかな」は、言いきりの形が「のどかだ」の形容動詞です。
(2)「すぐ」とイの「もっと」はあとの言葉を修飾する副詞です。
(4)「食べる」とアの「動く」はそれぞれ「食べない」「動かない」のようにあとに続く言葉によって形が変わり、動作を表す動詞です。
(5)独立語になる感動詞です。

4 (4)「げ」に注意しましょう。「広い」「広まる」「広める」「広がる」は、活用しても「広げ」の形にはなりません。
(5)「切る」ではなく「切れる」であることに注意しましょう。

5 (1)順接、(2)選択、(3)逆接、(4)並立・添加、(5)説明の接続詞です。

> **ここに注意**
> 並立と添加の接続詞は、別の種類とする場合と、同じ種類とする場合とがあります。

6 (1)順接の「から」などが入ります。
(2)説明の「は」などが入ります。
(3)逆接の「けれども」などが入ります。
(4)転換の「ところで」などが入ります。
(5)添加の「しかも」などが入ります。

7 (1)「どんなに…ても」は仮定を表します。
(2)「よもや…まい（ないだろう）」は、打ち消しの推量を表します。
(3)「とても…ない」は、打ち消しを表します。「ない」を字数に合うように言いかえて答えます。
(4)「きっと…う」は、推量を表します。ここでは、「だろう」と同じように、推量と断定の意味をあわせもつ語が入ります。
(5)「どうか…ください」は、願望を表します。

8 (1)推定の意味の助動詞を選びます。
(2)直前の語が、言いきりの形かそうでないかによって、伝聞と様態を区別しましょう。

3 敬語

練習問題 216・217ページ

1 ①ア ②ウ ③イ ④ウ

2 (1)ウ (2)イ (3)ア

3 (1)例うかがった
(2)例なさいますか
(3)例うかがって
(4)母

4 (1)例おっしゃいました
(2)○ (3)○
(4)例お尋ねください

5 エ

6 ①イ ②オ ③ア ④エ

解説

1 ①話し手から動作の主体である「あなた」に対する敬意を表します。
③言いきりの形は「存ずる」で、「思う・考える・知る」の謙譲語です。

2 (3)「行く」のは先生であることに注意します。

3 (1)「聞く」の謙譲語にします。「お聞きした」でもかまいません。
(2)どちらかに「する」のは相手なので、尊敬語を使います。
(3)謙譲語にします。

4 (1)「申さ(謙譲語)+れ(尊敬語)+まし(丁寧語)+た」と、謙譲語が入っているので、尊敬語+丁寧語の形に直します。
(4)「うかがう」は謙譲語なので、相手の動作には使いません。

5 エは、身内である母の動作に「おっしゃって」と尊敬語を使っている点が誤っています。

6 ——線Aは、「私」が南先生にわたすのですから、謙譲語を使います。——線Bは、林先生が「私」に言ったのですから、尊敬語を使います。

> **ここに注意**
> 「させていただく」は、ほかの人の許しを得て行い、そのことで自分がいい目を見る場合に使います。

章末問題 219～223ページ

1 生物学が
2 (1)ア (2)エ
3 (1)ア (2)オ (3)イ
4 (1)なると (2)なる
5 ア
6 イ
7 ウ
8 (1)イ (2)エ
9 エ
10 Aイ Bア Cエ
11 エ
12 (1)エ (2)ア
13 ウ
14 (1)エ (2)イ (3)エ
15 (1)ウ (2)ア (3)イ (4)ウ (5)イ
16 ウ
17 (1)お聞きになって(お聞き／お尋ねになって／お尋ね)
(2)いただいて
(3)おっしゃった(言われた／お話しになった)
(4)お越しになり(いらっしゃい／来られ／おいでになり／行かれ)
(5)いたし
18 ア
19 ①いただいた ②お目にかかる(お会いする) ③うかがいたい

解説

1 「明らかにした」に対する主語は、「何が(は)—どうする」の「何が(は)」

にあたる文節です。「人間は」を受けているのは、「(一つで)あり」です。間違えないようにしましょう。

2 かかる言葉と受ける言葉は、つなげて読むと意味が自然に通ります。

(1)「東京オリンピックを目標に」

(2)「富士山は見える」

となります。

3 (1)「あなたの」何なのかと考えると、「あなたの―夢が」です。

(2)「あれは」何なのかと考えると、「あれは―家だ」です。

(3)「もっと」どうなのかと考えると、「もっと―早く」です。

4 (1)「きっと」どうなるのかと考えると、「きっと―なる(と)」です。

(2)「この場合」どうなのかと考えると、「この場合―なる」です。

5 **ア**は、主語と述語の関係が合っていないねじれ文です。正しくは、「僕の将来の夢はパイロットになることです。」や「僕は将来パイロットになりたいと思っています。」とします。

6 「大きな」は、「大きだ」とならず、つまり活用しません。自立語で、「家」という名詞をくわしくして(修飾して)いますから、連体詞です。連体詞の最後の「な」を選びます。**ア**は「静かだ」、**エ**は「きれいだ」という形容動詞が活用したものです。**ウ**は、「小さい(形容詞)＋な(終助詞)」です。

7 文意を読み取って副助詞を入れる問題です。空欄のあとの「過ぎなかった」に注目しましょう。「〜に過ぎない」とは、「ただ〜であるだけだ」という意味です。つまり、「わずか数年の延命を手に入れただけ」で、それ以上ではないということがわかります。

8 (1)「大切に」は、「保存されて」をくわしくして(修飾して)います。言いきりの形は「大切だ」で、修飾語になっていますから、形容動詞です。同様に、「国際的だ」となる**イ**も形容動詞です。ほかは、**ア**は名詞、**ウ**は形容詞、**エ**は名詞＋助動詞です。

(2)「すでに」は、活用せず、動詞「ある」を修飾しているので、副詞です。**ア**は名詞、**イ**・**ウ**は形容詞で、**エ**が副詞です。

9 接続詞の問題では、接続詞の前後の内容の関係を読み取りましょう。空欄の前には、ホタルを保護するための取り組みが述べられています。空欄のあとには、ホタルが少なくなったことが述べられています。前の内容から推測されるものとは反対の結果があとに続くので、逆接の接続詞を選びます。

10 A前の段落を否定的にとらえ、「どちらかといえば、知識が増えれば増えるほど…思考力が低下する」というつながりになっています。「どちらかといえば」にあたる言葉を選びます。

Bこの段落の内容は、前の段落で述べられたことの例になっています。例を挙げるときに使う言葉を選びます。

Cこの段落の内容は、前の段落の内容とは対立するものになっています。逆接の言葉を選びます。

11 問いの「られる」は、「辛抱していることができる」と言いかえられるので、可能の意味を表しています。**ア**・**ウ**は受け身、**イ**は自発で、**エ**が「得ることができる」という可能の意味です。

12 (1)「ない」は、直前に「は」を入れることができるのが形容詞、「ぬ」に置きかえられるのが助動詞です。ア・イ・ウは形容詞、エは助動詞です。

(2)「～な」は、「～だ」と活用できるものが形容動詞、活用できないものが連体詞です。アは連体詞、イ・ウ・エは形容動詞です。

14 (1)問いとエの「の」は、「が」と置きかえられる、部分の主語を表すものです。アは、「～のもの」と言いかえられるもの、イ・ウは、「の」を含む文節が名詞を修飾する言葉になっていることを表すものです。

(2)問いとイの「に」は、動作の目的を表すものです。アは、相手を表すもの、ウは、動作の帰着を表すものです。エは、形容動詞「静かだ」の活用語尾です。

(3)問いとエの「た」は、ちょうど動作が終わったこと(完了)を表すものです。アは、すでに過ぎ去ったこと(過去)を表すもの、イ・ウは、「～ている」と言いかえられる、その状態が続いていること(存続)を表すものです。

---

15 (1)「ございます」は丁寧語です。

(2)「おこしになる」は、「来る」の尊敬語です。

(3)「ご～する」は、謙譲語です。

(4)「ます」は丁寧語です。

(5)「拝見する」は、「見る」の謙譲語です。

16 ア・イ・エは、普通の言葉とその尊敬語の組み合わせです。ウは、謙譲語との組み合わせになっています。

17 (1)相手の動作「聞く」について、「うかがう」は謙譲語なので、尊敬語に直します。

(2)自分の動作「食べる・飲む」について、「召し上がる」は尊敬語なので、謙譲語に直します。

(3)先生の動作「言う」について、「申し上げる」は謙譲語なので、尊敬語に直します。

(4)先輩の動作「行く・来る」について、「参る」は謙譲語なので、尊敬語に直します。

(5)自分の動作「する」について、「なさる」は尊敬語なので、謙譲語に直します。

---

18 「言って」いたのは身内の「母」で、相手は「校長先生」なので、謙譲語の表現を選びます。イの「申されて」は、謙譲語「申す」に尊敬の助動詞「れる」がついており、誤りです。

第2編 読む

第2章 いろいろな文章を読む

1 説明文・論説文

練習問題 298～301ページ

1 (1)ウ

(2)B エ　C イ

(3)教わったものを自分の中で消化し、生まれ変わらせる

(4)例 技術や考え方をすべて人に頼るのでなく自分のものにして、本当の個性を出すこと。(38字)

2 (1)ごくありふれた文房具

(2)ア

(3)例「太郎クンガ歌ッタ」は日常ごくふつうに使う表現だ

が、「小川ガ歌ウ」は日常の世界を離れた表現であるという違い。

(4) 例 海岸で波に洗われて転がりながら音を立てている石

解説

1

(1) 日本人が西洋のおしゃれを取り入れた例として、「安土桃山時代の武将」の話や「江戸の男性はずいぶんいろいろな種類のズボンをはいていた」話が挙げられています。「おしなべて」が「大体どれも」という意味の言葉であることを考えると、挙げられた例に共通する内容が[A]に入ることが読み取れます。ア「武士」、イ「一般」、エ「奇抜な格好」はそれぞれ例のうちの一つしか指していないので誤りです。

(2) 接続語の前後の内容を確認し、それらがどのような関係でつながれているかを確認しましょう。[B]の前後は「外国製品をそのまま真似るだけではなく、日本流に作り直した例」が挙げられていますから、並立を示す「また」が入ります。[C]の前後に書かれた内容はほぼ同一のものなので、説明・補足を示す「つまり」が入ります。

(3) ヨーロッパから取り入れた時計を、そのまま使うのではなく生活に合わせてうまく作り直す日本人の特徴は、④段落の一文目「どうすれば教わったものを自分の中で消化し、生まれ変わらせることができるか？」の部分にまとめられています。

(4) 独自の文化を生み出すためには、まず「本当の個性を出す」ことが挙げられます。そのために「技術や考え方をすべて人に頼るのでなく、自分のものにしていく」という日本人の特徴をつけ足してまとめましょう。

2

(1) ケシゴムに関して書かれている部分で、「ケシゴムについて説明するふつうの表現」とはどのようなものかを意識して探しましょう。――線①の二行後に「私たちの日常生活では、ケシゴムはごくありふれた文房具にすぎませんでした」と、「日常生活」における「ケシゴム」の説明が書かれています。

(2) 「新しい世界」とは、「ケシゴムが、私たちと気持ちの通じ合う相手になる世界」のことです。体験が先にあって、それを言葉で表現するのではなく、先に言葉による表現があり、それをもとに私たちが考えたり感じたりする世界のことを指しています。

(3) 「日常」という言葉に注意して――線③・④が入った段落を読み直してみると、――線③は「日常ごくふつうに使っています」、――線④は「日常の世界を離れて」という言葉と結びついています。これを使い、「～という違い。」で終わるようにまとめましょう。

(4) 「石ガ歌ウ」という、日常の世界を離れた表現を考える問題です。実際に石が歌うわけではないので、石が音を立てている場面を思い浮かべ、「場所」と「様子」を説明しましょう。

練習問題 334〜337ページ

1

(1) A オ　B ウ
(2) Vサイン
(3) エ　(4) イ　(5) イ
(6) イ　(7) エ

解説

1

(1) [A] の前には「いまさらながら、ぼくは末永に悪いことをしたと反省した」という内容が書かれています。これに対して [A] の後には「こんな状況で、きのうはハメて悪かったと末永にあやまったら、どんな展開になるかわからない」という内容が書かれています。「反省している」様子と「いまさらあやまれない」という様子をつなぐ接続詞としては、逆接の「しかし」が良いでしょう。

[B] の前には「いまさらあやまれないし、あやまったところで末永も困るだけだろう」という内容が書かれています。これに対して [B] の後には「一番いいのは、このままふつうにグーパーじゃんけんをすることだ」という内容が書かれています。前の内容が後の内容の理由となっているので、順接の「だから」が入ります。

(2) この「ポーズ」とは、試合で会心のショットを決めた父がとったものであり、応援していた「ぼく」や母もまねするようなものです。そして、その父の姿を思い出したあとに「ぼく」は「Vサイン」のつもりでチョキを出しています。父がとったポーズとしてもありえるので、「Vサイン」であることがわかります。

(3) ——線②のあとで、久保は武藤に向かって「グーパーはもうやめよう」と言っています。このことから、久保が太二に対して言った「わかったよ」は、「おまえの出したチョキ(Vサイン)は、グーパーをやめようというメッセージなんだな」という意味を持っていることが読み取れます。

(4) ——線③と——線④の間には、「歩幅をあわせて歩いて」「わだかまりが消えていく気がした」など、部員たちの気持ちが落ち着いている様子が描かれています。これにふさわしいのは「安心」という心情です。

(5) 「ぼく」が、コート整備をめぐって起こったトラブルを乗り越え、チームがより強くなるだろうという実感を語っている場面です。「悪いことが起こったあと、そのおかげでかえって良い状態になる」という意味の「雨ふって地かたまる」が適しています。

(6) 「グーとパーが均等に分かれてほしい」という表現からは、ジャンケンの前で太二がまだ「チョキ(Vサイン)」を出すという案を思いついていないことがわかるため、答えは【ア】と【イ】にしぼられます。【ア】の前後は末永についての内容が続いているため、もどすのにより適切なのは、【イ】です。

(7) 全員で末永をハメてコート整備をおしつけた結果、次の「グーパーじゃんけん」は二十四人全員が緊張で青ざめた顔で迎えることになってしまいました。太二の出した「チョキ

（Vサイン）」をきっかけにわだかまりは解け、チームがまとまっていく様子が描かれています。したがって、主題は「部員たちの結束」であることが読み取れます。

3 随筆

練習問題 348〜350ページ

1

(1) 例 親鳥と同じくらい飛ぶ力を十分に持っている子雀。

(2) 例 子雀をとらえる絶好のチャンスを逃がさないでほしいといううったえ。

(3) エ

(4) 例 ぼくが子雀をとることができなかったのをいさぎよくあきらめたこと。

解説

1

(1) ――線①を含む文のあとに「つかまえるこつは、発育の遅い子雀」を追いまわすことだとあるので、反対に、追いかけてもむだなのは「親鳥と同じく、独り暮らしできる力をもう十分もっている」子雀です。「独り暮らしできる力」を具体的に言いかえて答えます。

(2) ――線②の前段落で「ぼく」はすでに成功をほぼ確信して気がゆるんでいます。そんな「ぼく」をミトは「射ぬくような」「真剣な」まなざしで見つめていることと、「ぼく」が視線に「こたえて」つかまえるための最後の準備にかかったことから、「ミト」は確実に捕らえてほしいと思っていることがわかります。

(3) 子雀が、途中で力つきて下へさがったりしながら飛んでいることから、本当に疲れはてていることが読み取れます。したがって、余力をかくしていたとするアは不適当です。また、――線③を「なぜか」感じたとあることから、つかまえようとしていた「ぼく」にしたら不思議な、つまり正反対の気持ちであると考えられます。それは五行後の「逃がしてやるか」という思いがこれにあたり、イ・ウともに不適当です。イの「保護」もつかまえることには変わりありません。

(4) 捕まえられそうな子雀の姿が「頭の中にちらつく」ということは、未練を感じているということです。しかし、その未練を「火をたくお陽様に投げこむ」＝燃やしてしまうとあるので、未練を断ち切ってあきらめたことがわかります。また、――線④は文が切れずに「ぼくは」に続くので、主語は「ぼく」です。

章末問題 352〜358ページ

1

(1) 例 妹が歌う歌が星座の歌であることを伝えて、妹を驚かせようと待ちかまえていたから。（39字）

(2) エ　(3) ウ　(4) ア

2

(1) なかなか交換でき

(2) ア

(3) 透明人間　(4) 下手

(5) ⑤エ　⑥イ

(6) 信頼の崩壊

3

(1) 棒立ちでやや大袈裟に呼ばわる

(2)イ

(3)ア七　イ八

(4)例 父親のおかげで編入試験に合格できたと礼を言うことについて、父親は夢の中で自分を助けてくれただけのことだったから。（56字）

解説

1

(1)あとに続く部分で、「私」がチエミの歌の歌詞について、「星座でしょ!」と言い出そうとして「どきどきした」、「たくさんの汗が出た」とあります。これは、歌詞の意味を伝えて妹を驚かせようと思い、緊張していたことを表します。

(2)「私」にとっては気になる歌詞でしたが、妹にとっては有名な人の歌で、わざわざ騒ぎ立てるようなものではありませんでした。

(3)「お父さんかお母さんの手によって」とあるように、天井につけられた北斗七星は、妹に対する父母の愛情をよく表すものでした。

(4)「私」は歌詞について妹に言おうと思い、はじめは緊張していましたが、その歌詞が有名な人のものだと知って驚くことになりました。その後父母が妹のために作った北斗七星について知り、世の中には自分の知らないことがまだたくさんあるということに気づきました。それによって、現在クラスメイトとうまくいっていなくても絶望する必要はないのだと思えるようになり、深く安心することができました。

2

(1)——線①のあとの「余人をもって代えがたい」が、前文内容の言い換えです。これを手がかりに探します。

(2)——線②の段落の最後の文に、「これはあまり個性的なにおいとは言えない」が、「本人だけが自分は個性的だと思っている」とあります。

(3)——線③を含む文に、「自分を脱臭・脱色していくと」、「どこまでも交換可能な」ものになると述べられています。「交換可能」を手がかりに、条件に合う表現を探します。

(6)多くの人が「『自己信頼』を失って」、ついには「社会に対する信頼」をも失っており、そのような「信頼の崩壊」が、現実に起きている「事件の背後」、すなわち原因となっているとしめくくられています。

3

(1)すぐあとに父親がいつもする行動が書かれています。妹の事件の時も同様のことをしています。

(2)あとの編入試験にまつわる出来事での父親の行動に注目します。「駆け出し」たのは夢の中だけという話題が、いつも「棒立ち」な父親の性格を印象づけています。

(3)「七転八倒」は「ひどく苦しんで転げ回る」という意味を表す四字熟語です。ここでは、どうやっても走ることができない父親が苦しがっている様子を表しています。

(4)母や祖母は、編入試験に合格できたのは父親のおかげだと言い、祖母は礼を言うようにと催促したが、父親が自分を助けてくれたのは夢の中の話であるので、「私」は「理屈に合わない」と感じました。

第3章 詩・短歌・俳句を読む

1 詩

練習問題 372〜373ページ

1
(1)うまごやしの原(7字)
(2)光りたちの鬼ごっこ(9字)、葦の葉のささやき(8字)
(3)イ
(4)A…よしきり　B…ひかり

解説

1
(1)第二連は作者の様子を表しています。作者は「うまごやしの原」にいて、顔を両手の中に置いていました。
(2)第一行の「光りたちの鬼ごっこ」という表現は、春の光がきらめいている様子を、「葦の葉のささやき」という表現は、風にゆれる葦の小さな葉音の様子を、それぞれ擬人法を使って表したものです。
(3)第三連では、少女たちが花環をつくって縄跳びをしており、その花環の向こう側には富士山が見えている様子が書かれています。
(4)「よしきり」「ひかり」という言葉は、いずれも「り」で終わります。

2 短歌

練習問題 382〜383ページ

1
(1)A夏　B春
(2)Cウ　Dオ

2
(1)B・C　(2)C・D
(3)A―イ　B―ウ
C―エ　D―ア

解説

1
(1)A現代語訳の空欄前後に「短い」「夜」とあるので、夏の歌です。B花とは桜のことを指します。日の光がのどかで、桜が散る季節であることから、春の歌です。
(2)C和歌では白露を玉にたとえます。首かざりが切れて真珠が散らばっているようなイメージです。D「色に出る」とは「思いが人の様子に出る」という意味です。

2
(1)BとCの短歌は音数が三十一文字を超えています。
(2)Cの「いづみ」、Dの「謎」はそれぞれ体言(名詞)です。
(3)アDの短歌は父のことを「謎」にたとえています。イAの短歌は一匹で鳴いている蛙のさびしさが伝わります。ウBの短歌は現代の言葉で書かれています。エCの短歌は死を意識しつつも豊かに生きようとする強い姿勢を表しています。

3 俳句

練習問題 394〜395ページ

1
A―ウ　B―イ　C―エ
D―オ　E―ア

2
(1)初句切れ
(2)A蟬　B蛙
(3)例 岩にしみ入るような蟬の声を聞いていたら、周りがとても静かなことに気づいた。

解説

1
Aは空気がすき通った冬の日に、水面に映るものすべてがくっきりとしていたことを、Bは台風の中を馬に乗って急ぐ武者の様子を、Cは強い風によって噴水の水が一瞬見たこともない形になったことを、Dはやっと雪が解けて子どもたちがうれしそうに外に出た様子を、Eはかき氷を食べている子どものうれしそうな様子を表現したものです。

2 (1)AとBの両方の句に同じ「や」という切れ字があります。

(2)Aの「蟬」は夏を、Bの「蛙」は春を表す季語です。

(3)Bの俳句の例では中心となるのは「蛙」ではなく、「古池」だと筆者は言っています。よって、Aの俳句も、「蟬」ではなく、「閑さ」を中心として、句を解します。

章末問題 396〜398ページ

1 (1)ア (2)準備 (3)例 初めてする(5字) (4)ウ (5)エ

2 (1)イ・オ (2)ウ (3)短歌 (4)のたり(のたりのたりのたり) (5)冬

解説

1 (1)本来の語順と逆になっています。本来は「飛び立っていくための／準備をしているのだ」となります。

(2)第一連で「準備をしている」と説明しています。

(3)「『初めて』から出発する」とあります。この詩では、初めての体験をするときにおそれないようにと教えています。

(4)第四連の内容に着目します。初めての体験をすることによって、その物事の本質がわかるようになると教えています。

(5)「こどもたちよ」とありますが、子どもたちに限定して呼びかけているわけではありません。誰であっても初めての体験をしようとする人たちに向けて発した言葉が書かれています。

2 (1)「空」や「海」の様子を表現するために、それぞれ「石盤」「灰色の牧場」にたとえる隠喩法が使われています。また、第三連と第四連では擬人法が使われており、それぞれ「鷗」と「船」を人のように表しています。

---

(2)第三連と第四連では蒸気船の様子が描かれており、「煙草を吸ひながら」や「口笛を吹きながら」という表現からのんびりとした様子が伝わります。

(3)短歌は三十一音、俳句は十七音を原則としています。

(4)擬態語とは、音を表す言葉でその様子を伝える語のことで、実際には音が出ないものを表現するとき用いられます。

(5)Dの季語は「春の海」で春、Eの季語は「天の川」で秋、Fの季語は「夕立」で夏です。

第4章 古典を読む

1 古典

練習問題 412〜413ページ

1 (1)イ (2)かぐやひめ (3)ア (4)例 おじいさん (5)つかいけり (6)イ (7)例 とてもかわいらしくて

2 (1)エ (2)ア

(3)イ　(4)温故知新

解説

1

(1)「竹取」が出てくる話なので、『竹取物語』です。

(2)竹の中にいた「三寸ばかりなる人」はこの後、「なよ竹のかぐや姫」とよばれるようになります。

(3)ア〜エの時代は、古い順に並んでいます。現存している最古の物語は、平安時代のものです。

(4)「翁」は「おじいさん」、「嫗」は「おばあさん」という意味です。

(5)語頭以外の「は・ひ・ふ・へ・ほ」は、「わ・い・う・え・お」に直します。

(6)「あやし」は「不思議だ」という意味です。

(7)「いと」は「とても」という意味です。「うつくし」は「かわいらしい」という意味で、現代語の「美しい」とは少し意味が違うので注意しましょう。

2

(1)『三国志』は歴史書、『西遊記』は小説、『魏志倭人伝』は『三国志』の一部をなす歴史書です。『論語』は、孔子の言葉を集めた言行録です。

(2)『論語』は孔子の弟子たちが師の言葉を集めたものなので、「子」つまり先生といえば孔子のことです。

(3)読みと同じ、「くらし」(暗い)という意味ではありません。

(4)日本語の書き下し文では漢字の順番が異なりますが、漢語の原文では四字熟語のそのままの順序です。

ここに注意

現代語と表す意味が違っている古語は、意味をしっかりと覚えておきましょう。

章末問題 416〜417ページ

1 (1)ウ　(2)エ　(3)旅人　(4)いきこう　(5)ウ　(6)ア　(7)エ

2 (1)イ　(2)ア　(3)あちこちから　(4)エ　(5)ウ

解説

1

(1)『おくのほそ道』は、松尾芭蕉が書いた紀行文です。文中には俳句も詠まれています。

(2)俳句は江戸時代に盛んになりました。

(3)現代語訳を参考にして探しましょう。

(4)「ア段+う(ふ)」は、「オ段+う」に直します。

(5)(6)——線と現代語訳を読み比べましょう。

(7)ずっと旅の中にいるという意味です。

2

(1)「暁を覚えず」を 現代語訳 で「朝になったのにも気づかず」としていることから考えましょう。

(2)「春の眠りは心地よく、朝になったのにも気づかず」と同じ意味のものを選びます。

(3)「鳥の鳴き声が聞こえるまで」が「啼鳥を聞く」と対応していることに注目します。

(4)「花落つること」を「知る」という意味です。

(5)(4)でふまえた内容を「夜来　風雨の声」から想像しているという表現になっています。

第1章 書く

練習問題 492ページ

1 (1)例 サボテンは寒さに弱い (10字)

(2)例 思ったことだ

2 必要のないもの…②・⑥
必要なもの……イ・ウ

解説

1 (1)「だが」は、前の部分と逆の内容や、前の部分から当然そうなると想定されるものとは違う内容のものがあとにくる場合に使われる接続語です。冬にサボテンに温室を作ってやらなくてはいけないのは、サボテンがそのままでは冬を越せないほど寒さに弱いからです。そのことを、空欄に合うような形で解答にします。

(2)主語は「きっかけ(名詞)は」なので述語は「～(し)たことだ」という形になります。はじめの文の言葉をそのまま使って、「～思ってサボテンを集めだしたことだ」としても、形の上ではいいですが、文頭の「サボテンを集めた」と重複しますので、書き改めるようにしましょう。

2 見学の記録を書くためには、日時、場所、目的を書き、さらに見学の内容を見た順序で書くことが必要です。見学して感じたことも書きましょう。

ここに注意

作文を書くときには、主語と述語の関係などの言葉のきまりにも注意しましょう。書き終わったら推敲して、表現におかしなところがないか確認します。

章末問題 494ページ

1 例 新聞なども

2 (1)ア (2)エ

3 (1)例 ボランティア活動に意欲的に参加する友人に共感し、私も活動に参加してみた。

(2)例 私は、しきりに「遊ぼう」と誘ってくる妹をほほえましく思った。

4 例 彼はあたかも勝利したかのようにふるまった。(21字)

5 例 これは「こいのぼり」というもので、五月五日の子どもの日に、子どもの成長を願って立てられます。(46字)

6 (1)例 発信者向けである「この折り目を内側にして折って差し出して」という指示を、返信者が自分向けの指示だと誤解して、往信面を切らずにそのまま折って返信してしまったから。

(2)例 発信者が文面に「返信部分に必要事項をご記入のうえ、この面を切り取ってから郵送してください。」などと注意書きを加えるとよい。

7 例 四字熟語…七転八起
中学校では、小学校以上に勉強が難しくなり、部活動もはじまるため、うまくいかないことも多くなると思います。でも、何度失敗をしても、勇気を出してあきらめずに取り組んでいくつもりです。

8 ③

解説

1 「なんか」は、一例を挙げて示す働きをする話し言葉です。書き言葉の場合は、同じ意味を表す「など」を使いましょう。

2 (1)正しい順番は、**イ**「面目の立たない事情があって」**ウ**「その人の家に行きにくいという」**オ**「意味であるが最近では」**ア**「身の丈に合わなすぎて」**エ**「その店に入りにくいという」となります。

(2)正しい順番は、**イ**「人間活動の拡大にともなって」**ア**「温室効果ガスが」**オ**「大量に大気中に」**エ**「排出されることで」**ウ**「地球が温暖化している」となります。（**ア**と**オ**は順が逆になっても可。）

3 (1)「共感」は、他人の意見や気持ちなどをそのとおりだと感じることです。「意欲的」は、物事を積極的に行おうとする様子です。

(2)「しきりに」は、しばしば、たびたびという意味です。「ほほえましい」は、好ましくて思わずにっこりしてしまう様子です。

4 「あたかも」は「まるで」という意味です。「あたかも～のように」などと使われることが多いです。

5 「外国人観光客の質問に答える」という条件から、専門的な言葉は使わずに、外国人でもわかるような簡単な言葉を使ってまとめましょう。まず、「こいのぼり」という名前を伝え、次にそれがどういうものかを説明しましょう。

6 実際に往復はがきを見たり使ったりしたことがなくても、問題文にある説明や往復はがきの図をよく見て、答えを考えましょう。

7 【語群】の四字熟語の意味は、それぞれ次のとおりです。

言行一致…言葉に出したことと、行動が同じであること。

一意専心…ひたすら一つのことに集中すること。

七転八起…何度失敗しても、あきらめずに立ち上がって努力すること。

8 ③の文末が「であろう」と推測の表現になっていることに着目します。

ここに注意

文章を書く場合は、原稿用紙の使い方にしたがって書くことに加え、それぞれの問題で指定されている条件をよく読んで守りましょう。

第2章 話す・聞く

練習問題

506ページ

1 (1)例 皮をと言わなかった。(10字)

(2)例 「なんきん豆の皮をくずかごに捨ててきてくれ。」

2 (1)オ・エ　(2)ウ・イ　(3)ア　(4)ク・カ　(5)キ

3 ①イ　②ク　③コ　④ケ　⑤ウ　⑥ア　⑦エ　⑧オ

解説

1 兄（話し手）が「なんきん豆の皮をく

ずかごに捨ててきてくれ」と伝えるつもりで「くずかごに捨ててきてくれ」と言ったのを、弟（聞き手）は「地図をくずかごに捨ててきてくれ」と受け取ったために起こった失敗です。自分にとって大切なものだからといって、相手にとっても大切なものとは限りません。相手にきちんと伝わるように話すことが大切です。

3 議長や司会の心得について書かれた文章です。議長はできるだけ多くの参加者に発言してもらい、本題にそって会議を進行しなければいけません。また、基本的に議長は、自分の意見の発言をひかえます。

章末問題

508ページ

1 ①イ　②ウ　③ア　④エ

2 （順に）2→4→1→5→3

3 (1)イ

(2)例 はっきりと大きな声で、早口にならないようにしっかり間を取りながら読む。

4 ウ

解説

1 インタビューをする人も答える人も、なるべくくわしく質問したり答えたりするようにしましょう。

2 話し合いをする場合は、まず司会者を決めて、話し合いの話題（テーマ）にそって進めます。自分の考えだけでなく、他の人の考えもしっかりと聞き、最後に一つにまとめていきましょう。

3 (1)スピーチ原稿では、「提案する理由は、二つあります。」と、まずこれから説明する理由の数を挙げています。聞き手に内容を伝えやすくするための工夫です。

(2)スピーチをする場合は、声の強弱や話す速さ、間の取り方などの話し方についても注意が必要です。聞き手が聞き取りやすい話し方を心がけましょう。

4 山田さんは、「そうなんですね。」と相づちを打ったあと、「それだけたくさんのごみが公園に落ちているなんて、びっくりしました。」と、感想も述べています。

な

は

ま

や

ら

わ

人名・作品名さくいん

❶ 赤いページは，中心的な説明があるところです。
❷『　』は作品名を表しています。

重要語さくいん

❶ 赤いページは，中心的な説明があるところです。
❷ (　) は別の言い方を表しています。

※QRコードは(株)デンソーウェーブの登録商標です。

小学 高学年 自由自在 国語

昭和29年 7 月10日　第 1 刷 発 行　平成 4 年 3 月 1 日　全訂第 1 刷発行
昭和35年 9 月 5 日　全訂第 1 刷発行　平成14年 2 月 1 日　改訂第 1 刷発行
昭和41年 3 月 1 日　全訂第 1 刷発行　平成17年 2 月 1 日　増訂第 1 刷発行
昭和46年 2 月 1 日　全訂第 1 刷発行　平成22年 2 月 1 日　全訂第 1 刷発行
昭和49年 1 月10日　増訂第 1 刷発行　平成26年 2 月 1 日　新装第 1 刷発行
昭和52年 2 月 1 日　改訂第 1 刷発行　令和 2 年 2 月 1 日　全訂第 1 刷発行
昭和55年 2 月 1 日　全訂第 1 刷発行

編 著 者　小学教育研究会　　発 行 所　受 験 研 究 社

発 行 者　岡　本　明　剛　　©株式会社　増進堂・受験研究社

〒550-0013 大阪市西区新町 2―19―15
注文・不良品などについて：(06)6532-1581(代表)／本の内容について：(06)6532-1586(編集)

Printed in Japan　寿印刷・高廣製本
落丁・乱丁本はお取り替えします。